KB217299

원효의 발견

남동신 南東信

서울대학교 국사학과를 졸업하고 동 대학원에서 '원효의 대중교화와 사상체계'로 박사학위를 취득하였다. 덕성여대를 거쳐 서울대학교 교수로 재직 중이며, 한국 고·중세의 불교사 및 문화사를 가르치고 있다. 서울대학교박물관장과 한국사상사학회장을 지냈다. 역사 전공자로서 전통적인 문자자료, 그중에서도 특히 금석문 자료의 정확한 판독과 역주에 주력하고 있다. 2000년대 들어와서는 중세 지성사, 동아시아 불교사, 불교미술사로 연구 영역을 확장하면서 문자자료와 더불어 시각자료를 활용하기 위한 학제 간 교류와 연구에 힘쓰고 있다. 장기적으로 한국사에 대한 근대적인 인식을 극복하고 한국적 연구 모델을 정립하는 데 깊은 관심을 갖고 있다.
저서로 『원효』, 『역주 한국고대금석문』(공역), 『대동금석서 연구』(공저), 『동아시아 구법승과 인도 불교 유적』(공저) 등이 있으며, 주요 논문으로 「자장의 불교사상과 불교치국책」, 「전환기의 지식인, 최치원」, 「목은 이색과 불교 승려의 詩文 교유」, 「여말선초의 僞經 연구」, 「금석청완 연구」, 「혜초『往五天竺國傳』의 발견과 8대탑」, 「천궁으로서의 석굴암」, 「삼국유사의 성립사 연구」, 「교감 역주 성주사낭혜화상백월보광탑비」, 「원각사13층탑에 대한 근대적 인식과 오해」 등 다수가 있다.

원효의 발견

2022년 6월 13일 초판 1쇄 펴냄 | 2023년 10월 30일 초판 2쇄 펴냄
지은이 남동신 | 펴낸이 권현준 | 편집 이소영 · 김혜림 · 조유리 | 표지 · 본문 디자인 김진운
본문 조판 민들레 | 마케팅 김현주

펴낸곳 ㈜사회평론아카데미 | 등록번호 2013-000247(2013년 8월 23일) | 전화 02-326-1545
팩스 02-326-1626 | 주소 03993 서울특별시 마포구 월드컵북로6길 56 | 이메일 academy@sapyoung.com | 홈페이지 www.sapyoung.com

ISBN 979-11-6707-059-3 93220

* 이 저서는 서울대학교 규장각한국학연구원의 2020년도 21세기 신규장각자료구축사업의 지원을 받아 수행된 연구임(KIKS-2020-452-31309: 원효 연구).

원효의 발견

남동신

사회평론아카데미

저자의 말

원효는 7세기 신라가 낳은 위대한 불교사상가이다. 그는 일찍이 출가하여 승려가 되었지만, 요석공주와의 인연을 계기로 환속한 이래 거사로서 생의 후반부를 살았다. 또한 진리를 찾아서 방대한 대승불전을 두루 탐색하고 대략 70여 부 150여 권의 저술을 남긴 동시대 최고의 저술가였으며, 사회적 약자들을 불교식으로 구제하는 데 헌신한 실천가였다. 그 자신은 신라를 벗어난 적이 없었으나, 그의 저술과 사상은 중국과 일본, 심지어 인도에까지 전해져서 동아시아 교학 불교가 정립되는 데 크게 기여하였다. 7세기 말~8세기 초 절정에 달한 동아시아 교학 불교를 이해하는 데서 실로 빼놓을 수 없는 인물, 그가 바로 원효이다.

필자가 처음 원효를 알게 된 것은 중학교 3학년 때 이광수의 소설 『원효대사』를 읽으면서였다. 이 소설에서 이광수는 원효와 요석공주의 인연을 보살의 자비행으로 묘사하였다. 이보다 앞서 최남선도 장문의 글을 통하여, 인도의 서론적 불교와 중국의 각론적 불교에 비하여 조선은 이론과 실행이 융합된 결론적 불교라고 선언하고, 그것이 원효의 통불교에서 완성되었다고 높이 평가하였다. 이처럼 다른 관점에서 원효의 생애와 사상을 주목하였지만, 두 사람은 모두 원효를 민족의 위인, 민족의 상징으로 현창하고자 하였다. 실로 이 두 사람이 한국인의 원효 인식을 결정했다고 하여도 과언은 아니다.

이러한 근대적 원효 인식, 그것은 필자가 연구 주제로 원효를 정하였을 때 넘어야 할 큰 산이었다. 그때만 하더라도 역사학의 관점에서 원효의 사상을 고찰한 연구는 드물었다. 무엇보다도 원효의 생애를 온전히 전하는 전기 자료가 단 하나도 전하지 않는다는 것이 한계였다. 또 70여 부에 달하는 원효의 저술 가운데 1/10가량만이 전해지고 있는데, 저술 연대를 확정할 수 있는 것은 단 한 편에 불과하였다. 그래서 먼저 석사학위논문에서 원효의 교판론(敎判論)을 검토하였다. 교판론은 원효 사상의 얼개에 해당하므로, 지금도 방대한 원효 사상으로 들어가는 최고의 입문이라 하겠다. 필자는 이 석사논문을 발판 삼아 연구를 심화하고 확장시켜서 1995년 "원효의 사상체계와 대중교화"로 박사학위를 취득하였다.

학위 취득 후 박사논문을 그대로 출판하는 대신 시간이 걸리더라도 내용을 수정 보완하기로 하였다. 박사후연수과정을 시작으로 기회가 있을 때마다 학위논문을 소주제별로 수정 보완하거나 새로운 주제를 연구하여 발표하였다. 게다가 1999년 일반 대중을 위한 교양서로서 『원효』(새누리출판사)를 먼저 출판하면서 학술서 발간은 더욱 늦어지게 되었다. 그러다 보니 앞서 고친 글들을 또다시 수정해야 할 정도로 시간이 흘렀다.

지금까지 학생들이나 일반 대중을 대상으로 원효에 대하여 강의할 기회가 적지 않았다. 그때마다 "원효 하면 무엇이 제일 먼저 연상되는가?"라는 질문으로 강의를 시작하곤 하였다. 가장 흔한 대답은 '해골물'과 '요석공주'였으며, 가끔은 '화쟁'이었다. 그 답을 통하여, 일반인들에게 각인되어 있는 원효 이미지와, 그들이 좀 더 알고 싶어 하는 것이 무엇인지 알 수 있었다. 청중들의 궁금증은 원효 사상의 3대 핵심 개념인 '일심(一心)', '무애(無碍)', '화쟁(和諍)'과 관련이 있다. 물론 세 개념은 원효의 고유한 창안도, 원효만의 전유물도 아니다. 원효의 빛나는 독창성은 세 개념을 유기적으로 통합시켰다는 데 있다.

필자는 3대 개념을 중심으로 원효의 사상을 고찰하되, 그것의 불교사적 의의를 드러내기 위하여 다음의 세 가지 관점에 유념하였다. 첫째는 기왕의 민족주의 내지 일국사적 관점을 탈피하여 연구 시야를 동아시아 불교로 확장하는 것이다. 한국에 전래된 불교는 동아시아의 보편적인 고등 종교였으며, 한국은 중국, 일본 등과 상호교류하면서 동아시아 불교의 발전에 기여하였다. 위대한 사상의 탄생 과정은 그때까지 사상의 역사를 반복한다. 특히 원효는 동아시아 불교 교학의 절정기에 활동하였다. 그렇다면 원효 사상 또한 동아시아 불교사를 배경으로 접근할 때, 비로소 그 불교사적 의의가 온전히 드러나리라 기대된다.

둘째는 역사적인 관점이다. 원효는 주요 저서에서 일관되게 화쟁주의 관점을 견지하였는데, 이는 그가 사상적 갈등과 대립의 시대를 살았음을 역설하는 것이다. 이 책에서는 원효 화쟁의 역사성을 선명히 하고자, 7세기 중엽 현장(玄奘)에 의해 촉발된 신·구역 불교(新·

舊譯佛敎) 사이의 갈등과 대립에 특별히 주목하였다.

마지막으로 환속한 이후 거사(居士)로서의 삶을 더욱 부각시킴으로써 원효의 역사적 실체에 다가가고자 하였다. 우리가 오랫동안 익숙해진 승려 모습의 원효는, 조선시대 이후에 굳어진 반쪽 이미지에 불과하다. 주지하다시피 그는 일련의 소소한 파계에 뒤이은 결정적인 파계 끝에 마침내 속세로 돌아와서 거사가 되었다. 거사란 세속적인 삶을 살면서 불교의 깨달음을 추구하는 대승불교의 이상적인 인간형이다. 그중에서도 원효는 『유마경(維摩經)』의 주인공 유마거사(維摩居士)를 자신의 전범으로 삼았다. 확실이 원효의 사상과 실천은 거사의 관점에서 새롭게 발견되어야 한다.

일찍이 원효는 우리가 진리를 탐색하는 것은 어둠 속에서 코끼리를 더듬는 격이라고 말한 바 있다. 귀를 만진 이는 코끼리가 커다란 부채와 같다 하고, 다리를 만진 이는 둥근 기둥 같다 하고, 코를 만진 이는 뱀과 비슷하다고 여긴다. 그런 점에서 각자의 주장이 온전한 진리는 아니지만, 그렇다고 진리의 일면을 말하지 않은 것은 아니라고 보았다. 이 책을 통하여 필자는 7세기 동아시아 불교의 거봉인 원효의 삶과 생각을 탐색하였으며, 원효의 불교가 '승속불이(僧俗不二)의 거사불교(居士佛敎)'를 지향하였다는 결론에 도달하였다. 그것이 원효의 진면목이라고 단정할 수는 없을지라도, 온전한 원효상으로 나아가는 올바른 방향이기를 기대해본다. 그리고 그러한 뜻을 담아 이 책의 제목을 '원효의 발견'이라 하였다. 그것은 원효가 발견한 불교적 진리이자, 필자가 발견한 원효이기도 하다.

돌이켜보면, 책이 나오기까지 많은 분들과의 소중한 인연이 있었다. 한국사의 한 분야로서 불교사를 개척하신 최병헌(崔柄憲) 선생님은 필자를 학문의 세계로 이끌어주시고 멀리 바라보고 나아갈 수 있도록 중심을 잡아주셨다. 특히 '높은 산에 올라야 전체를 조망할 수 있다'라며, 불교사에 갓 입문한 초보에게 원효라는 최고봉을 가리키셨다. 이 책으로 선생님의 기대에 작게나마 부응할 수 있게 되어 기쁘다. 불연(不然) 이기영(李箕永) 선생님을 박사논문 심사위원으로 모신 것은 영광이었다. 선생께서는 일찍이 유럽 유학으로 익힌 서구의 근대적 방법론으로 원효 연구에 새로운 지평을 여셨으며, 평생 원효를 연구하고 거사불교를 실천하는 데 전념하셨다. 오가는 차 안에서 돋보기 너머로 논문을 읽고 격려 섞인 지적을 해주시던 선생의 모습이 지금도 생생하다. 삼가 선생님의 명복을 빈다. 원효의 사상은 동아시아 불교사의 맥락에서 조망할 필요가 있었는데, 그것이 가능했던 것은 1985년 가을부터 20년 가까이 함께 공부해온 불교사상사 세미나팀의 동학들 덕분이다. 정병삼 선생을 비롯하여 대학원에서 불교사를 전공하는 선배, 동료, 후배들과 함께 정기적으로 만나 인도부터 일본까지의 동아시아 불교사를 공부하는 한편, 최병헌 선생님을 모시고 국내는 물론 인도와 중국 그리고 일본의 불교유적지를 두루 답사하였다. 즐겁고 소중한 시간들을 함께한 동학들에게 감사드린다.

이 책의 원고를 출판사에 처음 넘긴 것은 10여 년 전이었으며, 2012년 여름 연구년을 떠나면서 서둘러 교정까지 마쳤었다. 그러나 마지막 순간까지 고심하였음에도 마땅한 책 제목이 떠오르지 않았다. 제목을 핑계로 한동안 덮어두었던 교정지를 다시 교정하면서, 결국 어딘가에서 끝을 맺어야 그것을 딛고 새로운 시작을 할 수 있다는 생각이 들었다. 때마침 필자의 원효 연구가 규장각이 2020년에 공모한 '한국학 저술 지원'에 고맙게도 선정되어 마무리할 수 있었다. 단 한 번의 원고 독촉도 없이 필자가 마침표 찍기를 기다려주고 좋은 책으로 만들어주신 ㈜사회평론아카데미의 고하영 대표와 편집부 여러분께 감사드린다. 아울러 난삽한 초고를 읽느라 수고를 아끼지 않은 강호선 선생과 양혜원 선생께도 고마움을 표한다.

가족들은 학문에 전념할 수 있도록 한없는 사랑과 믿음으로 응원해주셨다. 이제 이 책으로 소중한 가족들에게 조금이나마 보답할 수 있어서 기쁘다.

2022년 5월 9일
관악산 연구실에서
남동신

차례

제2부 저서

제3부 사상

결론

표 목록

도판 목록

화보 1 고선사서당화상비(상단 동국대학교박물관 소장, 하단 국립경주박물관 소장)

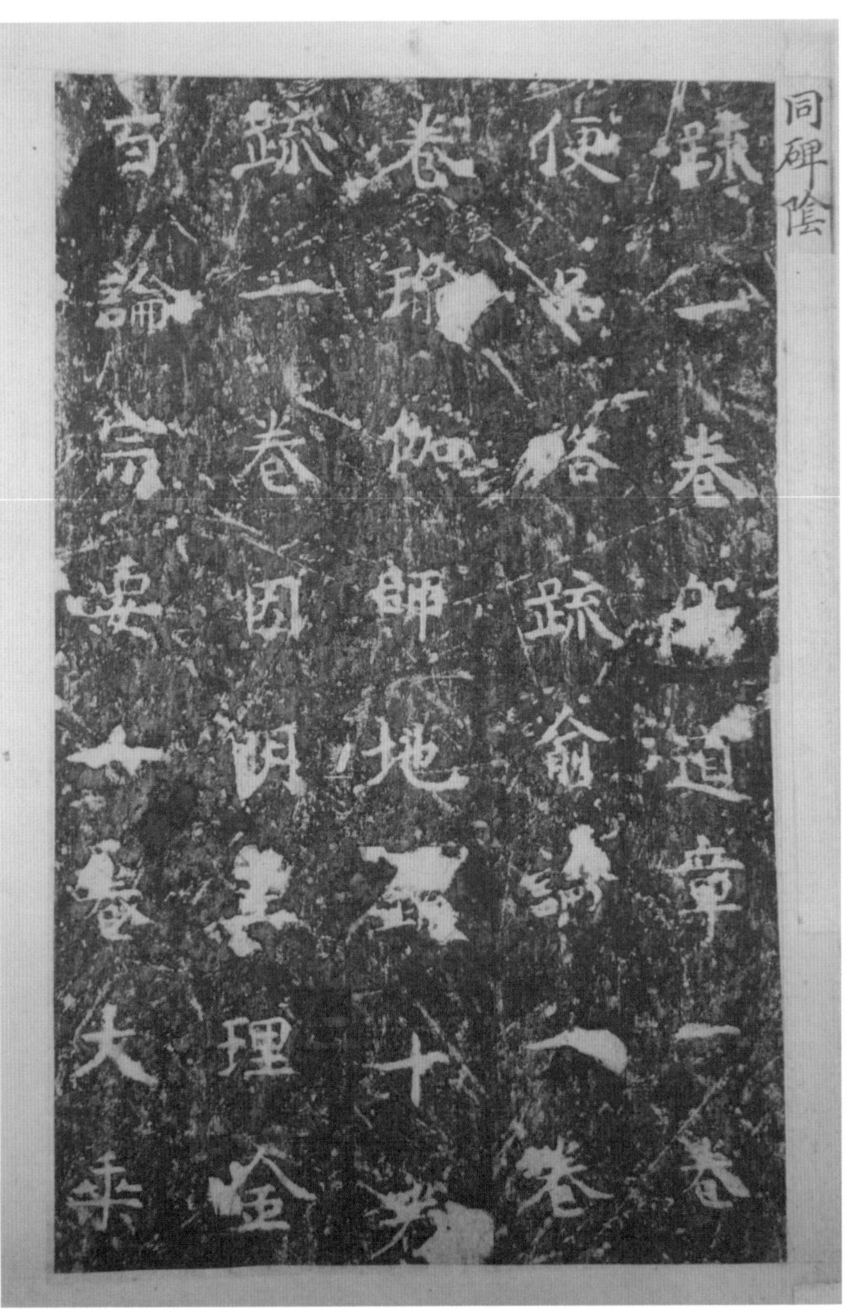

화보 2 분황사화쟁국사비 비음의 부분 탁본, 10첩본 『금석청완』 제1첩(국립중앙박물관 소장)

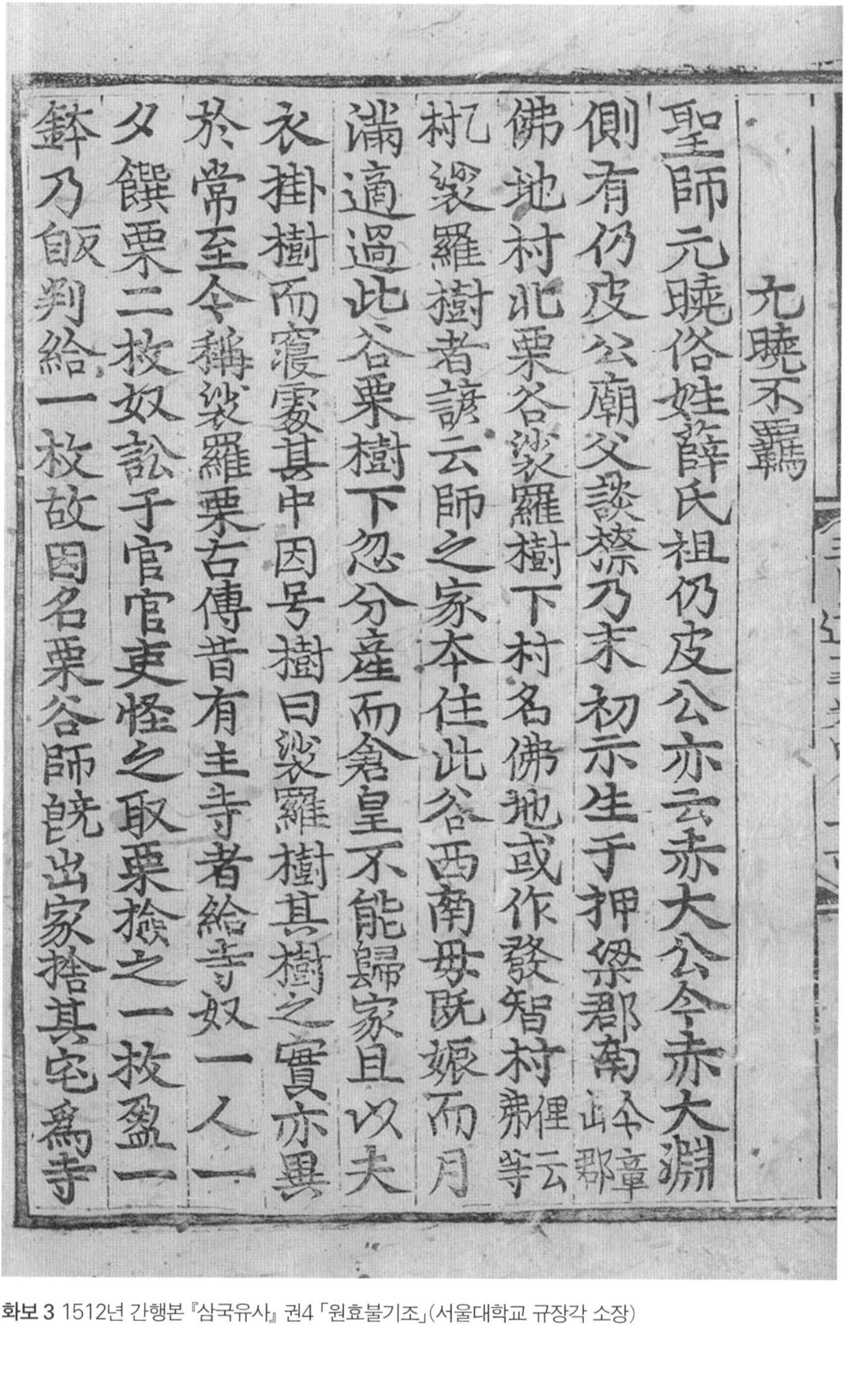

元曉不羈

聖師元曉俗姓薛氏祖仍皮公亦云赤大公今赤大淵
側有仍皮公廟父談㮈乃末初示生于押梁郡南(今章山郡)
佛地村北栗谷娑羅樹下村名佛地或作發智村(俚云弗等乙村)
娑羅樹者諺云師之家本住此谷西南母旣娠而月
滿適過此谷栗樹下忽分産而倉皇不能歸家且以夫
衣掛樹而寢處其中因号樹曰娑羅樹其樹之實亦異
於常至今稱娑羅栗古傳昔有主寺者給寺奴一人一
夕饌栗二枚奴訟于官官吏怪之取栗檢之一枚盈一
鉢乃反判給一枚故因名栗谷師旣出家捨其宅爲寺

화보 3 1512년 간행본 『삼국유사』 권4 「원효불기조」(서울대학교 규장각 소장)

화보 4 깨닫기 직전 원효가 직산의 무덤에서 악몽을 꾸는 장면(일본 高山寺 소장 화엄종조사회전)

화보 5 원효가 황룡사에서 금강삼매경을 강론하는 장면(일본 高山寺 소장 화엄종조사회전)

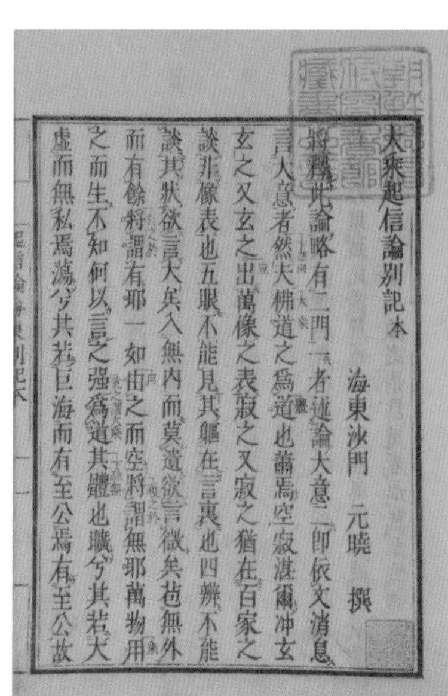

大乘起信論別記本

海東沙門 元曉 撰

將釋此論略有二門一者述論大意二卽依文消息
言大意者然夫佛道之爲道也蕭焉空寂湛爾冲玄
玄之又玄之出萬像之表寂之又寂之猶在百家之
談非像表也五眼不能見其軀在言裏也四辯不能
談其狀欲言大矣入無内而莫遺欲言微矣苞無外
而有餘將謂有耶一如由之而空將謂無耶萬物用
之而生不知何以言之强爲道其體也曠兮其若大
虛而無私焉蕩兮其若巨海而有至公焉有至公故

화보 6-1 『기신론별기』(국립중앙도서관 소장)

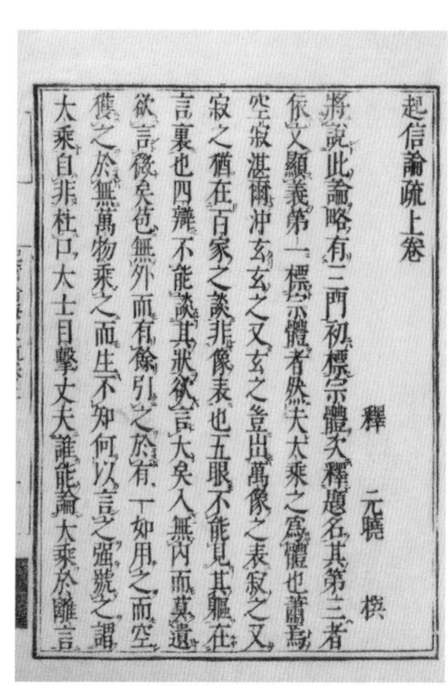

起信論疏上卷

釋 元曉 撰

將說此論略有三門初標宗體次釋題名其第三者
依文顯義第一標宗體者然夫大乘之爲體也蕭焉
空寂湛爾冲玄玄之又玄之豈出萬像之表寂之又
寂之猶在百家之談非像表也五眼不能見其軀在
言裏也四辯不能談其狀欲言大矣入無内而莫遺
欲言微矣苞無外而有餘引之於有一如用之而空
獲之於無萬物乘之而生不知何以言之强號之謂
大乘自非杜口大士目擊丈夫誰能論大乘於離言

화보 6-2 『대승기신론소』(서울대학교 중앙도서관 고문헌실 소장)

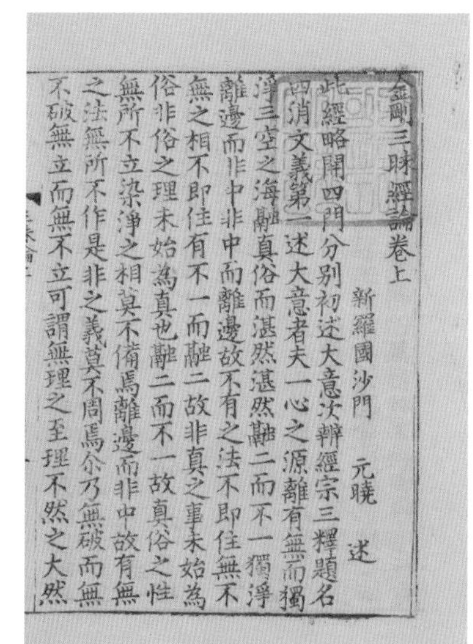

金剛三昧經論卷上

新羅國沙門 元曉 述

此經略開四門分別初述大意次辨經宗三釋題名
四消文義第一述大意者夫一心之源離有無而獨
淨三空之海融眞俗而湛然湛然融二而不一獨淨
離邊而非中非中而離邊故不有之法不卽住無不
無之相不卽住有不一而融二故非眞之事未始爲
俗非俗之理未始爲眞也融二而不一故眞俗之性
無所不立染淨之相莫不備焉離邊而非中故有無
之法無所不作是非之義莫不周焉尒乃無破而無
不破無立而無不立可謂無理之至理不然之大然

화보 7-1 『금강삼매경론』 권상 권수 부분(서울대학교 규장각 소장 고려대장경 1915년 인출본)

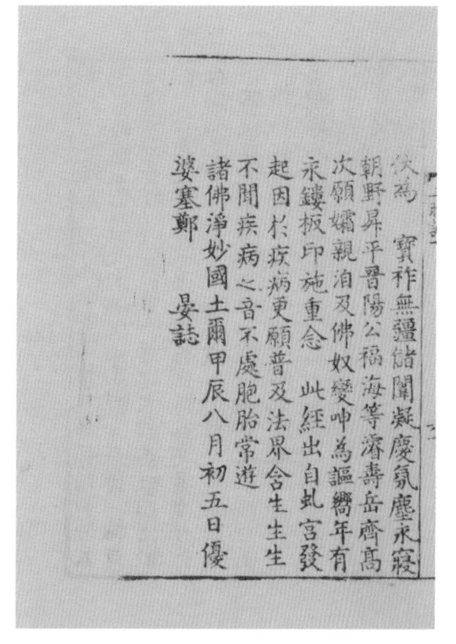

伏爲 寶祚無疆儲闈凝慶氛塵永寢
朝野昇平晉陽公福海等濟壽岳齊高
次願孀親洎及佛奴變呻爲謳嚮年有
永鏤板印施重念 此經出自虬宮發
起因於疾病更願普及法界含生生生
不聞疾病之音不處胞胎常遊
諸佛淨妙國土爾甲辰八月初五日優
婆塞鄭 晏誌

화보 7-2 『금강삼매경론』 권하 말미에 첨부된 정안의 발문. 1244년(서울대학교 규장각 소장 고려대장경 1915년 인출본)

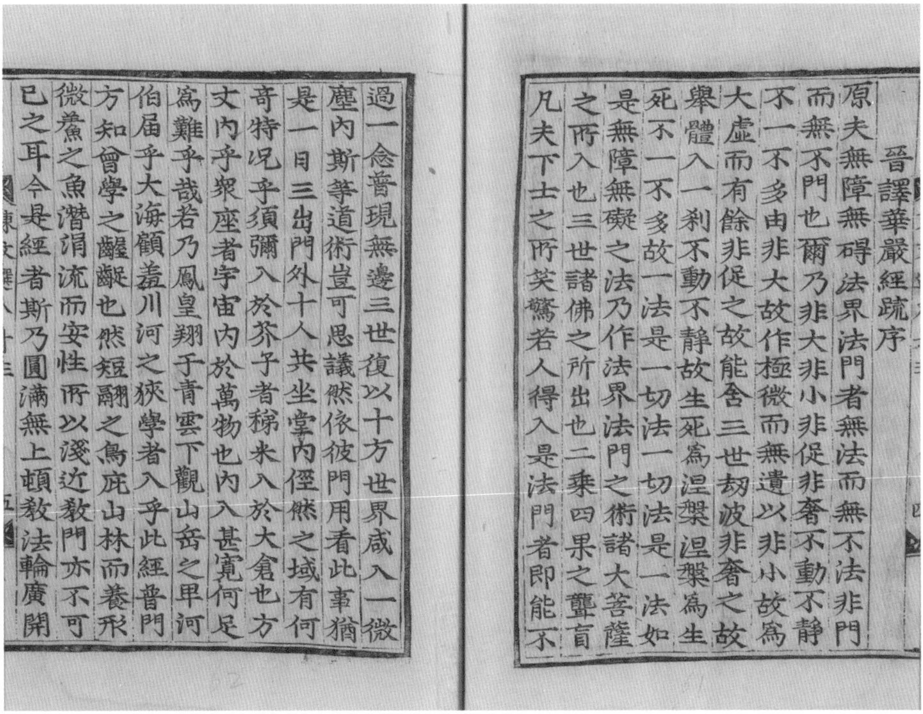

晉譯華嚴經䟽序

原夫無障無礙法界法門者無法而無不法非門而無不門也爾乃非大非小非促非奢不動不靜不一不多由非大故作極微而無遺以非小故爲大虛而有餘非促之故能含三世劫波非奢之故擧體入一刹不動不靜故生死爲涅槃涅槃爲生死不一不多故一法是一切法一切法是一法如是無障無礙之法乃作法界法門之術諸大菩薩之所入也三世諸佛之所出也二乘四果之聾盲凡夫下士之所笑驚若人得入是法門者卽能不過一念普現無邊三世復以十方世界咸入一微塵內斯等道術豈可思議然依彼門用看此事猶是一日三出門外十人共坐堂內從然之域有何奇特況乎須彌入於芥子者稊米入於大倉也方丈內乎衆座者宇宙內於萬物也內入甚寬何足爲難乎哉若乃鳳皇翔于青雲下觀山岳之卑河伯屆乎大海顧羞川河之狹學者入乎此經普門方知曾學之齷齪也然短翮之鳥庇山林而養形微鱗之魚潛涓流而安性所以淺近教門亦不可已之耳今是經者斯乃圓滿無上頓教法輪廣開

화보 8『화엄경소』 서(서울대학교 규장각 소장 동문선 권83)

일러두기

본서와 직접 관련된 필자의 논저는 다음과 같다.

1988,「元曉의 教判論과 그 佛教史的 位置」『韓國史論』 20, 서울대학교 국사학과

1995,「元曉의 大衆教化와 思想體系」, 서울대학교 박사학위논문

1998,「新羅 中代佛教의 成立에 관한 硏究-『金剛三昧經』과 『金剛三昧經論』의 분석을 중심으로-」『韓國文化』 21

1998,「元曉와 新羅中代王室의 關係」『元曉思想』(원효연구원 편저 논문집 1), 신우당

1999,「元曉와 芬皇寺 關係의 史的 推移」『新羅文化祭學術發表會論文集』 20(芬皇寺의 再照明)

1999,『원효』, 새누리

2001,「元曉의 戒律思想」『韓國思想史學』 17

2002,「신라불교의 토착화와 元曉」『사목』 283, 한국천주교 중앙협의회

2003,「원효」『한영우정년기념논총 한국사인물열전』, 돌베개

2004,「元曉의 起信論觀과 一心思想」『韓國思想史學』 22

2005,「동아시아 불교와 원효의 『大乘起信論』 이해」(불교학연구회, 2005년 겨울워크숍 발표요지문)

2005,「동아시아佛教와 元曉의 和諍思想」『元曉學硏究』 10

2008,「동아시아 불교의 관점에서 본 元曉의 和諍思想」(연세대학교 국학연구원, 제398회 국학연구발표회 발표요지문)

2010,「元曉의 저술과 思想」『元曉大師』(신라 역사 인물 특별전 1), 국립경주박물관

2020「원효에게 인간을 묻다」『인간을 다시 묻는다』(서울대학교 인문대학 편), 서울대학교출판문화원

"Wonhyo's *Illsim* Philosophy and Mass Proselytization Movement", *Seoul Journal of Korean Studies*, vol.8, Institute of Korean Studies, Seoul National Univeisity, 1995

"Wonhyo' Philosophy and His Activities for Popularisation of Buddhism", proceeding of the 2nd Conference of ICAPS at Hyderabad University, India, 1996

"Wonhyo's Philosophy and his Contribution towards the Popularisation of Buddhism", The Ancient Korean Kingdom of Silla, edited by Pankaj Mohan, The Academy of Korean Studies Press, 2011

"Wonhyo's View of Human Beings and his Redemption of Mankind", *The Review of Korean Studies*, vol.25, no.1, The Academy of Korean Studies, 2022

서 론

|제1장| 근대적 원효상(元曉像)을 넘어

1. 근대적 '원효상(元曉像)'

원효(元曉, 617~686)가 활동한 7세기는, 신라가 고구려·백제와 격렬한 전쟁을 거듭하면서 마침내 삼국을 통일하는 한국 역사상 매우 역동적인 시기였다. 특히 7세기 중반은 정치적으로 중고기(中古期) 왕실에서 중대(中代) 왕실로 지배세력이 교체되었으며, 이념적으로도 중고기의 이른바 불교식 왕명(佛教式王名)에서 중대의 한식 시호(漢式諡號)로 넘어가는 전환기였다.[1] 오랜 전쟁이 종식되고 평화가 도래하면서, 불교가 모든 계층에 널리 퍼지고 불교 문화가 발달하였다. 화엄학(華嚴學)과 유식학(唯識學)을 비롯한 불교 교학 연구가 심화되었으며, 대승불교의 각종 신앙이 성행하였다.[2] 원효는 이러한 중대 불교가 성립하던 시기에 활동한 대표적인 사상가였다.

한편 7세기 중엽 동아시아 불교계는 당조(唐朝)의 전폭적인 지원하에 진행된 현장(玄奘, 602~664)의 역경(譯經) 활동으로 말미암아

신(新)·구역 불교(舊譯佛敎) 사이의 갈등이 고조되고 있었다. 원효는 70여 부 150여 권에 달하는 방대한 저술 활동을 통하여, 이러한 교리 논쟁을 극복하고 독자적인 사상체계를 수립하였다. 그러므로 그는 신라 중대 불교만이 아니라 동아시아 불교의 성립에서 중요한 역할을 하였다고 할 수 있다.

나아가 그는 교학 연구에 머물지 않고 불교 신앙을 매개로 대중적인 교화 활동에도 매진하였다. 일반민의 종교적 욕구를 자신의 사상으로 수렴하고 이를 다시 일반민에게 환원하고자 하였으니, 그런 점에서 원효는 비록 일개인에 불과하지만, 그의 사상은 당시의 시대정신을 반영한다고 볼 수 있다. 따라서 원효 사상에 대한 이해는 좁게는 중대 불교, 넓게는 동아시아 불교의 내용과 성격을 파악하는 데 대단히 긴요하다 하겠다.

원효 연구에서 중요하게 고려할 점은, 출가 승려였던 원효가 요석공주(瑤石公主)와의 사이에서 설총(薛聰)을 얻은 것을 계기로 환속한 이래 거사(居士)로서 일생을 마쳤다는 사실이다. 그런데 전근대를 통하여 후대인들이 보여준 원효에 대한 인식은, 시대가 지날수록 거사의 이미지는 지우고 고승의 이미지만 부각하는 추세였다.

전통적인 원효상은 사실상 고려시대의 의천(義天, 1055~1101)과 일연(一然, 1206~1289)에 의하여 확립되었다. 의천은 불교 교학에서 뿌리 깊은 성(性: 法性宗)과 상(相: 法相宗)의 논쟁을 화해시켰다는 점에서 원효의 화쟁사상(和諍思想)을 높이 평가하였으며, 그를 의상(義相, 625~702)과 나란히 고려 화엄종의 종조로 추앙하고 마침내 국사(國師)로 추증하였다. 비록 추증이기는 하지만 환속한 인물이 국사가 된 예는 동아시아 불교 역사상 전무후무하다. 그리고 일연은 파격적인 원효의 행적에 중생제도를 위한 거룩한 행위라는 의미를 부여하고, 그 상징적 사건으로 요석공주와의 인연을 들었다.

조선시대는 억불숭유책이 장기간 지속되면서 원효 인식이 고려시대에 비하여 퇴보하여서, 예컨대 16세기 말 선조(宣祖)는 원효를 고려시대 승려라고 여길 정도였다.[3] 의주(義州)로 몽진한 비상시임을 감안한다 하더라도, 지배계급의 원효 이해가 무지나 다름없었음을 잘 보여준다. 조선 후기로 가면서 상황은 더욱 나빠져서, 조선 후기에 편찬된 불교 사서(史書)에서 원효의 불교사적 위치는 산성(散聖)으로 밀려났다. 그런데도 창건주로 원효를 내세우는 사찰은 오히려 전국으로 확산되었다. 이때 제작된 원효의 진영은 승려상 일색인데, 이는 전 왕조와 달리 사대부들이 불교를 외면하던 풍조를 반증한다.[4] 즉 조선시대의 원효 인식은, 사실에 대한 전설화, 대중화, 그리고 승려상으로의 획일화로 특징지을 수 있다.

근대 불교학으로서의 원효 연구는 이러한 전통적인 원효 인식을 한편으로 계승하면서 또 다른 한편으로는 단절하면서 출발하였다. 한국 불교사 가운데 단일 주제로는 원효에 대한 연구가 양적으로 가장 많은 편이어서, 요즘도 국내는 물론 해외에서 해마다 연구 논저가 수십 편씩 쏟아져 나오고 있다. 이러한 양적인 풍요가 질적인 향상으로 전환되기 위해서는, 무엇보다도 선학들의 연구성과에 대한 학술사적 검토가 요청된다.

100년에 이르는 원효 연구는 다음의 네 시기로 크게 구분할 수 있다.

제1기(1914년~1945년): 일제식민기에 일본으로부터 이식된 근대 불교학에 입각하여 한국 학자와 일본 학자들이 원효 연구를 시작. 근대적인 원효상이 구축됨.

제2기(1945년~1970년): 정치 사회적 혼란으로 학문 활동이 전반적으로 침체된 가운데, 1960년 4·19혁명을 계기로 민족적 위인인 원효를 재조명하기 시작.

제3기(1970년대~1980년대): 현존하는 원효 저술의 초벌 한역이 이루어짐으로써 연구 기반이 마련되는 한편, 억압적인 분단체제하에서 사회통합과 남북통일의 이념 모색과 관련하여 원효의 화쟁사상이 집중적으로 부각됨.

제4기(1990년대~현재): 원효 연구자가 폭발적으로 늘어났으며, 연구 주제와 연구 분야가 다변화됨. 축적된 연구성과를 바탕으로 단행본이 출간되고 원효 저술에 대한 심화된 역주가 이루어짐.

근대 불교학이 도입된 이래 거의 한 세기가 지난 현재까지, 단행본 30여 종을 포함하여 원효 관련 연구 논저가 1,000편을 상회할 정도로 상당히 많이 축적되었다.[5] 개개의 연구가 다루고 있는 분야는 원효 사상의 폭만큼이나 광범위하여, 그 자체가 한국 근대 불교학의 축소판이라 할 수 있다. 그런 만큼 자세한 연구사 검토는 개별 주제로 넘기고 여기서는 제1기 근대적인 원효상이 구축되는 과정을 살펴보고자 한다.

원효 연구는 근대 불교학의 유입과 더불어 시작되었는데, 한국 근대 불교학에서 '근대'를 어떻게 규정하는가 하는 문제는 기왕에 그다지 논의되지 않았다. 다만 한국 사회가 일본 제국주의의 식민지로서 근대를 경험하였기 때문에, 일본을 통하여 서구의 근대 불교학의 관점과 방법론을 받아들이면서도, 역설적으로 민족주의적 색채를 뚜렷이 드러냈다는 사실에 주목할 필요가 있다. 즉 서구의 근대 불교학과 달리 한국의 근대 불교학은 저항민족주의와 불가분의 관계가 있는데, 이는 원효 연구에서 잘 드러난다.

근대적인 원효 연구의 기점은, 사실상 1914년 「고선사서당화상비(高仙寺誓幢和上碑)」(이하 「고선사비」) 비편의 발견이라고 할 수 있다. 1914년 5월 총독부 참사관실에서 한국금석문의 수집과 정리에 종사하던 나카자토 이주로(中里伊十郎)가, 당시 월성군 내동면 암곡리 지연(止淵) 개울가에서 「무장사비편(鍪藏寺碑片)」과 함께 우연히 고선사비의 하반부에 해당하는 비편을 수습하였다.[6] 물론 이 비편은 17세기 중후반 편집된 『금석청완(金石清玩)』과 『대동금석서(大東金石書)』에도 수록되어 있기 때문에, 1914년에 처음 '발견'된 것은 결코 아니다. 게다가 수습 당시에는 이 비편의 정체를 전혀 몰랐었다. 다만 『조선금석총람(朝鮮金石總覽)』을 편찬할 무렵에는 이 비가 신라 때 건립된 원효의 비라는 사실을 '확인'할 수 있었기에, 1914년은 기점이 되기에 충분하다. 이 비로 인해서 비로소 원효의 생몰년이 확정되었으며, 환속한 이후 거사로서의 삶이 역사적 사실로 확인되었다. 즉 고선사비의 발견으로 말미암아, 비로소 전설이 아닌 역사적 인물로서 원효를 연구할 수 있었다.

원효 연구를 먼저 시작한 일본 학자들은 「고선사비」 연구에서 출발하여 원효의 생애, 저술, 교학, 정토신앙 등으로 연구 범위를 확장시켜 나갔다. 주목할 점은 근대 초기 일본 학자들은 원효를 화엄종 승려로 인식하는 경향이 두드러졌다는 사실인데,[7] 이는 종학(宗學) 중심의 일본 불교학의 전통과 무관치 않다. 원효를 화엄종에 귀속시킬 경우, 방법론상 원효를 중국 화엄학(華嚴學)의 집대성자 법장(法藏, 643~712)과 비교하여 연구하는 경향을 띠게 된다. 그 결과 원효가 법장에 끼친 영향을 실증적으로 해명하면서, 동시에 법장에 비추어 원효의 한계 내지 미완을 지적하곤 하였다.[8] 한국 학자들은 원효가 법장에게 영향을 끼쳤다는 점에 주목하지만, 일본 학계의 주된 관심은 역시 법장의 화엄학에 있었다. 즉 일본 학계는 법장에 의한 중국 화엄학의 성립사를 이해하기 위한 배경으로서 원효를 이해하였던 것이다.

원효를 화엄종 승려로 보려는 태도는 초기 한국 학자들도 마찬가지였다. 특히 승려 출신이거나 불교 교단과 관계가 깊은 몇몇 학자들은 원효를 화엄종의 한 유파인 해동종(海東宗: 芬皇宗)에 소속시켰다.[9] 이는 의천 이래의 전통적인 원효 인식을 계승하되, 일본 불교계의 종파 중심의 불교사 인식에도 영향을 받은 것으로 보인다.

1920년대에 접어들자 초기의 종파론적 원효 이해를 극복하고 민족적 위인으로서 원효를 새롭게 인식하려는 시도가 나타났다. 근대적인 원효 인식과 관련하여 누구보다 먼저 주목할 인물은 언론인이자 민족주의 사가(史家)로서 왕성하게 활동한 장도빈(張道斌)이다.[10] 그는 1924년 출판한 『위인 원효(偉人 元曉)』라는 소책자에서 민족적 위인상을 원효에게서 찾고자 하였다. 장도빈의 글이 학술적인 연구서가 아니라 국민 계몽서의 성격이 강하였음에도 불구하고, 그가 보여준 민족적 위인으로서의 원효상은 이후 한국인들의 원효 인식에 지대한 영향을 끼쳤다.

1930년 육당(六堂) 최남선(崔南善)은 원효의 종파를 화엄종으로 보는 기왕의 인식을 받아들이되, 나아가 민족적 위인으로서의 원효상에 '통불교의 완성자'라는 불교적 권위를 추가하였다. 즉 인도 및 서역의 서론적 불교와 중국의 각론적 불교에 대하여 조선은 결론적 불교라고 선언하면서, 그러한 조선 불교가 바로 원효의 통불교(通佛教)로 실현되었다고 하였다.[11] 최남선이 말하는 통불교란 이론[교학]과 실천을 아울렀다는 의미이다. 이는 원효가 교학 내에서 성상(性相)의 화쟁(和諍)을 성취하였다고 의천이 말했을 때의 화쟁 개념을 더 확장시킨 것이다. 이러한 통불교와 화쟁의 개념적 차이에도 불구하고, 이후 한국 학자들이 '화쟁'을 원효 사상의 핵심 개념으로 주목하게 된 직접적 연원이 최남선에 있음은 두말할 나위가 없다.

한편 장도빈을 계승하여 오늘날 한국의 일반 대중들이 가지고 있는 원효상을 사실상 결정지은 인물은 다름 아닌 춘원(春園) 이광수(李光洙)였다. 그는 태평양전쟁이 한창이던 1942년에 장편소설 『원효대사』를 발표하였다. 이광수는 이 소설을 통하여 한민족의 상징으로 원효를 묘사하고자 하였으며, 원효의 진면목을 중생을 위한 자비행(慈悲行)에서 찾고자 하였다. 그는 원효가 요석공주와 만나 파계(破戒)하고 환속하면서 겪는 인간적 고뇌와 그 극복 과정을 특유의 필체로 생생하게 묘사하였다. 즉 이광수는 일연의 원효상을 받아들여서 이를 근대 소설의 형식을 빌려 대중화하였다. 특히 요석공주와의 파계를 보살의 자비행으로 해석한 견해는, 지금까지 불교계는 물론 일반인들에게도 두루 받아들여지고 있다.

이와 같이 현대 한국인들에게 익숙한 근대적 원효상은, 사실상 20세기 전반 최남선과 이광수에 의해 그 틀이 갖추어졌다. 이들은 암울한 일제식민지라는 시대 상황을 헤쳐 나갈 민족적 영웅상을 원효에서 찾고자 하였다. 원효는 중국에 유학하지 않았으면서도, 당시 동아시아 불교권에 유통되고 있던 주요 불교 문헌을 두루 섭렵하고 '화쟁'이라는 독창적인 사상을 제시함으로써 중국과 일본, 심지어 불교의 발생지인 인도에까지 그의 저술이 전해지게 되었다. 나아가 그는 교학 연구에 그치지 않고 파계도 불사할 만큼 적극적으로 불교를 대중화하는 데 헌신하였다. 이처럼 교학 연구와 실천 수행을 겸비한 원효의 이미지야말로, 근대 한국인들이 그토록 갈망하였던 민족적 영웅상이었던 것이다. 비단 근대만이 아니라, 식민지에서 해방된 이래 오늘에 이르기까지 한국 학자들의 원효 인식은 육당과 춘원이 그려놓은 틀 안에 머물고 있다고 하여도 과언은 아니다.

2. 새로운 전망

근대 불교학 성립 이래 원효에 대한 연구성과가 1,000편을 상회하는데, 이는 한국학의 어떤 연구 주제에 뒤지지 않을 정도이다. 또한 1990년대 이래 단행본들이 속속 출간되고 있는데, 이는 원효 연구가 심화되고 있음을 반영한다. 그러나 양적인 축적에도 불구하고 원효의 저술이나 사상에 대한 종합적·체계적인 이해는 여전히 미흡하다. 원효 사상의 폭과 깊이를 생각할 때, 한두 편의 논문으로 원효 사상의 전모를 파악하기란 불가능에 가깝다. 그런데도 원효 관련 논문을 3편 이상 발표한 연구자가 소수에 불과하며, 연구 주제나 내용에 있어서 겹치기 연구 또한 비일비재하다. 이러한 문제는 연구의 질적 향상과 방법론 계발에 필수적인 연구사 정리가 소홀한 것에 직접 기인한다. 새로운 연구 관점과 새로운 연구 방법론은 선행 연구성과를 비판적으로 성찰한 위에서 모색될 필요가 있다.

선행 연구성과를 되짚어보면, 흥미로운 사실을 발견할 수 있다. 앞서도 언급하였듯이, 1914년 「고선사비」의 발견은 전설 속의 위인이 아니라 역사적으로 실재한 인물로서 원효를 연구하는 계기가 되었다. 「고선사비」는 생몰년과 더불어 거사로서의 원효상을 전해주고 있다. 그러나 지난 100년 간의 연구성과를 개관할 때, 거사로서의 원효상은 학술적으로 거의 조명받지 못하였다. 대부분의 연구자들은 원효의 저술을 분석할 때, 그가 출가자 신분이었는지 아니면 환속한 재가자 신분이었는지 그다지 개의치 않는다.

존재가 의식을 규정한다는 말이 있듯이, 원효 생애의 후반부를 차지하는 거사로서의 원효에 입각하여 원효의 사상을 이해하려는 노력이 더욱 촉구된다. 물론 원효가 언제 환속하였는지, 그의 주요 저술이 환속을 전후한 어느 시기에 찬술되었는지 명확히 판정하기는 어렵지만, 계율 관련 저술에서 원효가 승속의 경계를 뛰어넘으려는 보살계(菩薩戒)만 집중적으로 다루고 있음은 시사하는 바 크다. 원효 후반부의 저술, 특히 의상이 신라로 귀국한 670년 이후의 저술은 환속한 이후에 찬술한 것으로 보아도 무방한데, 이들 저술은 출가자가 아닌 거사의 관점에서 새롭게 해석할 여지가 충분하다.

한편, 원효 연구가 일제강점기에 시작되었기 때문에, 처음부터 원효를 민족적 문화적 영웅으로 추숭(追崇)하려는 학문 외적인 목적의식이 강하게 작용하였다. 그것은 원효와 그의 사상이 지니는 역사성을 객관적으로 자리매김하는 데 걸림돌이 되었다. 이 문제를 극복하기 위해서는 동아시아 불교 전체로 연구 시야를 확대할 필요가 있다. 한역경전(漢譯經典)을 매개로 성립한 동아시아 불교는 당시 왕성한 인적·물적 교류를 통하여 국가 간에 별다른 시차 없이 확산되고 있었다. 원효 당시 동아시아 불교계는 현장(玄奘)에 의한 신역 불교(新譯佛教)의 성립과 거기에 따르는 신·구역 불교 사이의 대립과 갈등이 최대 현안이었다. 그리고 원효가 현장 문하로의 유학을 시도하였다는 『송고승전』「원효전」의 기사는, 원효가 그러한 불교계 상황과 결코 무관하지 않았음을 시사한다. 그런 점에서 원효의 사상은, 현장계를 중심으로 하는 신·구역 불교의 갈등을 배경으로 할 때 그 사상사적 의의가 한층 더 명료해지리라 기대된다.

덧붙이자면, 원효 사상 연구에서 빼놓을 수 없는 것이 그의 불교사적 위치이다. 원효 사상은 작게는 신라 불교계를 배경으로 성립한 것이지만, 크게는 동아시아 불교계의 동향과 밀접한 관계가 있다. 한국 불교사에서의 위치 문제와 관련해서는, 신라 불교계에서 원효 화엄학의 계승이라든가,[12] 고려 불교계에서 원효의 재발견[13] 등이 주목된 바 있다. 중국 불교사와 관련해서는 그가 수나라 3대 법사인 혜원(慧遠, 523~592), 지의(智顗, 538~597), 길장(吉藏, 549~623)의 영향을 많이 받은 사실은 간간이 지적되었지만,[14] 원효가 이들과 달리

『대승기신론』을 매우 중시한 점은 최근에 와서야 부각되기 시작하였다.[15] 아울러 그의 불교가 후대 법장의 화엄학 집대성에 지대한 영향을 끼쳤음은 일찍부터 언급된 바 있다.[16]

마지막으로 원효 사상에 대한 역사적 평가의 문제를 언급해두고자 한다. 남한 학계에서는 원효의 사상이 통일신라의 통일 질서 수립에 기여하였다고 높이 평가하는 반면,[17] 북한 학계에서는 '봉건착취관계를 반영한 반동적인 관념론 철학'이라며 격렬하게 비판하였다.[18] 이러한 상반된 평가는 사관(史觀)의 차이에서 비롯하는 근본적인 문제이다. 사관의 차이를 감안한다 하더라도 불교 승려 내지 불교 이론에 대한 역사적인 평가가 이처럼 극명하게 엇갈리는 것은, 당시의 역사적인 조건에 대한 실증적인 연구와 더불어 원효를 바라보는 현재적 관점의 재정립을 동시에 요청한다 하겠다.

제 1 부
생애

|제2장| 전기 자료와 초기 행적

1. 3대 전기 자료

원효의 사상에 역사성을 부여하고자 한다면, 무엇보다도 그의 생애 전모를 파악하는 작업이 꼭 필요하다. 그런 점에서 역사학자들이 주축이 되어 원효의 생애를 복원하는 문제에 관심과 노력을 기울인 것은 지극히 당연하다 하겠다. 선학들의 연구를 통하여 원효의 가계와 출생, 출가와 수행 과정, 중국 유학 시도와 깨달음, 파격적인 무애행과 대중교화, 교학 연구와 저술 활동, 중대 왕실과의 관계, 입적과 추모사업 등등 원효 생애에서 다루어야 할 소주제는 거의 다 검토되었다.

다만 생애 전체를 포괄하는 연보를 작성하는 것이 중요한 과제인데, 몇몇 시도에도 불구하고 전반적으로 미흡하다. 원효의 행적을 순차적으로 배열하고 거기에 절대 연대를 비정하는 일이 어려운 까닭은, 원효의 전 생애를 연대순으로 기술한 전기 자료가 제대로 남아 있지 않기 때문이다. 무엇보다도 금석문 자료인 「고선사서당화상비」

는 전체의 절반밖에 남아 있지 않아 현재 비문 판독과 해석에 어려움이 따르며, 「분황사화쟁국사비」는 저술 목록에 해당하는 비음(碑陰)의 잔편 탁본만 전해지고 있어서 생애 파악에 별다른 도움을 주지 못한다. 또한 대표적 문헌 자료인 『송고승전』 「원효전」과 『삼국유사(三國遺事)』 「원효불기조(元曉不羈條)」는 원효 행적의 일부분만 전해주고 있어서 전체를 포괄하지 못한다. 마지막으로 이들 자료는 가장 시기가 올라가는 「고선사비(高仙寺碑)」부터 가장 시기가 내려오는 『삼국유사』까지 실제의 원효와는 100여 년 내지 600여 년의 시차가 있다. 그 역시 다른 역사상의 위인들처럼 대중들이 원하는 이상형으로 거듭 윤색되었기 때문에, 과연 어디까지가 원효의 본래면목이고 어디부터가 후대인의 원효상인지 불분명하다. 따라서 전기 자료 자체에 대한 사료 비판이 우선 필요하다.

원효 생애를 전하는 주요 전기 자료는 다음의 세 가지이다.[1]

「고선사서당화상비」(이하 「고선사비」)
『송고승전』 권4 원효(이하 「원효전」)
『삼국유사』 권4 원효불기(이하 「원효불기조」)

첫 번째 자료인 「고선사비」는 현존하는 전기 자료 가운데 가장 시대가 올라간다는 점에서 사료적 가치가 상대적으로 높은 편이다. 원효는 요석공주와의 인연을 계기로 환속하여 거사로서 일생을 마쳤기 때문에, 그의 사후에 특별히 비를 세울 명분은 없었다. 그런데 사후 약 120년이 지나서 새삼스레 비를 세운 데에는, 뒷장에서 서술하겠지만, 그럴 만한 사연이 있었다. 이 비는 원효의 후손인 설중업(薛仲業)이 779년 일본에 사행(使行) 가서 일본 진인(眞人)으로부터 환대를 받은 것을 계기로, 이듬해 귀국해서 원효 추모사업의 일환으로 착수하였다. 그러데 공교롭게도 신라 왕실이 중대(中代)에서 하대(下代)로 교체되는 혼란기를 맞아 사업 자체가 중단되었다가, 20여 년의 세월이 흘러 애장왕대(哀莊王代, 800~808)에 비로소 세워졌다.[2] 여기에는 평소 원효를 추앙하던 봉덕사(奉德寺)의 승려도 참여하였으며, 당대의 실력자인 각간(角干) 김언승(金彦昇, 후대의 憲德王)이 후원하였다.

그 내용을 보면 원효의 대표 저작인 『십문화쟁론(十門和諍論)』과 『화엄종요(華嚴宗要)』, 초기 수학 과정, 파격적이거나 신이한 행적, 입적 장소와 시기, 입비를 비롯한 추모사업 등이 언급되어 있다.[3] 다만 현재 전해지는 내용이 전체의 절반 정도에 불과하고 그나마 군데군데 마멸되어서, 비문의 판독과 해석에 많은 어려움이 따른다. 더욱이 비가 일찍 훼손된 탓에 이 비문을 인용하거나 언급한 자료조차 전무하다.

현존하는 자료상으로는 17세기 후반에 편찬된 10첩본 『금석청완(金石淸玩)』 제2첩에 그 탁본 일부가 최초로 수록되었다. 이 탁본은 비의 하반부에 해당하는데, 후술할 「분황사화쟁국사비」로 오인되었을뿐더러, 11조각 70자로 교란되어서 문장 연결이 불가능하다. 그리고 17세기 후반에 편찬된 『대동금석서』 제6첩에 실린 탁본은, 다행히 비의 우하단에 해당하는 7행×10자가 고스란히 실려 있어서 판독에 도움을 준다. 다만 당시에는 「무장사아미타여래조상사적비(鍪藏寺阿

彌陀如來造像事蹟碑)」로 잘못 알려져 있었다. 「고선사비」의 주인공이 원효라는 사실을 1914년 비편 수습 당시까지도 전혀 몰랐으며,[4] 1919년 편찬된 『조선금석총람(朝鮮金石總覽)』에서 비로소 원효비로 확인되었다.[5]

이와 같이 「고선사비」가 있었다는 사실 자체를 전혀 모르는 상태에서 1101년 숙종이 원효비 건립을 명하여,[6] 우여곡절 끝에 1190년(명종 20) 분황사에 세워지게 되었으니, 그것이 바로 「분황사화쟁국사비」(이하 「분황사비」)이다. 「분황사비」를 김시습(金時習, 1435~1493)은 무쟁비(無諍碑)라 부르기도 하였는데,[7] 『동국여지승람(東國輿地勝覽)』에 의하면 조선 초까지 전해졌음을 알 수 있다. 근래에 발견된 「분황사상량기」(1616년)에서 정유재란 때 불전과 석탑이 병화를 입었다고 하여, 「분황사비」도 이때 파손된 것으로 추정된다. 다만 이항복(1556~1618)이 말한 '고금비(古金碑)'가 이 비를 가리킨다면, 정유재란 직후까지 온전하였다고도 할 수 있다.[8] 「분황사비」가 여타 원효 전기와 어떤 관계에 있는지 전혀 알 수 없는데, 비음의 내용이 원효의 저술 목록을 언급한 것으로 보아 체계적인 원효 전기일 가능성이 높다.

두번째 『송고승전』 「원효전」은 10세기 말경 중국 불교계에 유포되었던 원효상을 보여준다는 점에서 자료적 가치가 있다. 『송고승전』의 편찬자인 찬녕(贊寧)은 송(宋)에 귀순하기 전에 주로 항주(杭州) 일대에서 활동하였다. 항주는 5대10국 중에서도 가장 친불교적인 왕조이자 고려와도 교류하였던 오월국의 수도였다. 찬녕은 아마도 항주 일대에 전해지고 있던 문헌 자료나 전문을 채록하였을 가능성이 높다. 일례로 890년에 건립된 원랑선사(圓朗禪師) 대통(大通, 816~883)의 탑비에는 원효의 성도(成道) 장소로서 직산(稷山)을 언급하고 있는데,[9] 이 직산은 『송고승전』「의상전(義湘傳)」에서 원효의 성도지(成道地)로 나오는 그 직산(稷山)임이 분명하다. 즉, 늦어도 9세기 중후반 신라 불교계에서는 직산이 원효의 성도지라는 인식이 널리 유포되어 있었는바, 찬녕은 그러한 인식을 채록하였던 것이다.

다만 「원효전」은 내용 중 3/4가량이 『금강삼매경』의 성립과 관련한 연기 설화를 다루고 있다. 이 점에 주목하여 찬녕의 주된 관심은 『금강삼매경』을 합법화하는 데 두었을 뿐, 원효 자체는 부차적이었다고 비판하는 견해도 있다.[10] 그러나 「원효전」 외에도 「의상전」에 원효의 깨달음과 관련한 유명한 일화가 채록된 사실을 감안하면, 『송고승전』의 사료적 가치는 낮게 보기 어렵다.

중국 불교계는 당 말의 혼란기를 거치면서 많은 불교 전적이 소실되었으며 그 때문에 일찍이 오월왕이 고려로부터 불교 전적을 역수입하기도 하였다. 이러한 저간의 사정을 감안하면 「원효전」은 일차적으로 나말여초기의 원효 인식을 반영하는 사료적 가치를 지닌다고 하겠다.[11] 또한 「원효전」이 이후 중국 및 일본 불교계의 원효 인식에 결정적 영향을 끼친 사실에 유념해야 한다. 「원효전」보다 나중에 성립된 중국 측 문헌으로 『화엄현담회현기(華嚴懸談會玄記)』 권20 해동원효, 『신수과분육학승전(新修科分六學僧傳)』 권6 당원효(唐元曉), 『고승적요(高僧摘要)』 권4 석원효(釋元曉), 『금강삼매경통종기(金剛三昧經通宗記)』 권1 원효법사 등이 전해지고 있는데, 그 내용은 「원효전」을 토대로 하여 약간의 가감·첨삭을 한 정도에 불과하다. 그리고 일본 고산사(高山寺)에 전해지는 명혜(明惠, 1173~1232)의 『화엄조사회전』 권1-3 원효전은 「원효전」을 토대로 원효의 일생을 그림으로 그린 것이다.[12]

세 번째 자료인 「원효불기조」는 13세기 후반의 자료이기는 하지만 전거를 밝혀두었다는 점에서 사료적 가치를 인정받고 있다. 「원효불기조」에서 인용한 자료는 3종의 문헌 자료[13]와 2종의 구전(口傳)이 전부이다. 유감스럽게도 선행하는 2개의 비는 언급조차 하지 않았다. 「고선사비」는 일연이 그 존재 자체를 아예 몰랐을 가능성이 높지만, 「분황사비」는 그가 분황사를 방문하였으므로 분명히 실견(實見)하였을 것이다. 그럼에도 불구하고 「분황사비」를 인용은 그만두고서라도 언급조차 하지 않은 점은 전혀 의외이다. 이와 관련하여 주목할 자료가 이른바 원효 행장(行狀)이다. 일연은 「원효불기조」를 기술하면서 출신지와 가계 등에 대하여 '당전(唐傳)'(실은 『송고승전』 「원효전」)과 행장을 인용하였을 뿐 아니라, 수학 과정이나 교화 행적에 대하여는 이를 '당전'과 행장에 일체 양보하고 있다.[14]

이처럼 「원효불기조」에서 일연은 동시대의 주요한 두 자료 가운데 「분황사비」는 언급조차 하지 않은 반면, 행장은 크게 신뢰하고 있는 점이 눈에 띈다. 두 자료 모두 현재 전해지지 않고 있어서 확언하기는 이르지만, 일연이 두 자료를 대하는 이중적인 태도는 「분황사비」의 원자료가 바로 행장이었음을 강력하게 시사한다. 「분황사비」와 행장이 사실상 같은 자료라는 가설이 성립한다면, 일연의 이중적인 인용 태도는 쉽게 이해가 된다. 앞으로 「분황사비」의 잔편이 발굴된다면 행장과의 대조를 통하여 양자의 관계를 좀 더 명확히 말할 수 있을 것이다. 한편 전체 「원효불기조」에서 절반가량은 향전(鄕傳)으로부터의 인용이 차지하고 있는데, 내용의 중심은 여타의 전기에서 전혀 언급하지 않았던 요석공주와의 인연담이다.

즉, 「원효불기조」는 원효의 전기를 정식으로 복원하고자 한 것이 아니라 기왕의 승전류(僧傳類)에서 놓친 부분을 습유(拾遺)하고자 한 '유사'라는 것이다.[15] 아울러 일연이 원효와 동향인(同鄕人)이며, 주된 전거가 바로 향전이므로, 습유의 내용 또한 동향의 대중들이 원하는 쪽으로 이미 윤색이 진행된 대중적 원효상이라는 점에 유념하여야 할 것이다.[16]

그런데 행장은 유실되고 비석은 훼손되면서 조선시대 이후 「원효불기조」가 원효 전기의 거의 유일한 전승이 되다시피 하였다.[17] 그래서 많은 연구자들이 원효의 전기를 복원하는 데 「원효불기조」를 기준으로 삼게 되었다. 최근에는 일연이 원효 연보에 관심을 갖고 「원효불기조」를 집필하였다는 전제하에 원효의 전기를 복원한 연구결과도 나왔다.[18] 그러나 「원효불기조」가 유사적 성격을 띠고 있으며, 내용 또한 후대인의 원효상이 투영되어 있다는 점을 감안한다면, 「원효불기조」를 그대로 역사상의 원효로 해석하기에는 무리가 따른다.

현존하는 원효 전기에서 원효의 본래면목과 후대적인 원효상을 엄밀히 구분하기란 어려운 작업이다. 필자는 3대 전기 자료를 중심으로 여타의 자료와 원효의 현존 저술을 적극 활용하여 가능한 한 원효의 본래면목을 복원해보고자 한다. 그리고 전체 연보의 작성을 염두에 두면서 원효 생애의 몇 가지 문제점을 중점적으로 다루고자 한다.

2. 출생과 출가

원효의 출생 연도를 분명하게 언급한 것은「원효불기조」로, 원효는 진평왕 39년(617)에 태어났다고 한다.「고선사비」에서도,

> 수공(垂拱) 2년 3월 30일 혈사(穴寺)에서 마치니, 춘추 70이라.

하여, 이를 역산하면 617년생임이 확실하다. 또 출생과 관련하여「고선사비」에서는 어머니가 유성이 품속으로 들어오는 꿈을 꾸고서 임신하였으며, 해산할 때 오색구름이 지붕을 덮었다고 하였다. 이러한 신이는「원효불기조」에도 거의 그대로 보인다.

출생지에 관하여 앞뒤의 결락이 있기는 하지만「고선사비」에서 불지촌(佛地村)을 언급하고 있다. 촌명을 불지(佛地)라 한 것으로 보아 이미 원효에 대한 성화(聖化)가 진행되었음을 알 수 있다.「원효전」에서는 원효의 출생지와 관련하여 불지촌을 언급하지 않고 단지 동해(東海) 상주(湘州) 사람이라고만 하였다. 그러나「원효불기조」에서는,

> 처음 압량군(지금의 장산군) 남쪽인 불지촌의 북쪽 밤골 사라나무 아래에서 태어났다. 촌명은 불지인데 혹은 발지촌[속어로는 불등을촌(弗等乙村)]이라고도 한다.……당승전(唐僧傳)에 이르기를, 본래 하상주(下湘州) 사람이라 하였다. 살피건대 인덕(麟德) 2년에 문무왕이 상주(上州)와 하주(下州)의 땅을 떼어서 삽량주(歃良州)를 두었으니, 하주는 지금의 창녕군(昌寧郡)이며, 압량군(押梁郡)은 본래

하주의 속현이었다. 상주는 지금의 상주(尙州)이니 상주(湘州)라고 도 한다. 불지촌은 지금 자인현(慈仁縣) 소속이니, 압량군에서 분리된 것이다.

라고 하여, 「원효전」의 오류를 비판하고 이를 당시의 하주 압량군으로 비정하였다. 압량군을 하주 소속의 고을이라 한 것은 물론 일연의 주장인데, 어쨌든 원효가 경주 아닌 지방 출신임은 분명하다.

원효의 가계와 관련해서 「고선사비」는 유감스럽게도 원효의 속성(俗姓)을 언급한 부분이 결락되어 알 수가 없다. 다만 이 비를 건립한 원효의 손자 중업(仲業)의 성(姓)을, 『일본서기(日本書紀)』에서는 살(薩)이라고 하였다. 그는 『해동고승전(海東高僧傳)』에서 안함비(安含碑)의 찬자로 언급된 '한림설모(翰林薛某)'와 동일 인물로 추정된다.[19] 693년 무렵의 「설요묘지명」에 의하면, 설씨는 신라 왕가인 김씨(金氏)에서 파생하였으므로 김씨와 혼인한다고 하였다.[20] 이처럼 8세기 후반 원효의 후손이 설씨를 칭한 것은 확실하지만, 설중업의 아버지이자 원효의 아들인 설총이 설씨를 칭한 자료는 아직까지 확인되지 않고 있다.[21] 따라서 원효가 과연 설씨라는 속성을 사용하였는가는 여전히 단정하기 어렵다.

다만 8세기 후반 자료에는 일관되게 그 속성이 설(薛)임을 밝히고 있는바, 원효 행장을 참조한 「원효불기조」는 그 가계를 더욱 구체적으로 기술하고 있다.

속성은 설(薛)씨이다. 조부는 잉피공(仍皮公) 또는 적대공(赤大公)이라고 하는데, 지금 적대연(赤大淵) 옆에 잉피공의 사당이 있다. 부친은 담날내말(談捺乃末)이다.

원효 조부의 사당이라고 불리는 건물이 일연 당시까지도 남아 있었으며, 부친이 내말(乃末), 즉 제11위인 내마(奈麻) 관등을 지닌 것으로 보아, 원효의 집안이 지배층이었음을 알 수 있다. 그런데 설씨가 골품제(骨品制)에 편입된 귀족가문이라는 점과 내마가 왕경인에게 수여되는 경위(京位)라는 점을 감안한다면, 원효의 가계가 경주에도 연고가 있었음을 짐작케 한다.

대사의 행장에 이르기를, 서울 사람이니 조고(祖考)를 따르기 때문이다.

「원효불기조」는 이처럼 그가 왕경인임을 밝히고 있다. 그가 압량군 출신인가 아니면 경주 출신인가 하는 것은 골품제 사회에서 중요한 문제이다. 이는 그의 가계의 내력과 관련하여 해석할 필요가 있지만, 아직 여기에 관한 자료는 발견되지 않은 채 추론만 분분하다.[22]

연구자들 사이에 가장 논란이 된 것은 어릴 때 이름에 대한 해석 문제였다. 「원효불기조」를 원문 그대로 인용하면 다음과 같다.

師生小名誓幢, 第名新幢. 幢者 俗云毛也 .

이제까지의 논점은 첫째 서당(誓幢)이 군호(軍號)인가, 둘째 제명(第名)이 어떤 뜻인가 하는 것이었다. 우선 제명에 대하여는 이를 속명(俗名),[23] 또 다른 이름,[24] 자라서의 이름,[25] 택호(宅號)[26] 등등 해석이 자못 분분한데, 여기서는 글자 그대로 택호로 보고자 한다.

소명(小名)인 서당(誓幢)이 신라시대 군호의 하나인 서당(誓幢)과 같다는 점에서 일찍부터 원효가 군직에 종사했을 것이라고 추정해왔었다.[27] 그러나 군호설(軍號說)은 논거가 부족하여 아직까지 가설의 차원에 머물고 있다.[28] 반대로 서당은 군호인 서당과는 무관하다는 반론도 제기되었다. 서(誓)와 신(新)이 발음상 '새'로 통용되고 당(幢)이 당시의 속어로 '털'이므로 합쳐서 '새털'이 됨을 감안한다면, 서당은 '새로운 털'의 한자 표기로 원효의 출생 과정에서 유래한 이름이므로, 원효가 군직을 보유하였다는 증거가 될 수 없다는 주장이 그것이다.[29]

서당이 군호인가 아닌가, 군호라면 그것을 통하여 원효의 군직 경력을 얘기할 수 있는가 없는가 하는 것이 논점이 되고 있다. 이와 관련하여 가장 이른 시기의 전기 자료인 「고선사비」를 주목할 필요가 있다.

> 다시 법륜(法輪)을 굴리는 일 누가 능히 할 수 있겠는가. 곧 우리 서당화상(誓幢和上)이 바로 그 사람이다.[30]

여기서 일반적으로 널리 알려진 원효라는 법호를 두고 왜 '서당'을 굳이 사용하였겠는가가 의문시된다. 역시 서당은 단순한 소명(小名) 이상의 의미를 갖는다고 보아야 할 것이다. 뒤에서 다시 검토하겠지만, 원효는 662년 김유신(金庾信)의 고구려 원정에 종군하여 커다란 군공(軍功)을 세운 바 있다. 삼국 간의 반복된 전쟁과 원효의 출신 성분을 감안하건대, 그가 젊은 시절에 일시적이나마 군대에 몸 담았으리라는 점은 충분히 예상할 수 있다.[31]

원효의 모든 전기 자료가 출가에 관한 아무런 정보를 전하지 않는다. 비록 진골은 아니지만 그래도 엄연한 귀족가문 출신인 그가 왜 세속의 기득권을 포기하고 출가를 단행하였을까? 여기서는 시대 상황과 원효의 출신 성분을 통해서 역으로 그의 출가 동기를 짐작해보고자 한다.

원효가 활동하던 당시 신라 사회를 지배한 세속적 원리는 골품제였다. 골품제는 개인보다는 그가 속한 친족 집단을, 능력보다는 혈통을 중시하는 원리로서, 법흥왕대 형성된 이래 신라인의 생활 영역을 광범위하게 규정하고 있었다.[32] 골품제 사회에서 정치·경제·문화적 특권계급은 골품제의 최상층에 포진한 진골 귀족이었다. 대다수의 비진골 출신들은 설계두(薛罽頭)의 예에서 보듯이 골품제의 질곡을 절감해야만 하였다.[33]

한편 족적 질서(族的秩序)가 해체되면서 중고기 말(中古期末)부터 개인 간의 사적 관계에 기초한 새로운 인간관계가 출현하기 시작하였다.[34] 이러한 비골품제적인 원리의 출현에는 삼국 간의 전쟁이 중요하게 작용하였을 것이다. 삼국 간의 전쟁은 신라 사회의 변화를 촉진한 측면도 있다. 일반민의 지위가 향상되면서 거기에 상응하는 위민정책(爲民政策)이 시행되었으며,[35] 비진골 가문 내지 지방 출신 가운데는 군공을 세워 경위를 받거나 관례를 깨는 파격적인 승진을 하기도 하였다.[36] 열기(裂起)처럼, 뛰어난 전투 능력이야말로 비진골 출신이 골품제적 장벽을 뛰어넘을 수 있는 거의 유일한 지렛대였다.[37] 국가는 전투력을 최고도로 끌어올리기 위하여 이러한 정신과 능력을 높이 샀다. 반면 전쟁이 장기화하고 전투가 격렬해지면서, 그 폐해도 더욱 커져갔다. 진정(眞定)이나 가실(嘉實)의 경우에서 볼 수 있듯이,[38] 일반민의 삶이 갈수록 궁핍해지면서 그들은 전반적으로 몰락해갔다. 또한 전쟁은 인간관계를 자비(慈悲)와 공존의식이 아니라 폭력과 적대감에 더욱더 의존하게 만들었다.

원효는 골품제의 모순을 절감함과 동시에 전쟁의 모순도 체험하였을 것이다. 그는 이러한 세상에 동조하는 대신 새로운 원리를 모색하였으며, 그것을 불교에서 찾았던 것이다.[39] 이와 관련하여 「고선사비」의 다음과 같은 표현을 주목할 만하다.

讖記□□外書等을 (결락) 세상으로부터 배척당하였다.[40]

이 구절은 출가 이후 그의 사상적 편력과 관련한 대목이다. 중간에 글자가 결락된 부분이 있어서 세상으로부터 배척당한 주어가 원효인지 아니면 참기(讖記)나 외서(外書) 등이었는지 불분명한데, 그가 이들 서적을 접한 것은 사실인 듯하다. 전기 자료에서는 이와 관련된 더 이상의 언급은 없지만, 그의 저술을 검토해보면 특히 노장적(老莊的) 표현이 풍부히 관찰된다. 이 문제는 뒤에서 다시 언급할 것이다.

출가한 시기에 관하여 「원효전」에서,

총각머리를 할 나이에 선뜻 출가하였다.

라고 하였는데, 현재 학계에서는 이 구절에 따라 15세설을 인정하는 추세이다. 그러나 '관채지년(丱縈之年)'이란 정확한 나이를 가리킨다기보다는 대개는 나이가 불분명할 때 쓰는 상투적인 표현에 불과하다. 또 29세의 늦은 나이로 황룡사(皇龍寺)에 출가하였다는 주장도 제기된 바 있지만,[41] 이미 지적되었듯이 이는 의상(625~702)의 29세 황복사(皇福寺) 출가설과 혼동한 것이다.[42] 현재로서 분명히 할 수 있는 것은 그가 650년 1차 중국 유학을 시도하기 이전에 출가하였다는 점뿐이다.

출가 직후의 상황에 대하여 「원효불기조」에서는,

대사가 이미 출가해서는 자신의 집을 희사하여 절로 삼고 초개(初開)라 이름하였으며, (사라)수 옆에 절을 두어 사라(娑羅)라고 하였다.

라고 하였다. 이 기록은 원효 당시의 역사적 사실이라기보다는, 13세기 일연 당시의 사실을 반영한다고 생각된다. 「고선사비」와 「원효전」에는 초개사(初開寺)와 사라사(娑羅寺)에 대해 아무런 언급도 하지 않았다. 다만, 「고선사비」에서 초기에 머문 사찰과 관련하여,

왕성(王城) 서북쪽에 조그마한 사찰이 하나 있으니, (이하 결락)

라고 하여, 경주 서북쪽의 사찰을 언급하였다. 원래는 사찰 이름이 있

었을 터이나, 비문이 결락되어 더 이상은 알 수가 없다. 일본 측 자료인 『제사제작목록(諸師製作目錄)』 등에는 원효가 흥륜사(興輪寺) 법장의 제자로 나오는데, 이들 기록은 두찬(杜撰)인 점이 많아서 신뢰하기 곤란하다.[43]

출가한 후 원효는 특정한 스승을 따르지 않고 두루 돌아다니며 수학하였는데, 여기에 관하여는 3대 전기가 일치한다. 그는 중고기 동안 중국에서 수입된 경전과 현장이 새로 한역한 경론들을 두루 접하면서 독자적인 사상을 구축해나갔던 것으로 짐작된다. 「원효전」에서는,

> 삼학(三學)에 정통하니, 신라 사람들은 그가 만인(萬人)을 대적할 만하다고 여겼다.

라 하여, 그가 비범한 능력으로 일찍부터 불교계에 두각을 나타내었음을 보여준다. 수행 기간에 원효가 직접 만난 선지식(善知識)들의 이름이 몇몇 알려져 있는데, 그들의 사상에 대하여는 절을 달리하여 서술하고자 한다.

3. 깨달음

원효는 국내에서의 수학에 만족하지 않고 중국 유학의 필요성을 느꼈다. 그래서 의상과 함께 중국 유학을 시도하게 되었는데, 여기에 관해서 3대 전기로는 오직 「원효전」만이 간략히 언급을 하였을 뿐이다.

반면 원효가 의상과 함께 당나라 유학을 시도하였기 때문에, 의상 관계 전기 자료에는 자료가 풍부히 남아 있다. 이를 정리하면 표 1과 같은데, 관련 자료들 간에 연대와 내용에 혼선이 빚어지고 있다.

종래는 연대 표기가 가장 구체적이고 체계적인 「부석본비(浮石本碑)」를[44] 기준으로 삼아 이러한 문제를 해결하여왔다. 그래서 650년 육로로 1차 유학을 시도하였을 때는 고구려 국경 지방에서 간첩으로 오인 받아 체포되는 바람에 실패하였으며, 661년 해로로 2차 유학을 시도하였을 때는 원효가 해골물을 마시고(또는 무덤 속에서 잠을 잔 후) 깨달음을 이루면서 의상 단독으로 유학을 떠났다고 이해하였다. 그러나 이것은 입당 유학에 관한 한 원효와 의상을 한 묶음으로 간주하고 사료를 읽은 데서 비롯된 착오였다.

표 1에서도 알 수 있듯이, 원효가 두 번씩이나 유학을 시도하였다는 기록은 어디에도 없다. 사료상 원효가 의상과 함께 유학을 시도한 것은 단 한 차례였다. 그것도 연대를 밝히지 않은 「원효전」을 제외하면, 『삼국유사』의 「전후소장사리조(前後所將舍利條)」와 「의상전교조(義湘傳教條)」 및 『송고승전』의 「의상전」에서는 영휘(永徽) 원년(650) 또는 그보다 앞선 시점의 일로 편년을 설정하고 있다. 의상이 중국 유학을 두 번째로 시도할 때 원효와 동반하였다는 근거는 없다. 그렇다고 의상이 주어인 문장에서 원효가 생략되었다고 보기도 어렵다.

원효와 의상이 1차 유학을 시도하게 된 동기는 『송고승전』에서 언급하였듯이 현장(玄奘)의 신유식(新唯識)을 배우기 위해서였다. 645년 현장이 17년간의 인도 구법을 통해 습득한 호법(護法, Dharmapāla; 530~561) 계통의 유식학을 소개하고 아울러 새로 가져

표 1 원효의 입당 유학 자료

<table>
<tr><th>출 전</th><th colspan="2">연 대</th><th>내 용</th><th>전거 자료</th></tr>
<tr><td>宋高僧傳
元曉</td><td colspan="2">미상</td><td>(元曉)嘗與湘法師入唐慕奘三藏慈恩之門 厥緣既差</td><td>미상</td></tr>
<tr><td rowspan="2">宋高僧傳
義湘</td><td>1차</td><td>年臨弱冠</td><td>(義湘)聞唐土教宗鼎盛與元曉法師 同志西遊 行至本國 海門唐州界……湘乃隻影孤征 誓死無退</td><td rowspan="2">미상</td></tr>
<tr><td>2차</td><td>總章二年(669)</td><td>(義湘)附商船達登州岸</td></tr>
<tr><td rowspan="2">三國遺事
前後所將
舍利</td><td>1차</td><td>永徽元年庚戌(650)</td><td>(義湘)與元曉同伴欲西入至高麗有難而廻</td><td rowspan="2">浮石本碑</td></tr>
<tr><td>2차</td><td>龍朔元年辛酉(661)</td><td>(義湘)入唐 就學於智儼</td></tr>
<tr><td rowspan="2">三國遺事
義湘傳教</td><td>1차</td><td>龍朔二年壬午(662)[45]</td><td>(義湘)與元曉 道出遼東邊 戍邏之爲諜者 囚閉者累旬 僅免而還</td><td>崔侯本傳(崔致遠撰義湘本傳)及 曉師行狀</td></tr>
<tr><td>2차</td><td>永徽初</td><td>(義湘)會唐使舡有西還者 遇載入中國</td><td>미상</td></tr>
</table>

온 경론을 번역함으로써 중국에서는 신역 불교가 성립하였다.[45] 이 신역 불교의 중심은 신유식이었는데, 중국뿐만 아니라 신라 불교계에도 커다란 영향을 미치게 되었다. 특히 『유가론』 같은 경우는 648년 5월 무렵 번역이 완료되자마자, 나당 간의 긴밀한 관계를 통하여 신라에 수입되었다.[46] 당시 현장 문하에는 신라승들이 다수 활약하였다.

그런데 『삼국유사』의 「전후소장사리조」와 「의상전교조」에서는 1차 시도 때 고구려까지 갔다가 실패하였다고만 하였을 뿐 원효의 깨달음에 대해서는 일언반구도 없다. 반면 『송고승전』의 「의상전」에서는 1차 시도 때 원효가 깨달았다고만 하였지, 고구려에서의 실패담에 대하여는 전혀 언급하지 않았다. 원효가 깨닫게 되기까지의 과정에 대하여 차이는 나지만, 영명연수(永明延壽, 904~975)의 『종경록(宗鏡錄)』에서도 원효의 오도설화(悟道說話)를 싣고 있는 것으로 보아, 10세기 당시 중국 불교계가 원효의 깨달음에 관심을 가졌음을 알 수 있다.

왜 1차 시도에 관한 전승 내용이 이와 같이 판이하게 다른가? 즉, 계통에 따라 전승 설화가 달랐음을 말하는데, 이는 전승자 간에 관점이 달랐기 때문이다. 『삼국유사』의 위 구절은 주인공이 의상이다. 그리고 전승자들의 주류는 의상계(義相系) 화엄종 승려들이었다. 그러므로 의상 전기에서 원효의 오도설화가 빠지는 것은 당연하다 하겠다. 반면 『송고승전』을 비롯한 중국 승려들의 관심사는 다른 데 있었다. 그들은 고승들이 깨닫게 된 기연(機緣), 즉 이른바 시절인연에 주된 관심이 있었다. 그래서 위와 같은 전승상의 차이를 낳았다고 생각된다.[47]

결국 1차 시도와 관련한 두 가지 이야기는 전승자의 주된 관심사의 차이 때문에 양자택일되었을 뿐, 실제로 어느 하나를 버리고 다른 하나를 취해야 할 양자택일적인 것이 아니며, 둘 다 사실을 일부분 반영하는 것이다. 그리고 이야기의 순서상 고구려에서의 실패담과 당주계(唐州界)에서의 깨달음은 연속되는 사건이었다.

당주계 오도처(悟道處)는 지금의 충청남도 직산(稷山) 일원으로 비정된다.[48] 이 일대는 경주와 당항진(黨項津)을 연결하는 교통로에 자리하기 때문에, 신라와 백제가 일진일퇴를 거듭하던 격전지의 하나였다. 당시 백제는 고구려와 협공하여 당항성을 점령함으로써 신라의 대당교통로를 차단하고자 하였다. 그런 가운데 648년 당에서 귀국하던 김춘추 일행이 고구려 해상순찰대에 포착되어 온군해(溫君解)가 살해당하고 김춘추가 구사일생으로 귀환하는 사건이 발생하기도 하였다.[49] 즉, 대당교통의 거점인 당주 일대가 삼국 간의 전장으로 화하면서 그 기능을 위협받았던 것이다. 진덕왕 3년(649) 8월에는 신라의 김유신 군대와 백제의 은상(殷相) 군대가 도살성(道薩城, 충남 천안?)에서 결전하여 백제의 장졸(將卒) 약 9천 명이 전사하기도 하였다.[50] 이 전투 이후 태종무열왕(太宗武烈王) 2년(655) 정월까지 전국(戰局)은 소강상태에 들어갔지만, 원효가 당항진을 향해 이곳을 지나갔을 650년 당시에는 여전히 전쟁의 상흔이 남아 있었을 것이며, 의상이 1차 유학 시도를 포기한 것도 전쟁 와중의 불안한 정세와 관련 있을 것이다.

「원효전」에 의하면 원효는, 당주계에서 우기(雨期)를 만나 우연히 고분 속에서 이틀 밤을 묵게 되었는데, 첫날은 동굴[龕] 속이라 생각했기에 마음 편히 잠잘 수 있었으나, 이튿날은 무덤[墳] 속임을 알았기에 밤새 악몽에 시달려야만 하였다.[51] 이때 그는 자신이 유학하여 얻고자 하는 법이 다름 아니라 '삼계유심(三界唯心) 만법유식(萬法唯識)'임을 깨달았다. '삼계유심'은 『화엄경』의 구절이며, '만법유식'은 유식학의 상용구이다. 또한 그때 깨달으면서 노래한 '심생고종종법생(心生故種種法生) 심멸고감분불이(心滅故龕墳不二)'는 『대승기신론(大乘起信論)』의 '심생즉종종법생(心生則種種法生) 심멸즉종종법멸(心滅則種種法滅)'[52]에서 유래한다. 원효의 깨달음이 후대에 다소 윤색은 되었겠지만, 그 핵심이 불교 유심주의에 있었음은 분명하다.

|제3장| 사상적 배경

원효가 누구에게 출가하였고, 누구에게서 구족계를 받았는지 전혀 알 수가 없다.[1] 그는 수행 과정에서 혜공(惠空), 대안(大安), 보덕(普德), 낭지(朗智) 등으로부터 직접 사상적 영향을 받았으며, 의상으로부터 중국 화엄학의 성과를 접할 수 있었다. 따라서 원효의 불교 사상을 재구성하기 위해서는 사상적 배경에 대한 이해가 전제된다.

혜공과 대안 및 그들의 선배인 혜숙(惠宿)의 불교에 대하여는, 일찍이 이를 불교대중화 운동으로 규정한 연구결과가 발표된 이래[2] 현재까지도 정설로 통용되고 있다. 그리고 최근에는 불교대중화란 용어를 중세 불교와 관련하여 이론적으로 검토하기도 하였다.[3] 불교대중화란 피지배층 또는 지방으로의 불교 확산을 의미하므로, 대부분의 논자들이 여기에 대하여 역사의 진보라는 후한 평가를 내리는 데 망설임이 없었다. 그러나 평가만큼 불교대중화의 사상적 측면이 밝혀지지는 않았다.

이러한 문제의식에서 원효가 직접 사사한 혜공·대안·보덕·낭지는 물론 혜숙에 대해서 전면적으로 재검토하고자 한다. 아울러 원효와 직접적인 사승관계는 알 수 없지만, 원효 사상의 형성 배경으로서 신라 초기 불교사를 여래장사상 중심으로 정리해두고자 한다.

1. 중고기(中古期) 불교 교학의 연구

1) 중국 유학과 불교경전(佛敎經典)의 수입

법흥왕(法興王)대의 불교공인으로 신라는 동아시아 불교권에 편입되었다. 동아시아 불교권은 한역경전(漢譯經典)을 매개로 성립하였으며 그 중심은 중국이었다. 신라는 중고기 동안 중국의 선진적인 불교를 받아들여 교학 연구의 기초를 다졌다.

신라 최초의 유학승은 진흥왕 10년(549) 봄, 양(梁)에서 귀국한 각덕(覺德)이다. 그는 이때 양나라 사신과 함께 불사리를 가지고 귀국하였으며, 국왕이 백관과 함께 흥륜사 앞길에서 환영하였다고 한다.[4] 신라인이 출가하여 승려가 되는 것을 545년 3월에 허락하였으므로, 각덕도 이때 출가하였다가 바로 양나라로 유학 갔을 것이다. 진흥왕 26년(565)에는 진(陳)나라 사신 유사(劉思)가 승려 명관(明觀)과 함께 불경 1,700여 권을 가지고 왔다.[5] 신라가 당시 남북조와 외교관계를 맺고 있었음에도 불구하고, 북조에 유학승을 파견한 기록은 보이지 않는다. 이는 신라가 양나라와 교섭하면서 불교를 공인하였기 때문이기도 하지만, 북조의 왕조인 북위(北魏)와 북주(北周)에서 두 차례나 대대적인 불교 탄압이 있었던 저간의 사정과도 결코 무관하지 않다. 특히 북주의 폐불이 신라가 한창 유학승을 파견하던 574년(진흥왕 35)에 일어났음에 유의할 필요가 있다. 신라 초기 불교는 자연 남조 불교의 영향을 받게 되었다.[6] 그후 589년 수(隋)가 중국 대륙을 재통일하여 장안(長安)이 중국 불교계의 중심지가 되면서, 신라 출신 유학승들이 북조 계통 불교를 본격적으로 수입하게 되었다. 이러한 전환기에 중국 유학을 한 승려가 바로 원광(圓光)이다.

원광의 속성이라든가 생몰년 및 중국 유학 시기에 대해서는 전기 자료 간에 서로 일치하지 않는 점이 많다.[7] 그런데 도선(道宣)이 원광의 제자 원안(圓安)의 기록을 바탕으로 『속고승전(續高僧傳)』 권13의 「원광전(圓光傳)」을 지은 것으로 보이므로, 중국 유학에 관해서는 가장 믿을 만하다. 『속고승전』에 의하면, 원광은 25세에 진의 수도인 금릉(남경)으로 가서 장엄사(莊嚴寺) 승민(僧旻, 467~527)의 제자로부터 강의를 들었다고 한다. 그후 진나라 임금의 허락을 받아 정식으로 출가 수계한 다음 성실학(成實學)과 열반학(涅槃學)을 배웠으며, 다시 소주(蘇州) 호구산(虎丘山)으로 옮겨가서 각관(覺觀)을 익히는 한편 소승부파의 경전인 『아함경(阿含經)』을 섭렵하였다. 그리고 호구산 아래 거주하던 재가자의 요청에 따라 『성실론』과 『반야경』을 강의하기도 하였다.[8]

원광은 이와 같이 남조 불교계에서 유학 생활의 전반기를 보냈는데, 특히 승민 이래 남조에서 성행하고 있던 성실학파의 영향을 받은 것으로 보인다. 양나라 3대법사로 손꼽힌 승민은 교학적으로 성실학파이면서도 대소승의 경전은 물론 유불도 삼교에 모두 정통하였고 강론과 선정(禪定)을 즐겨하였으며, 왕실과 귀족을 멀리하고 만년에는 명리(名利)를 피하여 호구산에 은거하였다.[9] 승민의 이러한 불교는 귀국 후 원광의 행적을 이해하는 데 도움이 된다. 한편 원광은 589년 수에 의해 남북조가 통일되자 장안으로 옮겨갔다. 그는 장안에서 새로 흥기하고 있던 섭론학(攝論學)을 배웠으며, 아울러 북조 불교의 오랜 전통인 국가불교도 접하였을 것이다. 당시는 수문제(隋文帝)에 의해 불교치국책(佛敎治國策)이 강력히 추진되고 있을 때였다. 그는 장안에 체류한 지 10여 년 만인 진평왕 22년(600) 국왕의 귀국 요청에 따라 조빙사(朝聘使) 일행과 함께 귀국하였다.

원광을 뒤이어 지명(智明)이 진평왕 7년(585) 7월 진에 유학갔다가, 동왕 24년(602) 9월 입조사(入朝使) 일행과 함께 수에서 귀국하였다.[10] 그리고 동왕 27년 3월에는 담육(曇育)이 입조사 일행과 함께 역시 수에서 귀국하였다.[11] 또 안함(安含, 579~640)은 동왕 23년(601) 수에 건너가서 장안의 대흥선사(大興善寺)에 머물며 '십승비법(十乘秘法)'을 배우고 동왕 28년에 귀국하였다.[12]

수 왕조의 짧은 존속 기간에 비해 입수유학승(入隋留學僧)이 다수 배출될 수 있었던 요인으로는 수대의 활발한 불교 부흥과 불교치국책 및 신라의 친수(親隋) 외교를 들 수 있겠다. 수에서도 이들 외국 유학승들을 교육시키기 위하여 그 임무를 홍려시(鴻臚寺)에 맡겼다. 그런데 담당 직책의 명칭이 '교수번승(敎授蕃僧)'[13]에서 '교수동번(敎授東蕃)'[14]으로 다시 '교수삼한(敎授三韓)'[15]으로 표현이 바뀌는 것은, 그만큼 삼국 출신 승려들의 비중이 차츰 높아졌음을 반영한다.

신라는 중국 불교의 수입에만 그치지 않고 직접 경전 번역까지 시도하였다. 안함이 귀국할 때 서역 출신인 비마진제(毘摩眞諦)와 농가타(農加陀) 등을 대동하였으며, 이들과 함께 황룡사에서 『전단향화성광묘녀경(旃檀香火星光妙女經)』을 번역하였다고 한다.[16] 이 경전이 전해지지 않음은 물론 어떠한 경록이나 저술에도 그 이름이 알려진 바가 없다. 제목으로 보아 밀교 계통 경전이 아니었을까 한다. 어쨌든 7세기 초까지 많은 중국 유학승이 귀국하면서 신라 불교계의 수준이 급속히 높아져서 마침내 불경을 직접 번역하는 단계에까지 이르렀음을 알 수 있다.

수당(隋唐)의 왕조 교체에도 불구하고 신라승의 해외 유학은 더욱 활발해졌다. 원승(圓勝)은 627년 무렵 장안에 유학 가서 계율을 수학하고 643년 자장과 함께 귀국하였으며,[17] 자장의 생질인 명랑(明朗)은 4년간의 중국 유학을 통하여 밀교를 수학하고 635년 귀국하였다.[18] 자장 역시 638~643년 사이 장안에 유학하였다. 또 귀국 여부는 불분명하지만, 이 무렵 원광의 제자인 원안이 장안에 유학하여 고관인 소우(蘇瑀, 574~647)의 후원하에 남전현(藍田縣) 진량사(津梁寺)에 머물렀다.[19]

한편 중고기 말 신라승들의 해외 유학에 있어서 새로운 경향으로는 인도 유학이 대거 시도되었다는 사실이다. 의정(義淨, 635~713)의 『대당서역구법고승전(大唐西域求法高僧傳)』에 의하면, 아리야발마(阿離耶跋摩)·혜업(慧業)·현태(玄太)·현각(玄恪)·혜륜(慧輪) 및 성명 미상의 신라승 2인이 육로나 해로로 인도 유학을 하였다고 한다.[20] 물론 이들 가운데 살아서 신라로 귀환한 승려는 아무도 없다. 그러나 인도 유학의 시도는 중국을 거치지 않고 직접 인도 불교를 수입하려는 의식의 발로라는 점에서 중고기 말에 이미 신라 불교계 내에서 독자적인 불교철학의 모색이 시작되었다고 볼 수 있다.

중고기 동안의 중국 유학에서 대미를 장식하면서 귀국 후 신라 불교의 교단체제를 정비하는 데 크게 기여한 인물은 바로 자장이었다. 그는 638~643년 사이 당의 장안에서 유학하였다. 자장의 유학과 관련하여 주목할 것은 그가 개인적으로는 당 태종의 후원을 받았으나, 당 태종의 불교정책에는 다분히 비판적이었다는 사실이다.[21] 도선이 살아 있는 자장의 전기를, 억불숭도책에 항의하다가 장형(杖刑)을 받고 죽은 지실(智實, 601~638)과 나란히 『속고승전』 호법편(護法篇)에 기술하면서, 자장을 호법보살(護法菩薩)로 극찬하게 된 배경도 여기에 있지 않았을까 한다.

2) 여래장계(如來藏系) 경전에 대한 이해

중고기 동안 중국과 신라 사이의 활발한 인적·물적 불교 교류로 인하여, 신라 불교는 비약적인 성장을 이룩하였다. 그중에서도 원효 사상의 성립 기반이라는 시각에서 중고기의 불교를 접근할 때, 가장 먼저 눈에 띄는 것은 이 시기 동안 여래장계 경전에 대한 이해가 시작되었다는 사실이다. 그중에서도 가장 폭넓게 받아들여진 것은 『열반경(涅槃經)』이었다. 『열반경』은 석가모니 최후의 설법으로 알려졌기 때문에, 한역 직후부터 불교계의 비상한 관심을 끌었다.

남북조 시대 이래 중국 불교계의 열반학은 크게 북지 열반학(北地涅槃學)과 남지 열반학(南地涅槃學)으로 나누어 볼 수 있다.[22] 남지의 열반학자들이 구마라집학파에 의해 조직된 대승반야학(大乘般若學)의 입장에서 주로 『열반경』의 불성설(佛性說)을 교리적으로 분석한 데 비하여, 북지의 열반학자들은 실천 수도의 입장에서 『열반경』의 대승율(大乘律)을 적극 권장하였다. 이 경전의 대승율은 왕자와 승려들에 대하여 불법을 적극적으로 보호할 것을 권장하는 하나의 규범이었다.

백제는 성왕(聖王) 19년(541) 양나라로부터 『열반경』 등을 수입하였다.[23] 그리고 연대는 알 수 없지만 강남에 유학 간 백제승이 길장의 『열반경소(涅槃經疏)』 14권(또는 20권)을 전부 입수하여 귀국하는 바람에 정작 중국에서는 이를 구해볼 수가 없었다고 한다.[24] 길장의 『열반경소』는 전해지지 않다가 최근에 복원되었는데, 그 사상은 반야공관사상에 입각하여 열반(涅槃)·불성(佛性)을 해석하는 것이었다. 고구려에서 『열반경』을 강의한 보덕도 삼론사상(三論思想)에 입각해서 『열반경』의 불성의(佛性義)를 더욱 발전시킨 것이 아니었을까 추측되고 있다.[25] 고구려 출신 승려들이 중국 남조에서 활동한 사례도 있기 때문에, 고구려에 남지 열반학이 전해졌을 가능성이 있다.[26]

한편 신라도 일찍부터 『열반경』에 대한 이해가 있었던 것으로 추측된다. 최초의 중국 유학승인 각덕은 그 이름이 『열반경』 금강신품(金剛身品)에 나오는 지계비구(持戒比丘) 각덕(覺德)에서 따온 것이었다.[27] 선덕왕(善德王)의 '선덕(善德)'은 『대방등무상경(大方等無想經)』에 나오는 선덕바라문(善德婆羅門)에서 기원하는 것으로 추정되는데, 이 경은 『열반경』의 후속편의 성격을 띠고 있다. 당시 중고 왕실을 중심으로 한 진골 귀족사회, 그리고 이를 배경으로 한 상층 불교계에서는 『열반경』 계열의 경전이 널리 읽혔으며, 이 경전의 사상이 그들의 삶의 방식과 내용에 커다란 영향을 끼쳤음을 미루어 짐작할 수 있다.

자장이 정식으로 출가하기 이전에 수행한 백골관(白骨觀)은 『열반경』에서 석가모니가 가섭에게 권장한 관행(觀行)이었다.[28] 또한 그의 문수신앙(文殊信仰)은 『문수열반경(文殊涅槃經)』을 경전적 배경으로 성립하였는데, 이 경전 역시 『열반경』 계열의 것임은 두말할 필요가 없다. 즉, 자장의 『열반경』 신앙이 같은 계열의 다른 경전으로까지 확장되고 있음을 알 수 있다. 자장에게는 『열반경』에 대한 저술이나 강연 기록이 없기는 하지만, 그가 체류한 장안 불교계의 열반학 동향을 통해서 자장의 열반사상을 미루어 짐작할 수는 있다. 황룡사 경영의 모델이 되었을 것으로 보이는 장안의 흥선사에는 수대에 이미 북지 열반학의 거장인 혜원과 담연(曇延)이 주지하고 있었다. 또 자장이 수학한 법상(法常, 567~645)도 원래는 담연의 수제자인 데다가 법상 자신이 열반학에 뜻을 두고 있었다.[29] 그러므로 자장의 열반학은 이들 중국 북지 열반학의 전통을 계승하여 대승율을 중시하였다고 볼 수 있다.

『열반경』은 모든 중생이 부처의 본성을 가지고 있음[一切衆生]을 주장한다. 그러므로 삼국시대 『열반경』의 수입과 연구는 불성론의 확산을 가져왔을 것이다. 불성(佛性)이 번뇌에 의해 가려져 있는 상태를 특별히 여래장(如來藏)이라고 한다. 『열반경』의 불성론을 계승하여 여래장사상을 설한 경전 가운데 『대방등여래장경(大方等如來藏經)』이 있다. 이와 관련하여 원광에게 『여래장경사기(如來藏經私記)』

3권과 『대방등여래장경소(大方等如來藏經疏)』 1권이 있었음이 주목된다.[30] 또 진흥왕 37년(576)에 안홍(安弘)이 귀국하면서 가져온 『승만경(勝鬘經)』과 『능가경(楞伽經)』도 여래장사상에 대한 이해를 심화시켰을 것이다. 『승만경』은 중생의 본성이 청정무구(淸淨無垢)하다는 점에 중점을 두면서 중생이 불성·여래장을 소유함을 주장하고 이를 공(空)·불공(不空)의 두 측면에서 해석하였다. 그리고 『능가경』은 여래장사상을 아라야식에 기초하는 유식설과 결합시킴으로써, 수행의 측면을 부각시켰다.

여래장사상과 유식설의 결합은 섭론학의 특징이기도 하였다. 섭론학은 열반학과 함께 남북조 말에서 수·초당(初唐)에 걸쳐 가장 번성한 학문의 하나였다.[31] 신라 유학승 가운데는 원광이 처음 섭론학을 수학하였다. 원광은 589년 수에 의해 중국 대륙이 재통일되자 장안으로 옮겨가서 막 흥기하고 있던 북지 섭론학을 접할 수 있었다.[32] 남조에서 한역된 『섭대승론(攝大乘論)』을 장안 불교계에 홍포함으로써 북지 섭론학을 개창한 주인공은 담천(曇遷, 542~607)이었다.[33] 그런데 대업(大業) 10년(614)에 삼한 출신 승려들을 가르친 영윤(靈潤)은 바로 담천의 손제자였다. 그는 『열반경』을 70여 회, 『섭대승론』을 30여 회씩 강의하였으며, 『열반경의소(涅槃經義疏)』 13권과 『섭대승론현장(攝大乘論玄章)』 3권을 저술하였다.[34] 그러므로 신라 유학승 가운데는 영윤에게서 열반학과 아울러 섭론학을 배운 자도 있었을 것이다.

섭론학을 본격적으로 수입한 승려는 자장이었다. 그의 당나라 유학 동기는 법상의 섭론학을 위시한 당시 장안 불교계의 새로운 사조를 배우기 위해서였다. 그는 당나라로 가는 배 위에서조차 법상의 꿈을 꾸었다. 그리고 장안 도착 즉시 공관사(空觀寺)의 법상을 찾아가 보살계를 받고 예를 다하여 그를 섬겼다고 한다.[35] 이때 법상으로부터 섭론학도 수학하였을 것으로 보인다. 법상은 담천의 제자로서 당대 섭론학의 대표적 학승이었다. 그에게는 『섭론의소(攝論義疏)』 8권과 『섭론현장(攝論玄章)』 5권이 있어 당시 불교계를 풍미하고 있었다.[36] 또 후대이기는 하지만 신라 불교학승들에게도 알려졌다.[37] 더욱이 당 초기의 불교계를 주도하게 되는 지엄(智儼, 602~668)과 현장 및 신라승 원측 등이 자장의 입당 이전에 이미 법상에게서 섭론학을 비롯한 불교 교학을 배운 바 있다.

자장이 당 태종의 칙명을 받아 머물렀던 장안의 승광사(勝光寺)는 원래 수문제(隋文帝)가 제4자 촉왕(蜀王) 수(秀)를 위하여 창건한 사찰로서 담천이 여기에 머물면서 북지 섭론학(北地攝論學)을 개척하였으며,[38] 당 초기에도 여전히 섭론 연구의 중심 사찰로서 중시되었다. 여기에는 주로 남도파(南道派) 지론학자(地論學者)와 섭론학자들이 머물렀다. 따라서 자장이 승광사에 머무르면서 섭론학을 수학하였을 가능성 역시 크다고 할 수 있다. 자장이 장안을 중심으로 이러한 북지의 섭론학을 접한 기간은 장안에 도착한 638년부터 종남산(終南山)으로 옮겨가는 640년까지로 추정된다. 그리고 자장은 신라로 돌아온 후 어느 해에 『섭대승론』을 강의함으로써 섭론사상을 유포하고자 하였다. 자장의 섭론사상을 알 수 있는 관련 자료는 전혀 알려져 있지 않다. 그에게는 섭론 관계 저술이 없었던 것으로 보이며, 위에서 언급한 법상의 섭론 관계 저술 역시 전해지지 않고 있다.

『섭대승론』의 중심은 삼성설(三性說)에 기초한 유식설이다. 섭론학은 이 유식설을 여래장사상과 결합시켜서 연구하는 경향이 있었다. 그것은 진제(眞諦)가 『섭대승론』과 아울러 『불성론(佛性論)』을 한역한 데서 이미 시작되었다고 볼 수 있다.[39] 『불성론』은 유식설에 입각해서 여래장사상을 체계적으로 설명한 논서이다. 그래서 섭론학자들은 식(識)의 해석에 있어서도 제8식을 진망화합식(眞妄和合識)으로 간주하였는데, 이는 제9식 청정무구식(淸淨無垢識)을 전제로 한 것이었다. 현장 이후의 신유식학자들이 제8식을 근본식으로 설정하고 이를 망식(妄識)으로 간주한 것과 대비된다.

당시 섭론학의 또 하나의 경향은 기신론 연구를 병행하였다는 점이다. 『속고승전』에 『기신론(起信論)』의 강설자로 등장하는 담천·담연·영윤·혜원 등등은 하나같이 『섭대승론』의 세례를 받았다.[40] 『기신론』은 그 소의경(所依經)으로 지목된 『능가경』과 더불어 여래장계경론(如來藏系經論) 가운데서 여래장과 아려야식(阿黎耶識)을 동일시한 대표적 경론이다.

중고기의 『기신론』 이해와 관련하여 빼놓을 수 없는 경전이 『점찰선악업보경(占察善惡業報經)』(이하 『점찰경』)이다. 『점찰경』은 580~590년경 성립된 위경(僞經)이다. 말법(末法) 시대의 중생을 대상으로 점찰행법(占察行法)과 지장신앙(地藏信仰)을 고취할 것을 의도하였으며, 불경의 권위를 부여하고자 『대방광십륜경(大方廣十輪經)』과 『기신론』을 교리적 배경으로 삼았다.[41] 『점찰경』은 성립 직후부터 일찌감치 중국 불교계에서 위경으로 낙인 찍혀, 수문제(隋文帝)에 의해 공식적으로 유통이 금지된 서적이었다.

비장방(費長房)이 597년에 지은 『역대삼보기(歷代三寶紀)』에 의

하면, 광주(廣州, 광동성)의 승려와 청주(靑州, 산동성)의 거사가 탑참법(塔懺法)과 자박법(自撲法)을 수행하고 있었는데, 개황(開皇) 13년(593, 진평왕 15) 한 승려의 고발로 광주 정부가 조사에 착수하자 광주의 승려는 탑참법이 『점찰경』의 교리에 따른 것이라 하였으며, 이에 중앙정부가 다시 번경대덕(飜經大德)인 법경(法經)과 언종(彦琮) 등에게 자문을 구하여 그 유통을 조칙으로 금지시켰다는 것이다.[42] 법경과 언종이 『점찰경』을 위경으로 단정한 이유는 번역자·시기·장소가 불투명하기 때문이었다. 그들의 입장은 자신들이 작성한 『법경록(法經錄)』(594년)과 『언종록(彦琮錄)』(602년)에 재차 반영되었다. 당초에도 그러한 주장은 받아들여져서 도선 역시 『점찰경』을 위경으로 분류하였다.[43] 이와 같이 『점찰경』은 성립 직후부터 당나라 초기까지 위경으로 간주되어 그 연구가 제대로 이루어지지 못하였다.[44]

반면 일연은 『점찰경』이 진경(眞經)임을 강력히 주장하였다. 그의 입장은 『삼국유사』 권4 진표전간(眞表傳簡)에 잘 나타나 있다. 그는 우선 『속고승전』을 인용하여 수 초(隋初)에 있었던 저간의 사정을 소개한 다음,[45] 자신의 진경설을 분명히 개진하였다. 그는 탑참법과 자박법에 대해서는 비판적이면서도, 『점찰경』만은 대승상교(大乘相敎)를 설하는 진경으로 높이 평가하였다. 그 이유에 대하여 첫째, 경에 기술된 부처의 설법이 깊고 빈틈이 없어서 더러운 때를 깨끗이 씻고 게으른 사람을 격앙케 함이 다른 경전보다 뛰어나기 때문이며, 둘째, 그 내용이 『육근취경(六根聚經)』에서 나왔다고 주장하기 때문이며, 셋째 『개원석교록(開元釋敎錄)』(730년)과 『정원석교록(貞元釋敎錄)』(800년)에서 정장(正藏)에 편입하였기 때문이라고 하였다. 나아가 일연은 『점찰경』을 『사리불문경(舍利佛問經)』과 같은 부류의 경전으로 보았다. 그래서 그는 『점찰경』을 위경으로 판정하여 유포의 금지를 건의한 언종 등에 대하여, '금을 훔칠 때 사람은 보지 못하는 자'로 맹비난하였던 것이다.

한국 불교계에서 『점찰경』을 진경으로 간주한 것은 일연 이전부터였을 것이다. 이와 관련하여 최초로 점찰법회를 설치한 원광을 주목할 필요가 있다. 원광은 진평왕 35년(613)에 개최된 황룡사 백고좌회(百高座會)에서의 논의를 바탕으로 자신이 머무르던 가서갑(嘉栖岬, 경남 청도군)에 점찰보(占察寶)를 설치하는 것으로 항규(恒規)를 삼았으며, 이때 여자 단월이 동평군(東平郡, 부산 동래)의 토지 100결을 점찰보에 시납하였다고 한다.[46] 점찰회를 설치한 동기는 계율에 의해 참회함으로써 어리석은 이들을 깨우치기 위해서라고 한다. 또한 점찰회가 가서갑에 설치되었기 때문에 여기에는 지역 주민도 참여하였을 것이며, 그만큼 불교가 지역 사회로 확산될 수 있었다. 593년 수 문제(隋文帝)가 『점찰경』의 유통을 금지시켰을 때, 원광은 바로 장안에 머무르고 있었기에 그도 소식을 들어서 알고 있었을 것이다. 그럼에도 불구하고 원광이 귀국하여 『점찰경』에 근거한 점찰회를 설치한 것은, 적어도 그가 위경설에 동조하지 않았음을 시사한다 하겠다.

원광에 뒤이어 진평왕대의 안흥사(安興寺) 비구니인 지혜(智惠)가 선도산성모(仙桃山聖母)의 탁몽(託夢)에 따라 해마다 봄, 가을로 점찰법회를 개설하였다고 한다.[47] 또 사복(蛇福)이 연화장세계(蓮花藏世界)로 왕생한 이후에 금강산 동남쪽에 도량사(道場寺)를 창건하고 매년 3월 14일에 점찰회를 행하였다고 한다.[48] 점찰회는 경덕왕대(景

德王代)의 진표(眞表)에 의해 더욱 정비되었다.[49]

점찰회에서는 사람들로 하여금 목륜(木輪)을 던져 숙세(宿世)의 선악업보(善惡業報)를 점치게 함으로써, 현세에서의 선행을 권장하고 악행을 경계하는 역할을 담당하였다. 이러한 목륜점법(木輪占法)과 관련하여 점찰회를 무속신앙(巫俗信仰)의 불교적 섭화(攝化)라는 각도에서 중시하여왔는데,[50] 아울러 교학 이해의 심화라는 측면에서도 주목할 만하다. 정기적인 점찰회 개최는 『점찰경』에 대한 이해를 심화시켰을 것이다. 비록 재인용이기는 하지만, 원효는 『열반종요(涅槃宗要)』에서 열반의 체(體)와 관련하여 『점찰경』을 언급하였다.[51] 『점찰경』이 교학사상 주목받게 된 것은 그 교리적 배경 때문이었다. 특히 권 하(下)의 교리적 배경이 『기신론』에 있음은 널리 알려진 사실이다.[52] 그러므로 원광 이래 정기적인 점찰회의 개최는 후대의 『기신론』 이해와 무관할 수 없다.

지금까지 살펴보았듯이 중고기 동안 중국 유학승을 통하여 열반학과 섭론학이 수입되었으며, 『점찰경』에 근거한 점찰법회가 설치되었다. 아울러 『승만경』과 『능가경』 및 『여래장경』에 대한 연구가 병행되면서, 전반적으로 여래장사상에 대한 이해가 심화되었다. 원효는 이러한 이해를 바탕으로 여래장계 경론인 『보성론(寶性論)』과 『부증불감경(不增不減經)』에 대해 주해를 거쳐서, 마침내 『기신론』의 일심사상으로 나아갈 수 있었던 것이다.

2. 선지식(善知識)들

1) 혜숙(惠宿)·혜공(惠空)·대안과 반야공관사상(般若空觀思想)

(1) 혜숙과 척리귀서설(隻履歸西說)

7세기 전반의 신라 불교계 내에서 반야공관사상과 관련하여 우선 주목할 인물은 혜숙(惠宿)이다. 그는 진평왕대(眞平王代, 579~632)에 활약한 승려로서, 역사상에 이름을 남긴 많지 않은 원효의 선지식 가운데 한 사람이다. 기왕에는 불교대중화 운동 또는 신라 아미타정토 신앙의 기원과 관련하여 연구되어왔다.[53] 혜숙에 대해서는 『삼국유사』 권4 이혜동진조(二惠同塵條)가 가장 자세하며, 이외에도 권3 흥륜사 금당십성조(興輪寺金堂十聖條)와 권4 욱면비염불서승조(郁面婢念佛西昇條) 및 『해동고승전』 권2 「안함전(安含傳)」에 간단하게 나온다.

혜숙의 생몰년이라든가 신분은 알려져 있지 않다. 『삼국유사』에 의하면 그는 호세랑(好世郞)이 이끄는 화랑도의 일원이었다고 하는데,[54] 호세는 울주 천전리서석(川前里書石)에서 확인된다.[55] 다만 혜숙이 일반 낭도였는지 아니면 승려로서 참여하였는지는 불확실한데, 아무래도 후자였을 가능성이 높다.[56] 그 후 호세랑이 은퇴하자 혜숙도 적선촌(경상북도 안강)으로 은거하여 20여 년을 지내게 되는데, 적선촌으로 은거하기 전에 중국 유학을 시도한 것으로 보인다. 즉 진평왕 22년(600)에 안함과 함께 중국 유학을 시도하였으나 풍랑으로 좌절되고 말았다. 이듬해 왕명으로 유학승을 선발할 때 혜숙은 탈락하였기 때문에 중국 유학은 끝내 이루어지지 못하였다. 이때 선발의 기준

이 '법기(法器)를 이룰 만한 자'라고 하였는데,[57] 여기에는 신분도 감안한 듯하다.[58]

혜숙은 저술도 남기지 않았을 뿐만 아니라, 그가 어떠한 경전을 접했는지도 전연 알 수가 없다. 따라서 혜숙의 사상을 편린이나마 복원하기란 여간 어렵지가 않다. 여기서는 그 시도의 일환으로 현재 남겨진 혜숙에 관한 자료를 면밀히 분석해보고자 한다. 우선 주목할 것은 사냥을 즐기던 당시의 국선인 구참공(瞿旵公)에게 더 맛있는 고기를 추천한다면서 자기의 넙적다리살을 베어 바침으로써 그를 감화시킨 일이다. 그 때 혜숙이 구참공을 힐난하기를,

> 처음에 나는 공이 어진 사람이어서 능히 자기를 미루어 사물에까지 미칠 수 있다고 여겼기 때문에, 그대를 따랐던 것입니다. 그런데 이제 공이 좋아하는 것을 보니, 오직 살육에 탐닉하여 남을 해쳐서 자신을 기를 뿐이니, 어찌 어진 군자라 할 수 있겠습니까. 우리의 무리가 아닙니다(『삼국유사』 권4 이혜동진).

라고 하여, 그의 사냥을 비난하고 있다. 여기서 어진 군자의 덕목으로 인(仁)을 들고 있는데, 이는 불교식으로 표현하자면 바로 불살생(不殺生)이 된다. 자기의 다리살을 베어서 살생을 일삼는 상대방을 감화시켰다는 이야기는 『사분율(四分律)』 권52에도 나온다.[59] 자신의 다리살을 베어줌으로써 상대방으로 하여금 살생을 중지토록 하였다는 점에서 두 설화는 닮은 꼴을 보여주고 있다.

사냥은 화랑도(花郎徒)의 신체 단련에서 빼놓을 수 없는 과정이

지만, 그것은 동시에 불살생을 첫째 덕목으로 치는 불교의 십선행(十善行)에 정면으로 배치된다. 이와 같이 신라 고유의 화랑도 문화와 새로 수용된 불교 문화 사이에는 상충되는 점도 있었다. 불교가 신라 사회에 뿌리내리기 위해서는 우선 이러한 문화적 차이를 극복해야만 하였다. 일찍이 원광이 화랑도의 윤리규범으로 세속오계(世俗五戒)를 제정할 때, 불교의 불살생계(不殺生戒)와 전쟁이라는 시대상황을 접목시켜서 '살생유택(殺生有擇)'을 제시한 바 있었다. 이제 위의 설화에서 승려 혜숙이 사냥을 즐기던 화랑 구참공을 감화시켰다고 한 것은, 결국 불교의 가치관이 전통적인 화랑도 정신에 스며들어갔음을 의미한다.[60]

7세기에 접어들면서 신라 불교계에서 『사분율』 연구가 활발해졌으므로, 혜숙이 『사분율』을 읽었을 가능성이 있다. 다만 그가 『사분율』에 전념하지는 않은 듯하다. 혜숙의 계율관에는 『사분율』과 상충되는 면도 보인다. 구참공을 감화시켰다는 얘기를 듣고 진평왕이 사자를 보내어 혜숙을 불렀을 때, 그는 일부러 부인의 침상에서 자는 모습을 보여주었다. 이를 본 사자가 혜숙을 비루하다 여기고 그냥 돌아가는 도중에 성내의 단월(檀越) 집에서 재(齋)를 마치고 돌아오던 혜숙을 만났다고 한다. 부인의 침상에서 혜숙이 잠자는 모습을 보고 왕의 사자가 이를 비루하게 여겼다는 것은, 사자의 계율관이 남녀관계를 엄격하게 경계하는 『사분율』의 정신과 상통함을 의미한다. 반면, 혜숙은 『사분율』의 정신에 어긋나게 부인의 침상에서 잠으로써 남자냐 여자냐 하는 고정된 상(相)에 구애받지 않았음을 보여주었는데, 대승경전 중에서도 특히 『금강경(金剛經)』이 상(相)으로부터 자유로울 것을 강조하였다. 또 『유마경(維摩經)』에서는 여인상에 대한 편견을 불식시키고자 하는 내용이 보인다.[61] 따라서 혜숙의 위와 같은 행위는 『금강경』의 정신과 상통하는 면이 있음을 보여준다고 하겠다. 『금강경』은 『반야경(般若經)』과 더불어 모두 반야공관사상을 보여주는 대표적인 경전들로서 초기 대승경전에 속한다. 초기 대승경전의 중심 사상이 보살도(菩薩道)이며, 보살도의 요건이 십선행임은 주지의 사실이다. 결국 혜숙은 『사분율』에서 『반야경』 계통으로 계율관이 변화하는 과도기적 모습을 보여준다고 할 수 있다.

한편 혜숙은 진평왕이 보낸 사자 앞에 두 장소에서 출현하는 신통력을 보여주었는데, 이러한 신통력은 불교 수용의 초기 단계에서 특히 강조되었다. 그 점을 좀 더 극화한 것이 '척리귀서(隻履歸西)'이다. 이혜동진조에 의하면, 혜숙이 입적하자 마을 사람들이 이현(耳峴, 또는 硎峴)[62] 동쪽에 묻었는데, 그때 이현 서쪽에서 오던 마을 사람이 도중에 혜숙을 만났다고 하기에 관을 열고 보니 과연 시신은 간 데 없고 '짚신 한 짝(芒鞋一隻)'만 남아 있었다고 한다. 이는 달마(達摩)의 척리귀서를 연상시킨다. 그런데 달마의 전기 가운데 척리귀서를 처음 언급한 자료는 732년 이후의 저술로 추정되는 하택신회(荷澤神會, 670~762)의 『남양화상문답잡징의(南陽和尙問答雜徵義)』였다.[63] 그러므로 척리귀서만 가지고 본다면, 이는 당시의 사실이 아니라 후대에 혜숙을 기리는 현창(顯彰)사업의 일환에서 윤색되었음을 의미한다.[64] 그러나 척리귀서와 같은 유형의 이적(異跡)은 이보다 훨씬 앞서서 등장하였다. 『양고승전(梁高僧傳)』 권10 배도전(杯度傳)에 보면, 배도가 입적하자 읍인(邑人)들이 그를 장사 지냈는데, 며칠 후 북쪽에서 온 어떤 사람이 갈대 바구니를 지고 팽성(彭城)으로 가는 배도를 만났다고 하여, 관을 열고 보니 가죽신만 있었다고 한다.[65] 마을 사람들이 장례를 치렀다는 이야기에서 혜숙의 설화는 오히려 배도의 그것을 연상시킨다. 『송고승전』에는 원효의 행적을 배도의 그것에 비유하는 표현이 있다. 그렇다면 혜숙의 입적 후 이적은 원래 배도전에서 따온 것이며, 나중에 달마의 척리귀서설로 한 번 더 윤색된 것은 아닐까 한다.

⑵ 혜공과 조론자찬설(肇論自撰說)

반야공관사상을 좀 더 선명하게 보여주는 인물이 바로 혜공(惠空)이다. 그에 대하여는 『삼국유사』 권4 이혜동진조에 나오는 기록이 전부인 셈이지만, 혜숙에 비해서는 오히려 자세한 편이다.

혜공 역시 정확한 생몰년은 확인할 수 없지만 구참공과의 인연이라든가, 금강사(金剛寺) 낙성식(635년 이후)에 참가하였다든가, 영묘사(靈廟寺, 635년 준공) 화재와 관련하여 선덕왕이 등장하는 것으로 보아, 선덕왕대를 전후하여 활약한 인물로 짐작된다. 그는 출신 가문도 미천하여 천진공(天眞公)의 가용(家傭) 출신이었으며, 어릴 적 이름은 우조(憂助)였다. 뒤늦게 천진공으로부터 신통력을 인정받아 출가할 수 있었다. 그는 늘 작은 절에 머물렀는데, 매번 미친 사람처럼 크게 취해서 삼태기를 뒤집어 쓴 채 저자에서 노래와 춤을 추곤 하였기 때문에 부궤화상(負簣和尙)이라 불렸으며, 머무르는 절도 부개사(夫蓋寺)라 이름하였다고 한다.[66]

혜공은 뛰어난 신통력의 소유자로서, 이미 출가하기 이전 고용살이할 때부터 치병 능력과 독심술을 발휘하였으며, 출가 후에는 물에 젖지 않는다거나 생사를 초월한 이중 출현에 성공하기도 하였다. 또 선덕여왕이 영묘사(靈廟寺)에 행차하는 날 탑에 화재가 일어나리라는 것을 미리 알았을 뿐만 아니라, 그 불이 다른 건물로 번지는 것을 미연에 방지하기도 하였다.[67]

특히 신인종(神印宗)의 조사 명랑(明朗)이 금강사를 창건하여 낙성식을 열 때 큰 비가 내렸음에도 불구하고, 혜공은 옷이 비에도 젖지 않고 발에 진흙이 묻지도 않는 이적을 보여주었다고 한다. 진골 출신에다 중국 유학도 다녀왔고 국가 권력의 비호까지 받는 명랑, 여기에 비해 어느 것 하나 제대로 갖추지 못한 그야말로 보잘 것 없는 혜공을 대비시킨 다음, 후자의 신통력이 전자를 압도하게 함으로써, 극적인 반전의 통쾌함을 느끼게 한다. 여기에는 물론 후대의 윤색도 있었을 것이나, 이러한 드라마에 혜공을 심정적으로 따르는 대중들의 원망이 실려 있음 또한 간과할 수 없다.

혜공이 만년에 항사사(恒沙寺, 吾魚寺)에 머무르고 있을 때 원효가 여러 경전에 대한 주소를 저술한 다음 매양 혜공을 찾아와서 의문 나는 것을 질문하였다고 한다. 이는 혜공의 학문적인 수준이 꽤 높았음을 시사한다. 그러나 애석하게도 그에게는 불교 관계 저술이 전혀 전해지지 않고 있다. 다만 몇 가지 방증 자료를 통하여 그의 불교 사상을 엿볼 수는 있다. 결론을 미리 말한다면 그의 불교 사상은 반야공관사상(般若空觀思想)과 밀접한 관계가 있다.

저술이 전무한 혜공의 불교 사상을 이해하는 데 있어서 우선 주목되는 것은, 그가 일찍이 『조론(肇論)』을 자신의 찬술이라고 하였다는 점이다. 또 일연이 그를 승조(僧肇, 374~414)의 후신으로 간주하고 있는데,[68] 이러한 인식은 상당히 오래된 전승일 것이다. 『조론』이란 5세기 초에 작성된 승조의 저술로, 원래는 네 편의 논문이 따로따로 전해졌었다. 네 편의 논문이란, 인식 대상의 현상과 본질을 각각 다룬 「물불천론(物不遷論)」과 「부진공론(不眞空論)」, 인식 주체를 다룬 「반야무지론(般若無知論)」, 그리고 수행의 결과 도달하게 되는 열반을 다룬 「열반무명론(涅槃無名論)」을 말한다. 이 가운데 「열반무명론」은 후대의 가필이 인정된다.

『조론』의 찬술 동기는 격의불교(格義佛敎)의 오류를 시정하려는 것이며, 그 기본 입장은 공(空[無])·가(假[有])의 두 극단을 중도로 지양하려는 데 있다. 그런 점에서 승조가 구마라집(鳩摩羅什, 344~413)을 통하여 인도의 용수(龍樹)·제바(提波)계의 반야공관사상을 접하고, 이것을 불교의 정해(正解)로 선양하려 하였다고 할 수 있다.[69] 또 『조론』으로 편집한 이는 진대의 혜달(慧達)이었는데, 편집 동기는 삼론학파(三論學派)의 입장에서 남조 당시 성행하던 성실론학파(成實論學派)의 공의(空義)를 소승으로 비판하기 위한 것으로 추정된다.[70] 단, 격의불교를 극복하려고 하였음에도 불구하고 『조론』에는 노장사상(老莊思想)의 영향이 매우 짙게 깔려 있다. 이는 그가 출가하기 이전에 노장을 학습한 것과 결코 무관하지 않다.

원효가 저술 활동을 할 때 혜공에게 자문하였다고 전하는데, 현존하는 원효의 저술에서 『조론』의 영향을 확인할 수 있다.[71] 원효가 『조론』의 영향을 받았음은 그의 논리 전개 방식이나 문투에서 두드러진다. 즉 'A, B → B 故 b, A 故 a ⇒ C'의 방식으로 전개되는 논리

구조는 『조론』의 정형이다. 또 앞 문장의 마지막 구절을 다음 문장의 첫 구절로 삼는 이른바 승체법(承遞法)도 『조론』 특유의 문체이다. 이러한 논리 전개 방식은 초당 시기의 불교문헌에서 애용된 바가 있으며, 『조론』은 바로 수 초당 시기의 사상계에 커다란 영향을 미친 논서였다. 그것은 또한 원효 문장의 형식적 특징이기도 하다. 이러한 점들이야말로 그가 혜공을 통하여 『조론』의 영향을 받았음을 입증해준다 하겠다. 혜공이 승조를 자처한 것은 혜공 단계의 공(空)에 대한 이해가 『조론』 수준이었음을 말해주는 것이다. 그것은 무엇보다도 반야공관에 대한 본격적인 이해가 시작되었음을 의미한다. 원효는 출가 초기에 이러한 지적 풍토에서 성장하였고 그 연장선상에서 반야공관을 익혔을 것이다. 이 점은 그의 법명인 혜공을 음미해보면 좀 더 뚜렷해진다. 즉, 혜(惠)는 혜(慧)와 통하므로 지혜(智慧), 즉 반야(般若)를 의미하며, 공(空)은 두말할 것도 없다. 따라서 이름 자체에서 이미 반야공관사상을 응축해서 반영하고 있다.

그런데 혜공은 『조론』의 영향을 받았으면서도, 대중들과 함께 어울렸다는 점에서 승조와 차이가 난다. 구마라집 문하는 왕권에 의존하여 승관(僧官)을 중심으로 영달을 다투고 있었는데, 이 점은 승조도 예외가 아니었다. 『조론』이나 그의 전력에는 구도자적 고뇌와 참회가 배어나오지 않으며, 해탈로의 또는 구제로의 적극적인 실천이나 종교 활동이 명시되어 있지 않다.[72] 반면 「열반무명론」에서 승조는 당시 후진왕(後秦王)인 요흥(姚興)을 요순에 비긴다거나,[73] 문수보살이나 미륵보살에 견주어 그를 극찬하였다.[74] 이는 이민족 정권하에서 불교의 흥륭이 국왕권에 의존할 수밖에 없음을 시인한 것이며,[75] 이런 점에서 승조가 도안(道安) 이래 북중국 불교계의 왕즉불사상(王卽佛思想)을 벗어나지 못하였음을 보여주고 있다.

일연이 혜숙과 혜공의 전기를 포괄하는 제목으로 '이혜동진(二惠同塵)'이라 하였는데, '이혜(二惠)'는 물론 혜숙과 혜공을 가리킨다. '동진(同塵)'은 『노자』의 '화기광(和其光) 동기진(同其塵)'에서 유래하는데,[76] 세속과 어울린다는 뜻이다. 일연은 혜숙과 혜공을 세속과 어울린 승려라고 인식하였음을 알 수 있다. 노장사상의 이상적인 인간형은 '지인(至人)'이다. 『조론』은 노장사상의 영향을 받아서 '지인'을 이상적인 인간형으로 설정하였는데, 지인이야말로 '화광진로(和光塵勞)'한다고 하였다.[77] 혜공은 지인처럼 살고자 한 것이다. 그는 길거리에서 삼태기를 뒤집어 쓴 채 춤추고 노래하였다. 이런 점에서 그는 승조와 판연히 구별된다.

혜공이 『조론』의 저자를 자처하였음에도 불구하고 승조와 달리 대중 속으로 들어간 것은 당시의 불교사적 과제와 결코 무관하지 않다. 중고기 동안 불교는 위로부터 수용되었으며, 이를 주도한 기성 교단은 일반민과 일정한 간격을 두고 있었다. 자장을 비롯한 교단 상층부의 승려들은 『열반경』을 중시하였는데, 경에서는 화광(和光)은 하되 동진(同塵)은 하지 않는다는 입장을 표방하였다.[78] 혜공은 이러한 불교를 비판하고 일반민에 대한 종교적 관심을 고취하며 대중들과 함께 어울렸던 것이다.

(3) 대안과 『금강삼매경』의 편집

혜숙과 혜공을 이어서 반야공관사상을 발전시킨 승려는 대안(大安)

이었다. 대안은 『송고승전』 권4 원효전 가운데 『금강삼매경』의 성립 연기 설화와 관련하여 아주 중요한 인물로 등장하고 있다. 그러나 그의 역할에 비해 관련 자료는 위의 「원효전」 자료가 전부인 셈이다.[79]

> 용왕이 말하기를, "대안성자(大安聖者)가 순서를 매겨서 꿰매고 원효법사(元曉法師)를 청하여 소(疏)를 지어 강석(講釋)한다면, 부인의 병은 틀림없이 나을 것이며, 설산(雪山)의 아가타약(阿伽陀藥)이라 할지라도 약효가 이것만은 못하리라"라고 하였다. 용왕이 바다 위까지 배웅하여 마침내 배에 올라 귀국하였다.
> 그때 왕이 이 이야기를 듣고 기뻐하여 먼저 대안성자를 불러 편집하게 하였다. 대안은 헤아리기 어려운 사람이었다. 모습과 의복이 특이한 데다 항상 시장터에서 구리로 된 바리때를 두드리며 "대안, 대안" 하고 소리쳤기 때문에 대안이라 이름한 것이다. 왕이 대안에게 명하자 대안이 말하기를, "그냥 경만 가져오십시오. 왕궁에는 들어가고 싶지 않습니다."라고 하였다. 대안이 경을 받아 배열하여 8품을 이루니 모두 부처님의 뜻에 합치되었다. 대안이 이르기를, "속히 원효에게 맡겨서 강연토록 하십시오. 다른 사람은 안 됩니다."라고 하였다.[80]

여기서 말하는 아가타약은 『화엄경』 등에 약 이름으로 나오는데, 보살이 중생을 제도하는 것이 마치 아가타약으로 중생의 모든 질병을 치료하는 것과 같다는 비유가 종종 보인다.[81] 흥미로운 점은 이 아가타가 『금강삼매경』 서분(序分)에서는 경 최초의 등장 인물인 비구로 나온다는 사실이다. 서분에 의하면 석가세존이 대승경[廣經]을 설한 후에 선정(禪定)에 들었다가 다시 깨어나 보살들과 대화 형식으로 『금강삼매경』[略經]을 설하게 되는데, 여기서 아가타는 앞서의 광경(廣經)을 찬송하고 뒤이을 약경(略經)을 이끌어내기 위해서 게송을 읊는 매우 중요한 역할을 수행한다. 원효가 논(論)에서 밝혔듯이 아가타는 약 이름을 의인화한 것이다.[82] 이 아가타에게 『금강삼매경』을 설하는 단서를 쥐게 함으로써, 이 경전의 성립이 당시 왕비의 치유와 긴밀하게 관련됨을 강력히 암시하였다. 따라서 설화 자체가 매우 이른 시기에 만들어졌음을 짐작케 한다.

설화에 따르면 대안은 이름이 불분명하였는데, "대안, 대안" 하고 외쳤기 때문에 이름을 대안이라 하였다고 한다. 대안이란 용례상 크게 두 가지 의미로 사용되었다. 하나는 성불(成佛)의 경지를 의미하는 경우로서 주로 축법호(竺法護)가 한역한 경전들에 보인다.[83] 또 하나는 '공구(恐懼)'의 반대 개념으로서 아미타정토계 경전에서 주로 관찰된다.[84] 둘 다 중생이 고통에서 구제된 상태를 의미한다. 그러므로 대안은 일반민을 대상으로 중생제도행을 펼친 것이 아닌가 싶다. 사실 형상과 의복이 특이하였다든가 저자에서 동발(銅鉢)을 두드렸다 함은 그가 경주의 저자를 무대삼아 걸식을 행하였음을 말해준다. 아울러 그가 왕궁으로의 부름을 거절한 사실로 보아, 교단의 상층부에서 활약한 승려라기보다는 오히려 혜숙·혜공과 같은 부류에 속하는 승려라 하겠다.

불교 교단 내에서 차지하는 대안의 낮은 위치에도 불구하고, 검해 용왕은—실은 검해 용왕을 가탁한 누군가가—『금강삼매경』의 편집자로 대안을 지목하였으며, 대안은 다시 강경자로 원효를 왕실에 적극 추천하였다. 당시 원효는 일련의 파계행으로 말미암아 경주 불교계로부터 비난을 사서 고향에 머무르고 있었다. 대안과 원효의 관계를 보여주는 기록은 위의 설화가 전부인 셈인데, 대안이 원효의 처지를 잘 알면서도 그를 적극 추천한 것은 양자 사이에 공감대가 이미 형성되었음을 의미한다. 그리고 왕실은 기성 교단의 예상되는 반발에도 불구하고 검해 용왕과 대안의 제안을 전폭 수용하였다. 이는 당시 불교계에 모종의 변화가 일고 있었음을 암시해준다.

한편, 대안의 사상은 그가 편집한 『금강삼매경』을 통해서 살펴볼 수 있다. 용왕이 건네준 경은 글자 그대로 '중답산경(重沓散經)'이었다. 이것을 8품의 배열을 갖춘 경으로 완성시킨 사람은 대안이었다. 경의 성립과 그 사상적인 면모에 대한 전반적인 얘기는 장을 달리하여 살펴보기로 하고, 결론만 미리 말하자면 『금강삼매경』은 당시까지 중국에서 성행하던 주요 대승사상을 거의 망라하되 반야공관사상을 기저에 깔고 있다. 그런 점에서 경의 편집자인 대안의 사상 역시 혜공과 같은 반야공관계열임을 알 수 있다.

2) 낭지(朗智) · 보덕(普德)과 일승사상(一乘思想)

⑴ 낭지와 『법화경』의 일승사상

영취산(靈鷲山) 낭지(朗智)에 관해서는 『삼국유사』가 거의 유일하며, 그중에서도 권5의 낭지승운(朗智乘雲) 보현수(普賢樹)조가 중심이다.[85] 이 기록은 원성왕대(元聖王代, 785~798)에 국사를 지낸 연회(緣

會)가 자신이 거처하던 영취사에 전해오던 자료를 바탕으로 작성한 것을[86] 일연이 다시 인용한 것이기 때문에 비교적 신뢰도가 높다 하겠다.

낭지의 생몰년은 분명하지 않다. 일연은 낭지가 법흥왕 14년(527) 정미(丁未)에 영취산에 와서 개법(開法)하였다는 기록을 믿고 있지만,[87] 이것은 아마도 낭지를 계승하는 측에서 그 유래가 오래되었음을 주장하기 위하여 후대에 조작한 설일 것이다. 달마가 금릉(金陵)에 온 해에 비유하는 것으로 보아 선종(禪宗)을 의식하였거나, 선종에 관심 있는 인물이 각색하지 않았을까 한다. 원효가 낭지를 사사하였다든가 661년경에 지통(智通)이 그에게 출가하였다는 기록으로 보아 일러야 중고 말에서 중대 초에 걸쳐 활약한 인물로 추정된다.

낭지의 출신지와 가계는 물론 속명도 알 수가 없다. 또 중국 청량산(淸凉山, 五臺山)에 유학했음을 시사하는 전설도 있으나, 이 점은 확인할 수 없다. 영취산 혁목암(赫木庵)에 오랫동안 머물면서 항상 『법화경(法華經)』을 강의하였으며, 주위에는 이승(異僧)으로 알려져 있었다. 영취산은 지금의 경남 울산시 무거동에 있는 200m 남짓 되는 지금의 영취산임이 거의 분명하다.[88] 굴화리는 교통의 요충지로서 일찍부터 역(驛)이 설치되었다.

태화강의 지류인 대곡천(또는 반구천)을 따라 상류로 올라가면 원효가 머물렀다는 반고사지(磻高寺址)가 있다. 반고사지의 현재 위치는 천전리서석에서 반구대에 이르는 대곡천의 양쪽 기슭에 산재한 신라 시대 폐사지들 가운데 하나로 추정된다.[89] 반구대를 중심으로 상류에는 유명한 천전리서석이 있으며 하류에는 선사시대의 암각화가 있다. 이곳은 층암절벽과 구곡계류가 어우러지며 절경을 이루고 있어서 삼국 시대에 화랑들이 심신을 단련하였던 곳으로도 유명하다. 천전리서석에는 6세기 전반 이래로 수백 년에 걸쳐 이곳을 다녀간 수많은 인물들의 이름이 새겨져 있는데, 거기에는 국왕을 비롯하여 귀족, 관리, 화랑, 지방세력가 및 승려들이 다수 등장한다. 지금은 이 일대가 사연댐 축조로 수몰되어서 교통이 불편하지만, 대곡천변(大谷川邊)은 삼국시대 이래로 경주에서 울산으로 통하는 고대 교통로였다. 대곡천은 태화강에 합류하여 울산시로 접어드는데, 강을 따라 하류로 조금 내려가면 원효의 시문에도 등장하는 '용연(龍淵)'이 있다. 그 북쪽 강안에는 자장이 창건하였다는 태화사지(太和寺址)가 있으며, 태화강 하구는 바로 자장이 귀국한 사포(絲浦) 그곳이다. 자장만이 아니라 당시 중국에 왕래하던 사신 일행이나 유학승 및 상인들이 이 길을 이용한 것으로 보인다.

따라서 낭지가 있었던 이곳이 지방임에는 분명하지만 동시에 중국의 선진 문물이 들어오는 길목에 위치하여 일찍부터 불교가 유포된 지역이었음을 짐작케 한다. 영취산의 남쪽 사면인 청량면 율리의 속칭 안영축 마을에는 영취사지(靈鷲寺址)가 위치하는데,[90] 여기에는 2기의 신라 시대 석탑 부재가 남아 있다. 또 율리 동구에는 지통과 관련된 '지통곡'이라는 지명이 지금도 전하고 있다. 이 외에도 영취사지 인근에는 신라 시대의 절터와 유물이 도처에 산재해 있다.[91]

낭지의 사상과 관련하여 우선 주목할 것은, 그가 수십 년 동안 암자에 머무르면서 늘 『법화경』을 강의하였다는 점이다.[92] 『법화경』은 '일승진실(一乘眞實) 삼승방편(三乘方便)'을 기치로 내세운 일승주의의 대표적인 경전이다. 『법화경』에서는 중생을 제도하기 위한 이른바 '일대사인연(一大事因緣)' 때문에 부처가 이 땅에 출현하였음을 누누이 강조하고 있는데, 그중에서도 특히 방편품(方便品)은 중생을 제도하겠다는 종교적 열정으로 가득 차 있다. 여기서 중생을 성불시키는 진실한 법은 오직 일불승(一佛乘)이며 나머지 이승(二乘)과 삼승(三乘)은 방편에 불과함을 거듭 밝혔다. 지금 전하지는 않지만 원효의 『법화경방편품요간(法華經方便品料簡)』 1권은 이런 문제들을 다룬 저술로 짐작된다.

또한 중생제도의 관점에서 『법화경』 역시 보살도를 강조하는데, 『법화경』 권5 안락행품(安樂行品)에 나오는 좌선관(坐禪觀)은 낭지의 사상과 상통한다. 거기에 따르면, 석가모니는 악세(惡世)를 살아가는 보살은 마땅히 한적한 곳에서 좌선을 하여 자기 마음을 닦되, 국왕을 비롯한 권력층, 외도와 이단가, 예인(藝人), 찬다라·도살업자·가축을 기르는 자·사냥꾼·어부, 성문(聲聞), 소녀를 포함한 여인네·남성 성불구자 등을 가까이 해서는 안 된다고 설하였다.[93] 또 권2 비유품(譬喩品)에 보면, 경을 설법할 대상자로 '외전(外典)을 안 보는 사람'이라든가 '산수 간에 홀로 있는 자'를 지목하고 있다.[94] 그러면서도 중생을 위한 『법화경』 강연만큼은 더욱 강조하였다.

낭지는 늘 『법화경』을 강경하였다. 이량공(伊亮公)의 가노(家奴) 출신인 지통이 문무왕 원년(661)에 출가하고자 낭지를 찾아온 것을 보면, 당시 그의 강경이 경주의 하층민들 사이에 널리 알려져 있었음을 짐작할 수 있다.[95] 다만 보현보살(普賢菩薩)이 지통에게 계를 준 사실을 뒤늦게 안 낭지가 오히려 지통에게 예를 하였다든가, 지통이 나중에 의상 문하로 옮겨갔다는 이야기는 의상 귀국 이후 신라 불교계에서 화엄학이 성행하였음을 반증한다.

지금까지 살펴보았듯이 낭지의 영취산 은거와 『법화경』 강경이 안락행품의 좌선관에 의거하였다는 점에서, 낭지를 『법화경』 수행자라고 할 수 있다. 산수 간에서의 좌선과 『법화경』의 강경을 결합한 그의 법화행(法華行)은 그보다 앞서서 법화행을 닦은 백제의 현광(玄光)·혜현(惠現)과 신라의 연광(緣光) 이래의 유풍을 전승한 것으로 보인다.[96]

한편 원성왕대의 연회가 영취사에 머물면서 낭지의 유풍을 계승하여 세속의 명리에 구애받지 않고 수행에 전념하고자 하였지만, 이것이 오히려 명리를 노리고 수행하는 것으로 세인의 의심을 사게 되었다.[97] 이 점은 신라 사회의 변화이자 불교계의 변화를 반영한다는 점에서 매우 흥미롭다. 이와 관련하여 원효가 한적한 곳에서 좌선을 하며 명리와 공경을 탐하는 자들을 질책하였음은 주목할 만하다.[98] 물론 원효가 한때 산수 간에서 좌선을 닦았다는 『송고승전』 「원효전」의 표현은 『법화경』의 좌선관을 연상시키며, 그런 점에서 원효가 반고사에 머물며 낭지로부터 영향을 받았음을 짐작케 한다. 그런데 낭지가 의거한 안락행품의 좌선관은 세속과 일정한 거리를 유지하는 것을 전제로 한다. 원효는 『법화경』의 좌선관에 머무르지 않고, 중생제도를 위하여 중생들의 일상적인 삶 속으로 들어가고자 하였다. 그의 무애행을 보더라도 그가 낭지와는 다른 노선을 택하였음을 알 수 있다. 그렇다면 원효는 낭지로부터 무엇을 배웠던 것일까.

원효가 반고사에 머물면서 늘 낭지를 찾아갔으며, 낭지는 원효로 하여금 『초장관문(初章觀文)』과 『안신사심론(安身事心論)』을 저술토록 하였다.[99] '초장(初章)'이라는 말은 초학자의 장문(章門)이라는 의미로서 유(有)와 무(無)의 상즉(相卽)을 논리적으로 정식화한 말인데, 이는 삼론학파의 기본적 입장이며 특히 길장의 저작에서 중요한 의미를 지닌다.[100] 그러므로 낭지가 삼론학의 고승일 가능성도 있다.[101] 또 삼론학이 철저한 반야공관사상을 내세움은 물론인데, 『법화경』 역시 공(空)사상을 강조하고 있다. 약초유품(藥草喩品)에서는 여래를 가리켜 '파유법왕(破有法王)'이라 부르며, 여래의 지견(知見)은 결국 귀공(歸空)임을 역설하고 있다.[102] 또 위의 안락행품에서는 보살행의 하나로 일체법(一切法)이 공(空)한 것이 실상(實相)임을 관(觀)하라고 권하고 있다.[103] 그렇다면 낭지의 사상은 삼론학과 법화행을 겸비한 셈인데, 삼론학사상 이러한 선례는 흥황법랑(興皇法朗, 507~581)이 처음 보여주었으며,[104] 그 제자인 길장에 의해 본격적인 연구가 이루어졌다. 그것은 『법화경』의 일승사상(一乘思想)을 반야공관에 입각하여 해석하는 것이었다. 낭지의 중국 유학이 전설처럼 전승되고 있는데, 실제로 강남에 유학하여 길장 이래의 학풍을 수학하고 귀국하였을 가능성도 있다.

『법화종요(法華宗要)』를 보면 원효는 길장의 견해를 지지하고 있는데, 독자적인 학습과 더불어 그가 낭지를 통하여 길장의 학문을 접하였을 가능성도 있다.[105] 원효가 낭지의 영향을 받아 지었다고 하는 『안신사심론』은 『안심사신론(安心事身論)』의 와전으로 보이는데,[106] 여기서의 '안심(安心)'은 달마와 혜가(惠可)의 안심문답(安心問答) 이래로 초기 선종의 기본 교설이 된 용어이다.[107] 반야공관을 이론적으로 파악한 것이 삼론학이라면, 이를 실천적으로 전개시킨 것이 달마 이래의 대승선(大乘禪)이었다.[108] 이와 같이 낭지의 사상은 법화 사상은 물론이려니와 반야공관사상 및 초기 선사상과도 연관될 여지가 있는데, 자세한 연구는 추후의 과제로 남겨두고자 한다.

(2) 보덕과 『열반경』의 일승사상

보덕(普德)은 원효가 직접 배운 것으로 전하는 유일한 고구려 승려이다. 그에 대해서는 최치원(崔致遠)이 지은 보덕전(普德傳)과[109] 문열공(文烈公, 김부식)이 지은 전기 및 『(해동고)승전』의 보덕전[110] 등 3종의 전기류가 13세기까지 전해지고 있었는데, 현재는 『삼국유사』 권3 보장봉로(寶藏奉老) 보덕이암조(普德移庵條)를 비롯한 단편만 다수 전해지고 있을 뿐이다.[111]

보덕은 평양 서쪽의 대보산 영탑사와 반룡산 연복사를 중심으로 『열반경』을 홍포한 듯하다. 그런데 연개소문(淵蓋蘇文, ?~666)이 642년 권력을 장악하여 도교진흥책을 채택함으로써 불교는 상대적으로 견제를 받게 되었다.[112] 보덕은 이러한 종교정책을 국가가 망할 징조로 간주하고 이에 강력히 항의하였지만, 결국 그의 항의가 받아들여지지 않자, 영휘 원년(650) 전주 고대산(孤大山)으로 거주지를 옮기는 이른바 '비래방장(飛來方丈)'을 단행하였다.[113] 보덕의 문하에서는 11명의 뛰어난 제자들이 배출되었으며, 이들이 각지에 사찰을 창건하고 열반학을 홍포함으로써, 보덕이 열반종조로 추앙받게 되었다고 한다.[114] 물론 이러한 주장은 사실로서 확인하기 어려우며, 다분히 고려 시대의 종파 의식이 소급 적용된 감이 있다.

원효는 의상과 함께 650년경 고구려 내지를 통하여 육로로 당나라 유학을 가던 도중에 보덕을 찾아가 『열반경』과 『유마경』을 청강함으로써,[115] 신라보다 발전된 고구려 불교의 성과를 흡수할 수 있었다. 그 시기는 보덕이 망명하기 직전이었을 것이다.

주지하다시피 『열반경』의 종지는 '일체중생(一切衆生) 실유불성(悉有佛性)'이다. 일천제(一闡提)까지 포함한 모든 중생이 성불할 수 있다는 주장이야말로 일승사상의 핵심인 것이다. 『열반경』 권7 사정품(邪正品)에서는 정통과 이단을 명확히 구분하고 있으며, 범행품(梵行品)에서는 '일승진실(一乘眞實) 삼승방편(三乘方便)'을 천명하였고,[116] 고귀덕왕보살품(高貴德王菩薩品)에서는 삼승이 일승보다 우월하다고 주장하는 악비구(惡比丘)들을 경계하고 있다.[117] 이와 아울러 『열반경』은 전편에 걸쳐서 지계(持戒)를 강조하고 있는데, 지계의 정신은 소승부파보다 더욱 엄해진 감이 있다.[118] 보살의 파계가 용납되는 경우는 호법을 위한 행동으로 제한되었다.

의천에 따르면 열반방등(涅槃方等)의 가르침이 보덕에게서 원효로 전수되었다고 한다.[119] 그런데 보덕의 열반사상을 구체적으로 보여주는 자료는 전하지 않으므로, 중국의 불교 동향을 참조할 수밖에 없다. 남북조 시대에 성행한 중국의 열반학은 크게 두 가지 흐름으로 나뉘어지는데, 호법의 차원에서 대승계(大乘戒)를 강조하는 북중국의 열반학[120]과 반야공관사상과의 관련하에 열반 및 불성의 연구에 치중한 남중국의 열반학이 그것이었다.[121] 원효의 앞선 세대인 자장의 열반학은 북중국의 그것과 상통한다. 그런데 현존하는 원효의 『열반종요』를 보면 열반과 불성에만 집중적인 관심을 표명하고 있을 뿐 아니라,[122] 원효의 무애행은 『열반경』의 금지 사항에 분명히 저촉된다. 즉, 원효의 열반학은 자장과는 성격이 다르며, 후대이기는 하지만 의상과도 달랐다.[123] 그런 점에서 의천의 평가는 시사하는 바가 크다.

원효가 보덕으로부터 『유마경』을 청강한 사실은 또 다른 의미에서 중요하다. 『유마경』은 대승불교 초기에 출현한 경전으로서 소승불교에 대한 비판 의식을 바탕에 깔고서 재가보살 중심의 대승불교 건설을 지향하고 있다. 후술하듯이 그것은 원효의 대중교화 활동에 지대한 영향을 미쳤다.

|제4장| 중대 왕실(中代王室)과의 관계

원효 생애에서 그 중요성에도 불구하고 지금까지 학자들로부터 별반 주목을 끌지 못한 것이 바로 원효와 중대 왕실(中代王室)의 관계이다. 원효(617~686)가 살아간 7세기는, 삼국 내부적으로는 신라가 고구려·백제와 격렬한 공방전을 거치면서 마침내 '삼국통일'을 성취하였으며, 동아시아 차원에서는 새로 구축되는 당(唐) 중심의 일원적인 국제질서에 '통일신라'가 편입되는 변동기였다. 신라 사회에서 이러한 대내외적 변화를 주도한 세력은, 654년 김춘추(태종무열왕)에 의해 새로 출범한 중대 왕실 및 그를 지지한 김유신 가문이었다. 따라서 이 시기 원효와 이들 정치 세력 간의 관계는 원효의 불교 사상을 이해하는 데 대단히 긴요하다 하겠다.

기왕의 연구에서는 원효의 교화 활동이 지닌 대중성에 초점을 맞추었기 때문에 왕실 및 정치 세력과의 관계에 대해서는 상대적으로 학술적인 검토가 제대로 이루어지지 못하였다. 3대 전기 가운데 「원효전」에 나오는 『금강삼매경』 성립의 연기 설화와 「원효불기조」

에 나오는 요석공주와의 인연 설화를 보면, 원효와 중대 초기 집권 세력의 관계를 상당히 비중 있게 서술하고 있음을 알 수 있다. 이들 전기는 승려 원효와 왕실 여인이라는 파격적인 인물 설정이라든가 흥미진진한 줄거리, 극적인 전개 방식 등으로 인하여 일찍부터 대중들에게 널리 알려져 왔다. 그러나 그것이 사실일 경우에 갖게 될 역사적 의미에 대하여는 별로 관심을 기울이지 않았다.

여기서는 「원효불기조」와 「원효전」에 전하는 두 설화를 분석함으로써, 원효와 중대 초기 집권 세력의 관계에 대한 일말의 단서를 얻고자 한다.

1. 요석공주(瑤石公主)와의 인연

원효와 요석공주의 만남에 대하여 『삼국유사』 권4 원효불기조는 다음과 같이 묘사하고 있다.

> 향전(鄕傳)에만 기록된 한 두 가지 특이한 일이 있다. 대사가 일찍이 하루는 길거리를 바람처럼 떠돌며 노래를 불렀다. "누가 자루 빠진 도끼를 빌려준다면, 내 하늘을 떠받들 기둥을 베어오련만." 사람들이 모두 알아채지 못하였는데, 그때 태종(太宗)이 노래를 듣고 말하기를, "이 스님이 아마 귀한 부인을 얻어서 어진 아들을 낳고 싶은 모양이다. 나라에 대현(大賢)이 있으면 이로움이 막대할 것이다." 라고 하였다. 당시 요석궁[지금의 학원(學院)]에 과부 공주가 있어서

궁의 관리에게 왕명을 내려 원효를 찾아 데려오게 하였다. 궁의 관리가 왕명을 받아 그를 찾아 나섰다. 대사는 이미 남산으로부터 와서 문천교(사천을 속어로 새내 또는 모내라고 한다. 또 다리 이름을 느릅다리라고도 한다)를 지나다 그를 만나자, 일부러 물속에 빠져 옷을 적셨다. 관리가 대사를 요석궁으로 인도하여 옷을 말리게 하였다. 대사가 이 때문에 머무르게 되니, 공주는 과연 임신하여 설총을 낳았다.

명색이 출가자인 승려가, 비록 과부이기는 하지만 일국의 공주와 맺어져서 아들을 낳았다는 내용은 그 자체가 대단히 파격적이어서 과연 사실이었을까 의심스러울 정도이다. 더욱이 이러한 내용은 현존하는 원효의 다른 전기 자료에는 전혀 보이지 않고 오직 향전을 인용한 「원효불기조」에만 나온다.[1]

무엇보다도 설총이 실존 인물이며 그가 원효의 아들임은 모든 관련 자료가 인정하고 있으므로, 위의 설화는 사실을 반영한다고 볼 수 있다.

이와 관련하여 『대승육정참회(大乘六情懺悔)』에 나오는 다음의 구절은 주목할 만하다.

애초부터 나와 같은 중생은 제법(諸法)이 본래 생기지 않는 것임을 알지 못하고, (중략) 멋대로 남자니 여자니 하는 상(相)을 꾀하여, 온갖 번뇌를 일으켜 스스로를 옭아매고 오래도록 고해(苦海)에 빠져서도 헤어날 기약을 구하지 않았으니, 곰곰이 생각하면 무척이나 괴

이쩍다. (중략) 나와 같은 중생은 단지 잠 속의 긴 꿈도 망녕되이 사실이라 여기나, 고락(苦樂)의 육진(六塵)과 남녀의 두 상은 모두 내 꿈일 뿐 영원히 사실일 수 없으니, 무엇을 걱정하고 기뻐하며 무엇을 욕심 부리고 성 내겠는가.[2]

도합 1,073자의 짧은 게송으로 이루어진 『대승육정참회』는 자신이 지은 죄를 시방불(十方佛) 앞에서 깊이 참회하는 글이다. 이 글에서 원효는 자신이 남녀의 상(相)을 지어서 오래도록 고해에 빠졌음을 고백하고 있다.

일련의 파계행으로 말미암아 당시 교단으로부터 비판받고 있었음을 고려하면, 원효와 요석공주의 만남은 세상을 떠들썩하게 할 '사건'이 되기에 충분하였다. 무엇보다도 기왕의 연구에서 작은 이견은 있었지만, 원효의 가계가 최고의 특권 신분인 진골이 아니라는 데는 이론의 여지가 없었다. 문제는 남자의 신분이 낮고(원효는 비진골 가문 출신이며 더욱이 승려임), 여자의 신분이 높다(요석공주는 국왕의 딸임)는 사실이다. 이러한 역수직 결합은 대부분의 신분제 사회에서 금기시하였다. 그런 만큼 원효와 요석공주의 결합은 당시인들에게 더더욱 충격적이었을 것인데, 후대인들은 그러한 파격이 오히려 원효의 비범함을 더욱 돋보이게 한다고 여겼다. 즉, 신화화되기 이전의 원효의 역사적 실체에 대한 합리적 접근은 쉽지 않았다.

그런데 최근 원효 집안과 같은 설씨 성을 가진 신라 여인의 묘지명[설요묘지명(薛瑤墓誌銘)]이 발견되었는바, 여기서는 설씨 성이 신라 왕실인 김씨 성에서 분지한 것이라고 주장한다.[3] 이 묘지명의 사료적 가치에 대한 평가가 물론 전제되어야 하지만, 어떻든 새로운 동시대 금석문 자료가 출현함으로써, 원효와 중대 왕실의 관계, 특히 태종무열왕의 과공주(寡公主)로 전해지는 요석공주와 원효의 결합도 새롭게 해석될 길이 열렸다. 적어도 원효와 요석공주의 신분이 대등하다는 점에서, 양자의 결합이 역사적 사실일 가능성은 한층 높아졌다.

여전히 남는 문제는 승려와 공주의 결합이, 다소 파격적이기는 하지만 있을 수 있는 두 사람만의 결합으로 그 의미를 한정시킬 수 있느냐는 것이다. 중국 불교사에서 파문을 일으킨 비슷한 사례를 감안할 때, 국왕의 동의 없이 두 사람의 만남이 과연 이루어질 수 있었을까 의문시된다.[4] 앞의 설화를 보더라도 원효의 수수께끼 같은 노래를 듣고 제일 먼저 그 의사를 간파하고 적극 호응한 이는 태종무열왕이었다. 이것은 두 사람의 만남이 우발적인 것이 아니라 처음부터 계획되었음을 암시한다. 따라서 결코 평범할 수 없으며, 그만큼 두 사람만의 문제 이상으로 해석할 여지가 있는 것이다.

우선 주목할 것은 도 1에서 볼 수 있는 것처럼 원효와 태종무열왕 및 김유신의 세 사람 사이에 혼인을 통한 의제적 가족관계가 성립한다는 사실이다. 태종의 다섯 딸 가운데 1명을 제외한 나머지 3명이 삼국통일 전쟁기에 이름을 남긴 진골 가문 장수들에게 출가한 사실을 감안해 본다면, 원효와 요석공주의 혼인은 중대 왕실의 출범과 관련하여 일정한 의미를 띤다고 하겠다. 물론 두 사람 사이에서 부부로서의 성적·경제적 결합이 얼마나 지속되었겠는가 하는 의문이 있을 수 있으며, 그런 점에서 일반적인 혼인 형태로 보기 어려운 점도 있다. 다만 당시의 신라 사회는 삼국 간의 오랜 전쟁으로 비정상적인 혼

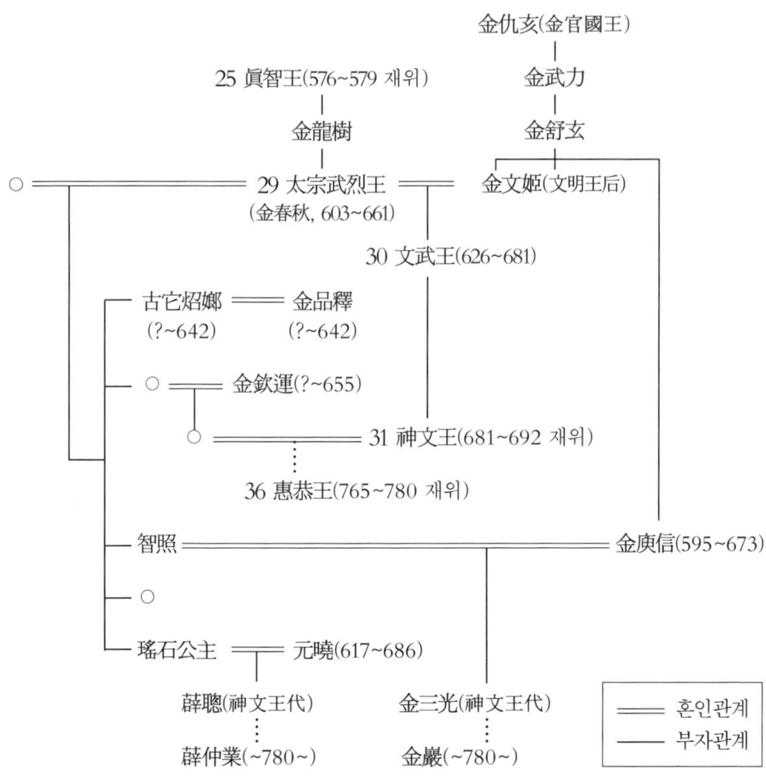

도 1 원효 · 김춘추 · 김유신의 의제적 가족관계[5]

인 사례도 많았을 것이라고 생각해 볼 수 있다. 원효와 요석공주의 경우 어쨌든 두 남녀가 결합하였고, 둘 사이에서 설총이 태어났으며, 그가 신문왕대(神文王代)에 관직에 진출하였다는 점에서 양자의 결합은 중대 왕실에 의해 공인받았다고 볼 수 있다.

이 사건의 또 다른 결과는, 원효가 『사분율』에서 언급한 바라이죄[斷頭]를 범함으로써, 이후 스스로 환속하여 거사가 되었다는 것이다. 686년 3월 원효가 혈사(穴寺)에서 70세를 일기로 일생을 마치자, 설총이 유해를 빻아 소상(塑像)을 만든 다음 원효가 머물렀던 분황사에 봉안하였다고 한다.[6] 이때의 원효상이 어떤 모습인지 알 수 없지만, 「고선사비」를 건립할 무렵 거사 모습의 원효상을 조성하였다고 한다.[7] 이는 일반적인 예상과 달리 원효가 환속한 이후 반승반속(半僧半俗)의 거사로 일관되게 살았음을 강력히 시사한다.[8]

다음 자료는 환속 이후 원효가 세속적인 삶을 영위하면서 동시에 불교적 깨달음을 추구하는 거사[재가보살] 중심의 불교, 즉 '승속불이(僧俗不二)의 거사불교(居士佛敎)'를 추구하였음을 잘 보여준다.[9]

> 원효가 이미 계를 잃어 설총을 낳은 뒤로 속인의 옷으로 갈아입고 스스로 소성거사라 이름하였다. 우연히 광대가 춤출 때 쓰는 커다란 박을 얻었는데, 그 생김새가 진귀하고 기이하여 그 형상 그대로 도구를 만들었다. 그리고 『화엄경』의 "일체에 걸림이 없는 사람은 한길로 생사를 벗어난다."라는 구절을 따다 '무애(無碍)'라고 이름지었으며, 인하여 노래를 지어 세상에 유포시켰다. 일찍이 이것을 가지고 천촌만락을 노래하고 춤추며 교화하고 돌아다녔으며, 가난한 사람 원숭이 같은 무리들로 하여금 다들 불타의 명호를 알게 하고 모두 남무(南無)를 칭하게 하였으니, 원효의 교화가 크도다.[10]

위의 자료에서 환속한 이후에 소성거사(小姓居士)를 자처하였다고 하는데, '소성(小姓)'은 '소성(小性)'과 통용되었으니, 대성(大性, 대승성)[11]의 반대말로서 스스로를 낮춘 겸사이다.[12] 거사로서 자신의 중생제도행을 무애(無碍)라 명명하였는데, 그 어원이 『화엄경』의 일승사상에 닿아 있음은 분명하다.[13] 명칭만이 아니라 중생제도의 방편으로서 천촌만락을 돌아다니며 노래와 춤으로 교화하였다는 대목은, 『화엄경』 십지품(十地品)에서 보살이 중생을 교화하기 위하여 사용한 숱한 방편 가운데 하나이기도 하다.[14] 이런 점들로 볼 때 원효는 『화엄경』을 교학 연구만이 아니라 대중교화 활동의 경전적 배경으로서도 주목하였음을 알 수 있다.

2. 금강삼매경(金剛三昧經) 강석

원효는 잦은 기행과 파계행 때문에 당시 불교계로부터 배척을 받게 되었다. 『송고승전』 「원효전」에 의하면,

> 그때 국왕이 백고인왕경대회(百高仁王經大會)를 개최하고자 훌륭한 승려를 두루 수배하였다. 본주(本州)에서는 명망이 있다 하여 원효를 천거하였으나, 뭇 승려들이 그 사람됨을 싫어하여 왕에게 참소하여 그를 받아들이지 못하게 하였다.

라고 하여 본주의 천거에도 불구하고 불교계의 반대로 백고좌회(百高座會)에 참여하지 못하였다고 한다. 원래 백고좌회는 『인왕경(仁王經)』에 근거한 법회로서 신라의 경우 교단의 중심 사찰인 황룡사에서 거행하는 것이 관례였다.[15] 따라서 원효와 같이 계율에 자유로운 승려가 백고좌회에 참석하는 것은 황룡사를 비롯한 기성 교단의 반발을

초래할 수밖에 없었고, 결국 원효는 불참하게 되었다. 그런 원효에게 일대 반전의 기회가 주어졌으니 그것이 바로 『금강삼매경』의 출현이었다.

현재 『금강삼매경』의 성립 과정을 기술한 자료로는 『송고승전』 「원효전」이 거의 유일하다.[16] 그러므로 이 자료를 토대로 해서 『금강삼매경』의 성립 문제를 풀어가야 한다. 조금 긴 듯하나, 「원효전」의 관련 구절을 전부 인용하면 다음과 같다.

> 왕비 머리에 종기가 났는데, 의사의 노력에도 효험이 없었다. 왕과 왕자 그리고 신하들이 산천의 영험스런 사당에 기도하여 이르지 않은 곳이 없었다. 무당이 아뢰기를, "다른 나라에 사람을 보내어 약을 구한다면, 이 병은 치료될 것입니다."라고 하였다. 왕이 사자를 보내어 뱃길로 당나라에 들어가 그 나라의 의술을 구하게 하였다. 남쪽 큰 바다 가운데서 문득 한 노인이 파도를 헤치고 나타나 훌쩍 배 위로 올라와서는 사자를 맞이하여 바다 속으로 들어갔다. (사자가) 보니 궁전이 장엄하고 화려하였다. 용왕을 알현하였는데 이름은 검해(鈐海)였다. 사자더러 이르기를, "너희 나라 왕비는 청제(靑帝)의 셋째 딸이다. 우리 궁중에 금강삼매경이 있으니, 이각(二覺)이 원통하고 보살행을 보여준다. 이제 왕비의 병을 증상연(增上緣)으로 삼아 이 경전을 부촉하노니, 너희 나라로 가서 유포할 따름이다."라고 하였다. 30장가량의 중복되거나 흐트러진 경전을 사자에게 맡기며 다시 이르기를, "이 경전이 바다를 건너는 도중에 잘못될까 염려스럽다." 하였다. 왕이 칼잡이를 시켜 사자의 장딴지를 째고 그 속에 경

을 넣은 다음 밀랍 종이로 싸서 약을 발랐더니 원래대로 멀쩡하였다. 용왕이 말하기를, "대안성자가 순서를 매겨서 꿰매고 원효법사를 청하여 소(疏)를 지어 강석한다면, 부인의 병은 틀림없이 나을 것이니, 설산(雪山)의 아가타약이라 할지라도 약효가 이것만은 못하리라."라고 하였다. 용왕이 바다 위까지 배웅하여 마침내 배에 올라 귀국하였다.

그때 왕이 이 이야기를 듣고 기뻐하여 먼저 대안성자를 불러 편집하게 하였다. 대안은 헤아리기 어려운 사람이었다. 모습과 의복이 특이한 데다 항상 시장터에서 구리로 된 바리때를 두드리며 "대안, 대안" 하고 소리쳤기 때문에 대안이라 이름한 것이다. 왕이 대안에게 명하자 대안이 말하기를, "그냥 경만 가져오십시오. 왕궁에는 들어가고 싶지 않습니다."라고 하였다. 대안이 경을 받아 배열하여 8품을 이루니 모두 부처님의 뜻에 합치되었다. 대안이 이르기를, "속히 원효에게 맡겨서 강연토록 하십시오. 다른 사람은 안 됩니다."라고 하였다.

원효가 이 경을 받은 곳은 출생지인 상주(湘州)였다. 사자더러 이르기를, "이 경은 본각(本覺)과 시각(始覺)을 종지(宗旨)로 삼으니, 나를 위하여 소가 끄는 수레를 준비해서 두 뿔 사이에 붓과 벼루를 두시오."라고 하였다. 처음부터 끝까지 수레에서 소(疏) 5권을 지어 완성하였다. 왕이 날을 택하여 황룡사에서 강연할 것을 부탁하였다. 그때 야박한 사람들이 새로 지은 소(疏)를 훔쳐갔기에 왕에게 사실을 알리고 3일을 연장하여 다시 3권을 짓고 약소(略疏)라 불렀다. 왕과 신하, 신자와 승려들이 법당을 구름같이 에워쌓다. 이에 원효가 열변을 토하는데 위의가 있고 얽힌 것을 풀이하는데 법칙이 있으며, 찬양하여 손가락을 튕기자 소리가 허공을 울렸다. 원효가 다시 큰소리로 말하기를, "지난 날 백 개의 서까래를 고를 때는 비록 끼이지 못하였지만, 이제 대들보 하나를 놓는데 나 혼자만 할 수 있구나!"라며 기염을 토하자, 참석하였던 명덕(名德)들이 모두 얼굴을 숙이며 부끄러워하였다.……소에 광(廣)·약(略)의 두 본이 있는데, 모두 본국에서 유행한다. 약본소(略本疏)가 중국에 수입되었는데, 나중에 번경삼장(翻經三藏)이 모두 논(論)으로 삼았다.[17]

경(經) 성립의 정확한 연대는 알 수 없지만, 몇 가지 정황으로 보아 대략 문무왕대(661. 6~681. 7)로 비정된다. 우선 위의 연기 설화에 따르면, 초고 상태의 경은 앞서서 중복되거나 흐트러진[重沓散經] 채 용궁에 소장되어 있었다고 한다. 이를 대안이 편집하여 경으로 완성하였는데, 여기에는 현장의 신역경전(新譯經典)과 관련된 용례가 반영되어 있다. 예컨대 경에 나오는, "시대신주(是大神呪) 시대명주(是大明呪) 시무상주(是無上呪) 시무등등주(是無等等呪)"는 현장이 649년에 번역한 『반야심경(般若心經)』에 처음 등장하는 구절이다.[18] 그러므로 초고 자체의 성립 상한선은 650년대 초반이 된다. 한편 대안이 8품의 배열을 갖는 현존본과 같은 『금강삼매경』을 완성시켰으며 그 직후에 원효가 경에 대한 논을 찬술하였으므로 경과 논 사이의 시차는 무시해도 좋을 것이다.

성립의 하한선과 관련하여, 대다수의 학자들은 원효의 다른 저술에 『금강삼매경론』이 일절 언급되지 않은 점에 주목하여 『금강삼매경론』이 원효 만년의 작품이 아닐까 추정하고 있다.[19] 그러나 위의 연기 설화에서 왕비와 왕자가 등장하므로, 이 경의 성립은 신문왕대(681. 7~692. 7)일 수가 없다. 신문왕의 첫째 부인은 오래도록 아들이 없었으며, 그마저 왕 즉위 직후에 일어난 친정아버지 김흠돌(金欽突)의 난에 연좌되어 궁궐에서 쫓겨났다. 신문왕이 다시 왕비를 맞아들인 것은 3년(683) 5월이며, 원자(元子)가 태어난 것은 원효가 입적한 이듬해인 7년(687) 2월이었다. 즉, 원효 생전에 신문왕에게는 왕자가 없었으니 설화와 맞지가 않는다. 그러므로 『금강삼매경』 성립의 하한은 문무왕대로 보는 편이 자연스럽다. 『금강삼매경론』의 내용을 검토해보면, 659년 윤12월에 번역된 『성유식론(成唯識論)』은 일절 언급하지 않고 있다. 이런 점도 역시 찬술 시기가 그다지 늦지 않음을 시사한다.

역사적 사실 여부를 떠나서 연기 설화는 왕비의 병을 치유하기 위한 약으로서 『금강삼매경』이 출현하게 되었음을 말해준다. 이와 관련하여 경이 치병(治病)을 비롯한 각종 공덕(功德)을 강조하고 있음은 유의할 만하다.[20] 특히 검해 용왕은 『금강삼매경』의 효험이 아가타약보다 우수할 것이라고 단언하였다. 아가타약은 『화엄경』 등에서도 보살이 중생을 제도하는 것이 마치 아가타약으로 중생의 모든 질병을 치료하는 것과 같다는 비유가 종종 보인다.[21]

흥미로운 점은 이 아가타가 『금강삼매경』 서분에서 경 최초의 등장 인물인 비구로 나온다는 사실이다. 서분에 의하면 석가세존이 대승경[廣經]을 설한 후에 선정에 들었다가 다시 깨어나 보살들과의 대화 형식으로 『금강삼매경』[略經]을 설하게 되는데, 여기서 아가타는 앞서의 광경을 찬송하고 뒤이을 약경을 이끌어내기 위해서 게송을 읊는 매우 중요한 역할을 수행한다. 아가타비구는, 원효가 논에서 지적하였듯이, 아가타약을 의인화한 것이다.[22] 이 아가타에게 『금강삼매경』을 설하는 단서를 쥐게 함으로써, 이 경전의 성립이 당시 왕비의 질병 치유와 관련되었음을 은연중 시사한다. 즉 『금강삼매경』의 강경(講經)은 일종의 치료 행위인 셈이다. 그것을 다른 모든 승려들을 제치고 원효가 담당하였던 것이다. 그러므로 경 성립에 이은 원효의 강경이야말로 원효가 불교계의 중심으로 복귀하는 데 있어서 결정적인 계기였다고 볼 수 있다.

검해 용왕이 위의 연기 설화에서 매우 중요한 역할을 하는 점은 주목할 만하다. 원효에게 강경을 맡겨야 한다고 강력히 주장한 인물은 다름 아닌 경의 편집자 대안이었는데, 애초에 경의 편집자로 대안을, 그리고 강석의 적임자로 원효를 각각 지목한 이는 검해 용왕이었다. 사신의 보고에 따르면, 검해 용왕이 사신을 용궁으로 데려가서 왕비가 청제의 셋째 딸임을 밝힌 다음, 약 대신 미완의 『금강삼매경』을 주면서 대안으로 하여금 경을 편집하게 하고 원효로 하여금 경을 강석토록 하면 왕비의 병이 나을 것이라 하였다고 한다. 그러나 검해 용왕 자체가 허구적 존재이므로 사신의 보고 역시 꾸며낸 이야기일 수밖에 없다. 누군가가 검해 용왕의 권위를 빌어서 이야기를 꾸미고 사신의 입을 통하여 객관화시켰던 것이다. 그런데도 검해 용왕의 뜻대로 일이 진행되었다는 점에서, 다중을 설복시킬 수 있을 만큼 유력한 인물이 존재하였을 것이라 추측할 수 있다.

그런 점에서 우선 중대 왕실을 빼놓을 수 없다. 사건은 왕비 머리에 종기가 생긴 데서 비롯하였다. 그 종기를 당시의 의술과 기도로도 치유할 수 없었기에 좋은 의약을 구하고자 당나라에 사신을 파견하였던 것이다. 그런데 막중한 임무를 띠고 파견된 사신이 가지고 돌아온 것은 정작 약이 아니라 낱장 상태의 『금강삼매경』이었다. 그런데도 국왕이 한낱 사신의 말을 그대로 믿고 따랐다는 점에서 처음부터 국왕의 개입을 의심하지 않을 수 없다. 여기서 검해 용왕의 발언 중에 왕실의 신성화를 겨냥한 부분을 주목할 필요가 있다. 그가 왕비를 청제의 셋째 딸이라고 하였는데, 이는 7세기 후반 무렵 중대 왕실이 그 기원을 삼황오제설(三皇五帝說)로 성화(聖化)하던 움직임과 결코 무관하지 않다.[23]

또한 『금강삼매경』의 성립 과정에는 중대 왕실과 더불어 김유신 가문의 개입도 있었으리라 추측되지만, 현재 이를 뒷받침할 구체적인 자료는 전무한 실정이다. 다만 검해 용왕이란 등장인물에 다시 한 번 주목하고자 한다. 과문(寡聞)인지는 모르나, 검해 용왕은 물론 검해(鈐海)라는 이름조차 다른 어떤 자료에서도 찾아보기 어렵다. 여기서의 '검(鈐)'은 '검(黔)'과 통용되는 글자이다. 실제로 『송고승전』의 「원효전」과 「의상전」을 그림으로 표현한 『화엄연기(華嚴緣起)』에서는 검해 용왕(黔海龍王)으로 나온다. 한편 8세기 중엽 경덕왕(景德王)이 신라의 고유 지명을 대대적으로 한식(漢式)으로 아화(雅化)할 때 검포현(黔浦縣)을 금포현(金浦縣)으로 고쳐 부르게 하였다.[24] 이 금포현을 『삼국유사』에서는 다시 '今浦縣'이라 표기하고 있다.[25] 일연이 '金'을 '今'으로 표기한 것이, 당시 남송에서 시행되고 있던 피휘(避諱)를[26] 반영하였는지 아니면 우연의 일치였는지에 대하여는 일단 판단을 유보하더라도, '金'과 '今'의 발음이 통용되었음을 잘 보여준다. 이와 같이 '鈐', '黔', '金', '今'이 통용되었으며, 일연이 『삼국유사』를 편찬하던

13세기 후반 무렵까지 '금(今)'으로 발음되었음은 인정할 수 있겠다.[27] 그렇다면 검해(鈐海)를 금해(金海)의 또 다른 표기사례로 보는 것도 가능하지 않을까.[28] 위의 연기 설화에서 검해의 위치와 관련하여 '명창(溟漲)'이 나오는데, 명창은 '남쪽의 큰 바다'를 가리킨다.[29] 금해(金海)는 경주를 중심으로 할 때 남쪽 바다가 분명하며, 사포(絲浦, 울산)에서 출발하여 중국을 갈 때 반드시 지나가는 길목에 해당하였다.

다소 우원하기는 하지만 위에서 살펴본 몇 가지 정황으로 보건대, 검해는 금해를 가리킨다고 생각된다. 금해는 금관가야(金官伽耶)의 고토(故土)이다. 금관가야의 마지막 왕 김구해(金仇亥)가 532년 신라에 항복한 직후 오늘날의 김해 지역을 식읍(食邑)으로 사여받았다.[30] 따라서 김유신(金庾信) 당시까지도 금관가야의 후손들이 지역에 대한 영향력을 행사하고 있었으리라 추정된다.

정황상 중대 초의 집권 세력이 『금강삼매경』의 성립을 연출하였을 개연성은 농후하다. 더욱이 검해 용왕이 경의 편집과 강경의 적임자로 교단의 상층부와는 거리가 먼 대안과 원효를 강력히 추천하였다는 점은 시사하는 바가 크다. 이전에 불교계 내의 위치가 불안정하였던 원효를 확고부동한 존재로 다지는 데는 정치적인 후원자가 필요하였다. 그것이 중대 초의 집권 세력이었던 것이다.

검해 용왕의 얘기는 왕비의 병을 치료하기 위해 『금강삼매경』을 강의한다지만, 단서 조항으로 원효를 강력하게 추천하였음을 주목할 필요가 있다. 사실 이 설화의 의도는 원효의 복귀 그 자체였다. 왕비부터 대안까지의 모든 등장인물들은 원효의 복귀를 빛나게 해주는 조연에 불과하다. 다만 원효는 파계승이므로 교단 내의 반대 세력을 무마하기 위해서는 강력한 후원 세력 못지않게 복귀의 명분이 필요하였다. 그것이 바로 왕비의 병을 치료하기 위한 『금강삼매경』의 강의였다.

이름도 불분명한 데다 형상과 의복도 특이한 대안이 『금강삼매경』을 편집하였고, 또 그의 적극적인 원효 추천을 왕실이 수용한 점은 당시 불교계로서는 매우 파격적인 조치였을 것이다. 실제로 원효의 복귀를 반대하는 세력이 원효가 처음 찬술한 소(疏) 5권을 훔쳐갔는데, 이들은 앞서 원효의 백고좌회 참석을 좌절시킨 자들과 같은 부류일 것이다. 그 때문에 원효는 국왕의 허락을 받아 3일 만에 다시 소(疏) 3권을 완성시켜야 하였으니,[31] 이 3일이야말로 원효 일생에서 가장 긴박한 순간이었을 것이다. 이러한 난관 끝에 마침내 왕신도속(王臣道俗)이 운집한 황룡사에서 강경을 할 수 있게 되었는데 그는 그 자리에서, "지난날 백 개의 서까래를 고를 때는 비록 끼이지 못하였지만, 이제 대들보 하나를 놓는데 나 혼자만 할 수 있구나!"라며 기염을 토하자 참석하였던 명덕들이 모두 얼굴을 숙이며 부끄러워하였다고 한다. 이와 같이 연기 설화는 왕비의 병을 계기로 하여 『금강삼매경』이 신라 불교계에 유통되었음을 이야기하고 있지만, 동시에 교단으로부터 배척받던 원효가 왕실의 후원에 힘입어 경주 불교계로 복귀하였음을 잘 보여준다.

다만 원효는 환속하였기 때문에, 불교 교단을 장악하거나[32] 스스로 문도를 양성한 것 같지는 않다. 오히려 그의 활동의 무게 중심은 대중교화와 교학 연구에 놓여 있었다. 그는 중대 왕실의 후원하에 본격적으로 교학 연구와 집필 활동에 매진할 수 있었던 것으로 보인다.

3. 국왕관: '보살위왕설(菩薩爲王說)'

원효의 대중교화 활동을 보면 이 땅에 정토를 구현하고자 하였음에도 불구하고 일반민들의 삶을 물질적인 측면에서 제고시키려는 시도는 하지 않았다. 그는 중국 수대 신행(信行, 540~594)의 무진장(無盡藏) 설치라든가 일본 나라(奈良) 시대 행기(行基, 668~749)의 교량 건설 등과 같은 사회사업을 하지 않았다.[33] 물론 그는 현실 사회에서 고뇌하는 일반민들의 처지를 직시하였다. 다만 구제 방식에 있어서는 사회사업보다 그들의 내면적·종교적 각성을 유도하는 데에 초점을 맞추었다. 여기에는 물질적인 사회사업이 불교의 본령이 아니라는 의식도 작용하였겠지만, 직접적으로는 사회사업을 포함한 민생의 안정은 세속 권력의 몫이라고 여겼던 것은 아닐까. 이것은 불교와 정치 사이의 역할 분담을 전제로 한 협력관계를 의미한다.

중대 집권 세력은 율령제 및 관료제를 정비하면서 아울러 불교교단을 속권(俗權)의 통제하에 종속시키고자 하였다. 통제의 역할이 본격화된 것은 김춘추와 김유신의 연합 세력이 정권을 장악한 진덕왕대(眞德王代)였다. 즉, 647년(진덕왕 1)에 대도유나(大都唯那) 1인과 대서성(大書省) 1인의 승관직을 각각 증치하였으며, 651년에는 사전(寺典)을 대도서(大道署)로 개편하고 대정(大正)－대사(大舍)－주서(主書)－사(史)의 체제를 완비하였다.[34]

그런데 669년(문무왕 9) 신혜(信惠)를 정관대서성(政官大書省)에,[35] 674년(문무왕 14) 의안(義安)을 대서성에[36] 각각 임명하였다는 기록을 끝으로 중대에는 더 이상 승관의 존재를 확인할 만한 자료가 보이지 않는다. 중대의 지방승관제를 뒷받침할 자료도 전무한 실정이다. 중대 왕실의 원찰(願刹)인 성전사원(成典寺院)이 관사(官寺)로서의 기능을 대신 수행한 것으로 보인다.[37] 그것은 중대에 불교 교단의 자율성이 크게 약화되면서, 국왕권에 의해 일원적인 지배를 받게 되었음을 의미한다.[38] 그러나 세속 권력에 대한 불교 교단의 예속에도 불구하고 중대의 불교는 전 사회계층 속으로 빠르게 확산되면서 사회적 영향력은 오히려 증대하였다.

중대 왕실은 '존왕(尊王)'과 '위민(爲民)'을 두 축으로 하는 유교 정치 이념을 수용하였는데, 유교 정치 이념에서는 통치권의 정당성 여부가 민심을 얻느냐 얻지 못하느냐에 달렸다.[39] 중고기의 왕위 계승 원리에 비추어 보았을 때 분명 김춘추는 결격 사유가 있었다. 그래서 중대 왕실은 민심 획득의 일환으로 대중교화 활동을 하던 일군의 승려들을 포섭하고자 하였다. 특히 일반민들로부터 신망을 얻고 있던 원효를 포섭할 필요성을 느꼈을 것이다.

앞서 연기 설화에서 백고좌회를 앞두고 본주[압량주]에서 원효를 천거하였다고 하는데, 그 시기는 대략 중대 초로 추정된다. 압량주는 선덕왕 11년(642) 신라가 백제에게 대야성을 함락당한 이래 태종무열왕 8년(661) 대야성에 다시 주가 설치될 때까지 약 20년 동안 신라의 군사적 거점으로서 중시되었으며, 그만큼 중대 왕실의 핵심인물들이 군주로 파견되었다. 642년 대야성 함락 직후에 압량주 군주로 부임해온 인물은 바로 김유신이었다.[40] 그는 이때부터 영휘 4년(653)까지 10여 년간 군주로 있으면서 민심의 동향을 늘 파악하고 있었다.[41] 그리고 김유신의 뒤를 이어 군주가 된 이는 태종무열왕의 둘째

왕자인 김인문(金仁問)이었는데, 그는 장산성(獐山城)의 축조를 감독하였다.[42] 따라서 이들이 압량주 출신의 원효에 대해 알고 있었으리라 충분히 짐작된다.

원효의 국왕관을 이해하는 데는 우회적이기는 하나 『화엄경』을 참조할 만하다. 그는 『화엄경』을 사교판론(四敎判論)에서 최고위인 일승만교(一乘滿敎)에 배당하였으며, 주석서로서 『화엄경소(華嚴經疏)』와 『화엄종요』 및 『보법기』 등을 찬술하기도 하였다. 그런데 『화엄경』 중에서도 특히 십회향품(十廻向品)은 주목할 만하다. 십회향품은 지금까지 보살이 닦아온 모든 자리행(自利行)과 이타행(利他行)을 일체 중생에게 돌려서 그들을 제도함으로써 자기 자신도 깨달음의 경지로 나아가려는 내용을 서술하고 있다. 금강당보살(金剛幢菩薩)을 주인공으로 하여 열 가지 회향을 차례로 소개하고 있다. 그런 점에서 중생제도를 위한 보살행의 지침서라고 할 수 있다.

원효가 일찍이 분황사에 머물 때 『화엄경소』를 찬술하다가 십회향품에 이르러 절필하였다고 하는 것으로 보아,[43] 원효의 대중교화 활동에도 많은 영향을 끼친 듯하다. 십회향품 중에서도 제6 수순일체견고선근회향(隨順一切堅固善根廻向)은 '(금강당)보살이 만약 왕이 된다면'으로 시작하여, 국왕의 이상적인 교화를 상세히 언급하고 있다.[44] 이러한 견해는 백고좌회의 소의경전(所依經典)인 『인왕경』에서도 관찰되는 것으로 보아,[45] 당시 승려들의 보편적인 국왕관이라고 할 수 있겠다.[46] 형식은 비록 가정법이지만, 거기에는 불교도들의 강한 정치적 염원이 반영되어 있다. 이 모든 선정은 보살이 왕이 되었을 때를 가정하여 성립되는 것이므로, 이를 '보살위왕설(菩薩爲王說)'이라 할 수 있겠다.

「원효불기조」에 의하면,

> 또한 일찍이 소송으로 인하여 백 그루의 소나무에 몸을 나누었기 때문에, 다들 그의 위계를 초지(初地)라고 하였다.[47]

라고 하여, 원효는 사람들로부터 초지(初地, 보살)로 인정받았다고 한다. 여기서 초지의 증거로 '백 개의 분신'을 언급한 것은, 『화엄경』 십지품과 정확히 일치한다.[48] 십지품에는 '초지보살(初地菩薩)이 염부제(閻浮提)의 국왕이 된다면'[49]으로부터 시작하여, 수행에 정도에 따른 여러 유형의 보살왕과 그들의 통치 내용이 제시되어 있다. 이와 같이 『화엄경』의 국왕관이 보살위왕설이며, 원효가 가장 중시한 경전의 하나가 『화엄경』임을 고려해볼 때, 원효의 국왕관 역시 보살위왕설이라고 해도 무방하겠다.

원효가 이러한 보살위왕설을 어떻게 이해하였는가. 그는 활발한 대중교화 활동에도 불구하고 의외로 현실 정치에 대하여 아무런 발언도 남기지 않았다. 저술에서도 정치적 발언은 극도로 자제하고 있는 편이어서, 『금강삼매경론』에서 "왕은 모든 백성이 의지하는 바다."[50]라고 한 발언이 거의 유일하다.

환속한 후에 그가 군공을 한 차례 세운 것은 확인된다. 즉, 661년 12월 김유신이 소정방의 당군에 군량을 수송하러 평양까지 갈 때 원효가 동행하였다. 이때의 출정은 한겨울에 무거운 군량을 적지 한가운데까지 수송해야 한다는 점에서 처음부터 위험 부담이 컸었다.[51] 실제로 12월에 출발하여 이듬해 2월 평양 부근에 당도하기까지 신라군은 많은 난관을 돌파해야 하였다. 당군에 군량을 무사히 전달하고 돌아올 때는 고구려의 복병(伏兵)과 추병(追兵)을 만나 어려움을 겪기도 하였다. 원효는 이때 소정방이 보낸 암호문을 해독하여 신라군의 신속한 퇴각을 가능케 함으로써 커다란 군공을 세웠다.[52]

현실 사회에서 국왕은 혈연이나 힘 등과 같은 세속적인 원리에 의해 계승되었기 때문에, 종교적 유덕자(有德者)인 보살이 왕이 된다는 것은 사실상 불가능하였다. 그렇다고 원효가 이상을 실현시키기 위해 혁명적 방법을 시도한 것도 아니었다. 결국 그는 현실과 타협하여, 국왕이나 국왕의 후보자를 교화하여 보살로 삼고자 하였을 것이다.

불교가 중국 사회에 토착화하는 남북조 시대에는 보살위왕설의 현실적 변용인 전륜성왕설(轉輪聖王說)과 왕즉불사상 및 보살천자설(菩薩天子說)이 상당히 유행하였으며,[53] 그것은 신라 중고기에서도 관찰된다.[54] 자장도 상당한 관심을 표명한 것으로 보인다. 다만 자장은 정법(正法)의 건립과 보호를 위하여 중고기의 왕실과 친근함으로써, 결과적으로 국왕의 권위를 성화시키는 데 치중한 점이 적지 않다. 즉, 그의 이념은 치자(治者)의 관점에서 위로부터 수용된 이데올로기라 할 수 있다.

반면 중대에 들어와 주목받는 보살위왕설은 국왕의 보살행을 강조하였는데, 그것은 바로 일반민에 대한 지배 세력의 양보를 의미하였다. 보살위왕설은 출세간(出世間)의 종교적 치자인 보살과 세간의 정치적 치자인 국왕을 통일적으로 파악하고자 하는 것으로, 양자는 민(民)을 정도(正道)로 교화한다는 데 공통점이 있다. 민의 관점에서

희망하는 새로운 국왕관인 것이다. 이 점은 삼국통일 직후에 성곽을 새로이 수축하려는 문무왕에게 의상이 '정도(正道)' 내지 '정교(政敎)의 밝음'을 강조하며 공사를 제지한 데서도 엿볼 수 있다.[55] '정도' 내지 '정교의 밝음'이란 민생의 안정을 통하여 사회의 안정을 이루는 것이었다.[56]

원효는 앞서와 같이 자유분방한 행적으로 일관하며 파계(破戒)조차 불사하였는데, 이 모든 행동을 정당화시킬 유일한 근거는 바로 보살행, 즉 중생제도행이었다. 원효의 저술을 보면 보살의 중생제도를 유난히 강조하고 있으며, 그 자신이 이를 구체적인 행동으로 보여주고 있다. 그러므로 원효가 중대 왕실과 관계를 맺게 된 일차적 동기도 여기에서 찾아야 할 것이다.

이와 관련하여 중대 초기에 율령개편과 함께 단행된 일련의 위민정책은 유념할 만하다.[57] 이 시기의 정치적인 위민정책과 종교적인 중생제도는 공통의 목표를 향한 일종의 역할 분담이었다. 그래서 태종무열왕 당시의 일반민들은 자신들의 시대를 '성대(聖代)'라고 칭송하였으며,[58] 일연은 원효의 대중교화 활동으로 인해 무지몽매한 사람들조차 모두 부처의 명호를 알고 부처에게 귀의(歸依)한다고 말할 수 있게 되었다고 평하였던 것이다.

|제5장| 원효에 대한 인식의 변천
- 거사상(居士像)에서 승려상(僧侶像)으로 -

1. 문제제기

오늘날 전국의 사찰 가운데 상당수가 원효와의 인연을 주장하고 있는바,[1] 그중에서도 원효와 분황사(芬皇寺) 사이에는 등식이 성립할 정도로 양자의 관계는 일견 확고해 보인다. 그러나 통념과는 달리 3대 전기 가운데 양자의 관계를 언급한 것은 가장 뒤늦게 편찬된 『삼국유사』 권4 원효불기조(이하 「원효불기조」)뿐이다. 10세기 말에 찬술된 『송고승전』 권4 원효전(이하 「원효전」)은 물론이려니와, 가장 이른 시기인 9세기 초에 세워진 「고선사서당화상비」(이하 「고선사비」)조차 분황사에 대하여 침묵으로 일관하고 있다. 「고선사비」가 일찍 파손되어서 비문의 일부만 전해진다든가, 「원효전」이 원효의 일생 가운데서도 『금강삼매경』의 출현과 관련한 연기 설화가 2/3를 차지하는 등, 이들 자료가 가지는 전기로서의 한계를 감안하더라도,[2] 두 자료 모두 분황사를 언급하지 않은 점은 예상 밖이라 하겠다.

「원효불기조」를 선행하는 두 전기 자료와 대비해보면, 『삼국유사』의 편찬자가 원효와 분황사의 관계를 부각시킨 것이 확연히 드러난다. 그만큼 원효와 분황사의 관계에 대한 일반적인 통념이 『삼국유사』에 크게 의존하고 있는 셈이다.

『삼국유사』의 사료적 가치와 관련해서는, 다음의 두 가지 사실을 유념하고자 한다. 첫째, 『삼국유사』의 원효상은 역사상의 원효를 600여 년 후에 재구성한 것이라는 사실이다[時差]. 둘째, 『삼국유사』 자체가 그렇듯이, 「원효불기조」 또한 원효에 관한 종합적인 전기 자료로서 기술된 것이 아니라는 사실이다[遺事].

이와 같은 문제의식에서, 원효와 분황사 관계의 역사적 추이를 시기별로 재검토하고자 한다.[3] 우선 원효의 분황사 체류가 가지는 불교사적 의미를 선명히 하기 위하여, 삼국기 분황사 창건의 정치적 의미와 자장의 분황사 체류의 불교사적 의미를 검토하며, 둘째, 삼국통일기에 원효가 분황사에 체류하게 된 의미와 9세기 초 원효 후손에 의한 「고선사비」 건립을 매 시기 신라 불교사를 배경으로 살펴볼 것이다. 셋째, 「원효불기조」 성립의 배경을 이루는 고려 중·후기 불교계의 두 가지 원효 인식을 정리하며, 넷째, 「원효불기조」를 포함하여 『삼국유사』에서 묘사된 원효상과 그것의 의미를 밝힐 것이다.

이러한 연구를 통하여, 원효를 포함하여 실제로 일어난 한국 고대 불교사와 이를 13세기 후반에 재구성한 『삼국유사』 사이에 놓여져 있는 간격[시차와 유사]을 확인하고 그것을 극복하려는 하나의 시도로 삼고자 한다. 아울러 교단, 그중에서도 비구 중심의 한국 불교사 연구경향을 반성하는 계기가 되기를 기대한다.

2. 삼국기: 분황사(芬皇寺)의 성격

1) 여왕 체제의 출범과 분황사 창건

분황사가 낙성된 것은 선덕여왕(善德女王) 3년(634) 정월이었다.[4] 불교 공인 이래로 역대의 국왕들은 장엄한 사원을 부처에 봉헌함으로써, 국왕의 권위를 신성화하고 위엄을 신민(臣民)들에게 과시하려 하였다. 그래서 법흥왕은 신라 최초의 사찰인 흥륜사(興輪寺)를 착공함과 아울러 비구니 사찰로 영흥사(永興寺)를 세웠으며, 진흥왕은 신라 최대의 사찰인 황룡사(皇龍寺)를 창건하고 여기에 신라 삼보(三寶)의 하나로 일컬어지는 거대한 장육존상(丈六尊像)을 조성하였으며, 진평왕은 황룡사를 대대적으로 확충하였던 것이다. 선덕여왕의 분황사 창건도 이러한 맥락에서 그 의미를 찾아볼 수 있는데, 사찰 이름에서 좀 더 각별한 뉘앙스를 풍긴다.

분황사에서 우선 '분(芬)'은 '향기롭다'는 뜻이다. 그리고 '황(皇)'은 황룡사, 황복사(皇福寺), 황성사(皇聖寺) 등의 예에서 알 수 있듯이 신라 왕실의 원찰을 의미하는 상징어일 뿐 아니라, 당시 '왕(王)'과 통용된 사례로 보아서도 글자 그대로 '임금'을 뜻한다.[5] 그러므로 분황사는 '향기로운 임금의 절'이라는 뜻으로 풀이하는 것이 자연스럽다.[6]

'향기로운 임금의 절'은 여왕에 어울리는 낭만적인 이름이기는 한데, 그 이면에는 선덕여왕의 즉위를 정당화하려는 정치적 의도가 깔려 있다. 이와 관련하여 『삼국유사』에 다음과 같은 흥미진진한 이야기가 전해진다.

제27대 덕만(德曼)의 시호는 선덕여대왕이니, 성은 김씨요 아버지는 진평왕이다. 정관(貞觀) 6년 임진(632)에 즉위하여 나라를 다스린 16년 동안에 무릇 기미를 미리 안 사건이 세 가지나 된다. 첫째는 당 태종이 붉은 빛, 자주 빛, 흰 빛의 세 가지 빛깔의 모란꽃 그림과 꽃씨 석 되를 보냈다. 왕이 그림 속의 꽃을 보고 말하기를, "이 꽃은 정녕 향기가 없을 것이다." 하였다. 이에 정원에 씨를 뿌리게 하여 꽃이 피고 지기를 기다려보았더니, 과연 그 말과 같았다. (중략) 왕이 말하였다. "꽃을 그렸으되 나비가 없으니, 바로 향기가 없음을 알 수 있다. 이는 당나라 임금이 내게 배필이 없음을 조롱하는 것이다. (하략)"[7]

이 이야기는 『삼국사기』에도 실려 있는데,[8] 거기에 따르면 이 일은 선덕여왕대가 아니라, 그녀가 공주로 있던 진평왕대에 있어났다. 아울러 선덕여왕이 배필이 없음을 조롱하여 향기 없는 모란꽃 그림과 꽃씨를 보냈다는 여왕 자신의 해석도 빠져 있다. 원래 모란에 나비만을 배치하는 그림은 그리지 않는다고 한다.[9] 또는 중국에서 전통적으로 국색천향(國色天香)으로서의 모란도는 모란만 그려지는바, 당 태종이 신라왕에게 보낸 모란은 국가적 차원에서 하사한 선물이므로, 아마도 모란만으로 그려진 국색천향도였을 가능성도 있다.[10] 따라서 반드시 당나라에서 덕만공주(선덕여왕)의 처지를 조롱하고자 그러한 상징물을 보냈다고 단정하기는 어렵다. 또한 선덕여왕이 공식적인 남편을 두지 않은 까닭은, 그녀가 원칙상 신과 결혼을 약속해야 하는 무녀왕(巫女王)의 성격을 띠고 있었기 때문이다.[11] 그러므로 나비 없는 모란 그림에 대하여 선덕여왕(혹은 덕만공주)이 과민하게 반응을 보일 필요는 없었다. 그런데 보낸 이의 의도야 어찌되었든 『삼국유사』의 편찬자가 주목하였듯이, 받는 측에서는 선덕여왕 자신에게 배필이 없음을 당 태종이 조롱하는 것으로 간주하였다. 즉위 후 최초로 창건한 원찰의 이름자 첫머리에 '향기로운[芬]'이라는 수식어를 굳이 넣은 것은, '향기 없다'는 지적을 의식하고 있었다는 반증이기도 하다.

분황사 창건이 지니는 정치적 의미는 선덕여왕의 즉위와 관련지어 볼 때 좀 더 분명히 드러난다. 선덕여왕은 한국 역사상 단 세 명밖에 없는 여왕이자 그것도 최초의 여왕이었다. 역사가 더 오래되었고 훨씬 더 많은 왕조가 출몰한 중국조차도 선덕여왕에 선행하는 여왕은 단 한 명도 없었다. 중국 역사상 유일한 여제(女帝)인 측천무후(則天武后)는 선덕여왕으로부터 반세기 지나고 나서 비로소 등장한다. 유교(儒敎)가 정치 이념으로 확고히 자리 잡은 한대(漢代) 이래로 여자가 왕이 되는 것은 물론이려니와 여자가 정치에 개입하는 것조차 경계의 대상이 되어왔다. 『서경(書經)』의 '빈계지신(牝鷄之晨)'은 그러한 부정적 인식을 대변한다 하겠다.[12]

역사적·정치적 환경을 감안할 때, 덕만공주가 신라 최초로 여왕이 되기까지에는 많은 정치적 난관이 있었을 것이다. 그녀는 일찍이 여자가 왕이 된 전례가 없다는 남성 위주의 정치 문화를 극복해야 했다. 따라서 여왕 출현이 기정사실화 되어갈 때, 이를 정치적 파행으로 간주하는 저항이 없을 리 만무했다. 진평왕 말년(631)에 일어난 이찬(伊飡) 칠숙(柒宿)과 아찬(阿飡) 석품(石品)의 난은 그러한 저항의 시작이었다.[13]

저항 세력에 대한 정지 작업과 더불어 덕만공주의 왕위 계승에 정통성을 부여하려는 움직임도 나타났다. 전통적이면서 효과적인 방법은 혈연을 강조하는 것이다. 이와 관련하여 선덕여왕 즉위조의 다음 기사는 주목할 만하다.

> 선덕여왕이 왕이 되었으니, 휘는 덕만으로 진평왕의 맏딸이며, 어머니는 김씨 마야부인(摩耶夫人)이다. 덕만은 성품이 너그럽고 총명하고 민첩하였다. 진평왕이 돌아가셨는데 아들이 없어서, 국인(國人)들이 덕만을 세우고 '성조황고(聖祖皇姑)'라는 이름을 올렸다.[14]

'성조황고'는 풀이하면 '성스런 조상을 둔 여왕'이라는 의미이다. 이는 중고 왕실(中古王室)의 성골의식(聖骨意識)을 보여주는 최초의 사료이다. 성골에 대하여는 여러 가지 해석이 있지만, 중고 왕실 혈족 집단 가운데 진흥왕에서 동륜태자(銅輪太子)로 내려가는 직계 비속이 진평왕대에 나머지 왕실 친족 집단의 구성원이 갖는 신분인 진골과 구별하고자 스스로를 성화시켜서 성골이라고 하였다는 견해가 유력하다.[15]

왕실 혈통의 신성화는 불교를 통해서도 이루어졌다. 중고기의 역대왕들은 그들의 이름을 불교식으로 짓는 이른바 '불교식 왕명 시대'를 연출하였는데,[16] 특히 이름에 '진(眞)'자를 쓴 것은 모두 불교의 진종설(眞種說)에서 비롯한다. 불교식 왕명의 전형적인 사례는 진평왕 직계 가족에서 찾아볼 수 있다. 진평왕의 이름 백정(白淨)은 석가모니의 아버지 이름이며, 왕비는 석가모니의 어머니인 마야부인을 그대로 따왔다. 그리고 동생들인 진정(眞正)과 진안(眞安)의 이름은 석가모니의 삼촌들인 백반(伯飯) 및 국반(國飯)과 같았다. 그러니 진평왕과 마야부인 사이에서 아들이 태어났다면, 그 이름은 구담(瞿曇, 석가모니의 속명)이라 하였을 것이다. 그런데 공교롭게도 진평왕에게는 아들 대신 딸만 있었으며, 석가모니에게는 여자 형제가 없었다. 선덕여왕 공주 시절의 이름 덕만은 수많은 중생을 제도하고자 일부러 여자의 몸으로 태어났다는 『열반경』의 덕만우바이(德鬘優婆夷)에서 따온 것이며, 선덕(善德)이란 왕호는 인도의 위대한 정복 군주 아쇼카(Aśoka) 왕의 전생으로 나오는 『대방등무상경(大方等無想經)』의 선덕바라문(善德婆羅門)에서 유래한 것이다.[17]

선덕여왕은 왕위 계승 두 돌이 되는 634년 정월에 분황사 낙성과 때를 같이하여 인평(仁平)으로 개원(改元)하였는데, 개원은 여왕 체제의 출범을 대내외에 천명하는 정치적 행위이며 분황사는 그것을 기념하는 상징물이었다. 진흥왕과 진평왕대를 상징하는 거대한 황룡사에 바로 잇닿아서 좀 더 작은 규모의 분황사를 창건한 것은, 어딘가 모르게 진흥왕→동륜태자→진평왕으로 이어지는 신성한 혈통을 계승하였으면서도 여자 임금이기에 성스러운 선조들의 후광에 의존할 수밖에 없는 선덕여왕의 처지를 잘 보여준다. 그런 점에서 분황사는 독립된 사원이라기보다는 어느 정도 황룡사에 부속된 사찰로 볼 수도 있다.[18]

2) 자장(慈藏)의 분황사 체류와 승속이원적(僧俗二元的) 계율관

여왕 체제에 대한 국내외의 우려와 비판을 때로는 힘으로 제압하고 때로는 이데올로기로 수식하면서 마침내 선덕여왕이 즉위할 수 있었다. 그러나 집권 이후에도 여왕의 국정 운영 능력에 대한 불안감은 쉽게 가라앉지 않았다. 이른바 선덕여왕의 지기삼사(知幾三事)는 그러한 상황에 처한 여왕을 옹호하려는 측에서 만들어낸 이야기였다.[19]

그러나 642년과 같이 결정적인 위기가 닥쳤을 때는 실질적인 대책이 필요하였다. 이 해 신라는 백제에게 대야성(경남 합천)등 40여 성을 빼앗기고, 고구려로부터 당항성을 공격당하는 국가 존망의 위기에 처하였다. 더욱이 이듬해 구원병을 요청하는 신라 사신을 응대하는 자리에서 당 태종이 여자가 왕이 되었기 때문에 신라가 이웃의 침략을 받게 되었다는 취지의 발언을 함으로써,[20] 선덕여왕은 더욱 궁지로 몰리게 되었다. 여왕 체제 출범 이후 최대의 위기를 맞이한 선덕여왕은 당 태종의 신임을 받으며 장안에 유학 중이던 자장을 급거 귀국시키고 그를 대국통(大國統)에 임명하여 불교 교단 숙정의 전권을 위임하였다.[21]

자장은 귀국 자체가 안팎으로 수세에 몰린 선덕여왕 측의 요청에 의해 단행된 것이었다. 자장은 이 시기에 불교 문화를 중심으로 중국의 선진 문물을 도입하여 난국을 타개하고자 하는 이른바 '불교치국책(佛敎治國策)'을 실시하였다.[22] 그는 우선 신라불국토설의 전제하에 그러한 불국토에 걸맞은 이상적인 통치자로서의 중고 왕실의 권위를 진종설과 전륜성왕설(轉輪聖王說)로 성화하였다. 따라서 자장의 불교는 선덕여왕의 왕권을 수식하는 이데올로기적 역할을 수행하였다고 할 수 있다. 그는 대국통에 취임하여 불교치국책의 세력기반인 불교 교단을 대대적으로 숙정하고 정비하여 나갔다.

자장이 교단을 숙정하고 정비할 때 적용한 기준은 엄숙한 계율관이었다. 그는 "반 달마다 계를 설하고 율에 의해 참회하게 하였으며, 봄·겨울로 시험을 쳐서 계를 지켰는지의 여부를 알게 하였다."라고 하듯이, 『사분율(四分律)』에 근거하여 교단을 숙정하고 승려 개개인의 일상 생활을 규율하는 계율을 제정하였다.[23] 그리고 소승계로서의 『사분율』을 보완함과 동시에 상층 집단을 후원 세력으로 포섭하려는 의도에서 대승보살계도 보급하였다. 이러한 자장의 엄격한 지계정신(持戒精神)과 선덕왕대의 국가적 지원에 힘입어 신라 불교계는 면모를 일신하게 되었다.

이상에서 살펴보았듯이, 자장의 계율관은 불교 내적으로는 교단 숙정과, 불교 외적으로는 여왕체제 수호와 밀접히 관련되어 있었다. 그리고 그때 자장이 머물렀던 사찰이 바로 선덕여왕의 원찰인 '왕분사(王芬寺)', 즉 분황사였던 것이다.

3. 통일신라기: 원효와 분황사 관계의 역사성

1) 원효의 분황사 체류의 의미

원효는 엄숙한 지계주의(持戒主義)를 표방한 자장과 달리 파격적이라 할 만큼 자유분방한 삶을 살아갔다. 그의 계행이나 계율관이 당시 승려 일반에게 요구되던 『사분율』과 상당히 차이가 났음을 의미한다. 『사분율』은 출가자를 위주로 하는 계율로서 출가자 개개인의 죄악을 미연에 방지한다는 금제적(禁制的) 측면과 교단을 규율한다는 타율적 측면이 두드러졌다. 여기에 반하여 원효는 중생제도를 위해서는 계율에 얽매이지 않는다는 파격적인 계율관을 보여주고 있다. 이러한 계율관은 원효가 주석을 남기기도 한 『금강삼매경』에 잘 드러나 있다.

『금강삼매경』 무상법품(無相法品)에 의하면, 공법(空法)을 닦는 자는 계의 형식[戒相]에 머무르지 않는 대신 육바라밀의 구족(具足)을 이상으로 한다고 하였다.[24] 경에서는 계상에 집착하는 이른바 소승불교도의 계율관을 도처에서 비판하고 있다. 또한 『금강삼매경』 입실제품(入實際品)에서는, 불퇴전위(不退轉位)에 들어가 중생을 제도하는 사람들은 바라제목차계도 지키지 아니하며 포살에 참여하지도 아니한다고 하였다.[25] 자장이 교단을 숙정할 때 보름마다 포살을 하였고 봄·겨울에 시험을 쳐서 계행의 준수를 감독하였음은 앞에서 언급한 바 있다. 그러므로 『금강삼매경』의 계율관은 자장의 계율관과 명백히 배치됨을 알 수 있다. 그것은 계율 준수의 목표가 교단 숙정에서 중생제도로 바뀌었기 때문이다.

원효가 『금강삼매경』의 계율관에 동조하였음은 분명하다. 그는 실제의 경지에 도달한 사람은 교단의 계율에 제어되지 아니하며 자신의 마음으로 도리를 결판한다고 하였다.[26] 이와 같이 원효는 계의 형식보다 수행자의 마음가짐을 더욱 중시하였다. 그것은 계율상 형식주의에서 정신주의로의 이행을 뜻하기도 한다.

그것은 승속이원적(僧俗二元的)인 『사분율』을 바탕으로 엄숙한 지계주의를 표방한 자장과 대비가 된다.

원효가 소승계를 비판하고 대승계를 수립하고자 한 것은, 그것이 중생제도라는 종교적 사명감과 직결되기 때문이었다. 따라서 수행자 개개인의 내면적 각성을 중시하는 그의 계율관은 계율에 의해 교단을 통제하려는 세력과 갈등을 빚을 수밖에 없었다.

그런 원효가 다름 아닌 자장과 인연이 깊었던 분황사에 체류하게 된 것이다. 그것도 『삼국유사』에 따르면, 요석공주와의 결합을 계기로 환속하여 거사를 자처한 이후였다.[27] 비록 후대이기는 하지만, 고려 시대의 경우 승려가 부인을 얻게 되면 사찰에 머무를 수가 없었다고 한다.[28] 따라서 파계한 원효와, 자장 이래의 엄숙한 지계주의 전통을 간직한 분황사 승려들 사이에는 긴장과 갈등이 충분히 예상되었다. 그런 반발을 무릅쓰고 원효가 분황사에 머물렀다면, 그것은 분황사의 성격에 커다란 변화가 있었음을 시사한다. 그런 점에서 원효의 분황사 체류를 관철시킨 힘—중대 집권 세력의 강력한 뒷받침—이 작용하였음을 짐작할 수 있다.

물론 여기에는 중고기 왕실과 중대 왕실의 불교관의 차이도 고려해야 한다. 진평왕 직계가 불교의 진종설을 끌어대어 가계의 신성화를 도모하고 그 연장선상에서 거대한 왕실 원찰을 건립한 것은 앞서도 언급한 바 있다. 여기에 비하여 태종무열왕 이후 새로 출범한 중대 왕실은 중국 기원을 갖는 소호금천씨 출자설(少昊金天氏出自說)을 표방함으로써, 왕자로서의 정통성을 확보하고자 하였다.[29] 이 점은 태종무열왕과 문무왕대에 왕실의 위엄을 과시하는 사원 건립이 일체 없었다는 사실에서도 확인된다. 그것은 국정 운영에 있어서 불교에 대한 의존도가 중고기에 비하여 중대 초에는 한결 낮아졌음을 의미한다.

지금까지 살펴보았듯이 기왕의 통념대로 원효의 분황사 체류가 역사적 사실이라면, 그것은 7세기 중반을 즈음하여 중고기 불교에서 중대 불교로 매우 역동적인 변화가 일어났음을 의미하게 된다. 국정 운영에 있어서 불교에 대한 의존도가 높았던 중고기 왕실이 최초의 여왕체제를 신성화하고자 건립하였으며, 안팎의 정치 공세로 위기에 몰린 여왕체제를 수호하고자 승속이원적인 엄숙한 지계주의에 입각하여 교단을 숙정한 자장이 머물렀던 사찰이 바로 분황사였다. 그런데 단 한 곳의 원찰도 세우지 않았을 만큼 국정 운영에 있어서 불교에 대한 의존도를 낮추고 대신 유교를 주목한 중대 왕실이, 중생제도[爲民]을 위하여 환속까지 불사하며 승속불이(僧俗不二)의 대승보살계를 표방하던 원효를 머무르게 한 사찰도 분황사였다. 그런 점에서 원효와 분황사의 관계는 매우 극적인 의미를 가지는 것으로서 7세기 중엽에 일어난 신라 불교계의 역동적인 변화상을 들여다 볼 수 있는 창이라 하겠다.

2) 설중업(薛仲業)의 원효 현창(顯彰)과 「고선사비(高仙寺碑)」

원효는 환속하여 거사를 자처함으로써 '승속불이의 거사불교'를 실행에 옮길 수 있었다. 반면 살아서는 교단 내에서 문도를 양성할 수 없었으며, 죽어서는 고승 대덕이 아니었으므로 비석이 건립될 리도 만무하였다. 그것은 신라 불교사의 정전에서 그가 배제되었음을 의미한다. 그런 원효를 기리는 최초의 비석인 「고선사비」가[30] 사후 120년이 지난 애장왕대에 건립되었다. 이때 와서 새삼스럽게 원효비가 건립된 데에는 나름대로의 사정이 있었을 것이다. 그것을 크게 세 가지로 나누어 살펴볼 수 있다.

첫째, 누가 비석 건립을 주도하였는가 하는 문제인데 그것은 비석 건립의 직접적인 계기와도 관련된다. 「고선사비」에 의하면, 원효의 현손(賢孫) 설중업은 779년(혜공왕 15) 일본에 사행을 갔다가, 그곳에서 한 일본인 고관을 만나게 되었다고 한다. 그는 일찍이 『금강삼매경론』을 읽고 나서 원효를 직접 만나보지 못한 것을 아쉬워했었다. 그런 그였기에 막상 원효의 후손을 직접 대면하자 크게 감격하여 시를 지어주는 등 극진한 환대를 베풀었다고 한다. 비문에서 일본의 상재(上宰)로 나오는 그가 당시 대학두(大學頭)로 문장박사(文章博士)를 겸하고 있던 담해진인 삼선(淡海眞人三船, 722~785)임은 이미 밝혀진 바 있다.[31] 이역만리 외국에 나가서 뜻밖의 환대를 받게 되었으니, 설중업만이 아니라 동행한 일행들로서도 원효를 재인식하는 계기가 되었을 것이다.[32]

설중업은 일본에서 돌아온 직후 일련의 원효 현창사업에 뜻을 두었을 것인데, 「고선사비」 건립은 그중의 하나였다. 그런데 왕공(王公)도 아니고 고승 대덕도 아닌 한낱 거사를 위하여 비석을 건립하는 일은 전례도 없었거니와, 당시는 혜공왕이 정변으로 살해당하면서 태종무열왕 직계에 의한 중대가 막을 내리고 하대가 시작하는 정치적인 격변기였다. 그래서 귀국한 지 12년이 지나서 어느 정도 정국이 안정된 원성왕 때(785~798)에야 겨우 「고선사비」 건립에 착수할 수 있었으며, 다시 그로부터 10년가량 더 지난 애장왕 때에야 비 건립이 마무리되었다.

비 건립의 후원자는 당시 섭정을 맡고 있던 최고의 실력자 각간(角干) 김언승(金彦昇)이었다. 그는 나중에 어린 조카왕을 살해하고 스스로 왕위에 올랐으니, 이가 헌덕왕(憲德王)이다. 한편 각자(刻者)는 상주(尙州)에 주둔하고 있던 음리화정(音里火亭)의 삼천당주(三千幢主)였다. 비문에 평소 원효를 추앙해온 봉덕사(奉德寺) 승려가 등장하는 것으로 보아, 일부 승려들도 참여한 듯하다. 비문의 찬자 또한 승려로 추정되는데, 유감스럽게도 비문의 결락이 심하여서 이름이라든가 소속 사찰은 알 수 없다. 사륙변려체의 유려한 문장을 구사한 것으로 보아 필시 당대의 문장가였을 것이다. 이와 같이 「고선사비」 건립은 외견상 그의 후손이자 재가자인 설중업이 주도하였다. 일부 승려들의 참여가 있었지만, 불교 교단 차원의 조직적 관여는 확인할 수 없다.

둘째, 비석 건립을 통하여 원효 불교의 어떤 면을 현창하려고 하였는가 하는 문제이다. 그 의도는 다음의 구절을 통하여 짐작할 수 있다.

> 만선화상지(萬善和上識)에, "불법(佛法)을 전하는 데 능한 자가 아홉인데, 모두 '대□(大□)'라 불렸다."고 한다. (원효)대사가 제일 앞에 있으니, 아마도 현풍(玄風)을 도운 대장(大匠)인가 보다.[33]

여기서 말하는 만선화상(萬善和上)의 지(識)는 만선화상, 즉 안함(安含)의 비문을 가리킨다. 『해동고승전』 권2 「안함전」에서는 신라 때 건립된 안함비를 인용하면서 그 찬자를 '한림설모(翰林薛某)'라고 밝혀놓았는데, '설모'는 다름 아닌 설중업으로 추정된다.[34] 그가 일본에 파견된 779년 당시 한림(翰林)이었으므로, 이 무렵 안함비를 지은 것으로 보인다. 그런데 설중업은 위의 인용문에서 보듯이 만선화상 안함의 법통을 계승하는 9명 가운데 첫째 자리에 자신의 할아버지를 올려놓았다. 안함은 원효가 24세 되던 640년에 입적하였으므로 양자의 사제관계는 가능하다. 그러나 사실 여부에 관계 없이, 거사 원효를 고승 안함의 계보에 연결시킨 것은, 안함을 중시하던 당시의 불교사 인식과 맥을 같이한다.[35]

한편 비문에서는 원효를 가리켜 '(고선)대사' 내지 '(서당)화상'이라고 불렀는데, 대사나 화상은 당시 고승 대덕(高僧大德)에 대한 경칭(敬稱)이었다.[36] 이와 같이 환속하여 더 이상 승려가 아닌 원효를 신라 불교사를 장식하는 고승 대덕의 반열에 확고히 위치 지으려는 의도에서 건립된 것이 「고선사비」였다.

「고선사비」 건립과 아울러 또 하나의 현창사업이 원효 형상을 만들어 봉안하는 일이었다. 그런데 「고선사비」에 의하면, 이때 만든 원효상은 승려가 아니라 거사의 모습이었다.[37] 설중업이 일본에서 만난 진인(眞人)이 '원효거사'라 지칭한 예로 보아,[38] 원효를 거사로 인식하는 전통이 일본에도 있었음을 알 수 있다. 따라서 대사 내지는 화상이라고 경칭하면서도 거사로서의 원효상을 조성하여 봉안한 것은, 원효가 주창하였으며 몸소 실행에 옮긴 '승속불이의 거사불교'[39]를 거듭 천명하는 의미가 있다.

이와 같이 「고선사비」 건립은 신라 불교를 이끈 고승 대덕의 계보에 원효를 위치 지음을 의미한다. 아울러 거사로서의 원효상 조성은 원효가 건립하고자 한 '승속불이의 거사불교'의 계승을 표방한다.

그런 점에서 원효 사후 100여 년이 지나서 그의 후손인 설중업이 주도한 원효 현창사업은, 환속하여 거사로 일생을 마친 원효를 신라 불교사의 정전(正傳)에 복권시키려는 운동이었다고 할 수 있다.

「고선사비」 건립으로 대표되는 원효 현창사업은 원효 일개인에 대한 재평가에 그치지 않았다. 당시 신라 불교계 일각에서는 중대를 마감하고 하대를 열면서 이전 시기 불교사에 대한 재인식이 이루어지고 있었다.[40] 신라에 불교를 처음 전래한 아도(我道)의 비가 이 무렵 건립된 것으로 보이며, 불교 공인을 추진하다 처형당한 염촉(厭髑)을 기리는 일명 '이차돈순교비(異次頓殉教碑)'가 818년 백률사(栢栗寺)에 세워졌으며, 이보다 앞서서 바로 설중업에 의하여 7세기 전반의 고승 안함의 비문이 찬술되었던 것이다. 흥륜사 금당에 봉안된 십성(十聖)의 소상[41]은 이러한 불교사 재인식 작업을 반영한다. 승려가 아닌 염촉이라든가 승려였지만 환속한 원효의 소상이 흥륜사 금당에 봉안될 수 있었던 배경에는, 불교 전래 이래 중대 말에 이르는 신라 불교사를 새롭게 인식하려는 당시 불교계 일각의 움직임이 있었다.

결국 일련의 현창사업을 통하여 신라 불교사의 정전에 원효를 위치 짓되, 비문에서는 '대사(大師)'나 '화상(和上)'이라는 칭호를 부여하여 승려상을 부각시키는가 하면, 따로 원효의 거사상을 만들어 봉안함으로써, 원효가 주창한 '승속불이의 거사불교'를 고수하기도 하였다. 원효가 출가하였다가 나중에 환속하여 거사로 살았으므로, 승려상이냐 거사상이냐에 따라서 강조하고자 하는 원효상이 달라지는 것은 분명하다.

셋째, 원효 현창사업에 분황사가 참여하였는지의 여부를 확인할 수 없다는 문제이다. 물론 「고선사비」의 깨어져 사라진 비편 어딘가에 분황사가 언급되었을 가능성은 있다. 실제로 분황사는 당시 불교 교단 내에서 중요한 위치를 차지하고 있었다. 755년(경덕왕 14)에 분황사약사동상(芬皇寺藥師銅像)을 새로 주조할 때 들어간 구리는 무려 36만 6천 7백 근에 달하였는데,[42] 그것은 구리 12만 근이 들어간 성덕대왕신종의 세 배를 넘는 것으로, 이 정도의 구리를 조달하려면 국가나 왕실 차원의 전폭적인 후원이 있어야 가능하다. 또한 분황사에 그려진 천수대비(千手大悲), 즉 관음보살상은 눈먼 아이로 하여금 광명을 되찾게 한 영험으로 경덕왕 당시 일반 민중 사이에 유명하였다.[43] 한편 1967년 원래 분황사 경내였던 곳으로 보이는 버려진 우물에서 약 20여 점의 불·보살상과 광배가 일괄 출토되었는데, 이들 유물은 8~9세기 작품으로 분황사파라고 할 만큼 양식상 유사하다.[44] 따라서 당시 분황사에 대규모 불사가 있었음을 짐작케 한다. 무엇보다도 분황사의 사격(寺格)을 웅변해주는 것은 전불시대(前佛時代) 칠처가람(七處伽藍)의 하나로 분황사를 꼽았다는 사실이다.[45] 이처럼 중대 말 하대 초에 걸쳐 분황사가 건재하였음에도 불구하고, 원효 현창사업에 참여한 흔적을 찾을 수 없음은 무엇을 의미하는가?

원효와 인연도 깊고 사람들의 왕래도 잦은, 그래서 원효를 현창하기에 더없이 좋은 경주 시내의 분황사를 놔두고 경주 외곽의 암곡동 골짜기에 자리한 고선사에 원효 최초의 비석인 「고선사비」를 세웠다. 아울러 거사 모습의 원효상 역시 고선사 원효방에 봉안한 것으로 추정된다.[46] 이처럼 분황사가 일체 보이지 않는 사실에 반하여 「고선사비」에서 원효를 가리켜 '고선대사'라 한다거나 원효의 신통력과 관련하여 고선사 원효방 앞의 소지(小池)를 지목하는 것 등은, 원효 현창사업에 분황사는 빠지고 대신 고선사가 깊숙히 개입하였음을 방증해준다. 물론 고선사는 원효가 머물렀던 사찰의 하나로, 사복(虵福)이 모친상을 당하였을 때 사복의 부탁을 받아 함께 장례를 치루었다는 전설을 간직하고 있다.[47] 사복은 안함이 머물렀던 만선사의 북쪽 마을에 살고 있었으며, 앞서 거론한 흥륜사 금당 십성에 사파(虵巴)란 이름으로 원효 옆에 봉안되었다. 그러므로 고선사가 원효와 무관하지는 않다. 그러나 당시 분황사가 상당히 비중 있는 사찰이었음에도 불구하고, 원효 현창사업에 참여하였는지 여부는 확인할 길이 없다. 이는 현존하는 자료의 문제라기보다는 아예 분황사가 참여하지 않았을 가능성도 암시한다.

4. 고려 중기: 의천(義天)의 원효 현창과 분황종(芬皇宗)

고려 시대 원효에 대한 인식은 균여(均如, 923~973)에서 시작한다. 다만 균여가 자신의 저술에서 원효를 다수 인용하였지만, 원효의 견해를 법장의 그것보다 미흡한 단계로 평하는 인상을 남기고 있다.[48] 반면 의천(義天, 1055~1101)이야말로 원효의 통불교적인 사상체계를 수용하고 이를 국제적으로 선양하고자 한 점에서, 원효 불교의 진정한 재발견자라 하겠다.[49]

의천은 나말여초 이래 침체된 고려의 교학 불교 재건을 필생의 과제로 생각하였다. 구체적으로 교학 불교의 두 조류인 법성종(法性宗)과 법상종(法相宗) 사이의 해묵은 대립과 갈등을 화회(和會)시키고 새로운 철학체계를 수립하는 것이었다. 그는 그러한 교학 불교의 지향점을 원효 불교에서 발견하였다. 의천이 송에서 귀국한 후 각지의 사찰에 흩어져 있는 전적을 수집하고자 남부 지방을 여행하게 되는데, 마침 경주에 들렀을 때 분황사의 원효상을 참배하고 아울러 제문을 지었다. 현재로서는 이것이 원효와 분황사의 관계를 보여주는 가장 오래된 기록인 셈이다.

그런데 '해동교주원효보살(海東敎主元曉菩薩)'로 시작하는 이 제문에서 의천은, 중국의 법성종[天台宗]과 법상종을 각각 대표하는 지의(智顗)와 기(基)도 이루지 못한 성상(性相)의 화회를 원효가 성취하여 한 시대의 지극히 공정한 주장을 얻었다고 평하였으며,[50] 그런 점에서 대승불교의 대표적 논사인 마명과 용수라야 원효에 짝할 수 있다고 극찬하였다.[51] 여기서 의천이 말하는 해동교(海東敎)란, 중국 승려들이 원효의 『기신론소』를 가리켜 '해동소'라 한 데서 알 수 있듯이, 원효 불교 그 자체이자 의천이 재건하고자 한 고려 교학 불교의 미래형이라 하겠다.[52]

물론 의천 자신이 초지일관 화엄종 승려를 자부하였으므로, 그가 재건하고자 하는 교학 불교의 중심은 화엄학임이 분명하다. 다만 그는 균여로 상징되는 기존의 화엄학 전통을 답습하지는 않았다. 그는 성상겸학(性相兼學)이라 하여 법상종의 유식학 체계를 화엄학에 포섭하고자 하였으며, 교관겸수(敎觀兼修)라 하여 화엄학에 부족한 수행실천의 측면을 천태선으로 보완함으로써, 화엄학의 내포를 혁신하고 외연을 확장하고자 하였다. 이와 관련하여 원효의 화엄학을 주목하였고, 마침내 국내와 국외에서 각각 유행하던 원효의 『화엄종요』와 『화엄경소』를 합본하였던 것은 아닐까 한다.

지금까지 살펴본 의천의 원효 재인식은 그의 사후에 건립된 세 비문에서 거듭 확인할 수 있다. 우선 화엄종에서 1125년 건립한 「영통사대각국사비(靈通寺大覺國師碑)」(「영통사비」)에서는, "의상이 중국 유학을 통해서 부처의 원만한 소리를 전하였으며, 원효가 독창적인 견해를 가지고 깊고 그윽한 이치를 궁구하였다."[53]라고 하여, 원효를 의상(義相)과 나란히 고려 화엄종의 종조로 거론하였다. 또한 천태종에서 1132년에 세운 「선봉사대각국사비(僊鳳寺大覺國師碑)」(「선봉사비」)의 음기에서는, "원효가 앞에서 아름답다 하고, 체관(諦觀)이 뒤에서 선양하였다"[54]고 하여, 역시 원효를 천태학의 선구자로 추앙하였다. 이 두 비문은 모두 의천의 문하에서 그의 업적을 기려서 건립한 것이므로, 당연히 의천의 불교사 인식을 바탕에 깔고 있다.

한편 1111년 법상종에서 세운 「금산사혜덕왕사비(金山寺慧德王師碑)」(이하 「금산사비」)에서도 해동유가(海東瑜伽)의 전개 과정과 관련하여 태현에 앞서 원효를 언급하고 있다.[55] 이 비의 주인공인 혜덕왕사(慧德王師) 소현(韶顯)이 인주(仁州)이씨 출신이며, 그가 속한 법상종이 인주이씨의 후원하에 당시 화엄종과 대립하고 있었다는 점을 감안한다면, 의천이 중시한 원효를 자기 종파의 종조로 거론하는 것은 유의할 만하다.[56]

여기서 주목할 것은 「금산사비」 찬술에 의천이 개입한 흔적이 역력하다는 점이다. 무엇보다도 혜덕왕사의 장례를 치룬 1097년 정월 무렵은 고려 불교계 내에서 의천의 영향력이 가장 컸을 시점이다. 2년 전에 의천의 친형인 숙종이 궁중 쿠데타를 일으켜 인주이씨 일파를 대대적으로 숙청하고 즉위하였으며, 그가 해인사에 은거하던 의천을 개경으로 불러들여 중단되었던 국청사 공사를 마무리 짓도록 하였다. 그 무렵 의천은 혜덕왕사 소현의 장례를 치를 때 제문을 짓기도 하였다.[57] 그리고 소현의 문하생 가운데 상수(上首)인 도생승통(導生僧統) 정(竀) 등이 행장을 작성하였다고 하는데, 그는 의천의 친동생이다. 더욱 흥미로운 것은 비문의 찬술자가 의천과 특별히 가까웠던 이오(李䫨)라는 점이다.[58]

지금까지 살펴보았듯이 의천 사후에 건립된 「영통사비(靈通寺碑)」(화엄종), 「선봉사비(僊鳳寺碑)」(천태종), 「금산사비」(법상종)가 자기 종파의 조사로 원효를 꼽은 데에는, 의천의 불교사 인식이 직·간접적으로 영향을 미쳤을 것으로 보인다. 의천 이전의 비문이라든가, 의천의 영향력이 감퇴된 뒷날의 비문 가운데 원효를 종조로 추앙한 비문이 하나도 없다는 점은 이를 반증한다.

의천의 원효 재인식에서 빼놓을 수 없는 또 하나는 1101년 입적하기 직전 숙종에게 건의하여 원효를 화쟁국사로 추봉한 사실이다.[59] 환속하여 거사로 일생을 마친 사람을 국사로 추봉한다는 것은 한국은 물론 중국 불교사에서도 전례가 없던 일이다. 그러므로 원효를 국사로 추봉하는 데 따르는 불교 교단의 반발을 최소화하기 위해서라도, 원효의 영정은 승려상으로 그렸으리라 추정된다.[60]

의천은 국사 추봉과 아울러 「분황사화쟁국사비」(이하 「분황사비」) 건립도 건의하였으나 의천이 입적하면서 비석 건립은 상당 기간 미루어졌다가, 1190년에 비로소 분황사에 세워졌다. 그런데 비문의 서자(書者)는 최선(崔詵, ?~1209)이 분명하나 찬자(撰者)에 대하여는 최선의 아버지 최유청(崔惟淸, 1095~1174)이라는 설[61]과, 한문준(韓文俊, ?~1190)이라는 설[62]이 있어서 혼선을 초래하고 있다. 그만큼 비석 건립에 우여곡절이 많았음을 암시하는데,[63] 여기서는 일단 목격담에 근거한 후자의 견해를 따르고자 한다. 「분황사비」는 조선 전기까지 남아 있었으나, 아마도 정유재란 때 파괴된 듯하며, 근래 음기 비편 하나가 분황사에서 발견된 바 있다.

「분황사비」가 분황사에 건립됨으로써 원효와 분황사의 관계는 확고해졌으며, 이를 계기로 13세기에 분황종(芬皇宗)이라는 군소 종파가 등장하게 된다. 그런데 「해동종수좌관고(海東宗首座官誥)」라든가 「해동종승통교서(海東宗僧統敎書)」 등의 명칭으로 보건대,[64] 분황종은 교종 소속의 공인된 종단으로서 공식 명칭은 해동종(海東宗)이었음을 알 수 있다. 여기서 해동종이란 의천이 말한 해동교를 연상시킨다.

이와 관련하여 현재 일부가 전하는 「분황사비」의 탁본이나 비편을 보면 음기에서 원효의 저술 목록을 작성하였음을 알 수 있다.[65] 일반적으로 고려 시대 승려비의 음기에서는 문하 제자들을 포함하여 비석 건립에 참여한 인물의 명단을 새기는 것이 관행이다. 따라서 저술 목록을 새긴 「분황사비」의 음기는 매우 이례적이다. 그만큼 원효 교학을 현창하려는 의도가 반영된 것으로 보인다.

또한 고려대장경 추함(推函)에 새긴 『대집경(大集經)』은 원래 30권 이지만, 분황종의 오랜 관행에 따라 60권이라 하였다든가,[66] 고려

대장경 보판(補版) 가운데 1244년에 조성(雕成)한 원효의 야심작 『금강삼매경론』 3권이 포함되어 있음은[67] 잘 알려진 사실이다. 이러한 몇몇 사례로 보아, 해동종이란 교학 불교[해동교]의 재건을 표방한 의천의 불교와 무관하지 않다.

지금까지 살펴보았듯이 의천이 시작한 원효 재인식은 분황종 성립으로 귀결되었다고 할 것이다. 그것은 승려로서의 원효상과 원효의 교학 불교에 무게 중심을 두는 경향을 낳았다. 물론 분황종 승려 가운데는 계율에 얽매이지 않는 자유분방한 승려가 있어서 세간의 화제가 되기도 하였다.[68] 이 점에 주목하여 분황종을 원효의 민중교화의 일면을 강조하면서 민중 불교로 대두된 신흥 종파로 보려는 견해도 있다.[69] 그러나 승려인 이상 승려로서의 생활 규범을 준수하는 것이 도리이다. 앞서 거론한 분황종 승려가 내도량(內道場)에서 대취하는 바람에 규탄을 받고 축출된 사건은, 승려로서의 파계가 마냥 용인되지는 않았음을 분명히 보여준다.

원효가 중생제도를 위하여 파계도 불사하였지만 결국 환속하여 거사불교로 나아갈 수밖에 없었던 것도, 역시 승려로서의 삶이 계행(戒行)과 유리될 수 없었기 때문이다. 그런 점에서 「고선사비」 이래로 원효의 거사불교를 계승하려는 흐름이 고려 시대까지 면면히 이어지고 있었음은 주목할 만하다.

이인로(李仁老, 1152~1220)가 승려 시절에 머무른 족암(足庵)에는 소성거사 진영이 있어서 이규보(李奎報, 1168~1241)가 이를 보고 글을 짓기도 하였으며, 임춘(林椿)은 12세기 후반 낙산사(洛山寺)를 방문한 자리에서 소성거사를 늙은 유마라고 한다는 이야기를 일찍이

들은 적이 있음을 회상하고 있다.[70] 고려 후기 문인들 사이에서 원효를 거사로서 인식하고 있음은 주목할 만하다. 이는 고려 후기 문인들 사이에서 거사불교가 널리 유행하였음을 반영하는 것이기도 하다. 한편 이규보에 의하면, 소성거사란 원효대사에 대한 세속의 호칭으로서[71] 머리를 깎았으면 원효대사, 머리를 기른 채 두건을 썼으면 소성거사라 불렀다고 한다.[72] 이러한 표현에는 자신들이 추구하는 거사불교에 대한 자부심이 담겨 있다. 그리고 그 전형으로서 원효의 거사불교를 인식하였던 것이다.

고려 후기 문인 관료들 사이에서 관찰되는 거사불교는 가깝게는 고려 중기 문벌 귀족의 거사불교를 계승한 것이다. 그런데 이자현(李資玄)으로 대표되는 고려 중기의 거사불교는 난숙한 귀족 문화를 배경으로 성립하여 사회의식이 박약할 뿐 아니라, 개인적·은둔적 경향을 벗어나지 못하였다.[73] 이런 점에서 당 후기 문인 관료들 사이에서 등장하는 이른바 '사대부형(士大夫型) 거사'[74]와 성격이 닮았다. 고려 후기 문인 관료들이 원효의 거사불교를 인식하였음에도 불구하고, 강렬한 대민의식을 바탕으로 전개된 원효의 거사불교를 온전히 계승했다고 보기는 어렵다. 그만큼 교단 차원에서 승려로서의 원효상을 조직적·지속적으로 강화시킨 데 비하여, 문인들이 인식한 거사로서의 원효상은 개별·분산적일 수밖에 없었다.

5. 『삼국유사(三國遺事)』의 원효상(元曉像)

1) 원효상(元曉像)의 한계: '시차(時差)'와 '유사(遺事)'

『삼국유사』를 통하여 원효를 접근할 때 우선 유념해야 할 것은, 일연이 언급한 자료가 모두 원효 당시의 사실을 그대로 반영한다고 볼 수 없다는 '시차'의 문제이다.[75] 예컨대 『삼국유사』 권3 동경 흥륜사 금당십성조(金堂十聖條)와 같이 원효 사후 100여 년 무렵의 자료가 있는가 하면, 권3 「전후소장사리조」와 같이 고려 시대에 정리된 자료도 있다. 일연(1206~1289)과 원효(617~686) 사이에 600년이라는 세월이 흐르는 동안, 일연이 접한 자료 역시 시대에 따라 조금씩 윤색이 진행되었다. 그런데 행장(行狀)은 유실되고 두 개의 비석은 훼손되면서 조선시대 이후 『삼국유사』 권4 원효불기(이하 「원효불기조」)가 원효 전기의 거의 유일한 국내전승이 되다시피 하였다. 그래서 많은 연구자들이 원효의 전기를 복원하는 데 있어서 「원효불기조」를 기준으로 삼게 되었다.

최근에는 「원효불기조」가 원효 생애에 관하여 일연 당시까지 알려진 많은 이야기들을 연대기적으로 충실히 열거하였다는 전제하에, 원효의 전기를 복원한 연구결과가 나오기도 하였다.[76] 그러나 「원효불기조」가 적어도 13세기 4/4분기까지 600년에 걸쳐서 각 시기마다 변천을 거듭하여온 원효상들이 역사적 순차와 무관하게 교란된 채, 때로는 선택적으로 열거되어 있다는 점을 감안한다면 「원효불기조」를 그대로 역사상의 원효로 해석하는 데에는 무리가 따른다. 『삼국유사』의 원효상은 원효 자체보다는 고려 후기의 원효 인식을 직접적으로 반영한다고 하겠다.

두 번째 유념해야 할 것은 선학들이 지적하였듯이 『삼국유사』가 가지는 '유사(遺事)'로서의 한계이다. 일연이 원효와 같은 경산(慶山) 출신이며 경주 일원에서 주로 활동한 사실로 보아, 그가 원효에 대한 관심도 높았을 뿐 아니라 그에 관한 많은 자료를 견문하였으리라 충분히 짐작된다. 그러나 「원효불기조」에서 기술한 내용이 원효와 분황사의 관계에 대하여 일연이 알고 있던 전부는 아니었다. 『삼국유사』 자체가 그렇듯이 「원효불기조」 역시 원효의 전기를 종합적이면서도 체계적으로 서술하고자 하는 대신, 기왕의 전기류에서 빠뜨린 부분을 수습하고자 한 '유사'의 성격이 짙다.[77]

「원효불기조」에서는 문헌 자료로 당전(唐傳, 정확하게는 『송고승전』에 실린 「원효전」), 행장을 참조하였고, 그 외에 향전(鄕傳), 언(諺), 고전(古傳) 등을 채록하였다. 그런데 일연은, "돌아다닌 자초지종과 불교를 전파한 무성한 자취는 당전(唐傳: 宋傳)과 행장에 자세히 실려 있으므로 일일이 기재할 수는 없다. 다만 향전에 기록된 한두 가지 특이한 일이 있다."[78]라고 하여, 수학 과정이나 교화 행적에 대하여는 「원효전」과 행장에 일체 양보하고 있다. 반면 전체의 절반가량은 향전으로부터의 인용이 차지하고 있는데 내용상 여타의 전기에서 전혀 언급하지 않았던 요석공주와의 인연담이 중심을 이루고 있다. 한편 권5 「광덕엄장(廣德嚴莊)」에서는 원효가 제시한 삽관법(鍤觀法)이 '효사본전(曉師本傳)' 및 '해동승전'에 실려 있음을 밝혔다.

일연이 참조한 위의 문헌 자료 이외에 원효의 주요 전기 자료로서 「고선사비」와 「분황사비」를 들 수 있는데, 이 두 비석은 모두 경주에 세워진 것이다. 그중에서 「고선사비」는 일찍 파손되었으므로, 일연이 견문하지 못하였을 가능성이 높다. 그러나 「분황사비」만큼은 건립된 지 100년 정도밖에 지나지 않아서 비면 상태도 양호하였을 것이며, 일연 자신이 분황사를 방문하였으므로 분명히 목격하였을 것이다. 그런데도 「분황사비」를 그 어디에서도 언급하지 않았다.

요컨대 『삼국유사』의 원효상은 13세기 후반까지의 원효 인식을 총괄하지도 않을 뿐더러, 그렇다고 교단 차원의 공식적인 원효 인식을 대변하는 것도 아니라고 해야 할 것이다. 아마 그것은 교단 중심부가 아니라 원효의 출생지인 경산 일대에 널리 전해지고 있던, 대중적인 원효 인식을 선택적으로 채록하는 수준에 그쳤을 것이다. 바로 그 점 때문에 일연이 인용한 전문은 대중적인 원효상을 전해주게 된다.

원효와 분황사의 관계에서도 이 점은 마찬가지이다. 원효를 종조로 추앙하는 분황종(芬皇宗: 海東宗)이 분황사를 중심으로 존속하던 시기였으므로, 경주 불교권에서 성장한 일연이 원효와 분황사의 관계를 서술할 때, 긍정적이든 부정적이든 어떤 식으로든 그 영향을 받았다고 보아야 할 것이다. 이제 이러한 문제의식을 염두에 두고 『삼국유사』에 나타나는 양자의 관계를 세 측면으로 나누어 검토하고자 한다.

2) 『화엄경소(華嚴經疏)』의 찬술과 절필

원효는 일생의 어느 시기엔가 교학 연구에 전념하여 대략 70여 부 150여 권에 달하는 방대한 저술을 남겼다.[79] 그 가운데 현존 저술을 보면, 찬녕(贊寧, 919~1001)이 '웅횡문진(雄橫文陣)'이라 찬탄하였을 정도로, 심원하고도 간결유려한 문장으로 난해한 불교철학의 정곡을 꿰뚫고 있다. 그런데 671년 행명사(行名寺)에서 찬술한 것으로 알려진 『판비량론』을 제외하면, 원효의 방대한 저술 대부분이 언제 어디에서 찬술되었는지 거의 알 수가 없다. 원효의 저술이 분명한 『겁의(劫義)』에 대하여 일본의 『동역전등목록(東域傳燈目錄)』(1094) 등에서 저자를 '분황사'라고만 한 것에 근거하여 후세에 분황사가 원효의 대명사로 쓰였다는 견해도 있지만,[80] 그러나 이것은 『겁의』가 신라 때 분황사에 머무른 현륭(玄隆)의 소장본이었다는 뜻으로 해석하는 것이 온당하다.[81] 그런 점에서 원효의 3대소라 할 『화엄경소(華嚴經疏)』를 분황사에서 찬술하였다는 다음의 기록은 주목할 만하다.

> 일찍이 분황사에 머무르며 화엄경소를 찬술하다가, 권14 십회향품에 이르러 마침내 붓을 꺾었다.[82]

위 기록은 다른 자료에서는 찾아볼 수 없고, 오로지 『삼국유사』 권4 「원효불기」에만 등장한다. 공교롭게도 원효 불교에 영향을 끼친 정영사(淨影寺) 혜원(慧遠, 523~592) 역시 만년에 『화엄경소』를 찬술하다가 힘에 부쳐서 결국은 강의도 하지 못한 채 십회향품에 이르러 절필하였다고 한다.[83] 이러한 우연은 위 자료의 신뢰도에 의문을 가지게 한다. 그리고 현재로서는 그러한 의문을 해소할 정황 증거도 충분치 않다. 단지 일연에 따르자면, 원효는 분황사에서 『화엄경소』를 찬술하다가 절필하였다는 것이다.

십회향품은 60권본 『화엄경』의 권14부터 권22에 걸쳐 설해진 것으로, 분량만 놓고 계산하면 전체 경전의 1/4 내지 1/3 지점에 해당한다. 그런데 그때까지 저술된 『화엄경소』는 이미 8권이나 되었다. 이런 식으로 집필을 계속한다면 20권 분량의 대작이 예상된다. 그것은 '말은 적게 뜻은 풍부하게[文約義豊]'라는 평소의 저술 원칙이라든가 기왕의 저술이 대개 1~3권인 점에 비추어 보았을 때, 대단히 이례적이다. 원효는 기왕의 저술과 달리 처음부터 필생의 역작을 쓰리라 마음먹고 집필에 착수하였음이 분명하다. 그렇다면 중도에 붓을 꺾은 피치 못할 사정은 무엇인가. 기왕에는 죽음 때문이 아닌가 하여 원효 최후의 저술로 보는 견해도 있다. 그러나 일연은 절필의 이유를 죽음이 아닌 다른 데서 찾으려 한 듯하다.

십회향품은 경전 전반부에서 거듭 이야기해온 자신을 이롭게 하고 남을 이롭게 하는 모든 행위[自利行과 利他行]를 일체중생에게 돌림[廻向]으로써, 깨달음의 경지로 나아간다는 점을 설법하고 있다. 중생제도를 강조하는 이 단계를 십회향위라고 하는데, 보살이 수행하는 52단계 가운데 제31위에서 제40위에 해당한다. 원효의 수행 단계가 초지(初地)임은 자타가 공인하였는데, 그것은 십회향위의 바로 다음인 제41위였다. 그렇다면 원효가 필생의 역작을 중단한 이유는 중생제도와 관련 있으며,[84] 일연은 그 점을 강조하고 싶었던 것이 아닐까.

『화엄경소』를 찬술한 시기는 분명하지 않다. '절필'을 강조하여 원효 만년인 686년의 저작으로 간주하든가, 아니면 의상이 중국에서 귀국한 670년 이후라고 보는 것이 기왕의 통념이었다. 그러나 예상보다 이른 시기에 찬술하였을 가능성도 있다. 『송고승전』이나 『임간록

(林間錄)』에서는 당나라 유학을 중도에 포기한 시점(650년으로 추정)에서 멀지 않은 때의 대표작임을 암시하기도 한다.

한편 미완의 『화엄경소』가 그대로 당나라로 전해져서, 법장 이래 중국의 역대 화엄학승들이 주목하였음은 널리 알려진 사실이다. 그리고 일본에서도 743년에 이미 필사되었음이 밝혀진 바 있다.[85] 반면 어찌된 일인지 우리나라에서 『화엄경소』가 유포되었다는 증거는 미미하다. 「고선사비」에서는 소에 대하여 일언반구도 없이 대신 원효의 저술 가운데 『화엄종요(華嚴宗要)』를 『십문화쟁론』과 더불어 대서특필하고 있다.[86] 고려 초의 대표적 화엄학승인 균여의 저술에서도 『화엄종요』는 몇 차례 인용하고 있으나,[87] 소는 찾아볼 수 없다. 말하자면 우리나라에서는 『화엄종요』, 중국이나 일본에서는 『화엄경소』가 주로 유통된 셈이다.

그러다 11세기 말에 의천이 교장(敎藏)을 편찬할 무렵 8권본 『화엄경소』를 『화엄종요』와 합쳐서 10권본으로 재편집하였으며,[88] 일본에서는 영초(永超)의 『동역전등목록(東域傳燈目錄)』(1094)[89] 이래로 모든 목록류가 10권본만을 언급하고 있다.[90] 즉, 의천 이후 소는 8권본과 10권본의 두 가지 텍스트(Text)가 유통된 셈이다. 그런데 우리나라에서는 여전히 소가 그다지 주목받지 않은 듯하다. 예컨대 일연의 앞세대인 지눌(知訥, 1158~1210)을 보면, 그가 이통현(李通玄)의 『신화엄경론(新華嚴經論)』을 정리하면서 원효가 지은 소의 존재를 알았을 텐데,[91] 실제로 그의 저술에서 확인할 수 있는 것은 『화엄종요』뿐이다.[92]

이와 같이 『화엄경소』가 일찍부터 중국과 일본에 전해졌음에도 불구하고, 국내에서는 별로 유통되지 않았다. 그러므로 일연이 원효의 분황사 절필건을 특기한 까닭은, 고려 후기 불교계에 『화엄경소』를 널리 선양함과 아울러 원효의 중생제도행을 강조하려는 데 있지 않았을까 한다.[93]

3) 원효회고상(元曉廻顧像)

원효와 분황사의 관계에서 일연이 세 번째로 부각시킨 것은, 설총이 원효의 소상을 빚어 분황사에 봉안한 점이다.

> (원효가) 이미 입적하자, 설총이 유해를 빻아서 진용(眞容)을 빚어 분황사에 안치하였으니, 죽을 때까지 경모하겠다는 뜻을 나타낸 것이다. 설총이 그때 곁에서 예를 올리자, 소상이 홀연히 돌아보았는데, 지금도 돌아보고 있다.[99]

이 이야기 역시 원효의 전기 가운데 유일하게 『삼국유사』에서만 언급하고 있다. 「고선사비」에서는 원효가 혈사(穴寺)에서 입적하자 서쪽 봉우리에 임시로 감실(龕室)을 만들었으며, 며칠 지나지도 않아 말 탄 무리들이 해골을 가져가려고 하였다고 한다.[100] 그런데 정작 그 뒷부분은 비문이 결락되어서, 결국 설총이 원효소상을 만들어 봉안하였음을 입증할 동시대의 자료는 없는 셈이다. 현재로서는 분황사의 원효상을 언급한 가장 오래된 자료는 앞서 소개한 의천의 기록이다. 여기서 말하는 분황사의 소상이 흥륜사 금당에 봉안하였다는 소상이

라든가, 설중업이 만들어 고선사에 봉안한 원효거사상과 어떠한 관계에 있는지는 여전히 미상이다.[101]

원효의 경우처럼 화장한 다음 수습한 뼈가루를 진흙과 섞은 것을 '선업니(善業泥)'라 하는데, 7세기 후반 장안의 주요 사찰 유적지에서 선업니로 만든 다량의 불상이 발견된 바 있다.[102] 그러므로 설총이 원효소상을 만들었을 가능성도 전혀 배제할 수 없다. 무엇보다도 분황사 원효상의 특징은 회고상(廻顧像)이란 데에 있다. 뒤돌아보고 있는 모습은 한국 불교조각사에서 그 유래를 찾기 힘들 정도로 특이한 경우라 하겠다. 그래서 동시대인들조차 그 모습에 호기심을 가졌을 텐데, 이를 원효와 설총 부자 사이의 돈독한 정과 관련하여 해석하는 견해가 일연 당시에 있었던 모양이다. 그러나 이는 사실로 보기 어려우므로, 애초부터 회고상(廻顧像)으로 만들었다고 보아야겠다. 그리고 그것은 원효가 붓을 꺾었다는 『화엄경』 십회향품의 '회향'과 관련 있지 않을까 한다. 또는 고려 후기 아미타불내영도에서 간혹 보이듯이, 아미타불이 중생들을 서방 극락세계로 내영(來迎)하면서 돌아보는 상을 차용하였을 수도 있다. 어느 쪽이든 회고상은 원효의 중생제도를 상징한다고 하겠다.

이상과 같이, 원효와 분황사의 관계에 대한 『삼국유사』의 기술은 원효의 중생교화행을 부각시키는 데에 무게 중심이 있음을 보여준다. 그런 점에서 일연이 대중불교 운동가로서의 원효상을 크게 강조하였다는 지적은[103] 타당하다. 여기에 덧붙여 주목할 것은 중생교화행의 사상적 배경으로서 『화엄경』을 내세운 사실이다. 이는 화엄종의 한 갈래로서 등장한 분황종의 입장을 반영하는 것이기도 하다. 다만 중생교화행과 『화엄경』을 강조한다고 하여, 그것을 원효 사상의 전모라고 볼 수는 없다. 일연이 견문(見聞)하였으면서도 '유사(遺事)'라는 특성상 채록하지 않은 또 다른 원효의 모습이 있었을 것이다. 그것은 의천부터 분황종까지 교단의 공식적 견해였을 위대한 교학승으로서의 원효상과, 동시대 문인 관료들의 견해였을 거사로서의 원효상이다.

지금까지 원효와 분황사의 관계를 살펴보았듯이, 원효상은 각 시기의 불교사적 과제를 반영하며 변화해왔다. 그런데 장기적으로 보면 원효상의 변화는 일정한 추이를 나타내고 있는바, 그것은 '거사상에서 승려상으로의 이행'이라 할 수 있겠는데, 그 과정에서 원효와 분황사의 관계 또한 더욱 공고해졌다. 이러한 현상은 세속적인 삶을 영위하면서 종교적인 깨달음을 추구하고자 하는 거사불교가 한국 불교의 전개과정에서 갈수록 위축되었음을 반영한다. 억불숭유책(抑佛崇儒策)으로 인하여 문인 관료 중심의 거사불교가 단절되다시피한 조선시대에 제작된 원효 진영들이 한결같이 승려 모습으로 그려졌음은, 원효상이 그것을 만든 시대 불교도들의 자화상임을 역설한다.

제 2 부

저서

|제6장| 저술 활동

1. 대승경전 위주의 저술

원효는 일생 동안 상당히 많은 저술을 남겼는바, 표 3의 저술 목록에 정리한 바와 같이, 대략 70여 부 150여 권에 달한다. 이는 한국 승려 가운데 가장 많은 양일 뿐 아니라, 동시대에 '백본(百本)의 소주(疏主)'라 일컬어진 당나라 기(基, 632~682)의 저술 33부 약 120권에 비추어 보더라도,[1] 실로 놀라운 다작이다. 더욱이 저술 하나하나가 찬녕(贊寧, 919~1001)이 '웅횡문진(雄橫文陣)'이라고 찬탄하였을 정도로, 심원한 불교철학을 간결 유려한 문체로 조리정연하게 풀어나가고 있다.

원효가 동아시아 불교 역사상 최고의 저술가 중의 하나로 꼽힐 만큼, 그의 저술에 대하여도 근대 불교학 성립 이래 적지 않은 연구성과가 축적되었다. 연구자마다 저술 집계가 일정치 않은데, 조명기(趙明基)의 100여 부 240여 권[2]을 정점으로 이후 그 수치가 줄어드는 추세를 보여준다.[3] 다만 최근 일본 헤이안 시대의 목록에 근거하여 원효

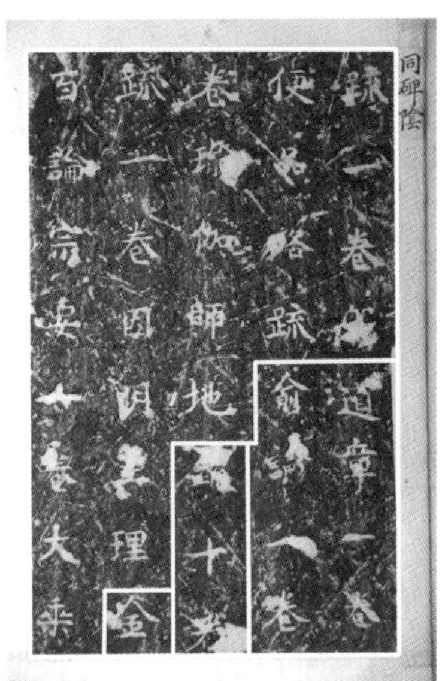

도 2 분황사화쟁국사비 비음의 부분 탁본, 10첩본, 『金石淸玩』 제1첩, 국립중앙박물관 소장

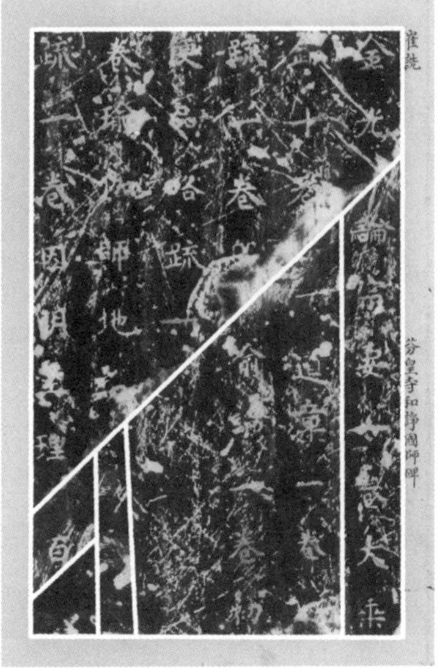

도 3 분황사화쟁국사비 비음의 부분 탁본, 『大東金石書』 제6첩, 天理大 도서관 소장

도 4 분황사화쟁국사비편 탁본(黃壽永, 1999)

		百	䟽	卷	便	䟽	䟽	金
		論	一	瑜	品	一	十	光
		宗	卷	伽	略	卷	卷	
	一	要	因	師	䟽			
喩	道	一	明	地	一			
論	章	卷	正	論				
一	一	大	理					
卷	卷	乘						
初								

표 2 분황사화쟁국사비 비음의 복원

의 저술 십여 부를 추가할 수 있다는 신설이 제기되었는데,[4] 향후 좀 더 자세한 고증이 필요하다.

11세기 말 의천이 고려 사회에서 당시 유통되고 있던 불교문헌의 목록을 작성한 『의천록』에는 42부 94권의 원효 저술 목록이 실려 있다.[5] 8세기 중반 일본의 고문서에 근거하여 작성한 『나라조현재일체경소목록(奈良朝現在一切經疏目錄)』(이하 『나라록』)에는 당시 일본에서 필사한 원효의 저술이 대략 44부 87권(혹은 83권)이다.[6] 두 목록에 모두 실린 저술이 26부, 어느 한쪽에만 실린 저술이 33부이다.

원효의 저술 목록을 정리한 한국 최고의 자료는 「분황사화쟁국사비」(이하 「분황사비」) 음기이다. 안타깝게도 이 비는 정유재란 무렵 산산조각 났는데, 17세기 중반에 작성한 비편 탁본이 편자 미상의 『금석청완(金石淸玩)』과 이우(李俁)의 『대동금석서(大東金石書)』에 각각 한 면씩 실려 있다(도 2, 3).[7] 네 조각을 이어붙인 전자는 5행 8자이며, 여섯 조각을 이어붙인 후자는 6행 10자이다. 내용상 같은 부분을 탁본한 것으로서, 상태로 보아 전자가 비면이 덜 훼손되었을 때의 탁본이다. 비록 단편에 불과하지만 이들은 「분황사비」의 유일한 탁본이며, 비편 자체가 전하지 않는 현재로서는 그 사료적 가치가 매우 높다. 물론 1976년 분황사 경내 서편에서 「분황사비」의 비편 하나가 수습되었는데(도 4), 안타깝게도 그 소재는 현재 확인되지 않고 있다.[8]

이들 탁본과 비편은 「분황사비」 음기의 후반부에 해당하는바, 대략 13종의 원효 저술 명칭이 언급되어 있다(표 2). 이 저술명을 『의천록』과 비교해보면 서로 일치하지 않는 것도 있다. 예컨대 비편의 '편품약소일(便品略踈一)'은 '법화경방편품약소일권(法華經方便品略踈

一卷)'으로 추정되는데, 『의천록』에는 '법화경방편품요간일권(法花經方便品料簡一卷)'으로 나온다. '유가사지론(瑜伽師地論)'은 아예 『의천록』에 기재되어 있지 않다.[9] 의천이 원효를 화쟁국사로 추증하고 분황사비 건립을 건의하였음에도 불구하고, 정작 『의천록』에 수록된 원효 저술 목록과 「분황사비」 음기의 원효 저술 목록이 차이를 보이는 것은, 원효의 저술 목록이 계속해서 수정 보완되었음을 시사한다.

기왕의 선학들이 제시한 저술 목록 가운데는 원효의 진찬으로 인정하기 어려운 저술도 포함되어 있다. 원효의 저술이라고 전해지는 것과 실제 원효의 저술 사이에는 수치상 상당한 격차가 있어서, 원효의 저술을 확정하는 작업이 좀 더 엄밀하게 진행될 필요가 있다.

표 3 원효의 저술 목록에서 ① 『변중변론소(辯中邊論疏)』와 ② 『광백론촬요(廣百論撮要)』 및 ③ 『무량의경종요(無量義經宗要)』는 각각 원효의 또 다른 저술인 『중변분별론소(中邊分別論疏)』와 『광백론종요(廣百論宗要)』 및 『무량수경종요(無量壽經宗要)』와 동일본으로 추정된다.[10] 특히 현재 일부만 전하는 『중변분별론소』는 진제(眞諦)가 한역한 『중변분별론(中邊分別論)』(구역, 558년)을 저본으로 하되 용어 등에 있어서 현장(玄奘)이 한역한 『변중변론(辯中邊論)』(신역, 661년)도 많이 반영하고 있는 것으로 보아, 원효가 따로 신역을 주석하지는 않았다고 생각된다. 기(基)가 구역을 엄히 비판하고 신역만을 저본으로 하는 『변중변론술기(辯中邊論述記)』 3권을 남겼음에 반하여, 원효는 신구역의 조화를 꾀한 것으로 보인다.

④ 『유심안락도(遊心安樂道)』 1권은, 일본 가마쿠라(鎌倉) 시대의 목록에 처음으로 그 이름이 등장한다든가, 그 전반부에 『무량수경

종요』와 동일한 문장이 있다든가, 원효 사후인 713년에 한역이 완료된 『대보적경(大寶積經)』 권91-92의 발승지락회(發勝志樂會)와 『불공견삭신변진언경(不空羂索神變眞言經)』이 각각 인용되고 있다는 점 등의 문제가 있어서, 일찍부터 원효의 진찬 여부를 둘러싸고 많은 논란이 있어왔다.

원효의 생몰년이 잘 알려지지 않았을 때는 이를 원효의 진찬으로 당연시하였다.[11] 그러나 원효의 생몰년이 밝혀지면서 학자들의 견해는 진찬설과 위찬설로 크게 나뉘어졌다. 주로 한국 학자들은 원효의 진찬을 전제로 하되, 후대 누군가에 의해 부분적으로 환치(換置)[12] 또는 증보 개편[13]되었다고 보았다. 반면 일본 학계는 일찍부터 꾸준히 위찬설을 주장하였으며,[14] 최근의 연구 동향은 8세기 일본 동대사(東大寺)의 화엄종 승려 지경(智憬)이 원효의 정토 관련 저술에 대하여 주석한 것이, 11세기 중반 무렵 원효 찬술로 와전된 것이 아닌가 조심스레 추정하고 있다.[15] 덧붙이자면 ⑤ 『아미타경통찬소(阿彌陀經通讚疏)』는 현장의 직제자 기의 저술이 와전된 듯하다.

⑥ 『성실론소(成實論疏)』 16권의 찬자에 대하여는 원효설과 원유설로 나뉘고 있다.[16] 원효의 저술 태도로 보건대, 소승 계통의 논서에 대하여 16권이나 되는 주석서를 남겼다고 보기는 어렵다. 그러므로 원효는 원유의 와전일 가능성이 짙다. 원유(元瑜)는 '원유(元裕)'라고도 하는데, 『개원석교록(開元釋教錄)』 권8에 의하면, 현장이 『아비달마구사론본송(阿毘達磨俱舍論本頌)』 1권(651년)과 『아비달마구사론(阿毘達磨俱舍論)』 30권(654년) 및 『아비달마순정리론(阿毘達磨順正理論)』 80권(653년)을 번역할 때 필수(筆受)로 활약하였으며,[17] 그

자신이 『순정리론소(順正理論疏)』 24권을 저술하기도 하였다.[18] 이는 원유가 소승 계통의 논서에 관심을 가졌음을 의미하며, 따라서 『성실론소』 16권도 그의 저술일 가능성이 크다.

⑦ 『사분율갈마소(四分律羯磨疏)』 4권이 원효의 저술이라는 주장은 『동역전등목록(東域傳燈目錄)』(1094년)의 '사분율갈마소사권 효(四分律羯磨疏四卷 曉)'[19]라는 구절에 근거를 두고 있다. 그런데 『동역전등목록』에서 다른 저술을 소개할 때는 '원효'라는 전체 이름을 명기하고 있어서, '효(曉)'라고만 밝힌 승려가 반드시 신라의 원효라는 보장은 없다. 또 원효는 소승부파의 불교에 대하여 비판적 자세로 일관하며 대승불교를 중시하였으며, 저술 목록을 보더라도 대승경전을 주로 연구하였다. 따라서 원효가 과연 소승부파의 율장인 『사분율(四分律)』에 대하여 주석서를 남겼을까 매우 의문시된다.[20] 더욱이 수계작법(受戒作法)을 다룬 4권짜리 저술이라는 점은 원효 저술의 일반적 특성이라든가 그의 계율관과 맞지 않는 점이 있다. 오히려 일본 삼론종(三論宗) 원효(願曉, ?~874)의 저술일 가능성이 있다. 그가 후대이기는 하지만 율사로도 불렸음은 주목된다.[21] 그러므로 그 내용을 전혀 모르는 현재로서는, 『사분율갈마소』 4권이 원효의 진찬인지에 대하여 좀 더 신중할 필요가 있다.

⑧ 『중관론종요(中觀論宗要)』와 ⑨ 『청변호법공유쟁론(淸辨護法空有諍論)』은 원래 찬자를 알 수 없었다. 그런데 근래에 책 이름을 근거로 원효의 저술로 간주한 것이므로, 일단 찬자 미상으로 분류해 놓고자 한다.

⑩ 『범망경보살계본사기(梵網經菩薩戒本私記)』 2권은 학계에서

원효의 진찬으로 간주하고 있지만,[22] 원효의 진찬 여부를 둘러싸고 일본 학계에서 한 차례 논전이 있었다.[23] 물론 최근 『보살계본지범요기조람집(菩薩戒本持犯要記助覽集)』이 발굴 소개됨으로써,[24] 진찬설이 힘을 얻고는 있다. 그렇지만 여전히 『범망경보살계본사기』의 용어와 사상이 원효의 다른 저술과 상충되는 문제가 남아 있어서,[25] 원효의 진찬으로 확정하기에는 이르다고 하겠다.

끝으로 ⑪ 「무애가(無碍歌)」 1편에 대하여, 일찍이 이인로(李仁老, 1152~1220)는 후대의 호사가들이 원효의 가무(歌舞)에 경론의 게송을 따 붙이고 '무애가'라 명명하였다고 지적한 바 있다.[26] 따라서 일부가 전하는 「무애가」가 원효의 진찬이 아님은 두말할 나위가 없다.

이들 11부를 제외한 나머지 70여 부 150여 권을 원효의 저술로 잠정하되, 향후 연구에 따라 출입이 있을 수 있음을 언급해둔다. 진찬으로 인정되는 저술 중에는 비슷한 이름의 저술도 있어서, 이를 다른 저술로 보아야 할지는 쉽게 판단하기 어렵다. 예컨대 종요류(宗要類)와 요간류(料簡類)가 문제되는데, 『의천록』에는 '대승기신론종요(大乘起信論宗要) 1권'과 '대승기신론요간(大乘起信論料簡) 1권'이 모두 원효의 저술로 나온다.[27] 『의천록』은 부제로 '해동유본현행록(海東有本見行錄)'이라 하였듯이, 고려에 유통되고 있던 저술을 의천이 직접 조사하여 목록을 작성한 것이다. 그러므로 '대승기신론종요'와 '대승기신론요간'은 별개의 저술이 분명하다. 그렇지만 '종요'와 '요간'이 경록류(經錄類)에서 나란히 소개된 경우는 이것이 유일하다. 반대로 『기신론소(起信論疏)』 권하에서는 '주정정(住正定)'에 대해 주석을 하면서 자세한 것을 『무량수요간(無量壽料簡)』에 양보하고 있는데,[28]

『무량수경종요(無量壽經宗要)』에 좀 더 자세한 주석이 보인다.[29] 따라서 '무량수요간'과 '무량수경종요'는 동일본일 가능성도 있는데, 여기에서는 선학들의 견해를 존중하여 별개의 저술로 처리하였다.

지금까지의 연구성과를 기준으로 하자면, 원효의 저술 가운데 온전히 전하는 것이 13부 17권가량이며, 부분적으로 전하는 것이 12부가량 된다.[30] 이 수치는 앞으로 연구가 진전됨에 따라 계속 수정 보완될 여지가 있다. 반대로 기왕의 산실서로 알려진 문헌을 새로 발굴함으로써,[31] 원효 사상의 새로운 면모를 파악하는 데 도움을 주기도 한다.

일례로 최근에 원효의 화쟁사상에 끼친 『능가경(楞伽經)』의 영향을 새롭게 주목하는 견해가 발표되었다.[32] 이와 관련하여 일찍이 고조명기 박사는, "어느 저술을 보든지 평등이 중심되어 있다.…… 능가경요간(楞伽經料簡)에는 개의성전(皆依聖典) 유하불실(有何不實)을 논하고 능가경종요(楞伽經宗要)에는 비일비이(非一非異)를 설하고……"[33]라고 하여, 『능가경요간』과 『능가경종요』를 직접 본 듯이 언급한 바 있다.

주지하다시피 원효는 『능가경』을 『대승기신론』의 본경(本經)으로 간주할 정도로 중시하여, 『대승기신론』을 주해할 때 『능가경』 3본 가운데 4권본과 10권본을 종종 인용하였다.[34] 원효의 주석서는 10권본에 대한 것으로서, 고려의 의천은 10권본을 강의할 때 오직 원효소(元曉疏)를 이용하였다고 한다.[35] 달마(達摩) 이래 초기 선종에서 중시한 것은 4권본이며, 법장(法藏)은 자신이 번역에 참여한 7권본에 대하여 짧은 주석서를 남겼다. 원효의 『능가경요간』과 『능가경종요』는[36] 현재 전해지지 않는다.

표 3 원효의 저술 목록

	서 명	권수	존부	비 고	義天錄(1190년)	奈良錄(8세기 중반)
1	般若心經疏	1	△	崔凡述復元, 東方學志12	般若心經疏 1	
2	金剛般若經疏	3/2	×		金剛般若經疏 3	金剛般若經疏 3
3	大慧度經宗要	1	○			大慧度經宗要 1
4	法花略述	1	×			法華略述 1
5	法華經宗要	1	○		法華經宗要 1	法華宗要 1
6	法華經料略	1	×			法華料略 1
7	法華經方便品料簡	1	×	'…便品略䟽一'(분황사비)	法華經方便品料簡 1	
8	金剛三昧經論	3	○	序(東文選 권83)	金剛三昧經論 6/3	金剛三昧經論 3
9	涅槃經疏	5	×			涅槃經疏 5
10	涅槃(經)宗要	1/2	○	序(東文選 권83)	涅槃經宗要 2/1	涅槃經宗要 1
11	華嚴綱目	1	×			
12	華嚴經疏	8/10	△	'…䟽十卷'(분황사비) 序(東文選 권83), 권3	華嚴經疏 10	華嚴經疏 8
13	華嚴宗要	?	×			
14	華嚴關脈義	?	×			
15	華嚴經入法界品抄	2	×			
16	普法記	1	×			
17	刲義	1	×			
18	大乘觀行(門)	1/3	×		大乘觀行 1	大乘觀行(門) 3
19	無量壽經疏	1	×		無量壽經疏 1	
20	無量壽經宗要	1	○			無量壽經宗旨 1
21	無量壽經料簡	?	×			
22	無量壽經私記	1	×			
23	阿彌陀經疏	1	○		阿彌陀經疏 1	
24	般舟三昧經疏	1	×		般舟三昧經疏 1	般舟三昧經略疏 1
25	般舟三昧經略記	1	×			般舟三昧經略記 1
26	彌勒上生經宗要	1	○		彌勒上生經宗要 1	
27	彌勒(上下生)經疏	3	×			
28	維摩經疏	3	×			維摩經疏 3
29	維摩經宗要	1	×		維摩經宗要 1	維摩宗要 1
30	勝鬘經疏	2/3	△	金相鉉輯逸, 佛教學報 30	勝鬘經疏 2	勝鬘經疏 2
31	金光明經疏	8	△	'金光…'(분황사비) 金鼓經疏 (金相鉉輯逸, 東洋學 24)	金光明經疏 8	金鼓經疏 8 最勝王經疏 8 金光明經疏 8
32	金鼓經義記	?	×			
33	解深密經疏	3	△	序(東文選 권83)	解深密經疏 3	深密經疏 3
34	不增不減經疏	1	×		不增不減經疏 1	不增不減經疏 1
35	方廣經疏	1	×		方廣經疏 1	

	서 명	권수	존부	비 고	義天錄(1190년)	奈良錄(8세기 중반)
36	梵網經疏	2	×		梵網經疏 2	梵網經疏 2
37	梵網經略疏	1	×		梵網經略疏 1	
38	梵網經上卷疏	1	×			梵網經上卷疏 1
39	菩薩戒本持犯要記	1	○		梵網經犯要 1	菩薩戒本持犯要記 1
40	菩薩瓔珞本業經疏	3/2	△	序(東文選 권83), 권下	瓔珞本業經疏 3	瓔珞經疏 2
41	大乘六情懺悔	1	○			
42	發心修行章	1	○			
43	六現觀義發菩提心義淨義含	1	×			六現觀義發菩提心義淨義含 1
44	調伏我心論	1	×		調伏我心論 1	
45	初章觀文	1	×	'初…'(분황사비)	初章 1	
46	安身事心論	1	×	安心事身論(?)	安身事心論 1	
47	二諦章	1	×		二諦章 1	
48	三論宗要	1	×		三論宗要 1	三論宗要 1
49	掌珍論宗要	1	×		掌珍論宗要 1	
50	掌珍論料簡	1	×			掌珍論料簡 1
51	攝大乘論世親釋論略記	4	×	梁攝論疏抄, 攝大乘論疏	攝大乘論世親釋論略記 4	世親攝論疏 4
52	廣百論宗要	1	×	'…百論宗要一卷'(분황사비)	廣百論宗要 1	廣百論撮要 1 廣百論宗要 1
53	廣百論旨歸	1	×			
54	瑜伽抄	5	×	'瑜伽師地論…'(분황사비)		瑜伽抄 5
55	瑜伽論中實	4	×			
56	成唯識論宗要	1	×		成唯識論宗要 1	
57	中邊分別論疏	4	△	권3	中邊論疏 4	中邊分別論疏 4
58	雜集論疏	5	×			雜集論疏 5
59	因明論疏	1	×		因明論疏 1	
60	因明入正理論記	1	×	'因明正理…'(분황사비)		
61	判比量論	1	△	부분, 跋文	判比量論 1	判比量論 1
62	寶性論宗要	1	×			寶性論宗要 1
63	寶性論料簡	1	×			寶性論料簡 1
64	楞伽經疏	7/8	×		楞伽經疏 7	入楞伽經疏 8
65	楞伽(經)宗要	1	×		楞伽經宗要 1	楞伽(經)宗要 1
66	楞伽經料簡	?	×			
67	起信論別記	2/1	○	大乘起信論疏記會本 6권	大乘起信論別記 1	起信論別記 1
68	大乘起信論疏	2	○		大乘起信論疏 2	大乘起信論疏 2
69	大乘起信論宗要	1	×		大乘起信論宗要 1	
70	大乘起信論料簡	1	×		大乘起信論料簡 1	
71	大乘起信論大記	1	×		大乘起信論大記 1	

	서 명	권수	존부	비 고	義天錄(1190년)	奈良錄 (8세기 중반)
72	大乘起信論私記	1	×			
73	一道章	1	×	一道識, 一道義 '一道章一卷'(분황사비)	一道章 1	(起信論)一道章 1
74	二障義	1	○	二障章		(起信論)二障義 1
75	十門和諍論	2	△		十門和諍論 2	十門和諍論 2
76	求道譬喩論	1	×	'…喩論一卷'(분황사비)	求道譬喩論 1	
77	彌陀證性偈		△			
계	**총 77부 150여 권, 온전 13부 16권, 잔존 12부 잔존(集逸本 포함)**				**44부 87권/83권**	**42부 94권**
①	辯中邊論疏	4	×	中邊分別論疏와 동일본		
②	廣百論撮要	1	×	廣百論宗要와 동일본		
③	無量義經宗要	1	×	無量壽經宗要의 착오(?)		
④	遊心安樂道	1	○	일본승 智憬의 가탁		
⑤	阿彌陀經通讚疏	2	×	唐 基의 착오(?)		
⑥	清辨護法空有諍論	1	×	찬자 미상		
⑦	中觀論宗要	1	×	찬자 미상		
⑧	成實論疏	16	×	唐 元瑜의 착오(?)		
⑨	四分律羯磨疏	4	×	찬자(曉) 미상		
⑩	梵網經菩薩戒本私記	2	△			梵網經菩薩戒本私記 2
⑪	無㝵歌		△	『破閑集』에 후대의 好事者가 지었다고 하였음		
이상 11부는 원효의 진찬으로 보기 어려움						
○ : 전체 전함 △ : 일부 전함 × : 전하지 않음				義天錄 : 新編諸宗敎藏總錄 奈良錄 : 奈良朝現在一切經疏目錄		

한편 『일도장(一道章)』은 「분황사비」의 음기에서도 확인되는데,[37] 이를 『의천록』에서는 화엄경류에 배당하였다.[38] '일도(一道)'라는 용례가 『기신론(起信論)』에는 전혀 보이지 않는 대신 원효가 즐겨 인용한 '일체무애인(一切無碍人) 일도출생사(一道出生死)'가 『화엄경(華嚴經)』의 구절임을 감안하면, 화엄일도장(華嚴一道章)으로 볼 수도 있

다. 그러나 일본 동대사(東大寺)의 정창원문서(正倉院文書)에서 '기신론일도장(起信論一道章)'이라고 하였으며, 현존하는 인용문을 보더라도 『일도장』은 『기신론』의 분별발취도상(分別發趣道相)에 기초하여 종성(種性)과 계위(階位)의 문제를 다룬 저술로 보는 것이 타당하다.[39]

저술 목록을 보면 원효의 사상 편력이 무척 다채로우면서도 뚜렷한 경향이 있음을 알 수 있다. 무엇보다도 그는 대승경전에 대해서만 주석을 남겼다는 사실을 주목할 만하다. 예컨대 이른바 미륵삼부경(彌勒三部經) 가운데 그가 보살장(菩薩藏)[大乘]에 속한다고 판석(判釋)한 『미륵상생경(彌勒上生經)』에 대해서는 주석서를 남겼지만, 성문장(聲聞藏)[小乘]에 귀속시킨 『미륵하생경(彌勒下生經)』과 『미륵하생성불경(彌勒下生成佛經)』에 대해서는 아무런 주석서를 남기지 않았다. 소승 관련 저술로는 ⑥ 『성실론소(成實論疏)』와 ⑦ 『사분율갈마소(四分律羯磨疏)』가 거론되고 있지만, 앞서 검토하였듯이, 이들이 원효의 진찬일 가능성은 거의 없다. 원효가 소승 경전을 공부한 흔적은, 이들을 인용하고 있는 데에서도 짐작할 수 있다. 그럼에도 불구하고 원효의 진찬임이 확인된 소승 관련 저술이 전무하다는 사실은 시사하는 바 크다.

원효의 저술은 반야(般若) · 삼론(三論) · 천태(天台) · 열반(涅槃) · 여래장(如來藏) · 유식(唯識) · 화엄(華嚴) · 계율(戒律) · 정토(淨土) · 선(禪) 등 당시 중국 불교계에서 연구되고 있던 불교 가운데 밀교(密敎)를 제외한 거의 모든 대승사상을 망라하고 있다. 대승경전 중에서도 단일 경전으로는 『화엄경』과 『기신론』 관련 저술이 가장 많다. 무엇보다도 『기신론』 관련 저술이 8부 10권이며, 『기신론』의 소의경전(所依經典)으로 간주한 『능가경』에 대한 2, 3부 10여 권을 합하면, 원효가 이들 기신론 계통의 경전을 얼마나 중시하였는가를 알 수 있다. 이는 여래장사상(如來藏思想)에 대한 그의 특별한 관심을 그대로 보여준다.

『화엄경』 관련 저술은 8부 약 20권이 있다. 그중에서도 원효 만년의 대표작으로 알려진 『화엄경소(華嚴經疏)』는 사실은 미완성작일 뿐 아니라, 그나마 일부만 남아 있다. 『화엄경소』는 본래 8권본이었는데, 의천이 이를 『화엄종요(華嚴宗要)』와 합쳐서 10권본 『화엄경소』로 재편집하였다고 한다.[40] 그런데 일본에서 유통된 『화엄경소』는 시종일관 10권본이었다.[41]

더욱이 「고선사비」를 비롯하여 균여나 지눌의 저술에서는 『화엄종요』만 인용하였을 뿐, 의천 당시까지 『화엄경소』가 한국 승려들의 저술에서 언급된 사례는 전무하다. 반대로 『동역전등목록(東域傳燈目錄)』(1094) 이래로 일본의 경록류에서는 10권본 『화엄경소』만을 언급하였으며, 일본이나 중국 승려들의 저술에서 『화엄종요』는 찾아보기 어렵다. 『화엄경소』는 대의문 및 권3의 일부만이 현전하는데, 대의문은 『동문선(東文選)』 권83에 수록된 것이고 권3의 일부는 1670년 일본에서 필사된 사본이다. 따라서 현재의 대의문이 의천이 말한 8권본의 대의문인지, 아니면 『화엄종요』의 대의문이었는지조차 확실치 않다. 이러한 유통상의 문제점들은 앞으로 규명해야 할 과제이다.

단일 경전은 아니지만 원효가 관심을 집중한 사상으로는 유식학(唯識學)을 들 수 있다. 신·구역을 합하여 유식 관련 저술은 14부 40여 권에 달한다. 다만 후대 법상종(法相宗)의 소의경전으로 중시되는 『성유식론(成唯識論)』에 관한 저술이 1부에 불과하며, 그마저도 다른 승려들에게 거의 주목받지 않았다. 이는 원효가 『유가론(瑜伽論)』 중심으로 현장의 신유식학(新唯識學)을 이해하였음을 짐작케 한다.

원효의 정토사상은 원효의 대중교화활동과 밀접한 관계가 있어서, 일찍부터, 특히 일본 학계를 중심으로 연구가 진행되어왔다. 그의 정토 관련 저술은 적어도 9부 10여 권이 확인된다.

한편 대승불교 전반에 걸친 학문적 관심과 더불어 저술 형식의 특징도 주목할 만하다. 전체 70여 부 가운데 2/3가량이 단권이어서, 원효가 의식적으로 글을 짧게 쓰려고 하였음을 알 수 있다. 사실 원효가 가장 중시한 『기신론』도 '글은 적되 뜻은 많게〔少文多義〕'라는 취지 아래 방대한 불교사상을 단 한 권으로 정리하였다. 원효는 이러한 취지에 충분히 공감하여서, 저술할 때 '글은 간략하되 뜻은 풍부하게〔文約義豊〕'하고자 노력하였다.

저술의 분량이 적어지면, 저술의 형식 내지 체재도 달라진다. 그래서 원효의 저술 명칭을 보면, 경전의 종지를 요약하는 종요류가 14, 15부나 된다. 또한 체재를 알 수 있는 5부 가운데 4부는, 주석을 달아서 설명하는 소문(消文)이라는 장을 설정하였으면서도 실제 서술에서는 이를 과감하게 생략하였다. 대신 원효는 저술의 성격 차이에 상관없이, 서문에서 해당 경전의 대의를 특유의 문체로 서술하였는데, 현재 약 13편의 대의문이 전하고 있다. 이들 대의문은 원효의 경전관을 잘 보여준다는 점에서 매우 중요하다.[42]

2. 인용관계를 통해 본 저술 연보

원효 사상의 성립 과정을 추적하려면, 생애에 대한 연보와 더불어 저술 연보를 작성하는 일이 시급하다. 그러나 저술 목록의 작성이라든가 개개 저술에 대한 분석에 비해 이 분야는 그다지 연구가 이루어지지 않았다. 그것은 원효의 방대한 저술 가운데 상당수가 유실되었다는 점, 『판비량론(判比量論)』을 제외하고는 저술 연대를 일체 알 수 없다는 점, 그리고 원효 자신이 인용을 할 때 전거를 자세히 밝히지 않은 점 등에 기인한다. 그러므로 현존 저술에 인용된 문헌을 조사해서 이를 토대로 저술 연보를 작성하는 수밖에 없다. 표 4는 원효 저술 상호 간의 인용관계를 정리한 것이며, 도 5는 표 4를 바탕으로 하되, 원효 저술에 인용된 원효 저술 이외 불전(佛典)의 번역 및 저술 연대를 참조하여 원효 저술의 상대 편년을 시도해본 것이다.[43]

전체 70여 부 가운데 21부만 연보 작성이 가능하므로, 전체 연보로서는 한계가 있다 하겠다. 그러나 그림에서도 알 수 있듯이 『기신론』 관계 저술이 상당히 중요한 비중을 차지하고 있음을 다시 한 번 확인할 수 있다. 그중에서도 『별기(別記)』는 가장 이른 시기의 작품에 속한다. 내용을 보면 『기신론』의 전체 오분(五分) 가운데 입의분(立義分)과 해석분(解釋分)만을 대상으로 하였으며, 그것도 축자해석(逐字解釋)이 아니라 주요한 논점을 정리하는 방식을 취하고 있어서, 본격적인 저술을 위한 예비 작업으로 보인다. 저술시기의 상한선은 『별기』가 인용한 『유가론』의 한역 및 신라로의 전래 등을 감안하건대, 대략 650년대 전반 무렵이 아닐까 한다.[44] 650년대 전반이라면 원효가

표 4 원효 저술 상호 간의 인용관계

<table>
<tr><th>所 引</th><th>能 引</th><th>인용내용</th><th>출 전</th></tr>
<tr><td rowspan="6">起信論別記</td><td rowspan="2">二障義</td><td>具如彼論記中已說</td><td>韓佛 1, p. 813上</td></tr>
<tr><td>具如起信論記中說</td><td>韓佛 1, p. 795上</td></tr>
<tr><td rowspan="3">起信論疏</td><td>於中委悉如別記說也</td><td>韓佛 1, p. 707下</td></tr>
<tr><td>引經釋義如別記也</td><td>韓佛 1, p. 708上</td></tr>
<tr><td>如別記中</td><td>韓佛 1, p. 715下</td></tr>
<tr><td>金剛三昧經論</td><td>如彼記說</td><td>韓佛 1, p. 636上</td></tr>
<tr><td rowspan="5">一道章</td><td>二障義</td><td>具如一道章說</td><td>韓佛 1, p. 802下</td></tr>
<tr><td rowspan="2">起信論疏</td><td>具如一道章說也</td><td>韓佛 1, p. 724上</td></tr>
<tr><td>於中委悉如一道義中廣說也</td><td>韓佛 1, p. 730下</td></tr>
<tr><td>中邊分別論疏</td><td>如一道章已廣分別</td><td>韓佛 1, p. 830中</td></tr>
<tr><td>本業經疏</td><td>具如一道章說</td><td>韓佛 1, p. 503上</td></tr>
<tr><td rowspan="9">二障義</td><td>涅槃宗要</td><td>具如二障義中廣說</td><td>韓佛 1, p. 541上</td></tr>
<tr><td>金光明經疏</td><td>此義具如二障章說</td><td>金相鉉 ②, p. 277</td></tr>
<tr><td rowspan="2">起信論疏</td><td>如二障章廣分別也</td><td>韓佛 1, p. 716下</td></tr>
<tr><td>具如二障章說</td><td>韓佛 1, p. 717下</td></tr>
<tr><td rowspan="5">金剛三昧經論</td><td>二障章中其義已具</td><td>韓佛 1, p. 613上</td></tr>
<tr><td>具如二障章說</td><td>韓佛 1, p. 616上</td></tr>
<tr><td>在二障章也</td><td>韓佛 1, p. 623中</td></tr>
<tr><td>具如二障章說</td><td>韓佛 1, p. 641中</td></tr>
<tr><td>如二障章說</td><td>韓佛 1, p. 675上</td></tr>
<tr><td rowspan="2">楞伽經宗要</td><td>涅槃宗要</td><td>具如楞伽經宗要中說</td><td>韓佛 1, p. 537中</td></tr>
<tr><td>起信論疏</td><td>如楞伽宗要中說</td><td>韓佛 1, p. 707下</td></tr>
<tr><td>楞伽經料簡</td><td>無量壽經宗要</td><td>於中委悉如楞伽經料簡中說</td><td>韓佛 1, p. 557下</td></tr>
<tr><td>楞伽經疏</td><td>涅槃宗要</td><td>如楞伽經疏中說</td><td>韓佛 1, p. 546中</td></tr>
<tr><td>不增不減經疏</td><td>起信論疏</td><td>如不增不減疏中廣說</td><td>韓佛 1, p. 723中</td></tr>
<tr><td>無量壽經料簡</td><td>起信論疏</td><td>如無量壽料簡中說</td><td>韓佛 1, p. 732下</td></tr>
<tr><td>金剛般若經疏</td><td>金光明經疏</td><td>此當金剛疏云</td><td>金相鉉 ①, p. 265</td></tr>
<tr><td>起信論疏</td><td>金剛三昧經論</td><td>如彼論疏中說也</td><td>韓佛 1, p. 618上</td></tr>
<tr><td colspan="4">金相鉉 ① : 金相鉉 輯, 1993 「輯逸勝鬘經疏－勝鬘經疏詳玄記 所引 元曉疏의 輯編－」『佛教學報』 30
金相鉉 ② : 金相鉉 編, 1994 「輯逸金光明經疏－金光明最勝王經玄樞 所引 元曉疏의 輯編－」『東洋學』 24</td></tr>
</table>

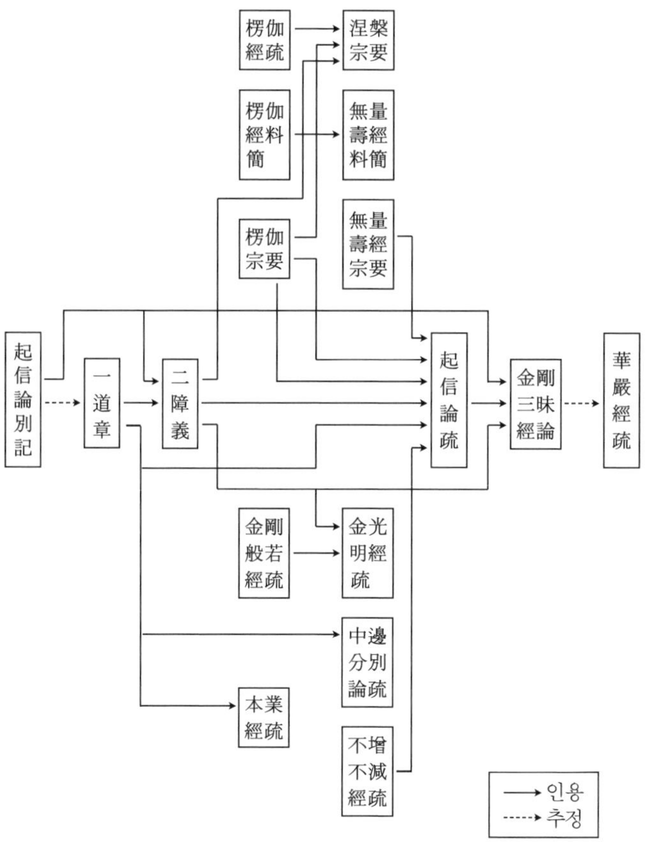

도 5 인용관계를 통한 저술 연보

깨달음을 계기로 중국 유학을 단념한 직후에 해당한다. 당시 김춘추와 김유신의 신진 세력이 권력을 장악하고 제도 개편을 단행하면서, 불교계에서는 자장이 도태되던 시기였다. 원효는 일심(一心)을 중심으로 불교사상을 종합한 『기신론』에 대하여 연구를 시작하면서, 현장의 신역본들을 폭넓게 참조하였으며, 『별기』는 초기의 결과물이었던 것이다.

『일도장』과 『별기』 사이에 직접적인 인용관계는 안 보이지만, 『별기』에서 『일도장』을 전혀 언급하지 않은 점으로 보아, 『별기』가 먼저 이루어진 저술임을 짐작케 한다. 『기신론』의 소의경전으로 원효가 중시한 경전이 『능가경』인데, 『이장의(二障義)』까지는 아직 관련 주석서를 인용하지 않고 있다. 따라서 『이장의』가 『능가경』 관계 저술들보다 선행하는 것은 아닐까 싶다. 대체로 『금강삼매경론(金剛三昧經論)』이 원효의 다른 저술에 인용된 사례가 없다는 이유로 이를 원효 만년의 저술로 비정하는 경향이 있는데, 현존 저술의 인용실태만 가지고 볼 때 마지막에 위치하는 것은 사실이다. 그러나 원효의 화엄관계 저술이 산실된 현재 그렇게 단정하기도 어렵다. 후술하겠지만 『금강삼매경론』은 문무왕대(661~681)의 저술로 보이며, 오히려 화엄관계 저술을 인용하지 않았다는 점에서 이들보다 앞선 시기의 저술로 추정된다.

원효의 저술 가운데 저술 연대가 분명한 것은 671년 행명사(行名寺)에서 찬술한 『판비량론(判比量論)』이 유일하다. 그런데 『판비량론』은 일부만 전하는 데다가, 다른 저술과의 상호 인용관계가 전혀 밝혀지지 않아서 원효의 저술 연보를 작성하는 데 별다른 기준을 제시하지 못하고 있다. 대신 원효의 저술에 인용된 현장의 신역본들을 기준삼아 원효 저술의 상한선을 추정할 수가 있다. 『별기』 이래 원효의 모든 저술에서는 649년에 신라로 수입된 『유가론』을 인용하고 있으므로,[45] 원효 저술의 상한선은 650년대 초로 보아야 할 것이다. 본격적인 저술 활동은 중대에 들어가서 이루어졌을 것이다. 『무량수경종요』는 『성유식론』(659년 윤10월 번역)을 인용하고 있으며, 『중변분별론소』는 『변중변론』(661년 5월 번역)의 용어를 다수 인용하고 있다.

『대혜도경종요(大慧度經宗要)』는 현장이 663년 10월에 번역을 마친 『대반야경(大般若經)』 600권을 저본으로 한 것이다.

찬술 시기와 관련하여 흥미로운 자료는 『법화종요』이다. 『법화종요』는 『대비경(大悲經)』을 아래와 같이 인용하였다.

> 大悲經言, 佛告阿難, 若人樂着三有果報, 於佛福田, 若行布施, 諸餘善根, 願我世世, 莫入涅槃, 以此善根, 不入涅槃, 無有是處. 是人雖不樂求涅槃, 然於佛所種諸善根, 我說是人必入涅槃.[46]

위의 인용문을 나련제야사(那連提耶舍)가 번역한 『대비경』의 해당 문장과 대교하면 정확하게 일치하지는 않는다.[47] 오히려 선학들이 이미 지적하였듯이, 『법원주림(法苑珠林)』의 구절과 정확히 일치한다.[48] 게다가 대장경을 검색해보면, 위의 인용문은 『법화종요』와 『법원주림』에서만 확인된다. 이는 둘 중의 하나가 나머지 하나를 통하여 『대비경』을 간접 인용하였음을 암시한다.

『대비경』 5권은 석존이 임종시에 아난에게 남긴 유훈이다. 이 점을 감안하면 백과전서파인 도세(道世)가 『법원주림』을 찬술하면서 『대비경』을 직접 인용하고, 이를 다시 원효가 재인용한 것으로 추측된다. 그런데 『법원주림』에 부친 이엄(李儼)의 서에 따르면, 『법원주림』 100권은 총장(總章) 원년(668) 3월 30일에 편찬을 끝마쳤다고 한다.[49]

만약 『법화종요』가 『법원주림』을 참조하였다면, 『법화종요』의 찬술은 일러야 668년 4월 이후, 아마도 670년대가 될 것이다. 원효 개인적으로는 50대 이후인 셈인데, 당시는 요석공주와의 사이에서 설총을 낳고 환속하여 거사로 처신할 무렵이다.

화엄관계 저술인 『보법기(普法記)』와 『화엄종요』에서는 의상(義相)을 인용하여 수전법(數錢法)의 유래를 밝힌 것으로 보아,[50] 의상이 귀국한 670년 이후 그를 통해 지엄(智儼)의 화엄학(華嚴學)을 접하면서 새로이 찬술한 것임을 알 수 있다. 미완성본인 『화엄경소』를 포함하여 이들 화엄관계 저술은 원효 후반기 저술로 추정된다.

저술 상호 간의 인용관계는 저술의 절대 편년을 보여주는 데 한계가 있다. 그런 점에서 최근 현장의 역경(譯經) 시기를 기준으로 원효의 저술 연보를 작성하려 한 시도는 주목할 만하다.[51] 원효가 현장 문하로 유학을 시도하였을 정도로 원효의 저술 활동에 현장의 신역 경론이 커다란 영향을 끼쳤음을 감안하면, 방법론상 참신한 의의가 있다. 다만 원효의 저술 활동에서는, 20년에 걸쳐 번역된 현장의 신역 경론 중에서 『유식론』으로 대표되는 후기 번역본들보다 『유가론』으로 대표되는 초기 번역본들의 비중이 더욱 컸음을 의미한다. 이는 현장의 신역경론이 원효 저술의 연보 작성에 참조는 될지언정 결정적 기준이 될 수는 없음을 말해준다.

3. 저술의 체재

앞에서는 저술 목록과 저술 연보의 작성을 통하여 드러나는 원효 저술의 몇 가지 특징을 추출해보았는데, 여기서는 저술의 체재를 점검

하고자 한다. 기왕의 연구에서 아무도 체재 문제를 거론하지 않았지만, 수십 년간의 저술 활동은 내용 자체의 발전 못지않게 저술의 형식이나 체재의 진화도 수반하게 마련이며, 그 자체가 저술 문제와 관련한 정보를 제공할 수 있다. 표 5는 이러한 가정하에 원효 저술의 체재를 표로 작성해본 것이다.[52]

표 5에 의하면, 서(序) 5편이 『동문선』 권83에 수록되어 있는데, 이 중 『법화종요(法華宗要)』와 『열반종요(涅槃宗要)』 및 『금강삼매경론』의 서(序)는 각 저술의 초술대의(初述大意, 또는 略述大意)와 일치한다. 이로 보아 서(序)가 별도로 있는 것이 아니라 후대에 누군가가, 아마도 『동문선』 편찬자들이, 원효 저술에서 대의(大意)를 서술한 부분을 서(序)로 독립시킨 것이 아닌가 한다. 그러므로 서(序)만 전하는 저술도 원래는 대의를 서술하는 분과가 있었음을 알 수 있다. 원효 저술에서 대의를 서술한 부분은 원효의 독창적인 경전관이 가장 집약적으로 표현된 곳이다. 더욱이 노장적(老莊的) 용어와 문투를 자유롭게 구사하여 읽는 이로 하여금 문장미의 극치를 느끼게 한다. 초술대의를 제외한 나머지 분과(分科)는 경전의 내용이라든가 저술의 성격 등에 따라 분과의 수와 명칭이 다양하여, 어떤 경향을 찾기란 쉽지 않다.

흥미로운 점은 10여 종 이상의 저술이 대의를 서술하는 것으로 시작한다는 사실이다. 『의천록』에는 따로 분과가 설정되지 않았지만, 의천이 『신편제종교장총록』에서 "십중계서부(十重戒序附)"라 하여,[53] 고려 당시의 유통본에는 『범망경(梵網經)』의 십중계(十重戒)에 대한 서(序)가 첨부되어 있었음을 알 수 있다. 그런데 현행본 첫 단락인 "보살계자~행동취자 상이취결의(菩薩戒者~幸同趣者 詳而取決矣)"의

표 5 원효 저술의 체재

書　名	體　裁		비 고
起信論別記	一者述論大意	二卽依文消息	
二障義	一釋名義	二出體相 三辨功能 四攝諸門 五明治斷 六總決擇	
起信論疏	初標宗體	次釋題名 三者依文顯義	
涅槃宗要	一者略述大意 (釋題名 포함)	二者廣開分別(初說因緣 次明敎宗 三出經體 四辨敎迹)	序, 東文選 83
無量壽經宗要	初述敎之大意	次簡經之宗 三者擧人分別 四者就文解析	就文解析 생략
大慧度經宗要	初述大意	次顯經宗 三釋題名 四明緣起 五者判敎 六者消文	消文 생략
彌勒上生經宗要	初述大意	次辨宗致 三二藏是非 四三經同異 五生身處所 六出世時節 七二世有無 八三會增減 九發心久近 十證果前後	
阿彌陀經疏	初述大意	次釋經宗致 三入文解析	

書　名	體　　裁		비 고
法華宗要	初述大意	次辨經宗 三明詮用 四釋題名 五顯教攝 六消文義	消文 생략
菩薩戒本持犯要記	(初述大意)	一輕重門 二淺深門 三明究竟持犯門	"十重戒序附" (義天錄 권2)
金剛三昧經論	初述大意	次辨經宗 三釋題名 四消文義	序, 東文選 83
解深密經疏	(初述大意)	체재 미상	序, 東文選 83
本業經疏	(初述大意)	체재 미상	序, 東文選 83
華嚴經疏	(初述大意)	체재 미상	序, 東文選 83
判比量論 中邊分別論疏 十門和諍論 勝鬘經疏 金光明經疏	체재 미상 체재 미상 체재 미상 체재 미상 체재 미상		
發心修行章 大乘六情懺悔 彌陀證性偈			
梵網經菩薩戒本私記	一者釋題名字	二者入文解析	

133자가 사실상 대의에 해당하므로, 의천이 언급한 서(序)가 이를 가리키는 것이 아닌가 한다.

한편 『발심수행장(發心修行章)』, 『대승육정참회(大乘六情懺悔)』, 『미타증성게(彌陀證性偈)』에는 대의문(大意文)이 없는데, 이들 저술은 단편이어서 굳이 대의를 서술할 필요가 없었을 것이다. 또 초기 저작인 『이장의』는 초술대의 없이 바로 석명의(釋名義)로 시작한다. 초기 저작의 하나인 『기신론별기(起信論別記)』의 경우 대의문이 나중에 추가되었을 가능성이 높다. 이는 초기 저작에는 대의를 서술하는 분과가 없었음을 말해준다. 결국 초기 저술이거나 단편인 경우에는 별도로 대의를 서술하지 않았던 것으로 추정된다.

근래 위찬설이 제기된 『범망경보살계본사기』를 보면, 대의를 서술하는 분과 없이 바로 석제명(釋題名)으로 시작한다. 초기 저술이거나 아니면 위찬이라는 얘기이다. 『유심안락도(遊心安樂道)』에는 초술교기종치(初述教起宗致)라 하여 내용상 대의를 서술하는 분과를 설정하고 있는데, 내용상 『무량수경종요』의 그것과 상당 부분 중복되어, 후대 누군가가 원효에 가탁하여 위찬하였을 것이라는 추정을 뒷받침해준다.

한편 대의를 서술하면서도 분과의 명칭은 저술마다 약간씩 차이가 나는데, 많은 저술이 '초술대의'라 한 점, 후반기 저술인 『금강삼매경론』이 '초술대의'를 취한 점 등으로 보아, '초술대의'가 나중에 등장하여 일반적으로 사용된 명칭인 듯하다. 그렇다면 '초술대의'를 취한 저술들이 그렇지 않은 저술들보다 후대에 씌어졌던 것은 아닐까 한다.

또 하나 주목할 점은 종요류가 14, 15부인데, 체재를 알 수 있는 5부 중에서 4부는 본문을 축자 해석하는 소문(消文)을 분과로 설정하면서도 실제로 내용 서술은 생략하고 있다는 사실이다. 이런 경우 원전의 내용을 해석하는 별도의 저술이 있어야 마땅한데, 실제로 목록을 검토해보면 대체로 소류(疏類)가 그러한 역할을 분담한 것이 아닌가 한다. 즉 원효가 '종요'와 '소'를 짝 지워 저술하는 경향이 있었던 것으로 추정된다. 이와 관련하여 고려의 의천이 『화엄종요』와 『화엄경소』를 합본하였던 것도 유념할 만하다.

원효 사상의 해명에 가장 중요한 자료가 원효 자신의 저술임은 두말할 나위가 없다. 그런데 원효의 경우 남은 저술보다 사라진 저술이 더 많다. 원효 저술의 발굴이 절실한 이유가 실로 여기에 있다 하겠다. 그런 점에서 최근 몇몇 학자들이 다른 승려들의 저술에 인용된 원효 저술을 일일이 찾아서 이를 집성한 것은,[54] 향후 원효 연구에 크게 기여하리라 기대된다.

|제7장| 기신론관(起信論觀)과 일심사상(一心思想)

석가모니가 발견한 진리[法, dharma]가 불법(佛法)이며, 불법이 석가모니의 언설을 통하여 세상에 전해진 것이 불교(佛教)이다. 교학은 그 가르침이 문자로 쓰인 경전을 통하여 진리를 발견하고자 하는바, 원효가 불교적 진리를 발견하기 위하여 확고한 토대로 삼은 경전이 바로 『대승기신론(大乘起信論)』이었다.

『대승기신론』은 대승불교의 정수를 간단 명료하게 정리한 일종의 대승불교 개론서로서, 동아시아 불교사상 가장 널리 읽힌 경전이다. 『기신론』이 출현한 6세기 중반 이후 근대에 이르기까지 도합 300여 종의 주석서가 찬술된 것은 단일경전 주석으로는 유례가 없다고 하겠다.[1]

기왕의 『기신론』 이해는 법장(法藏)의 『대승기신론의기(大乘起信論義記)』(이하 법장의기)에 크게 의존하는 경향이 있는바, 법장의기는 기신론사상의 토대 위에 화엄교학(華嚴教學)을 구축하려는 의도에서 기신론사상을 여래장연기종(如來藏緣起宗)으로 판석하였다.[2]

원효의 기신론사상에 대한 연구는 이러한 『기신론』 연구의 연장선상에서 시작되었던 것이다. 물론 법장이 의기를 찬술하면서 원효의 『기신론소』(이하 『소』 또는 『해동소』)를 많이 참작한 것은 널리 인정된다.[3] 그러나 이른바 학파 불교에서 종파 불교로, 인도 불교에서 중국 불교로 변모하고 있던 초당(初唐) 불교계의 상황을 감안한다면, 거의 한 세대의 시차를 건너뛰어 그것도 법장에서 소급하여 원효를 이해하는 방법에는 문제가 없을 수가 없다. 이 때문에 1970년대부터 한국 학계에서는 기왕의 방법론에 대하여 꾸준히 비판을 제기하여왔지만, 아직 새로운 방법론을 확립하지는 못하였다고 생각된다.

이 장에서는 1970년대 이래 한국 학계의 문제의식을 계승하여, 원효의 기신론사상을 이해하고자 한다. 무엇보다도 성당기(盛唐期)로 이행하는 7세기 말에 찬술된 법장의기에 입각하여 그 관점을 원효에게 소급시켜 적용하는 방법을 지양하고자 한다. 대신 『기신론』이 출현한 6세기 중반부터 원효가 『기신론』을 주석하고 연구하는 7세기 중엽까지 시간을 내려오면서, 동아시아 불교사의 시야에서 『기신론』과 관련하여 제기된 문제들을 검토하고자 한다. 『기신론』 관련 원효 저술의 성립사를 검토함으로써, 원효의 기신론관과 기신론사상이 차지하는 사상사적 의의를 밝히는 데 기여할 수 있을 것이다. 아울러 원효의 『기신론』 저술에 드러난 일심사상을 정리함으로써, 최근의 연구자들이 원효의 핵심 사상으로 주목하고 있는 일심사상을 규명하는 데 도움이 되고자 한다.

1. 6~7세기 동아시아 불교와 『대승기신론』

불교경전이 서역에서 중국으로 전해져 한역(漢譯)되고, 이것이 같은 한자문화권인 한국, 일본, 베트남 등지로 유포됨으로써 동아시아 불교는 비로소 성립하였다. 그런데 기원 전후하여 중국에 전해질 무렵의 인도 불교는 이미 원시불교와 부파불교(소승불교)를 거쳐 대승불교로 변천하고 있었다. 그런 인도 불교가 때로는 교란되고 때로는 역전된 채 중국에 전해지기도 하였으며, 이것이 위진남북조(魏晉南北朝)의 정치·사회적 분열상과 겹쳐지면서 동아시아 불교사는 매우 복잡다단한 양상을 띠게 되었다. 이에 불교학자들은 교상판석(敎相判釋) 작업을 통하여 다양하면서 일견 모순된 불교교리를 체계적, 통일적으로 재조직하고자 하였다. 그러한 노력이 집약된 것이 교판론(敎判論)이다. 남북조 시대에서 수·초당에 걸쳐 출현한 학파 내지 종파들은 독자적인 교판론을 건립함으로써 자파의 소의경전을 '궁극적인 진리'를 설하는 최고의 경전으로 자리매김하고자 경쟁하였다.

한편 한역경전은 남북조 후반인 500년경에 이미 2,100여 부 4,300여 권에 달하였고, 수(隋)가 중국 대륙을 통일한 6세기 말에는 2,200여 부 5,300여 권으로 늘어났으며, 불교가 전성을 구가하던 8세기 전반에는 약 2,300부 7,000여 권이나 되었다.[4] 이처럼 방대한 분량의 한역경전은 한 인간이 평생을 읽어도 다 읽을 수 없다는 데 문제가 있다. 무량한 법문은 불교의 자랑이지만, 불교도 개개인은 유한한 존재이다. 아마 이러한 이유에서 불교의 주요 사상을 총합한 '단일경전', 즉 일종의 불교 개론서가 동아시아 불교권에서 일찍부터 요청

되었을 것이다.[5]

이와 관련하여 6세기 중엽 중국에 온 서인도 출신의 진제(眞諦, Paramārtha, 499~596)가 대승불교의 집대성을 표방하는 『십칠지론(十七地論)』 5권, 『대승기신론』 1권, 『섭대승론(攝大乘論)』 3권을 한역한 사실은 매우 주목할 만하다. 먼저 『십칠지론』은 무착(無着, Asaṅga)의 저술로서, 진제는 이를 550년에 5권까지 번역하였으나 어쩐 일인지 미완성인 채 번역을 마쳤다. 이 논서는 『유가사지론(瑜伽師地論)』의 부분역인 데다 그나마 일찍 산일되었기에, 당시 불교계에 별다른 영향을 끼치지는 못하였다.[6] 그렇지만 현장이 그 완본을 구하려고 인도 유학길에 올랐다고 할 정도로 유식학의 관점에서 대승불교를 집대성한 논서이자, 후일 신유식(新唯識)을 표방하는 법상종의 대표적인 텍스트가 되었다.

무착의 또 다른 저술인 『섭대승론』은 진제가 가장 심혈을 기울여 번역한 논서로서, 제목 그대로 대승불교의 주요 교리를 유식설(唯識說)의 입장에서 10장으로 나누어 정리하고 있다. 이 책은 563년 진제에 의해 번역된 이후 북중국으로 전해져서 수대에 장안 불교계를 풍미하면서, 이를 중심으로 섭론학파(攝論學派)가 탄생하였다.

마지막으로 진제가 550년 내지 554년에 번역하였다고 하는 『대승기신론』은 대승불교사상 최고의 개론서라는 평가를 받으며 동아시아 불교 사상에 커다란 영향을 끼쳤다. 그러나 『기신론』이 출현한 처음부터 그런 평가를 받은 것은 아니었다. 오히려 수의 법경(法鏡) 등이 594년 편찬한 『중경목록(衆經目錄)』(이하 『법경록(法經錄)』)에서 이를 '중론의혹(衆論疑惑)'으로 분류함으로써, 늦어도 6세기 말에 그

진위를 둘러싼 의혹이 교계 내에서 제기되고 있었음을 말해준다.[7]

일찍이 모치즈키 신코우(望月信亨)가 『법경록』의 문제제기에 근거하여 『기신론』의 중국찬술설을 제기한 이래,[8] 이를 둘러싼 학계의 논란은 진위를 판정하는 것이 그리 간단한 문제가 아님을 역설한다. 최근의 연구성과만 보더라도, 이 문제를 전론(專論)한 가시와기 히로(柏木弘雄)는 『기신론』의 중심 사상은 6세기 중엽의 중국 불교 사상에서 조직·형성할 수 있는 것이 아니라는 점에서, 중국찬술설에 반대하고 있다. 그렇다고 전통적인 마명(馬鳴, Aśvaghoṣa) 찬술설을 그대로 따르지도 않는다. 그는 5세기 내지 6세기에 인도 혹은 중국[또는 부남(扶南) 등지]에서 인도 불교사조의 직접적인 연장선상에서 그 이론이 구축되었으며, 그것이 진제나 그 주변 인물들에 의하여 중국에서 번역되었을 것으로 추정하고 있다.[9] 반면 몇몇 일본 학자들은 북지(北地)에서 늑나마제(勒那摩提)와 보리류지(菩提流支)가 번역한 문헌들과의 유사성을 근거로 지론종(地論宗) 학자들에 의하여 『기신론』이 성립한 것으로 추측하기도 한다.[10]

이처럼 『기신론』의 진위 여부를 둘러싼 최근의 추세는 중국 승려들의 역할을 일정하게 인정하는 쪽으로 흐르고 있다. 즉, 더 이상 '마명 찬술, 진제 역출(譯出)'설을 고수할 수 없음은 분명해졌다. 그것은 최근의 연구성과이기도 하지만, 『기신론』이 출현한 6세기 후반에도 그런 분위기가 있었던 것으로 보인다.

『기신론』에 대한 주석 작업이 시작된 수대에 활약한 수 3대 법사 정영(淨影) 혜원(慧遠, 523~592)·천태(天台) 지의(智顗, 538~597)·가상(嘉祥) 길장(吉藏, 549~623)은 이와 관련하여 주목할 만하다. 먼저 혜원에게는 『기신론』에 관한 3대 주석서의 하나로 일컬어지는 『대승기신론의소』(이하 『혜원소(慧遠疏)』)가 있는바, 일찍부터 위찬설(僞撰說)이 제기되었다. 일본 학계에서 이를 진찬으로 간주하는 연구자도 있지만, 여전히 의문은 남는다.[11] 특히 '우원법사해운(又遠法師解云)'으로 시작하는 인용문에서 원법사(遠法師)가 혜원 자신을 가리키는 것이 아닌가 하는 의문과, 혜원이 『대승의장(大乘義章)』에서는 『섭대승론』을 두루 인용하여 기신론을 해석한 것과 달리 왜 『혜원소』에서는 일체 『섭대승론』을 언급하지 않았는가 하는 의문은 여전히 해소되지 않고 있다. 이러한 의문은 혜원답지 않게 문장이 졸렬하다는 점과 더불어 혜원진찬설의 권위를 실추시키고 있는바, 후세의 학자들이 『기신론』을 주석하면서 『혜원소』를 인용하지 않은 이유가 이와 연관된 것은 아닌가 한다.

한편 지의는 자신의 저술에서 『기신론』을 직접 인용한 곳이 단 한 군데도 없으며, 천태종 계통에서 『기신론』을 그 교학 가운데 이용하기 시작한 것은 형계담연(荊溪湛然, 711~782) 이후라고 한다. 그리고 어려서 진제와 만난 적도 있고 지의와도 교류한 길장은 자신의 저술에서 『기신론』을 마명의 저술로서 가끔 인용은 하면서도, 『기신론』의 저자인 마명과 대승불교의 창시자로 유명한 마명을 동일시하지 않았으며, 나아가 이후 삼론학파의 교학에서 『기신론』이 중요한 위치를 차지하지도 않았다고 한다.[12]

이와 같이 수 3대 법사들은 최고의 대승불교 개론서라는 『기신론』에 대하여 소극적이거나 무관심하였다. 이러한 분위기는 초당에 들어가서도 크게 달라지지 않았다.

7세기 중후반 장안 불교계를 풍미한 현장을 비롯한 법상종 자은학파(慈恩學派) 승려들 역시 『기신론』에 대하여 아무도 주석서를 남기지 않았다. 이는 같은 시기 승장(勝莊), 경흥(憬興) 등의 신라 유식학자들이 주석서를 남긴 것과 대비된다. 이 문제와 관련하여 법상종 쪽에서 유식교학의 발달에 『기신론』의 중요한 의의를 발견할 수 없었는바, 특히 진여연기(眞如緣起)를 주장하는 『기신론』과 뢰야연기(賴耶緣起)를 주장하는 유식설 간의 차이를 지적하기도 한다.[13] 흥미로운 것은 도선(道宣, 596~667)이 『속고승전』 「현장전(玄奘傳)」을 기술하면서 그 말미에 현장이 『기신론』을 범어로 번역하여 유통시켰음을 특기하였다는 점이다.[14] 그런데 번역의 시기와 장소가 구체적으로 밝혀져 있지 않으며, 이 사실이 현장 자신의 『대당서역기(大唐西域記)』는 물론 그의 사후에 제자들이 편찬한 『대자은사삼장법사전(大慈恩寺三藏法師傳)』에도 일체 언급되지 않았다는 점 등을 감안하면, 아무래도 현장의 역장(譯場)에 참여한 경험이 있는 도선이 현장의 업적을 추앙하고자 전기 말미에 삽입한 것이 아닌가 한다.[15]

화엄종의 제2조 지엄에게 『기신론의기(起信論義記)』 1권과 『기신론소』 1권이 있음은 『의천록』이 유일하게 언급하고 있다.[16] 그러나 과연 지엄에게 그러한 주석서가 있었는가는 확인되지 않는다. 오히려 『기신론』을 중시해온 지론학과 섭론학을 공부한 지엄의 저술에 『기신론』과의 관계가 충분히 파악되지 않는다는 지적이 있다.[17] 이와 관련하여 지엄을 계승한 신라 화엄종의 개창자 의상 및 의상계 화엄학파에서 『기신론』을 비판하였다는 지적은 유의할 만하다.[18] 그리고 후술하겠지만 의상계 화엄학승으로 추정되는 진숭(珍嵩)이 『기신론』 위찬설을 제기한 것은 『기신론』을 대하는 당시 화엄학승들의 태도를 엿보게 해준다. 결정적인 의문은, 이러한 지적에도 불구하고 만약 위의 두 주석서가 지엄의 저술이라면 왜 법장은 의기에서 스승인 지엄의 저서를 인용하지 않았는가 하는 것이다. 결국 법장 이전 단계의 화엄학자들은 화엄학의 체계화와 관련하여 『기신론』을 그다지 주목하지 않았다고 할 수 있다.

이와 같이 남북조 말에서 초당에 걸쳐 등장한 주요 불교학파들, 즉 천태학, 삼론학, 법상종의 신유식학, 그리고 법장 이전의 화엄학이 자체의 교리체계를 확립하는 과정에서 『기신론』을 그다지 의용(依用)하지 않았음을 알 수 있다. 『기신론』이 대승불교사상 최고의 개론서로 평가받고, 동아시아 불교사상 가장 많이 읽히고 연구되었음에도 불구하고, 정작 기신론학파는 역사상 출현하지 않았다. 이것은 단지 『기신론』과 위의 여러 불교 교학(佛敎敎學) 사이의 사상적 차이만으로 설명될 수 있는 문제가 아니다. 기신론사상을 적극적으로 받아들이지 못하는 결정적인 이유가 있었다고 생각되는바, 그것은 역시 『기신론』의 진위 여부를 둘러싼 시비가 아닌가 한다.

수대의 『법경록』에서 『기신론』에 처음 의혹을 제기하였음은 앞서 언급한 바 있다. 그런데 이 무렵 삼론학파의 혜균(慧均)이 기신론을 북지 지론사(地論師)의 위작이라고 적극 주장한 사실은 주목할 만하다. 즉, 일본승 진해(珍海, ?~1152)는 『삼론현소문의요(三論玄疏文義要)』에서 '균사사론현 제십(均師四論玄第十)'을 인용하여 위의 주장을 소개하고 있다.[19] 진해가 말하는 균사(均師)는 균정승정(均正僧正)으로, 흥황사(興皇寺) 법랑(法朗, 507~581)의 문인이자 길장의 동문인 혜균을 가리킨다. 그에게는 『대승사론현의(大乘四論玄義)』 10권(이하 『사론현의(四論玄義)』)이 있어서, 현재 제1, 2, 4권이 빠진 채 속장경에 수록되어 전하는바, 위의 '사론현(四論玄)'은 『사론현의』와 같은 저술로 간주된다. 다만 선학들이 거듭 지적하였듯이, 현행본에는 진해가 인용한 구절이 확인되지 않으므로, '균사의 사론현'이 과연 현존하는 균정(均正)의 『사론현의』인지는 확정하기 어렵다. 그렇다고 '균사의 사론현'이 균정의 『사론현의』가 아니라는 주장도 없다. 학자에 따라서는 균사의 진위 여부와 상관없이 북지 지론사의 위작이라는 주장의 가능성을 인정하기도 한다.[20]

그런데 『사론현의』 말미에 부기된 기록에 따르면, 이 저술은 흥륜사 학문승 법안(法安)이 658년 일본 왕실에 전해주었다고 한다.[21] 당시 동아시아 불교권에서 흥륜사라는 이름의 사찰은 신라가 '이차돈 순교'를 계기로 경주에 건립한 사찰이 유일하다. 법안은 신라학문승의 일원으로 파견되어 흥륜사에서 수학하고 658년경 일본으로 귀환한 자가 아닐까 한다. 그 무렵 흥륜사에는 원효가 머무르면서 『능가종요(楞伽宗要)』를 찬술하였으며, 나중에 그의 소상(塑像)이 흥륜사 금당에 봉안되기도 하였다. 그리고 『유가론기(瑜伽論記)』를 지은 둔륜(遁倫) 역시 흥륜사 승려였다. 그러므로 7세기 후반 흥륜사를 중심으로 원효, 둔륜 등의 신라 승려들이 『기신론』 위찬설을 인지하고 있었을 가능성이 있다.

한편 일본승 고보(杲寶)도 『보책초(寶冊抄)』 권8 「기신론진위사(起信論眞僞事)」에서 '균정승정의 사론현의 제10(四論玄義第十)'을 인용하여 위찬설을 소개하면서, 아울러 신라 승려 '진숭(珍嵩)의 탐현기

제삼사기(探玄記第三私記)'를 인용하고 있다. 거기에 따르면, 마명의 『기신론』이 '점찰경(占察經)'에 의하여 찬술되었다고 하는데, 점찰경은 도선(道宣)의 목록에 위경이라 하였으므로 『기신론』 역시 위론이라는 진숭의 주장을 소개하고 있다.[22] 진숭은 생몰년이 미상이며 의상계 화엄학승으로 추정된다. 그가 지엄의 『공목장(孔目章)』에 대한 주석서를 저술하였는바, 이것이 헤이안 시대의 일본 불교 문헌에 많이 인용되고 있다고 한다.[23] 진숭의 위찬설은 앞서 언급한 의상계 화엄학파의 『기신론』 비판과 함께, 당시 의상계의 기신론관을 잘 보여준다고 생각된다.

남북조 시대를 학파 불교라고 하듯이, 주요 경전이 번역되면 이를 연구하는 학파—성실학파(成實學派), 지론학파(地論學派), 삼론학파, 열반학파, 섭론학파 등등—가 출현하였다. 그러나 기신론학파는 출현하지 않았다. 위에서 살펴보았듯이 『기신론』은 처음부터 동아시아 불교계의 전폭적인 관심을 끌지는 못하였다. 『기신론』은 오직 소수에 의하여 주목받았을 뿐이었다. 일부 지론학자들이 참여하였지만 역시 섭론학자들이 연구를 주도하였다. 그런데 이들의 관심은 진제가 심혈을 기울여 번역한 『섭대승론』 연구에 집중되었으므로,[24] 아무래도 『기신론』 연구는 섭론학의 보조학문이었다는 인상을 지울 수가 없다.

이렇게 된 데에는 『기신론』과 다른 교학과의 사상적 차이가 고려되었겠지만, 더 주목할 것은 『기신론』이 불멸(佛滅) 후 600년경에 출현한 불교 시인이자 대승불교의 시조로 추앙받는 마명의 진찬이 아니라는 의혹이 당시 동아시아 불교계에 널리 퍼져 있었던 탓이 아닌가 한다. 그러한 의혹과 불신은 늦어도 중국에서는 6세기 말에, 신라에서는 7세기 중엽에 이미 퍼져 있었음이 확실하다. 따라서 현존하는

『담연소(曇延疏)』와 『혜원소』가 위찬 시비가 있을 정도로, 이후의 『해동소』 내지 법장의기와 현격한 차이를 드러내는 것도 이러한 저간의 상황을 반영한다고 하겠다.

이러한 상황 속에서 원효가 등장하여 『기신론』이 마명 진찬임을 전제로 그 가치를 적극 주장함으로써, 이후 『기신론』이 동아시아 불교사의 전개에 지대한 영향을 끼칠 수 있게 된 것이라 하겠다.

2. 기신론관(起信論觀)

1) 『기신론(起信論)』 관련 저술 검토

『송고승전』 「의상전」에는, 650년 중국 유학길에 오른 원효가 해골물을 마시고 깨달음을 이루었다는 유명한 일화를 전한다.[25] 그때 원효가 부른 오도송 가운데 '심생고종종법생(心生故種種法生), 심멸고감분불이(心滅故龕墳不二)'는 다름 아닌 기신론의 구절 '심생즉종종법생(心生則種種法生), 심멸즉종종법멸(心滅則種種法滅)'[26]에서 따온 것이다.

이 설화가 사실을 반영한다면, 원효는 중국 유학을 시도하기 전에 이미 『기신론』을 알고 있었던 셈이다. 그런데 원효 이전에 신라 불교사에서 『기신론』을 연구한 승려는 알려진 바가 없다. 다만 최근 『기신론』과 관련하여 중국 불교계와 원효 사이의 연결고리 역할을 영윤(靈潤)에서 찾고자 하는 시도가 있었다.[27]

영윤은 정영사(淨影寺) 혜원의 제자인 영찬(靈璨, 549~618?)에게 출가하고 담연의 영향을 받아 『열반경』 연구에 주력하였으며, 『열반경』, 『유마경』, 『승만경』, 『섭대승론』, 『기신론』 등의 주요 경론을 강론하고 각각 소를 남겼다.[28] 그의 경력에서 특기할 사실은 614년 홍려시에 들어가 삼한(三韓) 출신 유학승을 가르친 것과, 645년 이후 현장의 번역사업에 참여할 때 현장의 문하와 불성론을 둘러싸고 논쟁을 하였다는 점이다. 이러한 사실이 한때나마 현장 문하로의 유학을 꿈꾸었던 원효로 하여금 영윤을 주목하게 하였을 개연성이 있다.

원효의 『기신론』 관련 저술은 『의천록』에 따르면, 『대승기신론소』 2권, 『기신론별기』 1권, 『대승기신론종요』 1권, 『대승기신론요간』 1권, 『대승기신론대기(大乘起信論大記)』 1권 등 당시 5종이 유통되고 있었다.[29] 이 가운데 『소』와 『별기』가 현재 전해지고 있으며, 의천 당시 고려 불교계에 알려지지 않았던 『이장의』(또는 이장장) 1권이 일본 오타니대학(大谷大學)에 소장되어 전한다.

일반적으로 원효의 기신론사상을 연구할 때는 『소』와 『별기』를 자료로 삼는데, 특히 『소』는 '해동소'라 하여 혜원의 『대승기신론의소』(『혜원소』) 및 법장의 『대승기신론의기』(법장의기)와 더불어 『기신론』에 관한 3대 주석서로 널리 알려져 왔다.

원효는 『기신론』의 찬자와 찬술 의도에 대하여, 『별기』와 『소』의 두 대의문에서 다음과 같이 공통적으로 강조하였다.

> 스스로 (유마거사같이) 입을 다문 보살이나 (온백설자처럼) 도를 목격한 장부가 아니고서, 뉘라서 무승(無乘)에서 대승을 논하고 무신(無信)에서 심신(深信)을 일으킬 수 있으리오. 그래서 마명보살이

무연(無緣)의 대비(大悲)로 저 무명(無明)의 망녕된 바람이 마음의 바다를 움직여 쉽게 표류함을 마음 아파하고 저 본각(本覺)의 진성(眞性)이 긴 꿈에 빠져 깨어나기 어려움을 가엾이 여기어, 동체지력(同体智力)으로 감히 이 논을 지어서 여래의 깊은 경전의 오묘한 뜻을 찬술하여 배우는 이로 하여금 잠시 두루마리 한 권을 열어 삼장의 뜻을 두루 움켜쥐며, 도를 닦는 이로 하여금 온갖 경계를 영원히 쉬게 하여 마침내 일심(一心)의 근원으로 돌아가게 하였다.[30]

여기서 원효는 당시의 『기신론』 위찬설에 대하여 별다른 언급 없이 이를 마명의 진찬으로 받아들였다. 나아가 그 분량이 한 권에 불과하지만 거기에는 경율론(經律論) 삼장(三藏)의 취지가 담겨져 있음을 분명히 해두었다. 그러면서 동시에 기왕의 주석서에서 『기신론』의 의의가 충분히 드러나지 못하였음을 강하게 비판하였다.

이 (기신)론의 뜻은 깊고도 깊어서, 종래 해석하는 자들 가운데 그 종지를 갖춘 자가 적었다. 실로 각자 배운 바를 고수하며 견강부회하느라 마음을 비우고 본뜻을 찾지 못하여, 논 지은이의 뜻에 가까이 가지 못한 것이다. 어떤 이는 근원을 바라보면서도 흘러가는 물에 미혹되고, 어떤 이는 잎만 붙잡고 줄기는 잊어버렸으며, 어떤 이는 옷깃을 끊어서 소매를 기우고, 어떤 이는 가지를 꺾어 뿌리에 둘렀다.[31]

한마디로 기존의 『기신론』 주석가들이 부분적이며 지엽적 이해에 머물렀다는 것이다. 원효가 비판한 기존의 주석서가 구체적으로 누구의 저술을 가리키는지는 미상이다. 다만 현존하는 최고(最古)의 주석서이자 원효도 인용한 『담연소』는 다른 대승경전은 거의 언급하지 않고 주로 『섭대승론』의 교학(敎學)을 준거로 하여 『기신론』을 풀이하는 데 그쳤다. 반대로 『혜원소』는 『섭대승론』은 전혀 언급하지 않고 대신 『십지경론(十地經論)』에 근거를 둔 심식설(心識說)의 입장에서 『능가경』과 『승만경』을 도입하여 해석하였다. 이에 비하여 『해동소』는 인용 경전의 광범위함, 면밀한 분과, 전편에 걸친 자구 풀이 등으로 인하여 그때까지의 『기신론』 주해의 면목을 일신하였다. 후대의 법장의기가 『해동소』를 모태로 하여 찬술되었음은 익히 알려진 사실이다.[32]

그런데 근대에 이르기까지 불교학자들은 화엄교학의 관점에서 『기신론』을 '여래장연기종(如來藏緣起宗)'으로 위치 짓는 법장의기의 이해 방식을 답습하고 이를 법장에 선행하는 원효에 소급 적용함으로써,[33] 원효의 기신론사상이 차지하는 사상사적 위치 내지 의의를 충분히 드러내지 못하고 말았다.[34] 심지어 『기신론』에 대한 원효와 법장의 '인식 차이'를 다룬 논고에서조차, 양자의 '차이'를 '법장의 원효 비판'으로 억측한다든가,[35] 『기신론』의 일심사상을 법장이 구유식(舊唯識)과 결합시키려한 데 비해서 원효는 오히려 현장이 전래한 신유식과 회합(會合)시키려 하였다고 보고 원효가 법장의 견해를 계승한 것이 아닌가 오해하기도 하였다.[36] 그것은 기신론사상의 전개에서 차지하는 원효 저술의 중요성에도 불구하고, 정작 원효의 기신론사상에 대한 학계의 이해가 여전히 미흡함을 말해준다.

신라 불교사에서 처음으로 『기신론』을 주석한 이는 원효였다. 원효의 사상에서 차지하는 기신론사상의 비중은 매우 커서, 일찍부터 원효를 기신론종으로 간주한다든가,[37] 그의 사상이 『기신론』의 원리로 총화되어 있다고[38] 이해하여왔다. 최근의 연구자들은 기신론사상 못지않게 화엄사상의 비중을 강조하는 경향이 있지만, 여전히 원효의 저술에서 『기신론』 관련 저술이 상당히 중요한 위치를 차지하고 있음에는 이의가 없다.[39]

그런데 『기신론』 자체의 교리와 불교 사상에 등장하는 기신론사상은 따로 떼어서 살펴볼 문제이다. 시대에 따라서 사상적 배경을 달리하므로 동일한 『기신론』 텍스트를 주석할지라도, 주석가에 따라서 이해 방식, 즉 주석가의 기신론사상은 달라지게 마련이다. 이 점은 원효도 예외가 아니다. 원효가 사상사적 과제를 인식하고 대응한 방식을 밝히는 일은 곧 원효 사상의 독창성을 규명하는 작업이기도 하다.

원효 저술에서 서(序)에 해당하는 대의는, 대략 13편 정도가 현재 전해지고 있다. 이들 대의문은 노장적(老莊的) 용어와 문체를 자유자재로 구사하여, 읽는 이로 하여금 문장의 묘미를 한껏 맛보게 해준다. 뿐만 아니라 원효 자신의 독창적인 경전관을 가장 선명하게 드러내는 득의(得意)의 문장이기도 하다. 『별기』와 『(해동)소』에 각각 실려 있는 대의문 역시 예외가 아닌바, 특히 『별기』의 다음 문장은 원효의 기신론관을 잘 나타낸다는 점에서 일찍부터 많은 학자들이 중시해왔다.

> (기신)론은 세우지 않음이 없고 깨뜨리지 않음이 없다. 중관론(中觀論)과 십이문론(十二門論) 같은 논은 모든 집착을 두루 깨뜨리고 깨

뜨린다는 것조차 깨뜨리되, 깨뜨린다는 주체와 대상을 다시 허용하지 않으므로, 이를 일러 '가되 두루하지 못하는 논'이라 한다. 저 유가론과 섭대승론 같은 논은 깊고 얕음을 다 세워서 법문을 판별하되, 스스로 세운 법을 녹여버리지 못하므로, 이를 일러 '주되 빼앗지 못하는 논'이라 한다. 이제 이 (기신)론은 지혜롭고도 어질며 심오하고도 해박하여서, 세우지 않음이 없으면서도 스스로 버리며 깨뜨리지 않음이 없으면서도 다시 허용한다. 다시 허용한다는 것은 가되 끝까지 가면서도 두루 세움을 나타내며, 스스로 버린다는 것은 주되 다 주면서도 빼앗음을 밝힌다. 이를 일러 제론(諸論)의 으뜸이요, 군쟁(群諍)의 평주(評主)라 한다.[40]

『중관론』과 『십이문론』은 중관사상(中觀思想)을 설하는 논서로서 삼론학(三論學)의 소의경전이며, 『유가론』과 『섭대승론』은 유식사상(唯識思想)을 설하는 논서로서 법상종(法相宗)의 소의경전이다. 그런데 이제 원효는 대승불교의 양대 철학인 중관(中觀)과 유식(唯識) 사이의 쟁론(爭論)을 기신론에 의하여 극복할 수 있음을 선언한 것이다.

최초로 이 점에 주목한 학자는 박종홍(朴鍾鴻)이었다.[41] 이어서 고익진(高翊晉)은 『별기』와 『소』를 면밀히 분석하여, 원효가 『기신론』의 핵심 개념인 일심의 두 측면, 즉 진여문(眞如門)과 생멸문(生滅門)에 각각 중관과 유식을 대응시킨 다음 이를 화쟁한 것으로 결론내렸다.[42] 나아가 고익진은 『기신론』의 성립 자체를 중관과 유식의 이론적 문제를 지양코자 한 곳에 있다고 보았다.[43] 고익진의 견해는 이후 연구자들에게 받아들여져 통설화되다시피 하였다.[44]

그러나 진여문과 생멸문에 중관과 유식을 일대일로 대응시키는 것이 논리적으로 합당한가 하는 문제는 잠시 접어두더라도, 과연 원효가 그러한 시도를 하였는가 하는 것조차 의문의 여지가 많다. 이 때문에 원효가 『소』 대의문에서 중관·유식 관련 구절을 대폭 삭제하고 대신 다른 구절을 첨가한 것은, 그가 『별기』의 기신론관을 스스로 철회 내지 수정한 것으로 보아야 하므로 학계의 기존 견해 역시 수정이 불가피하다는 반론이 제기된 바 있다.[45]

이처럼 원효의 기신론관을 둘러싼 학계의 이견은, 『별기』와 『소』 양자의 대의문 가운데 어느 쪽이 원효의 기신론관을 대변하느냐 하는 문제와도 관련된다. 종래의 견해가 『별기』의 대의문에서 논거를 찾았다면, 최근의 반론은 『소』의 대의문에 그 논거를 두고 있다. 후자가 『소』의 대의문을 더 중시한 까닭은 『소』가 『별기』보다 나중에 씌어졌다는 데 있다. 그런데 두 자료의 선후 문제는 그리 간단하지 않다.[46] 일반적으로 『별기』가 『소』에 선행한다고 여겨왔지만, 일본 학자 요시즈 요시히데(吉津宜英)는 『별기』가 수행신심분(修行信心分) 이하에 대해 주석하지 않은 점, 문제점 중심의 주석인 점 등을 들어서 『소』가 먼저 찬술된 다음 거기에 대한 주석 차원에서 나중에 『별기』를 찬술하였다고 주장하였다.[47]

그러나 원효 저술의 상호 인용관계를 살펴보면 『별기』가 선행 저술임은 분명하다. 즉, 『별기』에서는 원효의 여타 저술을 일체 언급하지 않고 있는데 반해서, 『소』에서는 자신의 저술 6종을 인용하고 있다. 그 가운데 『별기』를 세 차례나 인용하고 있다. 일례로 『소』에서 견분(見分)의 작용을 둘러싼 신·구역 간의 이견에 대하여 이를 회통시키고자 하면서 『별기』에 자세히 분별하였다고 하였는데,[48] 실제로 『별기』를 보면 10권본 『능가경』 및 『기신론』의 견분설(見分說)과 『집량론(集量論)』의 견분설을 회통시키고 있다.[49] 또한 두 가지 장애에 대한 주석에서도 이 점을 확인할 수 있다. 『소』는 두 가지 장애에 대해 언급하면서 자세한 내용은 자신의 『이장의』를 참조하라고 하였다.[50] 그러나 『별기』는 직접 두 가지 장애에 대해 주석하면서도 일절 『이장의』에 대해서는 언급이 없다.[51] 그것은 『별기』 → 『이장의』 → 『소』의 차례로 저술이 이루어졌음을 시사한다. 이와 같이 본문에 관한 한 『별기』가 『소』보다 먼저 찬술되었음은 분명하다.[52] 그럼에도 불구하고 요시즈 요시히데가 자신의 주장을 고수하는 까닭은, 그가 두 텍스트를 비교해서 읽으면서 『소』보다는 『별기』가 화쟁 논의를 더욱 진전시키고 있다는 인상을 받았기 때문이다.

실제로 두 저술의 체재, 대의문의 구성, 문장미를 비교하면, 본문과 달리 서(序)에 해당하는 대의문만큼은 『소』보다 『별기』의 것이 후대에 씌어졌을 가능성도 있다.[53] 물론 박태원(朴太源)은 『별기』의 대의문이 『소』의 그것보다 원효의 기신론관을 더욱 선명하게 드러낸다는 점을 수긍하면서도, 『기신론』 연구가 심화되자 『별기』 대의문의 언급이 기신론사상체계와 내용상 적절치 않다고 판단되어 『소』를 찬술하면서 해당 부분을 삭제하고 그 내용을 재구성했을 것이라고 해석한 바 있다.[54] 생각이 바뀐다든가 연구가 심화되면 얼마든지 수정할 수 있으며, 실제로 『별기』와 『소』 간에 차이점도 지적되고 있다.[55]

그런데 원효 초기 저술인 『별기』 대의문에, 중관과 유식 사이의 갈등 해소를 사상사적 과제로 인식하고 양자의 화쟁적 종합을 기신론사상에서 구하려는 문제의식이 선명하게 드러나고 있음에 주목해야 한다. 『별기』의 대의문 말미에, "이제 곧장 이 (기신)논의 글에 따라 서술한 바의 그 경본[능가경]에 붙여서 대략 강령을 들어 스스로를 위해 기록했을 뿐이니 감히 세상에 유통되기를 바라지는 않는다."[56]라고 한 표현은, 일반적으로 자신의 학문적 미숙을 나타내는 겸양 정도로 이해하여왔다. 그러나 『소』에서 여러 번 『별기』를 인용한 점으로 보아, 다른 이유도 있었던 듯하다.

이 문장을 『소』의 대의문 말미와 비교하면 흥미롭다. 즉 "이제 곧장 이 (기신)론의 글에 따라 서술한 바의 그 경본[능가경]에 붙였으니, 뜻을 같이하는 자는 소식(消息)하기 바랄 따름이다."라고 하여, 『소』 대의문에서 원효는 자신의 저술이 유통되기를 바라고 있다. 이처럼 자신의 저술이 불교계에 유통되기를 바라지 않느냐[『별기』], 바라느냐[『소』]의 차이는, 대의문에서 중관·유식의 갈등에 대한 원효의 입장이 선명하게 드러났느냐[『별기』], 드러나지 않았느냐[『소』]에 대응한다.

원효가 『별기』나 『소』에서 화쟁의 구체적인 논거를 제시하는 데 성공하였느냐의 여부를 떠나서, 『별기』 대의문에 드러난 기신론관은 원효 사상의 특징을 잘 보여준다는 점에서 여전히 주목할 필요가 있다. 이는 현장 및 그 문도에 의하여 촉발된 신·구역 불교 사이의 갈등, 그중에서도 특히 중관과 유식 사이의 갈등의 극복을 원효가 사상사적 과제로 인식하였음을 반영하며, 바로 그 점이 『기신론』에 관한 선행의 주석서—예컨대 『담연소』와 『혜원소』—와 다른 원효 주석서의 독창적인 면모라 하겠다.

2) 중관(中觀) · 유식(唯識)의 화쟁과 기신론관(起信論觀)

『별기』의 대의문에 의하면, 원효는 '도(道)'를 공(空: 無)과 유(有)의 두 극단을 초월하는 것으로 생각하고 있다.

> 저 불도의 도됨이란……장차 유(有)라고 하자니 일여(一如)가 그것을 말미암아 공(空)하며, 장차 무(無)라고 하자니 만물이 그것으로써 생겨나서, 뭐라고 말해야 할지 몰라 억지로 도(道)라고 하였다.[57]

일여(一如)가 공(空)하되, 만물이 생성되는 바탕을 이름하여 도(道)라 한다는 것이다. 그런데 도의 이러한 성질을 잘 드러낸 논서가 바로 『기신론』이었다. 앞서의 대의문 구절을 다시 인용해보겠다.

> (기신)론은 세우지 않음이 없고 깨뜨리지 않음이 없다. 중관론(中觀論)과 십이문론(十二門論) 같은 논은 모든 집착을 두루 깨뜨리고 깨뜨린다는 것조차 깨뜨리되, 깨뜨린다는 주체와 대상을 다시 허용하지 않으므로, 이를 일러 '가되 두루하지 못하는 논'이라 한다. 저 유가론과 섭대승론 같은 논은 깊고 얕음을 다 세워서 법문을 판별하되, 스스로 세운 법을 녹여버리지 못하므로, 이를 일러 '주되 빼앗지 못하는 논'이라 한다. 이제 이 (기신)론은 지혜롭고도 어질며 심오하고도 해박하여서, 세우지 않음이 없으면서도 스스로 버리며 깨뜨리지 않음이 없으면서도 다시 허용한다. 다시 허용한다는 것은 가되 끝까지 가면서도 두루 세움을 나타내며, 스스로 버린다는 것은 주되

> 다 주면서도 빼앗음을 밝힌다. 이를 일러 제론(諸論)의 으뜸이요, 군쟁(群諍)의 평주(評主)라 한다.

『기신론』은 『중관론』·『십이문론』에서 설하는 공(空)과, 『유가론』·『섭대승론』에서 설하는 유(有)를 아우를 수 있는 논서이다. 그 점에서 도(道)의 본성과 일치하기 때문에, '제론(諸論)의 으뜸이요, 군쟁(群諍)의 평주(評主)'라고 극찬한 것이다.

문제는 『별기』 대의문에 보이는 원효의 기신론관을, 『별기』나 『소』의 본문에서 검증할 수 있느냐 하는 것이다. 일찍이 고익진은 그것을 증명하고자 부심하였지만, 원효가 이문(二門)에 중관과 유식을 대응시켜 화쟁하였음을 납득할 만하게 증명하지는 못하였다. 비판론자들도 이 점을 지적하고 있다. 『별기』와 『소』의 본문 속에서 진여문과 생멸문에 중관과 유식을 각각 대응시킨 구절은 찾기 어렵다. 다만 원효가 공유화쟁(空有和諍)을 염두에 두고서 진여문과 생멸문에 대해 주석하였음을 보여주는 구절은 보인다. 예컨대, 진여문과 생멸문의 차이점을 사법(事法)과 이법(理法)으로 나누어 고찰하는 가운데, 먼저 사법과 관련하여 다음과 같이 말하였다.

> 진여문 중에서 포섭한 사법은 분별성(分別性)이니, 모든 법이 나지도 않고 사라지지도 아니하여 본래 적정(寂靜)하지만 망념(妄念) 때문에 차별이 있다고 설하기 때문이다. 생멸문이 포섭한 사법은 의타성(依他性)이니, 모든 법이 인연으로 화합하여 생멸이 있다고 설하기 때문이다. 그러나 이 이성(二性)은 비록 하나가 아니지만 다르지

도 않다. 왜냐하면, 인연으로 생긴 생멸하는 모든 법은 망념을 떠나서 차별이 있는 것은 아니기 때문에, 분별성이 의타성과 다르지 않아서 생멸문에도 있게 된다. 또 인연으로 생긴 자성(自性)과 타성(他性) 및 공성(共性)은 모두 얻을 수 없기 때문에, 의타성이 분별성과 다르지 않아서 진여문에도 있게 된다. 이러한 이성(二性)은 비록 다르지 않지만 하나도 아니다. 왜냐하면, 분별성의 법이 본래 있는 것도 아니고 없지 않지도 않으며, 의타성의 법이 비록 다시 있는 것도 아니면서 없지도 않다. 이 때문에 이성 또한 혼란스럽게 뒤섞이지 않는다. 마치 섭대승론에서, 삼성(三性)이 서로 비춰보아서 다르지도 않고 다르지 않지도 아니하니, 마땅히 이처럼 설해야 한다고 말한 것과 같다. 만약 이 삼성이 하나도 아니면서 다르지도 않다는 뜻을 해석할 수 있다면, 백가(百家)의 쟁론을 화합 못할 리도 없다.[58]

진여문이 포섭한 사법을 분별성으로, 생멸문이 포섭한 사법을 의타성으로 치환한 다음, 양자가 다르지 않음을 『섭대승론』의 삼성설을 빌어와서 논증하고 있다. 따라서 진여문과 생멸문에 중관과 유식을 대응시키기는 곤란하다.

이법과 관련한 해석에서는 『반야경』 계통에서 설하는 진여와 실제를 진여문에, 그리고 『화엄경』과 『열반경』에서 설하는 불성(佛性)과 본각(本覺)을 생멸문에 각각 대응시킨 다음, 이를 『능가경』에 의해 종합하고 있다.[59] 여기서도 반야공관(般若空觀)과 상주불성(常住佛性)이 화쟁의 대상이지, 중관과 유식의 대립은 상정하고 있지 않다.

진여문에서는 오직 공을 설하고, 생멸문에서는 불공(不空)을 설

하지 않았느냐는 질문에 대하여,

> 일단 배당해보면 이런 뜻이 없는 것도 아니다. 그래서 위의 입의분(立義分)에서는 진여상 가운데 마하연(摩訶衍)의 체(體)를 나타낼 수 있다고만 설하였고, 생멸문 중 또한 대승의 상(相)과 용(用)을 드러낼 수 있다고 설한 것이다. (그러나) 사실대로 말하자면 곧 이와 같지 않다. 그래서 다음 문장에서는 이문(二門)이 모두 불공(不空)을 설한 것이다.[60]

라고 하여, '진여문=공, 생멸문=불공'의 틀을 인정하면서도, 뒤에서는 이문 모두 불공을 설한 것으로 결론지웠다. 나아가 이 때의 공 또한 공이라는 공공(空空)을 전개한 다음 『반야경』의 공공을 진여문에 배당하고 『열반경』의 공공을 생멸문에 배당시켜서 양자의 차이를 부연하고 있다.[61]

지금까지 살펴보았듯이, 원효가 『기신론』의 진여문과 생멸문에 공(무)과 유 또는 공과 불공을 대입시켜서 화쟁시키려고 하였음은 분명하다. 이 경우 경전적으로는 『반야경』과 『열반경』의 화쟁이 주요 관심사였던 것으로 보인다. 그리고 유식사상은 화쟁의 대상이 아니라 오히려 화쟁의 논리적 근거가 되고 있다. 그러므로 『별기』와 『소』의 본문에 국한한다면, 이문에 중관과 유식을 일대일로 대응시켜서 화쟁하였다고 보기는 곤란하다.

진여문과 생멸문에 중관과 유식을 대응시키는 것이 논리적으로 과연 타당한가 하는 의문이 제기될 수도 있다. 원효가 진여에 대하여 유식학의 삼성설을 빌어와서 설명하고 있는 데서도 알 수 있듯이,[62]

진여문이 중관사상에 해당한다는 주장은 논리상 성립하기 어렵다. 그럼에도 불구하고, 원효가 중관학파의 소의경전인 『반야경』을 진여문에 대응시킨 것은 사실이다. 아울러 원효의 영향을 받은 일본 승려 지경이 진여문과 생멸문에 각각 유식설과 비유식종(非唯識宗)을 대응시킨 사례도 확인된다.[63] 이와 같이 논리적 타당성을 떠나서, 이문에 중관과 유식을 대응시키려는 시도가 동아시아 불교계 내에 있었던 것은 주목할 필요가 있다.

3. 『기신론』에 근거한 일심사상(一心思想)

원효 사상에 있어서 가장 핵심되는 개념은 일심(一心)이다. 그는 『기신론』에 의하여 일심을 분석하고 다시 이론화하였다. 그의 일심사상이 잘 정리된 저술이 바로 『해동소』이다.

원효가 『기신론』에 깊은 관심을 가지게 된 연유는 우선 '소문다의(少文多義)'라는 『기신론』 자체의 특성과 무관하지 않다. 『기신론』에서는 여래 입멸 후의 중생들을 다음의 네 부류로 나누고 있다.

> 여래가 입멸한 후에 어떤 이는 자력(自力)으로 널리 듣고서 이해할 수 있는가 하면, 어떤 이는 자력으로 조금 듣고서도 많이 이해할 수 있을 것이다. 어떤 이는 자심력(自心力)이 없어서 자세한 논서(論書)에 의존해야 이해할 수 있는가 하면, 어떤 이는 자세한 논리와 많은 문장을 번쇄하다 여기고 마음으로 다라니처럼 문장의 분량이 적으면서도 뜻

이 풍부한 것을 좋아하여 이를 잘 이해할 수도 있을 것이다.[64]

경전을 통해서 깨달음을 추구하는 교학 불교에서는 경과 논의 권위를 엄격하게 구분하는바, 『기신론』 역시 경을 직접 듣고서 이해할 수 있는 두 부류의 중생과 논에 의존해야만 이해할 수 있는 두 부류의 중생이 있다고 한다. 그중에서도 네 번째 부류는 다라니처럼 '소문다의'한 논서를 좋아한다. 원효가 생각하건대, 『기신론』은 바로 네 번째 중생을 위하여 설해진 것이다.

이제 이 논은 비록 한 권의 글이지만, 일체 경전의 뜻을 두루 포섭하였기 때문에, 여래의 넓고 크고 깊은 법의 무한한 뜻을 모두 포섭하였다고 말한다. 그러므로 저 네 번째 부류의 사람들은 다라니 같은 것을 좋아하므로, 모름지기 이 논에 의해야만 깨달음을 얻을 수 있다. 그 때문에 이 논을 설해야 한다고 말한 것이다.[65]

여기서 언급하는 '일체 경전'의 뜻을 두루 포섭한 논서로는, 앞서도 언급하였듯이 당시 『기신론』보다도 『섭대승론』이라든가 『유가론』 등이 더욱 중시되고 있었다. 『섭대승론』은 진제 역이 3권, 현장 역이 8권이며, 『유가론』은 무려 100권에 달한다.

그럼에도 불구하고 원효가 『기신론』 연구에 주력한 까닭은 문자생활에 곤란을 겪는 대다수 일반민들의 입장을 고려하였기 때문이다. 원효가 고백하지는 않았지만 스스로를 네 번째 부류로 자처한 것은 아닌가 한다.

그의 저술 대개가 단권(單卷)인 점을 감안하면, 그가 『기신론』의 '소문다의'의 취지에 충분히 공감하였으리라 짐작된다. 『기신론』은 '소문다의'—원효식으로 표현하자면 '문약의풍(文約義豊)'—를 서술 방침으로 표방하였듯이,[66] 대승논서 가운데 심원광대(深遠廣大)한 불교 사상을 가장 짜임새 있게 정리한 경전이다. 원효의 주장대로라면, 『기신론』은 일심이문(一心二門)의 체계로 『능가경』·『유마경』·『열반경』·『법화경』·『금광명경(金光明經)』·『대승동성경(大乘同性經)』·『화엄경』·『반야경』·『보살영락경(菩薩瓔珞經)』·『대방등대집경(大方等大集經)』·『대방등일장경(大方等日藏經)』·『대방등월장경(大方等月藏經)』 등 뭇 경전들의 핵심을 하나로 꿰고 있는 유일한 논서이다.

『기신론』을 설하게 된 큰 뜻은 '하화중생(下化衆生) 상홍불도(上弘佛道)'에 있는데, 중생이 깨닫지 못하는 이유는 의혹과 사집(邪執) 때문이다. 의혹 중에서도 법에 대한 의혹을 제거하고자 일심을 설하였으며 문(門)에 대한 의혹을 제거하고자 이문(二門)을 설하였으니, 진여문은 지행(止行)에, 생멸문은 관행(觀行)에 각각 해당한다.[67]

원효는 대승경전을 주로 연구하였는데,

> 대승법에는 오직 일심만이 있고, 일심 이외에 다시 다른 법이 없지만, 단지 무명이 일심을 미혹시켜서 파도[번뇌]를 일으켜 (중생이) 육도(六道)에 유전(流轉)함을 밝혔다.[68]

라고 하여, 대승불교는 바로 일심의 문제라고 보았다. 왜냐하면 소승불교에서는 일체법이 각각 자체(自體)를 지니지만, 대승불교에서는 일체법이 오로지 일심을 자체로 삼기 때문이다. 일심은 만물의 본원이며, 일심은 세간과 출세간의 일체법을 포섭하고 있다. 나아가 일체법이란 중생심(衆生心)이므로, 일심은 곧 중생심이었다.[69] 이와 같이 원효에 있어서 대승불교는 바로 일심이며, 일심은 그대로 중생심이었다.

일심에는 진여문과 생멸문이 시설되어 있으며, 전자에는 다시 대승의 체(體)가, 후자에는 자체와 상(相)·용(用)이 각각 있다. 생멸문에 있는 자체는 본각심(本覺心)을 말한다.[70] 진여문이란 일체법이 생멸함이 없이 본래 고요한 측면을 가리킨다.[71] 여기에 중생이 깨달을 수 있는 근거가 있는 것이다. 그러나 중생들 대개는 깨달음에서 유리된 채 현실 사회를 살아가고 있다. 깨달을 수 있다는 이상과 깨닫지 못하고 있는 현실, 이 양자 사이의 괴리를 설명하고자 마련된 것이 생멸문이다. 즉, 생멸문이란 일심의 체인 본각(本覺)이 무명(無明)의 작용에 따라 생멸하는 측면을 각각 가리킨다. 중생들은 무명(또는 번뇌)에 의해 일심이 오염되어 있기 때문에, 불각(不覺)의 상태에서 육도(六道)를 윤회전생하는 것이다. 여기서 중생들이 타고난 여래의 성품이 무명에 의하여 가려진 상태를 여래장(如來藏)이라고 한다.[72] 비록 진여문과 생멸문으로 나누어서 설명은 하였지만, 이 두 문은 불가분의 관계로서 일심을 이룬다. 진여문은 일체법의 통상(通相)이며 생멸문은 일체법의 별상(別相)이라는 점에서, 이문(二門)은 각각 일체법을 총괄하며 서로 불가분의 관계에 있다.[73]

『기신론』과 마찬가지로 원효도 이문 가운데 생멸문에 더 많은 관심을 할애하였다. 『기신론』은 생멸문을 해석하면서 섭론학자들의 견해와 마찬가지로 아려야식(阿黎耶識)을 진망화합식(眞妄化合識)으로 간주하였는데,[74] 이는 『섭대승론』과 『기신론』의 구역본이 진제에 의해 성립하였으며, 초창기 『기신론』 연구를 주로 섭론학자들이 주도한 역사적 사실과 무관하지 않다. 원효가 구역 『기신론』에 철학적 토대를 두었기 때문에, 그의 입장도 구유식인 섭론학에 더 가까웠다고 할 수 있겠다.

그러면서도 그는 신유식과의 조화를 꾀하였다. 즉, 『유가론』은 『해심밀경(解深密經)』에 의하여 일(一)이나 상(常)이라는 견해를 다스리고자 생멸을 말하였으며, 『기신론』은 『능가경』에 의하여 진속별체(眞俗別體)에 집착하는 견해를 다스리고자 불생멸이 생멸과 화합함을 말하였기 때문에, 아라야식의 뜻은 다르지만 그 체(體)는 둘이 아니라고 보았다.[75]

아라야식의 두 가지 뜻이란 본각(本覺)과 불각(不覺)을 말하는데, 본각은 불각을 훈습하여 정법(淨法)을 생성하고 불각은 본각을 훈습하여 염법(染法)을 생성하므로, 결국 아라야식은 두 뜻에 의해 염정(染淨)의 일체법을 총괄하게 된다.[76] 비록 아라야식이 일체법을 총괄한다고는 하지만, 원효는 아라야식을 일심이문(一心二門) 가운데 생멸문에 한정함으로써, 일심이 아라야식보다 상위 개념임을 분명히 하였다.[77]

계속하여 원효는 생멸문 내에서 아라야식과 여래장식과의 차이를 『능가경』에 의하여 밝혔다. 거기에 의하면 여래장식은 생멸하지 않지만, 아라야식(ālaya-vijñāna)은 앞서 언급한 대로 생멸불각과 본각의 두 뜻이 다 있다는 것이다.[78] 원효가 여래장과 아라야식의 개념을 달리 파악하면서도 둘 다 생멸문에 포섭시켰음은 분명하다. 그런 점에서 기신론사상을 여래장사상으로 파악하는 것은 법장의 기신론관이지 원효의 견해라고 볼 수 없다는 고익진의 비판은 적절하다.[79] 또한 여래장이라는 말은 진여문에서는 일체 나오지 않으며, 생멸문에서 비로소 출현한다. 그런 점에서 『기신론』이 여래장사상을 설한다고 할 수는 있어도, 그러기 때문에 기신론사상이 여래장사상이라는 등식은 성립하지 않는다.

이 문제와 관련하여 고려 초 균여(均如)를 주목할 필요가 있다. 일반적으로 균여가 법장과 원효를 비교하면서 원효를 법장보다 미흡한 단계로 평하는 인상을 남긴다고 하는데,[80] 그것은 균여가 주로 법장의 저술을 주석하는 경우에 그렇다고 할 수 있겠다. 현존하는 한국 승려의 저술 가운데 균여만큼 원효를 많이 인용한 승려도 없으며, 인용문 가운데는 일실(逸失)된 원효의 저술도 있어서 균여의 저술은 원효 사상의 복원에 크게 기여하고 있다. 특히 기신론사상과 관련하여 균여는 원효와 법장의 중대한 차이를 지적하고 있다. 그에 의하면 원효가 일심에 이문을 열되 일심과 진여문을 별개로 파악하는 삼제설(三諦說)을 건립한 반면, 법장은 일심을 진여문과 동일시하는 이제설(二諦說)을 건립하였다고 한다.[81]

따라서 원효의 기신론사상을 여래장사상이라고 부르기보다는 일심사상이라 부르는 쪽이 좀더 합당하다 하겠다. 『기신론』에서는 만물의 근원을 일심으로 본다. 일심에 의하여 만법(萬法)이 생성 소멸을 반복하는 것이다.[82] 원효의 오도송인 '심생고종종법생(心生故種種法生), 심멸고감분불이(心滅故龕墳不二)'는 바로 이 점을 노래한 것이다. 중생들은 일심의 유전(流轉)인데, 중생들의 깨달음을 가로막는 장애가 바로 지애(智碍)와 번뇌애(煩惱碍)였다.[83] 그러므로 중생들은 수행을 통하여 두 가지 장애를 제거하고 일심의 본래 모습을 회복하여야 한다. 그러한 상태가 시각(始覺)이다.

일심의 근원을 회복하기 위한 수행으로 『기신론』에서는 시문(施門), 계문(戒門), 인문(忍門), 진문(進門), 지관문(止觀門)의 오문(五門)을 제시하였다.[84] 『기신론』 자체도 그렇지만, 원효도 오문 가운데 지관문을 가장 중시하여 상세한 주석을 베풀었다. 나머지 사문(四門)에 대하여는 소에서 예불(禮佛)을 간단히 언급한 것이 전부이다. 지관문은 선정(禪定)과 지혜(智慧)를 합한 것이므로,[85] 오문은 육바라밀과 일치한다. 그런데 지(止)와 관(觀)이 정(定)과 혜(慧)에 일대일로 대응하는데 그치지 않고, 지와 관이 각각 정혜(定慧)에 모두에 통한다고 보는 것이 특이하다.[86] 또한 지행(止行)과 관행(觀行)을 각각 진여문과 생멸문에 배당하였는데,[87] 진여문과 생멸문이 뗄래야 뗄 수 없는 관계에 있듯이 지관도 함께 닦아야 할 수행이었다. 이것을 원효는 정관(正觀)이라고 하였다.[88] '지관쌍운(止觀雙運)'은 기신론의 입장이자,[89] 원효의 일관된 주장이기도 하였다.[90]

지관쌍운은 사상사적으로 수행법의 변화를 의미한다. 기왕에는 지혜에 비해서 선정을 더 강조하는 분위기였었다. 이런 입장은 『열반경』의 '선정후지(先定後智)'에 잘 나타나 있다.[91] 그러므로 지관쌍운은 지와 관을 함께 닦는다는 것만이 아니라, 수행에 있어서 지(선정)에 비하여 관(지혜)을 상대적으로 강조하는 의미가 있다. 신라 중고기 불교 교단을 영도한 자장이 『열반경』을 수용한 것으로 추정되는바, 그가 초기에 백골관(白骨觀)이라는 부정관(不淨觀)을 닦았으며 만년에는 아상(我相)을 가진 자로 비난받았음은 잘 알려진 사실이다.[92] 그런데 같은 시기에 『기신론』에 의하여 지관쌍운을 주장하는 원효가 부정관을 아(我)에 집착하는 세속적인 수행법으로 비판한 것은 의미심장하다.[93]이는 직접적으로는 7세기 중반 신라 불교계 내에서 수행법의 새로운 변화를 의미하겠지만, 좀 더 거시적으로 보자면 불교 교단의 개편과 거기에 따른 진통을 반영한다고 하겠다.

|제8장| 『금강삼매경론(金剛三昧經論)』의 찬술

7세기 중엽 신라에서 『금강삼매경』이 비로소 모습을 드러내고 여기에 대하여 원효가 최초로 강석하여 『금강삼매경론』을 남긴 일은, 『송고승전』의 편찬자 찬녕에게는 매우 특기할 만한 사건이었다.[1] 그 점은 오늘날도 마찬가지이다. 우선 경(經)만 보더라도, 당시의 주요 불교 사상을 망라하여 철학적인 논서의 성격을 띠면서도 뒷날 중국 선종의 성립사에서는 선경(禪經)의 하나로 지대한 영향을 끼쳤다. 그런데 이 경은 다름 아닌 7세기 중엽 신라에서 성립된 바로 위경이다. 게다가 이 경에 대한 최초의 강석을 당시 신라 불교 교단으로부터 비판받고 있던 원효가 담당하였는데, 그때 우여곡절 끝에 작성한 강의노트가 현전하는 『금강삼매경론』이다. 경의 출현과 논의 집필을 둘러싼 역사적 배경에 대하여는 앞에서 검토한 바 있으므로, 여기에서는 주로 신라 중대(654~780) 불교[2]의 성립이라는 사상사적 관점에서 접근해보고자 한다.

중대 불교가 성립하기 위해서는 선결해야 할 몇 가지 과제가 놓여 있었다. 내부적으로는 중고기(514~654) 불교가 드러낸 지배층 중심의 계급적 편향성과 경주 중심의 지역적 편중성을 어떻게 극복할 것인가 하는 과제가 있었다. 그러한 한계를 극복하려는 불교계 일각의 움직임으로서 이른바 불교대중화 운동은 이미 삼국 말부터 전개되고 있었다. 그리고 통일과 함께 새로 편입되기는 하였지만, 어느 면에서는 신라보다 앞서 간 고구려와 백제의 불교를 어떻게 통합할 것인가 하는 난제도 있었다.

여기에 신라를 포함하는 전체 동아시아 불교계의 복잡다단한 사정을 빼놓을 수 없다. 특히 신라 불교에 직·간접적인 영향을 끼치고 있던 중국 불교계의 상황은 숨 가쁠 만큼 매우 역동적이었다. 이미 수대부터 중국 불교계는 종파형성이라는 새로운 국면을 맞이하고 있었는데, 당 초기인 7세기 중엽에는 현장(玄奘)의 신역 불교 등장으로 신·구역 불교 사이에 일대 갈등과 대립이 전면화하면서 불교계의 변화와 분화를 재촉하였다. 변화와 분화는 그만큼 종파 간의 주도권 다툼을 격화시켰으며, 각 종파는 자파의 우월성을 합리화하고자 자파의 학설을 중심으로 나머지 불교 사상을 아우르려는 경향을 보였으며, 일부는 여기에 불설(佛說)의 권위를 부여한 위경을 만들어내기에 이르렀다.

이와 같이 7세기 중엽의 신라 불교계는 내부적인 과제 못지않게 밀접하게 연계되어 움직이던 동아시아 불교계의 중층적인 과제를 떠안고 있었으며, 여기에 신라 나름의 독자적인 사상체계를 수립하고 불교를 대중화시켜야 한다는 시대적 요청에 직면해 있었다. 이러한 시대적 요청의 해결이야말로 신라 중대 불교의 성립을 의미하였다.

신라 중대 불교의 성립, 그 일면을 여실히 보여주는 사건이 바로 같은 시기 신라에서 출현한 『금강삼매경』과 원효의 강석 즉, 『금강삼매경론』 찬술이었다.

1. 진경설(眞經說), 중국성립설, 신라성립설

전통적으로 '금강삼매경'이라 하면, 도안(道安, 312~385)의 『종리중경목록(綜理衆經目錄)』에서 '양토이경(凉土異經)'으로 분류한 '금강삼매경 1권'을 가리키거나,[3] 아니면 『금강삼매본성청정불괴불멸경(金剛三昧本性淸淨不壞不滅經)』의 약칭으로 간주하여왔다.[4] 『금강삼매경』에 대하여 최초로 주석서를 남긴 신라의 원효는 물론이려니와, 『금강삼매경주해(金剛三昧經注解)』를 쓴 명의 원징(圓澄, 1561~1626)이나 『금강삼매경통종기』를 쓴 청의 주진(誅震)까지도 이 경이 인도에서 전래되어 한역된 진경인 점에 하등의 의문도 제기하지 않았다.

이러한 통념은 20세기 들어와서도 1950년대 초반까지 그대로 이어졌다. 20세기 초 돈황문서의 대량 발굴에 힘입어 중국 초기 선종사 연구가 활발히 이루어졌는데, 이때 '이입사행설(二入四行說)'이 과연 선종의 초조(初祖)인 보리달마(菩提達摩)의 사상인가 아닌가에 대하여 논란이 있었다. 그 때 이입사행설을 보리달마의 사상으로 인정하려는 학자들은 그것의 경전적 근거를 『금강삼매경』에서 찾았던 것이다.[5]

진경설(眞經說)에 대하여 1955년 미즈노 코겐(水野弘元)은 본격적으로 위경설(僞經說)을 제기하였다. 그는 보리달마의 이입사행설을 다룬 논문에서 초기 선종과의 관계, 경록상(經錄上)의 문제, 용어상의 특징 등을 검토함으로써, 현존하는 『금강삼매경』이 도안이 말한 '금강삼매경'도 아니고 그렇다고 『금강삼매본성청정불괴불멸경』의 약칭도 아닌 전혀 새로운 제3의 경전임을 밝혀냈다.[6] 나아가 그는 불교 교학에 정통한 사람이 중국 불교에서 문제가 되었던 많은 불교교리를 망라하여 650~665년 무렵 중국의 요동 지방이나 산동 지방에서 찬술한 위경으로 추정함으로써, 기왕의 진경설을 뒤엎고 최초로 위경설, 특히 중국성립설을 제기하였다. 따라서 보리달마의 '이입사행설'은 북위(北魏) 불교의 고유한 창안이고 그것이 『금강삼매경』의 '이입설(二入說)'에 영향을 주었으며 심지어 『금강삼매경』에 보이는 '수일설(守一說)' 역시 중국 선종의 사조도신(四祖道信)과 오조홍인(五祖弘忍)의 설에 영향 받았다는, 기왕의 통설과 상반된 결론에 도달하였다.[7] 미즈노의 위경설이 발표된 이래 『금강삼매경』은 진경의 권위를 잃게 된 반면, 중국 선종사 연구와 관련하여 경을 새롭게 이해하는 계기가 되기도 하였다.

한편 미즈노의 위경설이 제기된 이듬해 유럽 학계에서도 주목할 만한 연구성과가 나왔다. 월터 리벤탈(Walter Liebenthal)은 경을 '틀'(Text A)과 '게송 및 산문 일부'(Text B)로 나누어서 각각의 성립을 고찰하는 독특한 접근 방식을 취하였는바, 전자는 5세기 내지 그 이전에 아마도 양주(凉州)에서 번역된 소승경전에서 유래하는 듯하며, 후자는 업(鄴)이나 팽성(彭城)에서 활약하고 있던 정숭(靖嵩, 537~614)에 의해 565년에서 590년 사이에 찬술된 듯하다는 결론을 내렸다. 찬술 동기와 관련해서는 천태종의 제2조 혜사(慧思, 515~577)의 포교 활동을 의식한 대응을 시사하였다.[8] 리벤탈은 위경설, 특히 중국 성립설에서 출발하되, 경 성립의 배경으로서 5~6세기 북중국 불교계의 상황을 중시하였다는 점에서 의의가 있다. 리벤탈의 견해는 후술할 버스웰(Robert. E. Buswell)에게 영향을 끼치게 된다.

1967년 중국 선종사 연구의 권위자인 야나기다 세이잔(柳田聖山)은 중국의 초기 선종사서를 검토한 연구성과를 발표하였는데, 그는 여기서 미즈노의 입론을 더욱 구체화시켰다. 즉, 천태교단의 『마하지관(摩訶止觀)』에 대항하는 입장에서 출발한 도신(道信)-홍인계(弘忍系)의 동산법문(東山法門)이 그들 사상의 원류를 불설(佛說)로서 권위를 부여하기 위하여 『금강삼매경』을 찬술하였다고 보았다.[9]

그런데 중국성립설이라 하면 글자 그대로 『금강삼매경』의 성립 문제를 중국 불교사의 테두리 안에서 풀어본다는 말이 된다. 특히 미즈노와 야나기다는 중국 초기 선종사의 틀 안에서 연구를 진행하였던 것이다. 그러나 이러한 관점만으로는 『금강삼매경』에 선종사상만이 아니라 반야공관사상과 유식사상처럼 일견 대립되는 사상을 포함하여 참으로 다양한 사조가 등장한다든가, 경 성립에 관한 현존 최고의 연기 설화(緣起說話)인 『송고승전』「원효전」에서 신라성립설을 강력하게 암시한다든가 하는 점에 대하여 설명할 수가 없다.

1976년 발표한 글에서 기무라 센쇼오(木村宣彰)는 기왕의 연구가 중국 불교의 틀 내에서 접근함으로써 지나치게 선종 중심으로 흘렀음을 지적한 다음, 『송고승전』과 『삼국유사』의 관련 설화를 받아들여 이 문제를 신라 불교의 관점에서 접근할 것을 제안하였다. 그는 신라 불교의 통불교적(通佛教的) 특성에 주목하여, 대안(大安)이나 원효 주변 사람들이 섭론종(攝論宗)이나 선사상(禪思想) 등 당시 중국의 다양한 불교 사상을 불설의 권위하에 회통시키고자 『금강삼매경』을 위작하였다고 보았다.[10] 기무라는 한국 불교사에 대한 이해를 바탕으로 신라성립설을 제기할 수 있었는바, 그의 신라성립설은 연구의 새로운 방향을 제시하였다고 볼 수 있다. 그러나 그가 문제제기한 만큼 신라 불교사 위에서 『금강삼매경』의 성립이 충분히 검토되지는 못한 아쉬움이 남는다. 다만 주진의 『금강삼매경통종기』를 참조하여 『금강삼매경』과 『법화경』 등 제경론의 관련성을 구체적으로 밝힘으로써, 향후 『금강삼매경』의 전모를 이해하는 데 단서를 제공하였다.

『금강삼매경』에 관한 좀 더 폭넓은 연구는 버스웰에 의해 이루어졌다. 『금강삼매경』 연구로 학위를 받은 그는 이를 1989년 단행본으로 간행하였는데, 이 책은 위경으로서의 경의 성립 문제를 다각도로 분석·종합하였을 뿐 아니라, 경을 최초로 영문 주해하였다는 점에서 그 의의가 적지 않다. 여기서 그는 기왕의 중국성립설과 기무라가 새롭게 제기한 신라성립설을 결합시키고자 하였는데, 전자와 관련해서는 리벤탈이 주목한 5~6세기 북중국의 불교보다는 야나기다가 언급한 중국 초기 선종, 그중에서도 동산법문(東山法門)의 선사상에 초점을 맞추었으며, 후자와 관련해서는 여래장사상 중심으로 불교의 다양한 교리를 하나의 통일적인 전체로 합치려던 신라의 통불교적 전통에 주목하였다. 그리하여 그는 도신(道信, 580~651) 문하에서 수학하고 귀국한 법랑(法朗)이 이미 권위를 확립하고 있던 화엄 등의 경주 교학파에 대한 도전으로 여래장의 핵심 주위에 다양한 대승교리적 요소를 결합함으로써, 동산법문의 가르침을 청중들에게 전하고자 『금강삼매경』을 위조하였다는 결론을 내렸다.[11]

버스웰이 경의 찬자로 법랑을 지목한 근거는, 법랑이 도신 밑에서 선사상을 익혔다는 「봉암사지증대사도헌비(鳳巖寺智證大師道憲碑)」(893년경)의 구절에 근거한다.[12] 그러나 이 구절은 후세의 가탁이므로, 법랑은 『금강삼매경』의 성립과는 무관한 8세기 전반에 활동한 선승(禪僧)으로 국한시켜야 할 것이다.[13] 버스웰은, 중국 유학을 하지 않고서는 초기 선사상을 도저히 알 수가 없다는 이유로 원효나 대안을 『금강삼매경』의 저자 문제에서 배제시켰는데,[14] 『송고승전』에서 경의 편찬자와 강경자로 각각 지목한 대안과 원효를 유학 경력이 없다는 이유만으로 배제시키는 것은 납득하기 어렵다. 『유가론』의 전파에서 보여주듯이, 당시에는 나당(羅唐) 간의 문물교류가 활발하였기 때문에 중국 유학을 하지 않고서도 새로운 불교 전적이라든가 불교사상을 접할 수 있었다. 이와 같이 버스웰이 신라성립설을 중시하면서도, 『금강삼매경』 저자와 관련해서는 중국 초기 선종, 특히 동산법문의 영향을 과도하게 평가한 아쉬움이 남는다.

따라서 신라 불교계의 동향을 바탕으로 한 신라성립설은 여전히 미결(未決)의 과제로 남는다 하겠다.[15] 아울러 버스웰이 신라 불교의 통불교적 전통—나아가서는 『금강삼매경』의 핵심 사상—으로 주목한 여래장사상은, 그가 경의 성립을 다루면서 동시에 강조하고 있는 동산법문의 선사상과 일견 공존하기 어려운 측면이 있다. 양자의 사상적 조화는 문제의 중대성에 비추어 상대적으로 소략히 다루어진 감이 든다.

1993년 가을 해인사에서 열린 학술회의에서 야나기다는 『금강삼매경』의 성립 문제를 재론하면서 신라성립설을 의식하여 자신의 종전 주장을 일부 수정하였다. 기왕의 주된 논점 가운데 하나는 『금강삼매경』의 이입설과 보리달마의 『이입사행론(二入四行論)』 중에서 어느 쪽이 선행하는가 하는 문제였다. 진경설에 따르면 당연히 전자가 선행하지만, 미즈노의 위경설 이래 후자의 선행을 당연시해왔다. 야나기다는 위경설을 따르되 다시금 전자의 선행을 주장함으로써 『금강삼매경』의 텍스트로서의 권위를 높였다.[16]

경의 성립과 관련해서는 7세기 중엽 현장의 유식 법상종이 강렬한 성상분판(性相分判) 움직임을 보이자, 여기에 대하여 중국의 선불교 각 파가 여러 갈래로 대응하는데, 그중의 하나인 신라의 달마-혜가계(慧可系) 승려들이 『금강삼매경』 찬술로 반격한 것이라고 보았다.[17] 『금강삼매경』 성립과 원효의 『금강삼매경론』 찬술의 주요한 배경으로 현장-자은계(慈恩系)의 유식 법상종을 언급한 점은 주목할 만하다. 다만 신라성립설을 받아들이면서도 중국 초기 선종사 이해에 초점이 맞추어져 있는 만큼, 신라 불교계의 동향에 바탕을 둔 신라성립설은 여전히 과제로 남는다.

지금까지 살펴보았듯이 『금강삼매경』 연구는 공교롭게도 외국학자들 중심으로 이루어졌으며, 기무라를 제외한 나머지 모든 학자들이 중국 선종사 연구자라는 특징이 있다. 그들은 중국 초기 선종사를 복원하기 위한 일환에서 『금강삼매경』을 주목하였으며, 때로는 중국 초기 선종사의 정황을 끌어와서 『금강삼매경』의 성립 문제를 이해하려고 함으로써, 『금강삼매경』 연구를 중국 초기 선종사 연구에 종속시키고 말았다. 그 때문에 경 자체에 대한 전면적인 이해보다는 선종과의 관련성만 중점적으로 부각시켰다. 또한 신라성립설을 인정하는 경우에도 정작 7세기 중엽 신라 불교사에 대한 이해는 결여되었으며, 특히 최초의 주석서인 원효의 『금강삼매경론』에 대하여는 보조 자료 그 이상의 의미를 부여하지 않았다.

근래에 이시이 코세이(石井公成)는 동산법문 직계가 편찬한 위경이라는 종래의 견해를 비판하고, 대신 비승비속(非僧非俗)의 거사를 이상으로 하는 작자에 의한 찬술이라는 신설을 제시하였다.[18] 이시이의 신설은 참신하기는 하지만 원효의 『금강삼매경론』은 물론, 경 성립을 전하는 『송고승전』「원효전」을 배제한 채 『금강삼매경』의 입실제품(入實際品)의 몇몇 구절만을 분석하고 내린 결론이어서, 그 결론을 과연 일반화할 수 있을지는 후속 연구를 지켜보아야 할 것이다.

지금과 같은 모습을 한 『금강삼매경』이 처음 출현한 것은 명백히 7세기 중엽 신라에서였다. 도안이 언급한 '금강삼매경'은 일찌감치 중국 불교계에서는 사라졌으며, 지승(智昇)이 『개원석교록(開元釋敎錄)』(730년)에서 발견했다고 보고한 경전은 다름 아니라 거의 50년 이전에 신라에서 출현한 바로 그 『금강삼매경』이었다. 게다가 그것은 명백한 위경이었다. 위경이 역사적, 사회적 산물인 점을 감안한다면, 위경으로서 『금강삼매경』의 등장을 유도한 시대 배경을 무엇보다도 7세기 중반 신라에서 찾는 노력이 필요하다.

그런데 한국 학계에서는 위경으로서 『금강삼매경』 성립 문제를 전론(專論)한 연구가 의외로 드물다. 그런 점에서 뒤늦게나마 중국의 경록과 『금강삼매경』의 문투·등장 인물 등을 근거로 신라성립설을 제기한 김영태(金煐泰)의 연구는 주목할 만하다. 특히 버스웰의 법랑설을 비판하고, 경 집성자로 대안을 비롯하여 혜공(惠空) · 사복(蛇福) 등, 그가 일찍이 '불교대중화 운동가'로 범주화한 일군을 지목한 견해는 매우 시사적이라 하겠다.[19]

이후 한국 학계에서는 신라성립설을 계승하여 경 편찬의 정치 · 사회적, 시대적 배경을 밝히려는 시도가 있었다.[20] 심지어 『금강삼매경』을 진경으로 간주하는 원효의 관점으로 되돌아가려는 복고적 경향마저 나타났는데,[21] 그럴 경우 위경론에서 제기된 의문점들이 여전히 해소해야 할 과제로 남게 된다.

한편 위경설을 받아들이건 진경설을 고수하건 간에, 한국 학계는 『금강삼매경』에 대한 서지적 검토보다는 『금강삼매경』 내지 원효의 『금강삼매경론』의 내용을 검토하는 데 더욱 관심을 기울였다. 이들 연구에서 두드러진 경향은, 첫째 『금강삼매경』을 선서(禪書)로 전제하고 『금강삼매경론』을 통하여 원효의 실천사상[觀行]을 규명하고자 한다는 점이며, 둘째 한국 불교의 특성으로 손꼽히는 통불교(회통불교, 총화불교 등)적인 전통을 『금강삼매경론』에서 확인하고자 한다는 점이다.

일찍부터 이기영은 원효의 핵심 사상이 『금강삼매경론』에 나타나 있다고 보고 그것의 사상을 밝히려는 일련의 논고를 발표하였다.[22] 그의 일관된 관점은, 『금강삼매경론』이야말로 『기신론소』의 일심사상을 더욱 발전적으로 전개한 저술이라는 것이다.[23] 후술하겠지만 고익진이 이러한 관점을 계승하여 논(論)을 구체적으로 분석하였다. 한편 이기영은 경과 관련해서 『이입사행론』은 『금강삼매경』의 이입설에 영향을 받아서 후대인이 보리달마에 가탁한 것이며, 『금강삼매경』의 찬자가 원효일지도 모른다는 가능성을 시사하였다.[24] 다소 선언적인 이들 주장은 나중에 사토 시게키(佐藤繁樹)에게 영향을 미치게 된다.

논(論)에 대한 본격적이고 체계적인 분석은 고익진에 의해 시도되었다. 우선 경 성립에 대해서는 기왕의 동산법문 영향설을 일축하고 찬자로 대안을 조심스럽게 내비치되 본격적인 논의는 유보하였다.[25] 그 대신 그는 『금강삼매경론』의 주제가 진속원융무애(眞俗圓融無碍) 철학을 토대로 한 실천원리, 즉 '일미관행(一味觀行)'에 있다고 보았다.[26] 그런데 그가 이미 밝힌 바에 따르면, 진속원융무애는 그 이론적 토대를 『대승기신론』에 두고 있다.[27] 말하자면 원효는 『기신론소』와 『기신론별기』에서 진속원융무애의 이론을 구축하였으며, 『금강삼매경론』에서 그러한 이론을 바탕으로 일미관행의 실천원리를 제시한 셈이다. 여기서 양자 모두 기신론사상과 밀접히 관련되어 있음은 주목할 만하다.[28] 이와 같이 그는 『금강삼매경론』을 분석하는 데 있어서 기신론사상의 영향을 특별히 강조하고 있다. 그리고 이러한 입장에서 비록 실증적으로 뒷받침하지는 않았지만 『금강삼매경』 자체를 『기신론』에 의해 성립된 문헌이라고 보았다.[29]

고익진의 연구가 대변하듯이 대부분의 한국 학자들은, 『금강삼매경론』을 '화쟁사상에 바탕을 두고 실천 수행을 제시한 저술'이라는 점에 동의하고 있다. 이때 실천 수행을 제시하였다는 점에 주목하여 이 저술을 선서(禪書)로 간주하면서도, 학자에 따라서는 선종과 연결시키는 종파적 관점을 비판하기도 한다.[30] 종파성을 비판하는 주된 이유는 논(論)의 중심 사상을 화쟁사상에서 찾기 때문이다. 그런데 논

(論)의 화쟁사상을 기신론사상으로 풀이한 고익진의 연구 이래 이 문제에 대해서는 새로운 견해가 나오지 않았다.

그러다 최근에 이르러 동국대 유학생 출신인 사토 시게키가 기왕의 연구성과를 바탕으로 새로이 논(論)을 분석하였다. 그에 따르면, 논(論)에 나오는 '무이이불수일(無二而不守一)'이야말로 『대승기신론』의 일심이문(一心二門)의 논리를 토대로 삼은 구조로서 경론의 핵심일 뿐 아니라 원효 자신의 불교철학의 중핵을 표현한 것이다.[31] 이와 같이 기신론이 아니라 원효의 말로써 『금강삼매경론』에 나타나는 원효의 사상체계를 나타내려 한 점에서 사토의 연구를 평가할 수 있겠다. 다만 '무이이불수일'이라는 말만으로 사상적 내용을 내포할 수 있을지는 의문이다. 화쟁이라는 말보다는 분명 논리의 구체성을 보여주지만, 그 역시 논리의 형식에 치우친 표현이 아닌가 한다.

지금까지 연구사를 검토하였듯이, 미즈노 코겐의 위경설 이래로 외국 학계에서는 대체로 중국 선종사의 문맥 속에서 『금강삼매경』을 연구하는 경향을 보이고 있다. 그러나 이제는 중국 선종사 중심의 이해에서 탈피하여 7세기 중엽 동아시아 불교라는 폭넓은 시야와, 당시 동아시아 불교계를 사상 투쟁의 소용돌이 속으로 몰아넣었던 신·구역 불교 사이의 대결이라는 구도를 가지고 경의 성립이 지니는 사상사적 의미를 파악할 필요가 있다.

더 큰 문제는 경(經) 중심의 연구이건 논(論) 중심의 연구이건 모두 경(經)과 논(論)의 사상을 동질적인 것으로 당연시해왔다는 것이다. 물론 원효의 『금강삼매경론』은 『금강삼매경』에 대한 주석서이므로, 양자의 사상에서 커다란 차이를 추출하기란 어렵다. 그러나 일반적으로 인정하듯이 『금강삼매경론』은 여타의 저술에 비하여 원효의 독창성이 상대적으로 많이 드러나 있다. 그러므로 양자를 분리시켜 놓고 그 사상을 면밀하게 대비하는 방법론이 요청된다 하겠다.

이상의 연구사적 검토를 통하여 내려진 결론은 이렇게 정리할 수 있다. 『금강삼매경』의 성립과 『금강삼매경론』의 찬술 문제를 사상사적으로 다룸에 있어서 첫째, 동아시아 불교라는 시야에서, 둘째, 신·구역 불교 사이의 대립이라는 구도하에서, 셋째, 『금강삼매경』과 『금강삼매경론』을 비교하여야 한다는 것이다.

2. 『금강삼매경(金剛三昧經)』: 반야공관(般若空觀) 중심의 구역 불교(舊譯佛教)

찬녕이 찬술한 『송고승전』 「원효전」에 나오는 『금강삼매경』의 연기 설화에 따르면, 왕비의 병을 계기로 『금강삼매경』이 문무왕대 신라에서 성립된 것으로 추정된다. 그런데 당시 교단에서 소외받고 있던 대안과 원효가 각각 최종적인 편집과 최초의 강석을 담당한 배후에는 왕실 및 집권 세력의 후원을 짐작케 한다.

우선 연기 설화에 의하면, 대안(大安)이 경을 편집[銓次綴縫]하였는데, 그 자료는 용궁에서 가져온 것이라고 한다. 경전의 출처로서 용궁(또는 용왕)을 내세우는 것은 『화엄경』 등의 대승경전에 흔히 보이듯이, 경의 권위를 높이려는 의도와 관계 있다.[32] 그리고 '전차철봉'은 진경설을 따르는 찬녕으로서는 최대한의 표현이었을 것이다. 이런 점들을 감안한다면, 경 편찬에 관여한 가장 유력한 인물은 다름 아닌 대안이라 할 수 있다. 사실상 유일한 자료인 『송고승전』에서는 대안을 이렇게 묘사하고 있다.[33]

> 대안은 헤아리기 어려운 사람이다. 모습과 의복이 특이한 데다 항상 시장터에서 구리로 된 바리때를 두드리며 "대안, 대안" 하고 소리쳤기 때문에 대안이라 이름한 것이다. 왕이 대안에게 명하자 대안이 말하기를, "그냥 경만 가져오십시오. 왕궁에는 들어가고 싶지 않습니다."라고 하였다. 대안이 경을 받아 배열하여 8품을 이루니 모두 부처님의 뜻에 합치되었다. 대안이 이르기를, "속히 원효에게 맡겨서 강연토록 하십시오. 다른 사람은 안 됩니다."라고 하였다.[34]

대안의 형상과 의복이 특이하였다든가 저자에서 동발을 두드렸다 함은, 그가 경주의 저자를 무대삼아 탁발 걸식하였음을 말해준다. 아울러 그가 왕궁으로의 부름을 거절한 사실로 보아, 교단의 상층부에서 활약한 승려라기보다는 이른바 불교대중화에 종사한 혜숙이나 혜공과 같은 부류에 속하는 승려라 하겠다.

대안의 사상은 그가 편집한 『금강삼매경』을 통하여 짐작할 수 있다. 여래장품(如來藏品)에는 『유마경』의 주인공 유마거사(維摩居士)와 같은 유형의 인물로 범행장자(梵行長者)가 나오는데, 원효는 그를 겉모습은 속인이나 내면 세계는 일미(一味)에 머무르는 자로 묘사하고 있다.[35] 또한 입실제품에는 출가와 재가의 구분을 뛰어넘으려는 의도가 간취된다. 그것은 종래 출가자 중심 교단 운영에 대한 재가자들의 새로운 요구라고 할 수 있다. 그래서 법복도 입지 않고 바라제목차계도 지키지 않고 포살(布薩)에도 참여하지 않는, 종래의 기준으로 보면 출가자라고 할 수 없는 사람이 자심(自心)으로 무위(無爲)의 자자(自恣)를 해서 성과(聖果)를 획득한다고 주장하기에 이르렀다.[36] 이러한 주장은 『사분율』과 『열반경』에 입각하여 출가자 중심의 교단을 운영한 중고기 불교, 그중에서도 자장의 불교와는 명백히 대립되는 것이다. 즉, 출가와 재가를 애써 구분하려 하지 않는 경의 계율관으로 보아[37] 경의 성립 과정에 대안을 위시하여 대중교화 활동에 전념하고 있던 승려들이 개입하였다고 할 수 있다.

그렇다면 7세기 중후반 신라에서 『금강삼매경』이 편집된 사상적 배경은 무엇인가? 우선 설법의 대상과 관련하여 주목할 것은 『금강삼매경』이 불멸후(佛滅後)의 중생을 위해 설해졌다는 점이다. 원래 석존은 『금강삼매경』에 앞서 대중을 상대로 '일미진실(一味眞實) 무상무생(無相無生) 결정실제(決定實際) 본각리행(本覺利行)'이라는 긴 이름의 대승경[廣經]을 설하였으며, 그 경을 듣고 하나의 사구게(四句偈)라도 받아 지니는 사람은 곧 부처의 지혜의 자리에 들어가고 방편으로 중생을 교화하며 일체의 중생을 위해 대지식(大知識)이 될 것이라고 예언하였다. 그리고는 금강삼매(金剛三昧)에 들어갔다가 아가타비구의 게송을 듣고 삼매에서 일어났다. 이때 해탈보살이 좌중에서 일어나 부처 입멸 후의 상법(像法) 시대나 말겁(末劫) 시대에 온갖 악업(惡業)을 지으면서 끊임없이 삼계(三界)를 윤회할 중생을 위하여 '일미결정진실(一味決定眞實)'의 법을 설해줄 것을 요청하였다.[38]

일반적으로 상법은 불멸후 오백 년을 지난 때부터 오백 년 또는 천 년 동안이며, 말겁은 상법 이후에 오는 일만 년 동안인데, 둘 다 깨달음이 없기는 마찬가지이다.[39] 경에서는 상법 중에서도 '비시(非時)'에 설법하게 되었을 때에는 동조하지도 말고 반대하지도 말 것을 당부하였다.[40] 경에서는 이 비시가 정확히 어떤 상태인지 언급하지 않았지만, 원효는 논쟁이 흥기하였을 때로 보고, 특히 공견(空見)과 유견(有見)이 논쟁일 때 설법하는 요령을 설명하였다.[41]

이와 같이 『금강삼매경』은 불재세시(佛在世時)가 아니라 불멸후의 깨달음이 없는 시대를 살아가야만 하는 중생들을 해탈시키기 위해서 행한 특강이었다. 특강의 내용은 경의 맨 뒷구절, 그중에서도 경의 세 가지 이름 속에 가장 잘 함축되어 있다.

> 만약 중생들이 이 경을 지닌다면, 곧 다른 모든 경 속에서 희구(希求)할 것이 없을 것이다. 이 경전의 법은 법을 다 지니고 있으며, 모든 경의 요체를 포섭하고 있다. 이 경의 법은 법 중의 으뜸이다. 경의 이름은 섭대승경(攝大乘經)인데, 금강삼매 또는 무량의종(無量義宗)이라고도 한다.[42]

우선 '무량의종'이란 이름은, 석존(釋尊)이 이 경에 앞서서 '일미진실(一味眞實) 무상무생(無相無生) 결정실제(決定實際) 본각리행(本覺利行)'이라는 긴 이름의 대승경[廣經]을 설하였다고 한 구절을 연상케 한다. 물론 그러한 이름의 광경(廣經)은 존재하지 않는다. 그런데도 굳이 허구의 광경을 상정하는 것은 『화엄경』이나 『범망경』 등 여러 경전에서도 보이는 상투적인 문구이다. 이와 같이 경 첫머리에서 허구의 광경을 상정하고 다시 글 말미에서 무량의종이라고 거듭 이름한 것은, 1권짜리 『금강삼매경』의 갑작스런 출현에 뒤따를 불교계 내부의 의혹을 불식시키려는 위경 편찬자의 세심한 배려라고 여겨진다.

그리고 '섭대승경(攝大乘經)'이란 이름은, 모든 경전의 요체를 포섭하고 있다는 구절과 더불어 대승불교 내의 다양한 사조를 포섭하겠다는 의지를 담고 있다. 달리 말하자면 이 경만으로도 모든 대승경전의 전모를 알게 하겠다는 자긍심이 배어 있다. 실제로 『금강삼매경』은 소승(小乘) 내지는 이승(二乘)[聲聞乘과 緣覺乘]이 아니라 대승(大乘) 내지는 일승(一乘)의 도를 표방하고 있다.[43] 일찍이 미즈노 코겐이 개관한 바에 따르면,[44] 경에는 『반야경』과 『중론(中論)』에 있는 공사상, 『화엄경』의 '삼계허망(三界虛妄) 단시일심작(但是一心作)'설, 『유마경』의 '수불출가(雖不出家) 부주재가(不住在家)'설, 『법화경』의 일승삼승(一乘三乘) 및 장자궁자유(長者窮子喩), 『열반경』의 일천제(一闡提)·상락아정(常樂我淨)·불성의 설, 『능가경』과 『기신론』의 불성여래장(佛性如來藏), 본각·시각설(始覺說), 명(名)·상(相)·분별(分別)·정지(正智)·진여(眞如)의 오법설, 『범망경』과 『영락경(瓔珞經)』의 보살오십이위설(菩薩五十二位說)과 삼취정계(三聚淨戒), 당시 유행한 참회(懺悔)·정상말(正像末)·흔구정토(欣求淨土)의 사상, 섭론종의 구식설(九識說), 초기 선종의 이입설과 수일입여래선(守一入如來禪) 등 7세기 중반 당시 중국에서 성행하고 있던 구역 불교의 주요 사상이 망라되어 있음을 알 수 있다.

왜 구역 불교의 주요 사상을 망라하는 위경을 새삼 편찬하게 되었는가? 주지하다시피 동아시아 불교는 한역경전에 바탕을 두고 있는데,

도선(道宣)의 『대당내전록(大唐內典錄)』(664년)에 의하면, 남북조 말까지 한역된 경전이 도합 2,239부 5,933권이며, 『금강삼매경』이 편찬되던 무렵에는 무려 2,542부 7,738권에 달한다.[45] 게다가 인도 불교의 역사적 전개를 무시한 채 일견 교란된 상태로 대량 유입되고 있었다.

따라서 중국 불교학자들이 한역된 경전을 매개로 석가모니의 진실한 가르침에 접근해가기 위해서는, 우선 모든 경전의 다양한 교리를 종합 정리하여 통일적으로 파악하기 위한 방법론이 필요하였다. 그것이 바로 교판론(敎判論)이었다. 교판론은 남북조 시대부터 다양하게 제기되면서 교판의 내용에 따라 학파를 달리하게 되고, 수대에는 학파가 마침내 종파로 전개되는 교단의 분파 현상을 보이고 있었다. 교단이 분파할수록 교단 내의 주도권 다툼은 격렬해졌다. 그만큼 각 학파나 종파는 자신들의 교판론에 권위를 부여할 새로운 경전을 필요로 하였다.

또한 천여 종이 넘는 한역경전은 한 인간이 평생을 걸려도 다 읽을 수 없는 분량이다. '무량(無量)한 법문'은 불교의 자랑이지만, 개개의 불교도는 유한한 존재이다. 아마 이러한 이유에서 불교의 주요 사상은 망라하되 분량은 적은, 말하자면 '단일경전'의 필요성이 커졌을 것이다. 그러나 그러한 경전은 인도에서 전래되지 않았다. 결국 중국 불교도들은 스스로 단일경전을 편찬하기에 이르렀으며, 이들을 포함한 위경론이 『대당내전록』에는 도합 183부 334권이나 된다.[46]

7세기 중엽 신라 불교계도 같은 입장에 처해 있었다. 신라는 불교공인 이래 중국과의 활발한 문화 교류를 통하여 많은 경전을 수입해왔다. 예컨대 565년에 진나라 사신 유사(劉思)가 승려 명관(明觀)

과 함께 불경 1,700여 권을 가지고 왔으며,[47] 643년에는 자장이 당에서 장경(藏經) 1부를 가지고 귀국하였다.[48] 그리고 645년부터는 현장의 신역경전들이 잇달아 수입되었다. 따라서 신라 불교계 내부에서도 단일경전에 대한 수요가 점증하였을 것이다. 『금강삼매경』은 그러한 시대적 요구의 산물이었다.

한편 경은 구역 불교의 대표적 사상인 여래장사상, 일승사상[49] 및 섭론학의 구식설[50] 등을 적극적으로 받아들이고 있는데, 이는 경의 찬자가 애초부터 구역 불교를 종합하겠다는 의도를 가지고 있었음을 시사한다. 또한 경에 신역 불교가 거의 반영되지 않은 사실로 보아, 현장이 귀국하는 645년 이전에 이미 경의 골격이 마련되었을 가능성도 있다.

현장의 신역 불교와 관련해서, 제7식을 말나(末那)라 한 것과, 현장 역 『반야심경』에 나오는 '시대신주(是大神呪) 시대명주(是大明呪) 시무상주(是無上呪) 시무등등주(是無等等呪)'의 구절을 원용한 것 등은 이미 지적된 바 있다.[51] 그런데 제7식을 가리켜 구역 용어인 '의(意)'라든가 '아타나식(阿陀那識)' 대신에 '말나'라고 부르기는 하였지만, 거기에 특별히 주목할 만한 의미를 부여하지는 않았다. 문제는 신역 『반야심경』의 구절을 채택한 의미가 무엇인가 하는 점이다. 현장은 649년 5월에 『반야바라밀다심경(般若波羅蜜多心經)』 1권의 번역을 완료하였다. 이때는 이미 현장 신유식의 소의경전이라 할 『현양성교론(顯揚聖敎論)』 20권(646년 1월)·『대승아비달마잡집론(大乘阿毗達磨雜集論)』 16권(646년 윤3월)·『유가사지론』 100권(648년 5월)·『해심밀경』 5권(647년 7월)·『인명입정리론(因明入正理論)』 1권(647년

8월)·『유식삼십론(唯識三十論)』 1권(648년 5월) 등의 번역을 마친 다음이다.[52] 그렇다면 경의 찬자가 선행하는 현장의 신유식계 경전을 뛰어넘어 『반야심경』의 구절을 굳이 채택한 까닭은 무엇인가?

7세기 중엽 동아시아 불교계가 현장계 신유식의 등장으로 신·구역 불교 사이에 교리 논쟁이 격렬해졌음은 주지의 사실이다. 신라 불교계도 그러한 소용돌이 속에서 여러 가지 대응책을 모색하였으니, 『금강삼매경』의 성립도 그런 맥락에서 파악할 수 있겠다. 즉 반야공관사상을 주장하는 일파가 자파의 학설을 중심으로 구역 불교의 주요 사상을 끌어들이고 여기에 불설의 권위를 부여해서 만들어낸 경전이 바로 『금강삼매경』이었다. 특히 『금강삼매경』은 구역 불교의 최종적인 정리이자 구역 불교를 대표하는 경전의 지위를 차지하게 되었다. 그것은 곧바로 신역 불교와의 갈등—그중의 하나가 공유(空有) 대립—을 예고하였다.

이 점을 함축적으로 보여주는 것이 바로 세 번째 경명(經名)이다. 왜 경의 편찬자는 세 가지나 되는 이름 가운데, 굳이 '금강삼매'로 경명을 삼은 것일까? 그것은 경을 관통하는 중심 사상인 반야공관사상과 무관할 수 없다. 선학들이 지적하였듯이 경에는 인도의 중관파(中觀派)에서 중국의 삼론학을 거쳐 선종으로 이어지는 계통의 색채가 상당히 농후하다.[53]

우선 첫째품인 무상법품(無相法品)은, 원효도 지적하였듯이, 무상관(無相觀)으로 모든 상(相)을 깨뜨려서, 공(空) 내지 진무(眞無)를 체득케 하는 데 있다.[54] 이러한 사상은 『금강반야경(金剛般若經)』의 사상과도 일맥상통하는데, 『금강반야경』은 반야공관을 설하는 대표적 경전으로서 신회(神會, 670~760) 이후의 남종선(南宗禪)에서 소의경전으로 매우 중시되었다.

본각리품(本覺利品)에서는 경식개공(境識皆空)을 설하여 중관파의 입장에 동조하고 있다. 더욱이 질문자로 등장하는 무주보살(無住菩薩)은 『반야경』의 중심 사상인 '무주(無住)' 내지는 '무소주(無所住)'를 의인화한 것이다. 『반야경』에서의 무주는 반야공의 주체적 실천을 표현하는 한편, 공리(空理)·공성(空性)으로서의 제법실상(諸法實相)을 나타내는 말이다.[55] 일찍이 『반야경』의 중심 사상을 '무주'에서 찾고 이를 이론적으로 뒷받침한 사람은 바로 삼론학을 집대성한 길장(吉藏)인데, 그는 무주를 '중도의 체'이며 '반야'·'정법'과는 동의어로 간주하였다. 또 신회가 신수계(神秀系)의 북종선(北宗禪)을 비판하고 혜능을 달마 이래 중국 선종의 정통 조사로서 현창할 때, 그 종지로서 내세운 것도 바로 길장의 '무주' 개념이었다.[56] '무주'의 강조는 본각리품에서 여러 차례 확인된다.

> 무주보살이 여쭙기를, "마음으로 얻은 열반은 둘도 없는 오직 하나이니, 열반에 항상 머무르는 것[常住涅槃]이 마땅히 해탈이겠습니다." 하였다. 부처가 이르시되, "열반에 항상 머무른다는 것은 열반에 속박되는 것이다. (중략) 선남자여 깨달은 사람은 열반에 머물지 않느니라[不住涅槃]." 하셨다.[57]

위에서 '상주열반'을 속박이라고 비판하고 '부주열반'을 주장하고 있다. '상주열반'은 『열반경』의 핵심 개념이다.[58] 그래서 도생(道生,

355~434) 이래로 『열반경』을 연구하는 학자들은 전통적으로 경의 종지를 '불성상주(佛性常住)'에서 찾았다. 그런데 길장은 『열반경유의』에서 '무소주'를 '무소득(無所得)'이라 이름한 다음 '무소득'을 경의 종지로 삼았다.[59] 길장은 『열반경』 사자후보살품(師子喉菩薩品)의 사상에 근거해서 『반야경』 및 삼론학의 공관사상과 『열반경』의 불성설(佛性說)을 융합하였으며, 혜능 내지 신회의 선사상도 반야경사상과 열반경사상의 상즉(相卽)을 실천적으로 파악하고 있다.[60] 그러므로 위의 인용문은 『금강삼매경』이 길장계 삼론학의 영향을 받았음을 여실히 보여준다. 즉, 삼론학에서 남종선으로 이어지는 반야공관사상의 흐름에서 보았을 때 『금강삼매경』은 그 과도기적 위치를 차지한다고 할 수 있겠다.

『금강삼매경』이 반야공관을 사상적 기조로 하고 있음은 각품(各品)의 마지막 후렴구에서 결론처럼 제시되고 있는 데에서도 잘 알 수 있다.

> 무상법품(無相法品)
>
> 이때 대중들이 이 뜻을 듣고 마음에 크게 기뻐하여, 심아(心我)를 떠나 공무상(空無相)에 들어갈 수 있었다(『韓佛』 권1, p. 623中; 『大正藏』 권9, p. 367中).

> 무생행품(無生行品)
>
> 이때 대중들이 이 말씀을 듣고 생김이 없는 무생반야(無生般若)를 얻었다(『韓佛』 권1, p. 629中; 『大正藏』 권9, p. 368中).

본각리품(本覺利品)

이때 대중들이 이 말씀을 듣고 본각의 이익인 반야바라밀(般若波羅密)을 얻었다(『韓佛』 권1, p. 637中; 『大正藏』 권9, p. 369上).

입실제품(入實際品)

이때 대중들은 보리를 깨달았으며 소중(小衆)들은 오공(五空)의 바다에 들어갔다(『韓佛』 권1, p. 649中; 『大正藏』 권9, p. 370下).

진성공품(眞性空品)

이때 대중들은 이 게송을 듣고 모두 크게 기뻐하였으며, 다 같이 생이 멸한 멸생반야(滅生般若)와 본성(本性)이 공(空)한 지혜의 바다를 얻었다(『韓佛』 권1, p. 459上; 『大正藏』 권9, p. 371下).

각품에서 중생들이 부처의 설법을 들은 후 얻었다고 하는 공무상·무생반야·반야바라밀·오공의 바다·멸생반야·본성이 공한 지혜의 바다 등은 모두 반야공관사상을 표현한 것들이다.

다만 여래장품만큼은 말미의 후렴구에서 대중들이 모두 여래의 여래장 바다에 들어갔다고 하여,[61] 다른 품들의 결론과 다른 이야기를 하고 있다. 그런데 여래장품의 내용을 훑어보면, 여래장에 들어간다고 하면서도 여래장 자체에 대한 설명은 전혀 없이 용어만 4회 나오는 데 그치고 있다. 반면 일승사상이라든가 사종지혜(四種智慧) 등이 함께 서술되고 있다. 따라서 품명(品名)만 가지고 여래장사상으로 단정하기는 이르다.[62] 실제로는 생멸·단상(斷常)·유무의 양 극단을 지양하는 공법(空法)에 대한 논의를 통하여, 이 품(品) 역시 공사상을 강조하고 있다.

마지막의 총지품(摠持品)은 선행하는 각품의 요의(要義)를 총지하고 그 의문점을 다시 한 번 해소시키고자 설정된 품이다. 그런 총지품에서 "공법(空法)이야말로 양약(良藥)이다."라고 선언하였다.[63] 애초에 왕비의 질병을 치료하려는 목적에서 이 경이 등장하였음을 상기해보면, 공법이 양약이라는 선언은 이 경의 종지를 확정짓는 의미가 있지 않을까? 또한 '금강삼매경'이란 이름 자체는 경이 원효에게 전달되기 이전에 이미 정해진 것인데, 그 뜻은 원효가 밝혔듯이 철저한 반야공관사상이다. 이는 경의 찬술자가 경을 통해서 반야공관사상을 주창하였음을 시사한다.

신라에서 출현한 『금강삼매경』은 8세기에 중국과 일본으로 유포되었음은 물론, 티베트에도 전해져서 티베트어로 번역되기도 하였다.[64] 중국 불교계 내에서의 유통을 보면, 화엄학자나 유식학자에 의해서는 별로 주목받지 못하였으며, 대신 선종 승려들에 의해 빈번히 인용되었다. 이것은 경의 사상적 기조가 반야공관사상이었음을 방증한다. 특히 경은 초기 선종의 전개 과정에서 상당히 중요한 역할을 하였다.[65] 경에 보이는 이입설과 수일설이 각각 보리달마의 이입사행설 및 도신-홍인의 수심설(守心說)과 친연관계에 있음은 지적된 바 있다.[66] 또 둔근(鈍根)을 위해 설한 사구게(四句偈)가 북종선 신수(神秀)의 『대승오방편(大乘五方便)』에 거의 그대로 반복되고 있다.[67] 그런 점에서 『금강삼매경』은 반야공관사상을 기조로 해서 삼론학과 선종을 연결하는 과도기적 경전으로 자리매김할 수 있다.

다만 경에서는 공사상이 강조되고 있는 데 비하여, 이른바 공유화쟁(空有和諍)은 아직 화제거리조차 되지 않았다. 공유화쟁이 주요 화제로 등장하는 것은 경에 대한 원효의 주석인 논에서였다.

3. 『금강삼매경론(金剛三昧經論)』: 신·구역(新·舊譯)의 화쟁(和諍)을 통한 일심사상(一心思想)

『금강삼매경론』을 읽다 보면 뭔가를 다 알고 있다는 듯한 원효의 자신감을 느끼게 되며, 그런 점에서 경 자체가 원효의 작품일지도 모른다는 추측도 할 만하다. 특히 진제의 구식설이 『금강삼매경』에 근거를 두고 있다는 원효의 논평은, 거꾸로 『금강삼매경』에 대하여 있을지도 모를 반대파의 의혹을 불식하려는 의도적 발언처럼 생각되기도 한다.[68] 다만 남겨진 글만 보면 원효 자신은 진경임을 추호도 부인하지 않은 듯하다. 그럼에도 경과 논의 사상적 지향점이 뚜렷이 구분되는데 이 문제는 좀 더 면밀한 검토를 기다려야 할 것이다. 이 책에서는 현재의 연구수준을 감안하여 원효가 경을 찬술한 것은 아니라는 쪽에서 접근하고자 한다. 그렇다면 남는 과제는 원효가 어떠한 관점에서 경을 강석하였는가 하는 것이다.

원효의 주석서인 『금강삼매경소』는 『기신론소』 및 『화엄경소』와 더불어 '원효삼소(元曉三疏)'라 일컬을 만하다. 이 가운데 『기신론소』와 『화엄경소』는 중국 승려들이 즐겨 인용한 데서도 알 수 있듯이, 중국 불교사의 전개 과정에 중요한 일익을 담당하였다. 그런데 『금강삼매경소』만큼은, 3권짜리 '약본소(略本疏)'가 중국에 전해져 번경삼장(翻經三藏)에 의해 논으로 격상되었다는 『송고승전』의 편찬자 찬녕의 찬사에도[69] 불구하고, 중국 승려들의 저술에서 그다지 주목받지 못하였다. 이는 『금강삼매경』 자체가 중국 선종의 성립사에서 선경의 하나로 각광받은 사실에 비추어볼 때 의외다. 이러한 의문을 풀기 위하여 경과 논을 분리시켜서 비교하여 읽는 방법을 취하였다.

기왕의 연구에서는 『금강삼매경』과 『금강삼매경론』을 구분하지 않고 인용하는 경우가 많았다. 대부분의 연구자들은 경을 이해하기 위해서 논을 참조하거나, 아니면 아예 논을 통해서 경을 바라보았던 것이다. 그러나 과연 경과 논의 사상이 같다고 할 수 있는가? 결론적으로 말한다면, 경과 논의 사상적 지향점은 서로 다르다. 앞서 살펴보았듯 경에서는 반야공관을 사상적 기조로 하는 데 비하여, 원효는 공유화쟁의 관점에서 경을 접근하며 나아가 『기신론』의 일심이문 체계를 빌어서 신유식과 경을 화쟁시키고 있다.[70] 이러한 입장은 경제(經題)를 해석하는 데서 분명하게 드러난다.

> ① 깨뜨리지 않는 것이 없기[無所不破] 때문에 금강삼매라 이름하며, ② 세우지 않는 것이 없기[無所不立] 때문에 섭대승경(攝大乘經)이라 하며, ③ 모든 뜻이 이 둘을 벗어나지 않기 때문에 무량의종(無量義宗)이라고도 한다. 한 가지 명목을 들어서 제목을 삼기 때문에 금강삼매경이라 한다.[71]

이 구절을 『기신론별기』의 대의문에 나오는 다음의 구절과 비교해보면 그 뜻이 좀 더 명료해진다.

> 그 논은 ㉡-1 세우지 않음이 없고[無所不破], ㉠-1 깨뜨리지 않음이 없다[無所不破]. ㉠-2 『중관론』과 『십이문론』 등은 모든 집착을 두루 깨뜨리고 깨뜨린다는 것까지 깨뜨리나 깨뜨린다는 주체와 대상을 다시 허락하지는 못하니, 이를 일러 가면서도 두루하지 못하는 논이라고 한다. ㉡-2 『유가론』과 『섭대승론』 등은 깊고 얕음을 세워서 법문을 판별하나 스스로 세운 법을 녹여버리지는 못하니, 이를 일러 주기만 하고 빼앗지는 못하는 논이라고 한다. ㉢ 이제 이 논은 슬기롭고 어질며 그윽하고 넓어서, 세우지 않음이 없으면서도 스스로 보내고 깨뜨리지 않음이 없으면서도 도리어 허락한다. 도리어 허락한다 함은 앞에서 간다는 것이 끝까지 가면서도 두루 세움을 나타내는 것이요, 스스로 보낸다는 것은 뒤에서 준다는 것이 끝까지 주면서도 빼앗음을 밝힌 것이다. 이를 일러 모든 논의 으뜸이요 뭇 쟁론의 평주(評主)라 한다.[72]

『중(관)론』과 『십이문론』은 모두 인도의 중관파와 중국의 삼론종에서 중시한 논서로서, 일체개공(一切皆空)을 강조하고 있다. 마찬가지로 『유가론』과 『섭대승론』은 인도의 유가유식파(瑜伽唯識派)와 중국의 유식학(섭론종과 법상종)에서 중시한 논서로서, 만법유식(萬法唯識)을 강조하고 있다. 원효는 이러한 대승불교 양대 조류 간의 대립을 극복하는 논서로서 『기신론』을 주목하고 거기에 관한 열정적인 저술 활동을 하였던 것이다.

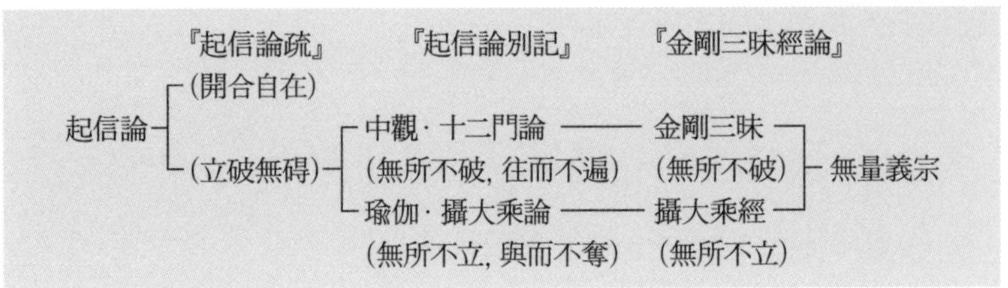

『금강삼매경론』의 구절 ①, ②, ③이 비록 간단하기는 하나, 『별기』의 ㉠, ㉡, ㉢에 각각 대응함을 알 수 있다. 원효는 깨뜨림(중관)을 강조하는 금강삼매의 측면과, 세움[瑜伽唯識]을 강조하는 섭대승의 측면을 통합하는 경전으로 『금강삼매경』을 해석하고 있는 것이다. 이를 도식화하면 위 그림과 같다. 그러므로 원효가 중관과 유가유식의 대립을 극복하는 논서로 주목한 것이 『기신론』이라면, 경의 차원에서 주목한 것은 바로 『금강삼매경』이었다고 할 수 있다.

공유쟁론(空有諍論)을 대하는 원효의 태도는 다음 문장에서도 잘 드러난다.

> 만약 여러 이견들의 쟁론이 일어날 때, 유견(有見)에 동조해서 설하면 공견(空見)과 다르게 되고, 공집(空執)에 동조해서 설하면 유집(有執)과 다르게 되어, 동조하든 달리하든 간에 더욱 쟁론만 일으킬 뿐이다. 그렇다고 두 가지 견해에 모두 동조하면 자신의 내부에서 서로 다투게 되고, 만약 두 가지 견해와 모두 달리하면 저 둘과 서로 다투게 된다. 이러한 이유로 동조하지도 달리하지도 않으면서 설법하는 것이다. 동조하지 않는다는 것은 말 그대로 받아들이되 둘 다 인정하지 않는 것이고, 달리하지 않는다는 것은 뜻을 얻어서 말하되

인정 안함이 없는 것이다.[73]

대립하고 있는 어느 한 편에 가담하지도 않고 그렇다고 둘 다 인정하거나 둘 다 부정하지도 않는다는, 그야말로 쟁론으로부터의 초월적 자세를 보여주고 있다. 논을 쓸 당시의 대표적 논쟁은 중관과 유식 사이의 공유쟁론이었는바, 전자는 『금강삼매경』이었고 후자는 신유식이었다. 원효는 이 양자를 『기신론』을 토대로 화해시키고자 한 것이다. 이러한 점은 경문을 해석하는 데에서 구체적으로 확인할 수 있다.

먼저 입실제품에서 오공(五空)에 출입하면서도 취사(取捨)하지 않으면 삼공(三空)에 들어간다고 하여,[74] 철저한 공사상을 보여준다. 그런데 원효는 오공을 『현양론(顯揚論)』에 나오는 삼종진여(三種眞如)에 배당시켜서 풀이하고 있다.[75] 『현양론』은 『유가론』의 핵심사상을 간추린 책으로 신유식 소의경전의 하나이다. 또 그는 삼공에 대하여 이제설(二諦說)과 삼성설(三性說)을 가지고 풀이하였다.[76] 주지하다시피 이제설과 삼성설은 중관파와 유가파 사이에 전개된 이른바 공유논쟁의 핵심 쟁점 중 하나였다. 그런데 원효는 진속이제(眞俗二諦)를 아우르는 개념으로 일심을 설정하고 이를 다시 삼성설 중의 원성실성(圓成實性)과 동일시하였다. 원효가 일찍이 『기신론』의 일심이문 체계를 통하여 삼제설(三諦說)을 건립한 바 있는데, 여기서 이 삼제설을 유식의 삼성설과 회통시키려고 한 것이다. 다시 여래장품에서는 모든 법이 분별로 인해 생멸한다는 경의 견해와, 중연(衆緣)으로 생멸한다는 『유가론』의 견해를 회통시키고 있다.[77]

인용 경론을 보더라도, 경에 말나식(末那識)이라든가 반야바라밀다주명(般若波羅密多呪名) 등 현장이 처음 사용한 용어는 보이지만, 당시 현장에 의해 번역된 신유식 계통의 경전이나 사상은 일절 보이지 않는다. 이것은 경의 찬자가 신유식에 대해 충분히 이해하기 전에 경을 찬술하였든가, 아니면 찬자의 사상이 신유식과 다르기 때문일 것이다. 어느 쪽이든간에 모든 대승경전의 요체를 집약할 것을 의도한 『금강삼매경』에 신유식이 반영되어 있지 않다는 사실은, 경을 이해하는 데 주목할 점이다. 반면 논에는 『해심밀경』·『유가론』·『현양론』 등 신유식계통의 불전(佛典)이 적극적으로 인용되고 있다.[78]

원효가 『금강삼매경』의 공사상에 머무르지 않고 이를 대립되는 유식사상과 회통시키면서까지 추구하고자 한 사상은 무엇이었을까. 그것은 다름 아닌 『기신론』에 근거한 일심사상이었다. 중생의 마음에 대하여 경은,

> 해탈보살(解脫菩薩)이 부처님께 사뢰되, "존자시여, 중생의 마음은 본성이 공적(空寂)하며 공적한 마음은 본체에 색상이 없으니, 어떻게 닦고 익혀야 본래의 공적한 마음을 얻을 수 있겠습니까."[79]

라 하여, 본성은 공적하며 그 공적한 마음을 얻어야 함을 설파하였다. 여기에 대하여 원효는 논에서,

> 위에서 말한 중생의 마음이란 마음의 생멸문을 든 것이니, 생멸문을 거론함은 진여문을 드러내는 것이다. 그 때문에 본성이 공적하다고 말하였다. 그러나 이문(二門)은 그 본체가 둘이 아니니, 모두 일심법

이기 때문이다.[80]

라 하여, 공적한 마음을 진여문으로 치환하고 거기에 대응하는 생멸문을 중생의 마음으로 보았으며 이 양자를 통합하는 한 차원 높은 개념을 일심에서 찾았다. 즉 원효는 『기신론』의 일심·이문을 가져와서 『금강삼매경』을 풀이하고 있는 것이다.

> 인연으로 생긴 뜻은 멸이지 생이 아니며, 모든 생김을 멸한다는 멸은 생이지 멸이 아니다.[81]

이 말은 진성공품(眞性空品)에서 둔근(鈍根) 중생들을 제도하기 위한 방편으로 설한 것으로, 용수(龍樹)가 창안한 팔불중도(八不中道) 가운데 '불멸불생'을 연상시킨다. 팔불(八不)은 용수가 당시의 아비달마학파나 외교(外敎)의 유자성론(有自性論)을 논파하고 연기무자성공론(緣起無自性空論)을 드러내기 위해 만든 논리였다.[82] 그런데 원효는 이를 진제[滅, 寂, 空]와 속제[生, 動, 有]로 치환시킨 다음 이들 이문을 지양하는 개념으로 역시 일심을 제시하였다.[83]

여래장품에서는 법의 유·무[공]를 지양하는 개념으로 중도(中道)를 설정하고 중도에조차 머무르지 않는 무주(無住)를 설하여, 철저한 공사상을 전개하고 있다. 그런데 원효는 이를 일심[中道]과 이제[空·有二門]로 치환하고 있다.[84] 인연에 대하여도, 경은 인연이 있다고 집착하는 견해를 타파하고 인연이 불생불멸이며 불가득(不可得)임을 오로지 강조하고 있는데 비해, 원효는 유에 대한 집착을 경계

할 뿐만 아니라 여기에 덧붙여 공에 대한 집착도 경계하고 있다.[85]

지금까지 살펴보았듯이 『금강삼매경』이 반야공관사상을 바탕에 깔고 있다면, 『금강삼매경론』은 『기신론』의 일심사상에 의해 경의 반야공관사상과 신유식을 화쟁시키고 있다. 그것은 『금강삼매경』과 『금강삼매경론』이 별다른 시차 없이 찬술되었음에도 불구하고 사상사적 과제를 달리 인식하였음을 말해준다. 7세기 중엽 동아시아 불교계 최대의 난제는 신·구역 불교 사이의 사상 갈등이었다. 『금강삼매경』은 반야공관을 중심으로 구역 불교의 입장을 종합함으로써 현장의 신역 불교에 대하여 대립적 자세를 선명히 하였다. 반면 원효는 『금강삼매경론』을 통하여 양자의 대립 갈등을 일심사상으로 극복함으로써 새로운 시대의 불교를 예고하였다.

한편 『금강삼매경론』의 공유화쟁은 실천을 전제로 한 것이다. 원효는 여기서 『기신론』의 일심이문 체계를 바탕으로 실천원리를 적극 모색하였으며, 그것을 '일미관행(一味觀行)'이라 이름하였다.

> 일각(一覺)의 요의(了義)란 일심의 본각인 여래장의 뜻이니……일체의 모든 법이 오로지 일심이며, 일체의 중생이 하나의 본각이다. 이러한 뜻으로 말미암아 일각이라 한다.……여래가 교화하는 일체의 중생은 일심의 유전이 아닌 바가 없기 때문이며, ……여래가 설하는바 일체의 교법이 사람으로 하여금 일각미(一覺味)에 들어가게 하지 않음이 없기 때문이다. 일체의 중생이 본래 일각이지만, 무명(無明) 때문에 꿈꾸며 유전하다가, 여래의 일미(一味)의 교설에 따라 마침내 일심의 근원에 돌아가지 않음이 없으며, 일심의 근원에

돌아갔을 때 모두 얻는 바가 없음을 밝히고자, 그래서 일미를 말씀하셨으니, 이는 곧 일승이다.[86]

모든 중생들은 일심(一心)의 유전(流轉)이므로 그들이 얻게 될 깨달음 또한 일각(一覺)이다. 따라서 중생들을 깨달음으로 인도하는 방법도 일미 내지 일승(一乘)일 수밖에 없다. 즉 원효에 있어서 일심·일각·일미·일승은 같은 뜻의 다른 표현에 불과하다.

중고기 말에서 중대 초에 걸치는 신·구역 불교 사이의 대립을 극복하면서 원효가 정립한 철학이 일심사상이었는데, 이제 『금강삼매경론』을 통하여 그것을 실천적으로 파악한 일미관행을 제시하였으니, 이는 삼국통일의 전성을 구가하는 신라 중대 불교의 성립을 의미하였다.

『금강삼매경』은 구역 불교의 총정리로서 등장하였다. 그런데 신라에서는 원효가 기신론사상을 바탕으로 신·구역 갈등의 화회를 도모하는 『금강삼매경론』을 찬술함으로써, 이후 한국 불교사의 화쟁적 전통 그 첫머리를 장식하게 되었다. 반면 당에서는 선종 승려들에 의해 주목받으며 이후 선종의 전개에 일정한 기여를 함으로써, 대표적인 선경(禪經)의 권위를 획득하였다. 즉, 전체 중국 불교사에서는 특정 종파의 전적으로 인식되고 말았다. 『금강삼매경』에 대하여 그 화쟁성을 부각하든가 아니면 반대로 종파성을 드러내기도 하였는데, 이러한 차이는 같은 동아시아 불교권을 형성하면서도 한국 불교와 중국 불교 각각에 독특한 개성이 있었음을 말해준다.

근대 학문의 진전에 따라 『금강삼매경』이 7세기 중엽 신라에서 성립한 위경이라는 점은 현재적 사실(事實)이 되었다. 그 결과 더 이상 불설(佛說)이라는 권위를 갖지 못한 채 단지 학문적인 분석의 대상으로 화(化)하였다. 그러나 원효를 포함하여 동시대의 동아시아 불교도들은 한결같이 『금강삼매경』을 진경으로 존숭하였으니, 이 또한 명백한 사실(史實)이다.

제 3 부

사상

|제9장| 화쟁사상(和諍思想)

1. 관점

'화쟁'이 원효 불교의 핵심어라는 사실은 누구도 부인하지 않는다. 나아가 화쟁을 중심으로 원효 사상을 파악하려는 이른바 '화쟁론적 접근'은, 원효 연구에서 가장 연원이 깊고 가장 많은 연구자들이 채택한 관점이다. 1930년대에 최남선이 최초로 원효 불교의 성격을 '통불교'로 볼 것을 주장하였으며,[1] 이후 조명기(趙明基) 등이 화쟁사상을 본격적으로 연구하기 시작하였다.[2]

화쟁론적 접근에서 연구자들이 일찍부터 주목한 것은 원효 화쟁의 총결산이라 할 『십문화쟁론(十門和諍論)』이었다.[3] 그 계기는 1937년 해인사 잡판고에서 『십문화쟁론』의 목판 잔결의 발견이었다. 원효 화쟁의 전체적인 틀을 보여준다는 점에서 상당히 중요한 저술임은 분명하지만, 유감스럽게도 극히 일부분밖에 남아 있지 않다. 그래서 현재까지도 십문(十門)의 전모를 파악하는 데 주력하고 있는 실정이다.[4] 다만 자료 이용상 원효의 저술에 한정된 감이 있는데, 이러한 불교 쟁론이 당시 동북아 불교계의 공통된 관심사였음을 감안한다면, 좀 더 시야를 넓혀서 중국 화엄종의 징관(澄觀, 738~839)이 제시한 법성종(法性宗)과 법상종(法相宗) 간의 열 가지 상위점(相違點)이라든가, 일본 삼론종의 현예(玄叡, ~829~)가 제시한 열 가지의 쟁론 등을 참조할 필요가 있다.

화쟁론적 접근에 의한 연구성과가 축적되면서, 당시 불교계의 핵심 쟁점과 그것을 화쟁시킨 원효의 논리를 규명하려는 시도도 이루어졌다.[5] 이미 1950년대에 원효 화쟁의 주요 대상으로 대승불교의 양대 철학인 공대승(空大乘)과 유대승(有大乘)을 언급한 연구가 있었으며,[6] 1960년대에는 이를 삼론학[僧朗]과 유식학[圓測]으로 더욱 좁히고, 아울러 화쟁의 논리와 관련하여 『기신론별기』의 대의문을 주목하기에 이르렀다.[7] 그리고 마침내 1970년대 고익진은 원효가 『기신론』에 의해 중관·유식의 대립을 화쟁시켰다고 보고, 구체적으로 진여문과 생멸문에 중관(空)과 유식(有)을 각각 대응시켰던 것이다.[8] 여기에는 기신론적 접근을 통하여 원효의 중심 사상으로 일심을 주목해온 일련의 연구성과가[9] 반영되어 있다.

원효 사상에 대한 연구는 화쟁론적 접근과 기신론적 접근의 결합으로 커다란 진전을 보았다. 이후의 연구사적 과제는 원효가 과연 『기신론』의 일심이문 구조에 의해 중관·유식의 쟁론을 극복하였는가 하는 것과, 원효가 화쟁을 통하여 궁극적으로 건립한 사상은 무엇인가 하는 것이었다. 검증 문제에 있어서 기왕의 견해를 기본적으로 수용하면서 이를 보완한 연구성과도 있었지만,[10] 더 많은 연구자들은 오히려 기왕의 견해에 대한 반론을 개진하였다. 반론의 첫 번째 요지는 원효의 『기신론』 관계 저술 어디에도 중관·유식의 화쟁을 위한 논리적 근거가 제시되어 있지 않다는 점이며, 두 번째 요지는 『기신론별기』 대의문에 나타난 원효의 기신론관이 『기신론소』 대의문에서는 대폭 삭제 내지 수정되었다는 점이다. 그러므로 원효가 『기신론』을 통하여 중관·유식의 화쟁을 시도하였다는 종전의 견해 또한 재검토가 불가피하다는 것이다.[11]

물론 고익진의 설명 방식에는 무리가 따른다. 그렇지만 원효가 현장(玄奘)의 장안(長安) 귀환 이후 불거진 대승불교의 양대 사조인 중관과 유식 사이의 사상 투쟁을 화쟁시키는 논서로서 『대승기신론』을 특별히 주목하였으며, 그러한 관점에서 『기신론소』(해동소)와 『대승기신론별기』를 찬술하였음은 분명하다. 여기서 원효의 화쟁사상을 해명하려 한 기왕의 연구 방법론을 반성할 필요가 있다. 기왕의 연구처럼 쟁론들을 회통시킬 구체적이고 직접적인 논리를 원효가 과연 『기신론』 관련 저술에서 하였는가?

사실 서로 대립하는 교리를 화쟁시키기 위하여 원효가 주로 의지한 논리는 성교량(聖敎量)이었다. 예컨대 지론학파는 아려야식을 진상정식(眞常淨識)이라고 주장하며, 섭론학파는 제9식이야말로 정식(淨識)이라고 하여 서로 논쟁하였는데, 여기에 대하여 원효는 『능가종요』에서 양자가 모두 경전적 논거[聖敎量]를 가지므로, 양자 모두 일리가 있으며, 따라서 수고스럽게 논쟁할 필요가 없다고 결론을 내렸다.[12] 공유화쟁과 관련한 원효의 기신론관도 이런 맥락에서 접근할 문제이다.

앞 장에서 이미 검토하였듯이, 진제(眞諦)의 번역 직후부터 『기신론』은 초당기까지 위찬의 의혹을 사서 불교계로부터 별로 주목받지 못하고 있었다. 그런데 원효가 그 가치를 높이 평가하고 활발히 연구하였으며, 이를 법장(法藏)이 계승하여 화엄사상을 체계화하는 데 적극 활용함으로써, 이후 『기신론』은 동아시아 불교계의 대표적인 불교 입문서로서 확고부동한 위치를 차지하게 된 것이다.[13] 최근에는 원효의 화쟁사상과 관련하여 『능가경(楞伽經)』의 역할을 주목하는 견해도 발표되었다.[14] 원효가 『능가경종요(楞伽經宗要)』에서 보신(報身)이 상주(常住)냐 무상(無常)이냐 하는 쟁론에 대한 화회를 시도한 사실은 스스로도 언급한 바 있다.[15] 『능가경』이 전통적으로 『기신론』의 본경으로 간주된 점을 감안하면, 중관과 유식의 갈등을 화쟁시키는 논서로 『기신론』을 주목한 원효의 견해는 여전히 중요하다 하겠다.

이와 같은 문제의식에서 화쟁의 구체적인 논리를 찾는 것보다 왜 원효가 그토록 화쟁을 주장할 수밖에 없었는가, 그가 그토록 화쟁하고자 한 쟁론들은 구체적으로 무엇인가를 밝히는 데 역점을 두고자 한다. 또한 기왕의 원효 화쟁에 대한 연구는 주로 그의 저술을 분석하는 데 국한하여 이루어진 감이 있다. 그러나 원효의 저술은 전체의 10% 정도만이 현존한다는 점에서 그의 사상 전모를 이해하는 데 한계가 있다.

이러한 문제를 극복하기 위해서는 동아시아 불교 전체로 연구 시야를 확대할 필요가 있다. 한역경전을 매개로 성립한 동아시아 불교는 왕성한 인적 물적 교류를 통하여 국가 간에 커다란 시차 없이 전개되고 있었다. 원효 당시 동아시아 불교계는 현장에 의한 이른바 신역 불교의 성립과 거기에 따르는 신·구역 불교 사이의 대립과 갈등이 최대 현안이었다. 그리고 원효가 현장 문하로의 유학을 시도하였다는 『송고승전』「원효전」의 기사는, 원효가 그러한 불교계 상황과 결코 무관하지 않았음을 시사한다. 그런 점에서 원효의 화쟁은 현장계를 중심으로 하는 신·구역 불교의 갈등을 배경으로 할 때 그 사상사적 의의가 제대로 드러날 수 있게 된다고 하겠다.

2. 현장(玄奘)의 역경(譯經)과 신·구역 불교의 갈등

7세기 전반 현장의 서역 구법 활동과 귀국 이후의 역경 활동은, 동아시아 불교가 구역 불교에서 신역 불교로 전환됨을 의미한다. 현장의 서역 구법과 관련해서는 대략 20년 간격을 두고 찬술된 3대 문헌, 즉 『대당서역기(大唐西城記)』(646년, 이하 『서역기』)와 『속고승전』 권4 「현장전」(664～667년경, 이하 「현장전」)과 『자은사삼장법사전(慈恩寺三藏法師傳)』(688년, 이하 『자은전』)이 있다.[16] 이들을 비교해보면 후자로 갈수록 불교경전으로는 『유가사지론(瑜伽師地論)』을, 불교신앙으로는 미륵신앙(彌勒信仰)을, 그리고 현장 자신을 더욱 부각시키고 있음을 알 수 있다. 이는 단순히 제자들이 위대한 스승을 현창(顯彰)한다는 차원을 넘어선다. 그것은 특정한 유파의 교리와 신앙과 종조를 전면에 내세운다는 점에서 새로운 종단, 즉 법상종의 탄생을 알리는 것이다.[17]

위의 텍스트 가운데 『자은전』은 법상종 출현의 역사적 정당성을 확보하려는 차원에서 현장의 서역 구법 활동을 극적으로 묘사하고 있다. 특히 세 차례의 논쟁—순세외도(順世外道)와의 논쟁, 정량

부(正量部) 소승교도와의 논쟁, 중관파 승려와의 논쟁 ― 을 통하여 현장의 눈부신 승리를 부각시키고자 하였다. 이러한 논쟁은 인도에서 현장이 직접 경험한 사실일 수도 있지만, 한편으로는 7세기 후반 법상종 성립과 관련된 윤색도 있다.

645년 정월 현장은 17년 만에 인도 유학을 마치고 드디어 장안으로 돌아왔다. 그는 귀환 직후인 5월 장안 홍복사(弘福寺)에서 국가적 후원하에 대대적인 역경사업에 착수하였으며,[18] 입적하기 직전까지 모두 75부 1,335권(『대당서역기』를 포함하면 76부 1,347권)의 방대한 분량을 한역하였다. 현장의 번역은 원전에 충실하다든가 용어의 통일성을 기하였다는 점에서, 중국 역경사상 한 획을 긋기에 충분하였다. 『속고승전』의 저자 도선(道宣)은 현장의 역경 활동에 대하여, "나중 번역이지만 옛사람을 경멸하지 않았으며, 근본을 잡고서 전날의 잘못을 바로잡았다"고 평가하였다. 그래서 흔히 현장의 한역경전에 의한 불교를 신역 불교라 하여, 종래의 구역 ― 그중에서도 구마라집(鳩摩羅什)의 한역을 고역(古譯)이라 함 ― 에 의한 불교와 구분하게 되었다.

현장은 신역 불교 중에서도 사상적으로 호법(護法)의 학설을 중심으로 한 신유식을 선양하였으며, 기(基, 632~682)는 현장을 이어 신유식학을 정통으로 하는 법상종을 개창하였다. 법상종은 현장에 의한 신역 경전에 근거하는바, 이들 신역 경전은 직역을 원칙으로 하였다는 점에서 인도 불교를 중국적으로 변용하는 것이 아니라 있는 그대로 정확히 이해할 것을 촉구하였다. 현장은 불교의 중국화라는 거대한 역사적 조류에 맞서 이를 되돌리려고 하였으며,[19] 그 원칙에 따라 기왕의 구역 경전을 불완전한 텍스트라고 비판하였다. 그 결과 신·구역 불교 진영 간의 이념과 교단 헤게모니를 둘러싼 갈등이 본격화되었다. 655년 현장이 제자들에게 명하여 구역 경전의 강경을 금지시키려다가, 법충(法沖)을 비롯한 기성 불교승려들의 반대에 봉착하여 이를 철회한 사건은 당시의 분위기를 여실히 반영한다.[20]

7세기 중엽의 장안 불교계는 현장에 의해 촉발된 신·구역 불교 간의 내부 갈등—신·구유식의 갈등, 중관·유식의 갈등, 삼승·일승의 갈등—뿐만 아니라, 당 왕실의 지원을 받는 도교 측과의 힘겨운 불도논쟁에다가 불교의 치외법권을 박탈하려는 세속 권력과의 갈등까지 겹쳐서, 그야말로 격동의 한 시대를 맞이하고 있었다. 현장은 그러한 불교계를 이끌어가는 구심점으로서, 인도에서 직접 가져온 신유식의 기치하에 교리 문제를 매듭짓고자 하였던 것이다. 그런 현장의 신역 불교가 당 왕실의 전폭적인 후원을 받아 급속도로 확산되었기 때문에, 당 불교계는 물론 신라와 일본을 포함하는 전체 동아시아 불교계가 신·구역의 갈등에 휩싸이게 되었다.

현장의 역장이나 그의 문하에는 많은 신라승들이 활동하고 있었으므로, 이들을 통하여 신라 불교계에도 교리 논쟁이 격화되었을 것이다.[21] 당시 신유식을 접한 신라 승려들은 다양한 반응을 보이고 있었다. 첫째 부류는 현장의 역경사업에 직접 참여한 신방(神昉)이나 지인(智仁)처럼 신유식학을 고스란히 수용한 승려들이 있었다.[22] 반면 현장의 문하에 참여하였음에도 불구하고 원측(圓測, 613~696)과 같이 신유식을 중심으로 구유식 및 중관사상과의 화해를 모색한 부류도 있었는데, 이들을 특히 기의 자은학파(慈恩學派)와 구분하여 서명학파(西明學派)라 한다.[23] 또 후술하겠지만 의영(義榮)처럼 현장의 오성설(五性說)을 반대하거나 순경(順璟)처럼 현장의 유식비량(唯識比量)의 오류를 지적한 승려도 있었다.[24]

신라 불교계는 유학승 및 수입된 신역 경론을 통하여 중국 불교계와 별다른 시차 없이 신·구역 불교 간의 갈등을 겪게 되었다. 당시까지의 신라 불교계는 구역 불교를 바탕으로 하고 있었다. 원광·자장으로 이어지는 섭론학은 구유식이었으며, 보덕·낭지는 일승사상을, 혜공·대안은 반야공관사상을 따르고 있었다. 그러므로 개성이 강한 신유식의 수입은 신라 불교계에도 상당한 파장을 끼쳤을 것이다. 나아가 교리 갈등은 삼국 통일로 새로 편입된 고구려와 백제 불교 교단의 재편 문제 및 유교 정치 이념을 표방한 중대 왕실의 새로운 불교정책 등과 얽혀서 신라 불교계를 복잡하게 만들었다. 신·구역 불교 간의 갈등은 더 이상 중국에서 수입된 외래의 과제가 아니라, 신라 불교계가 해결해야 할 당면 과제였다.

신·구역 불교 사이의 교리 논쟁은 크게 세 가지로 나누어 볼 수 있다. 첫째는 신·구유식 간의 갈등이며, 둘째는 중관·유식의 논쟁이며, 셋째는 일승·삼승의 대립이었다. 이러한 교리적 갈등을 극복하려고 한 인물이 한때나마 현장 문하로의 유학을 시도했던 신라의 원효였다. 일찍이 원효가 의상과 함께 중국 유학을 시도한 동기가 현장의 신유식을 배우려는 데에 있었으며, 원효의 저술에서 빠짐없이 인용되는 경전이 『유가론(瑜伽論)』을 비롯한 신유식의 소의경전들이었다.[25] 그러나 원효는 신유식을 받아들이면서도 구역 불교의 입장에서 신유식과의 적극적인 회통(會通)를 모색하였다.

3. 신·구유식(新·舊唯識)의 갈등

애초에 현장은 세친(世親)의 『유식삼십송(唯識三十頌)』에 대한 인도 10대 논사의 해석을 모두 번역하고자 하였다. 그러나 그렇게 하였을 경우 후대에 이견이 분분할 것이라는 기(基)의 건의를 받아들여, 10대 논사 가운데 호법(護法)의 해석을 중심으로 하여 나머지 9인의 해석을 곁들이는 '합유(合糅)'의 방식을 채택하게 되었다. 그렇게 해서 편역(編譯)의 방식으로 성립된 문헌이 바로 『성유식론(成唯識論)』이며, 『성유식론』을 소의경전으로 하는 법상종을 호법종(護法宗)이라고도 부르게 되었다.[26] 이와 같이 현장 문하가 호법－계현(戒賢)의 견해를 정통으로 받아들임으로써 다른 계통의 유식가와는 때로 사상적인 대립을 하기에 이르렀다. 특히 같은 유식학 내에서도 진제에 의해 성립된 섭론학과 충돌하게 되었는바, 일반적으로 현장 이후를 신유식, 그 이전을 구유식이라고 해서 구별한다.

양자는 모든 인식의 본질이 자기인식에 불과하다는 점에서 일치하였지만, 인식의 정의를 둘러싸고 견해차를 드러내었다. 구유식학에서는 안혜(安慧, 510～570)의 설에 기초하여, 자기인식은 순수한 인식작용일 뿐이며 개개의 인식이 띠는 형상은 비실재라는 무상유식설(無相唯識說)을 주장하였다. 반면 신유식학에서는 호법의 설에 기초하여, 자기인식이란 나타나 있는 형상 이외에는 없고 인식작용과 그 형상을 나누는 것은 사실에 어긋난다는 유상유식설(有相唯識說)을 주장하였다.[27] 또한 섭론학에서 제8식을 진망화합식으로 보고 청정무구식으로서의 제9식 아말라식을 별도로 설정하고 있음에 반하여, 신유식학에서는 제9식을 부인하는 8식설을 내세우면서 제8식인 아라야식을 망식(妄識)으로 해석하였다. 신유식학이 성립하면서 기존의 섭론학은 신유식학에 흡수되었다. 오늘날 원측은 신·구유식 간의 조화를 모색하며 독자적인 일가를 이루었다고 평가되지만, 정작 그 당시 장안 불교계에서는 현장 직계인 자은학파에 의해 비판받았다.

원효는 신·구유식 간의 쟁론에서 구유식에 경사되었음을 보여준다. 예컨대 『기신론소』에서 아라야식을 상세히 분석하는 가운데, 아라야식이 진망화합식임을 도처에서 시사하였다. 마찬가지로 『금강삼매경론』에서는 9식설을 수용하면서, 진제의 9식설 자체가 『금강삼매경』에 근거한 것이라고 주장하였다. 원효는 이와 같이 구유식의 입장을 견지하면서 동시에 신유식의 학설을 광범하게 차용한 것으로 보인다. 원효는 신·구유식학에 공통되는 『유가론』에 대해서는 3부 19권의 주석서를 남기고 그 학설을 비중 있게 받아들였음에 비하여, 호법의 학설 중심으로 중국에서 편역한 『성유식론』에 대하여는 단지 『성유식론종요(成唯識論宗要)』 1권만 남겼고 그다지 인용도 하지 않았다. 이러한 점들은 향후 원효의 유식사상 연구에서 유념해야 한다.

4. 일승(一乘)·삼승(三乘)의 화쟁

종래의 『법화경』으로 대표되는 일승사상에서는 일승진실(一乘眞實)·삼승방편(三乘方便)을 주장한 데 비해, 신유식은 삼승진실(三乘眞實)·일승방편(一乘方便)을 주장하면서 일승사상을 비판하였다. 당시 법화

일승주의(法華一乘主義)를 표방한 종단은 천태종이었다. 그런데 수대에는 대표적 종단이었음에도 불구하고 당대에 들어와서는 쇠퇴일로를 걷고 있었다.[28] 천태종은 법상종에 대한 대응력을 이미 상실하였던 것이다.

일승 대 삼승의 대립은 특히 불성론(佛性論)을 둘러싸고 첨예하게 전개되었다. 중국에서는 도생(道生)의 천제성불설(闡提成佛說) 이래로 모든 중생이 부처가 될 수 있다는 생각이 중국 불교도 사이에 깊숙이 침투해 있었다. 이 점을 잘 알고 있었던 현장이기에 귀국을 즈음하여 『대승장엄경론(大乘莊嚴經論)』등에서 말하는 무불성(無佛性) 내지 무종성(無種姓)을 중국 불교도들이 기필코 믿지 않을 것이라는 우려감에서 이 구절들을 삭제하여도 좋은 지를 스승인 계현에게 질문하였지만, 오히려 계현으로부터 질책을 받았다.[29] 따라서 현장과 그 문하가 신유식의 경전을 근거로 일부 중생의 성불 가능성을 부인하는 오성각별설(五性各別說)을 내세우며 법상종을 개창하는 과정에서, 『열반경』의 '일체중생(一切衆生) 실유불성(悉有佛性)'에 근거하여 모든 중생의 성불 가능성을 승인하는 일승가(一乘家)와의 대립은 피할 수 없게 되었다.[30]

현장이 정관(貞觀) 19년(645) 홍복사에서 번역사업에 착수할 때 증의(證義)로 참여한 영윤(靈潤)은, 현장이 『유가론』과 『해심밀경(解深密經)』을 번역하여 오성각별설을 주장하자, 『십사문의(十四門義)』를 지어서 오성각별설을 비판하고 일성개성(一性皆成)의 종의(宗義)를 발표하였다. 이에 현장 문하의 신태(神泰)가 『일권장(一卷章)』을 지어 오성설을 재천명하였으며, 신라의 의영(義榮)이 다시 『일권장』

을 지어 영윤을 옹호하는 일성설을 주장하였다. 마찬가지로 현장의 역장(譯場)에 참여하였던 법보(法寶)가 『일승불성구경론(一乘佛性究境論)』을 지어서 일성설을 주장하자, 기의 제자인 혜소(慧沼, 650~714)는 『능현중변혜일론(能顯中邊慧日論)』을 지어 오성설을 거듭 주장하였다.[31] 이와 같이 현장이 역경 활동을 통하여 구역 불교를 비판하고 신유식을 주장하는 데 대하여 기성 불교계, 특히 일승가들이 강력히 반론을 제기하였으며, 그것은 일성설 대 오성설의 논쟁으로 나타났다.

영윤은 『열반경』을 중심으로 『기신론』과 『섭대승론』 등의 경론을 폭넓게 섭렵한 수·초당기의 대표적인 학승이었다. 그는 만년에 홍복사에 머무를 때 법충과 나눈 대화에서, 일승사상을 홍포하겠다는 법충의 기개를 높이 평가하였다.[32] 법충은 앞서 언급하였듯이 655년 현장이 구역경전의 강경을 금지한 데 반발하여 이를 제지시킨 주인공이었다. 그런데 영윤이 대업(大業) 10년(614) 홍려시(鴻臚寺)에 들어가 삼한(三韓)을 교수(敎授)하는 역할을 맡은 것으로 보아, 고구려·백제·신라의 삼국 출신 승려들에 대한 영향력이 컸을 것으로 짐작된다. 위의 논쟁에서 신라의 의영이 영윤을 옹호한 것도 그런 실례로 볼 수 있겠다.[33]

원효 사상의 핵심은 일심이었으며, 일심은 불성(佛性)의 체(體)였다.[34] 그러므로 불성을 둘러싼 논쟁은 원효가 극복해야 할 과제이기도 하였다. 『십문화쟁론』에는 일성설·오성설의 논쟁에 대한 원효의 화쟁적 태도가 집약되어 있다. 다만, 현존하는 단간(斷簡) 『십문화쟁론』에서는 찾아볼 수 없고, 균여(均如)의 『석화엄교분기원통초(釋

華嚴敎分記圓通鈔)』에 인용된 구절을 통하여 그 전모를 짐작할 수 있다. 원효는 모든 중생이 불성을 지녔다는 설과 불성이 없는 중생도 있다는 설에 대하여, 두 가지 견해는 모두 성인의 가르침[聖敎]에 따랐기 때문에 진리라고 하였다.[35] 그런 다음 양자의 회통을 시도하였다. 먼저 진속(眞俗)의 상호관계를 기준으로 하여, 법문(法門)을 의지문(依持門)과 연기문(緣起門)으로 나누었다. 의지문은 '진속비일(眞俗非一)'의 관점에서 중생은 본래부터 차별이 있다고 보기 때문에, 불성이 없는 중생이 있게 된다. 반면 연기문은 '진망무이(眞妄無二)'의 관점에서 일체법이 똑같이 일심으로 체를 삼는다고 보기 때문에, 모든 중생은 불성을 지니게 된다. 『유가론』과 『현양론(顯揚論)』은 의지문에 해당하며, 『열반경』은 연기문에 해당한다.[36] 이와 같이 원효는 일성설과 오성설을 각각 연기문과 의지문에 배당시켜서 양자가 모순되지 않는다고 주장하였다.

일성설과 오성설의 화쟁에 관한 더 이상의 언급을 균여의 인용문에서 찾아보기는 어렵다. 그런데 원효의 무애행은 '진속불이(眞俗不二)'를 지향한 운동으로서 그것은 연기문의 '진망무이'와 다르지 않다. 그렇다면 원효는 일성설과 오성설의 동등한 화쟁이 아니라, 일성설의 우위하에 오성설을 포섭한 것으로 보아야 하겠다. 이 점은 사교판론(四敎判論)에서 삼승교보다 일승교를 더 높은 차원의 교설로 자리매김한 데서도 엿볼 수 있다.

5. 중관(中觀)·유식(唯識)의 화쟁

대승불교의 양대 조류이자 신·구역 갈등으로 더욱 관심이 커진 문제가 바로 중관·유식의 대립이었다. 중관학파(Mādhyamika)는 용수(龍樹, Nāgārjuna; 150~250)·제바(提婆, Āryadeva; 170~270)에 의해서 제창된 실상론계(實相論系)로서, 그 교학은 제법의 실상을 관찰해서 제법에 독립된 자성(自性)이 없다는 공성(空性)을 밝히는 데에 특색이 있다. 그 수행은 8종의 미망(迷妄) 즉, 생멸·거래(去來)·일이(一異)·단상(斷常)의 어느 한 쪽에 대한 편집을 제거해서 중도(中道)를 관찰하는 것을 본지(本旨)로 한다. 그래서 공문(空門) 혹은 중도종(中道宗)이라고도 한다.

그런데 시대가 내려가면서 '공'에 집착한 나머지 허무주의화의 폐단이 나타났다. 이를 극복하기 위하여 등장한 것이 바로 유가파였다. 유가파(瑜伽派, Yogācāra)는 미륵(彌勒, Maitreya; 270~350)·무착(無着, Asaṅga; 310~390)·세친(世親, Vasubandhu; 320~400)에 의해서 제창된 연기론계(緣起論系)로서, 연기에 의해서 생성되는 제법이 그 본성은 공(空)이지만 현상면에 있어서는 유(有)임을 승인하고자 하였다. 그 수행은 요가의 관행에 의해서 진여를 깨닫고자 노력하기 때문에, 유문(有門) 혹은 유가종(瑜伽宗)이라고도 한다.[37]

원래 중관과 유식은 대승불교의 양대 조류로서 상호보완적인 관계였는데, 6세기에 접어들면서 대립과 갈등이 표면화되었다. 그것이 이른바 '청변과 호법의 공유쟁론'이었다.[38] 청변(淸辯, Bhāva viveka; 500~570)으로 대표되는 중관파의 이제설(二諦說)은 세속을 부정하지 않은 채 세속을 성립시키려고 하는 것이며, 세속 안에서 승의(勝義)의 공을 직관적으로 행증(行證)하려는 세속즉승의(世俗卽勝義)의 중도를 주장하였다. 그런데 세속에서 곧장 공을 직관한다는 것은 다수 수행자에게는 실행하기 어려운 수행법이었다. 이에 호법(護法, Dharmapāla; 530~561)을 중심으로 한 유가행파(瑜伽行派)는 세속의 연생법(緣生法) 그 자체의 존재[依他起性]의 전도성[顚倒性, 변계소집성(遍計所執性)]을 부정해서, 세속의 연생법 그 자체의 부전도(不顚倒)인 진실성[원성실성(圓成實性)]을 전환적으로 인식하려고 하는 삼성설을 내세웠다.[39] 결국 공유논쟁은 세속 자체의 부정에 철저하려는 행적(行的)인 도(이제설)와, 세속을 전도된 인식의 부정을 통하여 여실히 유적(有的)으로 인식하려는 지적(知的)인 도(삼성설), 어느 쪽이 부처 본래의 정신인가를 둘러싼 근본적인 대립이었다.[40]

중관파와 유가파의 쟁점을 간추려보면 우선 이제·삼성설의 대립,[41] 진제와 속제에 대한 공유논쟁, 경식개공(境識皆空)·유식무경(唯識無境)의 대립, 그리고 자파의 소의경전을 요의(了義)로 보고 상대방의 소의경전을 불요의(不了義)로 보려는 교판 논쟁 등을 들 수 있다.

중관과 유식 사이의 대립 의식은 당에 들어와서, 그것도 현장이 신유식을 바탕으로 기성 불교계를 강력히 비판하면서 촉발되었다. 현장은 공유쟁론이 가장 치열했던 시기에 인도 유학을 하였다. 그의 전기에 의하면, 그가 인도 날란다사에서 공부하고 있을 때 스승인 계현의 지시를 받아 『섭대승론』과 『유식결택론(唯識決擇論)』을 강연하기로 되었는데, 중관계 학자인 사자광(師子光)이 먼저 『중론(中論)』과 『백론(百論)』을 강연하면서 유가(瑜伽)를 비판하였다. 그래서 현장과 사자광 사이에 공유논쟁이 벌어졌으며, 결국 현장이 사자광을 굴복시켰다고 한다.[42] 공유쟁론을 몸소 체험한 현장은 그후에 『제악견론(制惡見論)』을 찬술하여서 소승과 외도를 제압하고 아울러 『회종론(會宗論)』을 지어서 『유가론』의 우위하에 『중론』을 융회하였는데, 이때 유식비량(唯識比量)을 건립하였다.[43]

위의 두 저술은 일찍이 산실되었지만, 현장의 유식비량은 후대까지 유식학자들에게 커다란 영향을 미쳤다. 현장은 장안에 돌아온 후 당 왕실의 전폭적인 후원을 받아 대대적인 역경사업을 벌임으로써 신역불교를 성립시키는 한편, 청변·호법의 공유쟁론을 통해서 호법의 학설이 정의(正義)임을 현양하려고 하였다.[44] 현장의 이러한 입장은 교판론을 통해서도 엿볼 수 있다. 현장은 『해심밀경』과 『유가론』의 삼시설(三時說)을 수용하여, 제2시에 『반야경』을 그리고 제3시에 『해심밀경』을 배당함으로써, 중관에 대한 유식의 우위를 거듭 확인 하였다.[45]

중관계통의 삼론학파는 길장을 정점으로 하여, 차츰 학파로서의 명맥은 끊어졌다. 그리고 현장과 동시대에 활약한 화엄종의 2조(二祖) 지엄(智儼, 602~668)은 현장에 의해서 『성유식론』이 번역되자(659), 자신의 『화엄오십요문답(華嚴五十要問答)』에서 삼승을 시교(始敎)와 종교(終敎)로 나누고, 그 시교에 바로 현장의 유식설을 배당하였다.[46] 즉 신역의 제 경론 내지 그것에 소의(所依)하는 현장·기의 법상교학을 어떻게 위치를 부여하는가 하는 문제에 대해서, 지엄은 삼승을 시교와 종교로 나누고 시교에 법상교학을 배당하는 사교판을 성립시킨 것이다.[47]

태현(太賢)의 『성유식론학기(成唯識論學記)』에 의하면, 공유쟁론에 대하여 7세기 중반 신라 불교계에서는 세 가지의 입장이 있었다. 첫째는 청변과 호법의 공유쟁론이 실제로 있었다는 원측 등의 설, 둘째는 그러한 쟁론이 애초부터 없었다는 순경(順璟) 등의 설, 그리고 마지막으로 언어는 쟁론이 있지만 그 취지는 같다는 원효 등의 설이다.[48] 원측은 현장이 번역한 『불지경론(佛地經論)』을 인용하여, 불멸 천 년 이후, 특히 청변과 호법의 시대에 이르러 비로소 쟁론이 시작되었다고 보았다.[49]

이 가운데 원효의 견해를 좀 더 들어보겠다.

이 둘(청변·호법)은 말은 다투지만 뜻은 같다. 마치 부도(浮圖)와 같아서 밑 부분은 크지만 위로 갈수록 섬세하여, 반드시 다른 부분이 있어야 자신도 비로소 성립한다. 호법종은 집착하는 바를 반드시 들었으나, 사구(四句)를 떠나서 나타낸 것은 아니다. 공·유 등의 성은 모두 집착하는 바이기 때문이다. 삼성(三性)은 묘유(妙有)하니 전무(全無)가 아니기 때문이다. 이로 말미암아 말하기를, "이공(二空, 我空·法空)은 진여(眞如)가 아니니 공(空)이란 다른 한 쪽이 또한 불공(不空)임을 말하는 것이 되기 때문이며, 공과 유의 길이 끊어진 것을 진여라 하기 때문이다."라고 하였다. 청변보살은 세속이 유(有)임을 들어서 제무(諸無)를 떠났으며, 제진(諸眞)이 무(無)라고 간정(簡定)한 것 역시 속(俗)이 무이기 때문이다. 이성(二性, 我性·法性)은 묘무(妙無)하니 얻을 게 없기 때문이다. 만약에 유를 버리기만 한다면 곧 무를 얻게 되는데, 무 또한 버려야 하기 때문에 얻을 게 없다고 말하는 것이다. 얻을 게 없다는 것은 사구의 뜻을 떠난 것이니, 무착(無着)의 『반야론』에 이르길, "사구는 모두 법에 대한 집착에 포섭된다"고 하였다. 이러한 정리로 말미암아 원효 등이, "언어는 쟁론이 있으나 뜻은 같거늘, 다만 이제 말대(末代) 둔근(鈍根)의 무리들이 이 쟁론에 의하여 교묘한 해석을 낳기 때문이다."라고 말하는 것이다.[50]

원효는 청변과 호법의 진의는 같고 표현한 언어만 다를 뿐인데, 말세의 아둔한 무리들이 교묘한 해석으로 논쟁을 일으켰다고 하였다. 즉, 공유쟁론이 무엇보다도 언어의 집착에 의해서 일어난다고 판단하였다.[51]

원효가 중관·유식의 논쟁에 관심을 갖고 그것의 화쟁을 적극 모색한 시기는 분명치 않지만, 저술상으로 보자면 『기신론별기』의 대의문을 작성하고 『대혜도경종요(大慧度經宗要)』를 찬술하던 때가 아닌가 싶다. 그는 『대혜도경종요』에서 제법실상(諸法實相)을 둘러싸고 전개된 『반야경』과 『유가론』의 논점을 간략히 소개한 다음, 이들 양자의 화쟁을 시도하였다. 거기에 의하면, 설사 언어의 표현이 틀릴지라도 그것이 경에 의거한 것이라면, 경은 성전(聖典)이기 때문에 서로 모순되지 않는다고 하였다.[52] 원효는 공유의 쟁론이 언어에 집착한 결과로 보고, 그 쟁론에 가담하지 않는 객관적·초월적 입장을 견지하였다.

공과 유를 모두 초월하는 것만으로 공유의 쟁론이 해결되고 중관과 유식의 교리적 차이가 없어지는가. 원효는 쟁론에 빠져서 자기만이 옳고 남을 그르다고 보는 것은, 『보살계본(菩薩戒本)』에서 설하는 사중계(四重戒)의 하나인 자찬훼타계(自讚毁他戒)를 범하는 것이라고 비판하였다. 따라서 원효에게 있어서 공유의 쟁론은 단순히 비판의 대상에 머무는 것이 아니라, 더 적극적으로 해결하고 극복해야 할 사상사적 과제였다.

원효는 먼저 각 이설들이 그 나름대로의 타당성을 갖는다고 보는 긍정적인 태도를 취하였다. 쟁론에 빠진 사람들이 자신의 견해에 집착하고 있다는 점에서는 진리로부터 멀어졌지만, 무언가 각 이설이 존재하게 된 데에는 그만한 이유가 있다는 것이다. 즉, 원효는 각각의 이설이 갖고 있는 진리의 일면성을 인정하였다. 『열반종요』에서 불성(佛性)에 관한 여섯 가지의 이설들을 장님이 코끼리 만지는 격에 비유하여 회통시킨 것이 그 대표적 예이다.[53] 이러한 화쟁을 바탕으로 사교판론에서 중관[반야경]과 유식[해심밀경]을 삼승통교(三乘通敎)에 나란히 배당하였던 것인데, 교판론 역사상 『반야경』과 『해심밀경』을 나란히 배당한 것은 원효가 최초로서 교판사상으로도 중요한 의미를 갖는다.

원효가 현장의 신유식을 비판적 입장에서 수용하였음을 잘 보여주는 예화가 바로 현장이 건립한 유식비량(唯識比量)에 대하여 상위결정(相違決定)의 과(過)를 지적한 사건이다.[54] 일찍이 원효는 현장의 유식비량에 상위결정의 과가 있음을 지적하였는데, 순경(順璟)이 여기에 동조하여 666년 제자 영유(令裕)를 당나라에 보내어 자은(慈恩) 기(基)에게 이의를 제기하였다. 이 일로 원효는 일약 '진나보살(陳那菩薩, Dignāga; 480~540?)의 후신(後身)'이라는 후세의 평가를 얻게 되었다고 한다.[55]

원효가 불교논리학이라고도 할 수 있는 비량(比量)에 이처럼 관심을 가졌던 까닭은, 당시의 현안이었던 공유화쟁의 해소와 깊이 연관된다. 현장이 소개한 인명학(因明學)에 원효가 상당한 관심을 가지고 연구한 듯하며, 그 결실이 671년에 저술한 『판비량론(判比量論)』이다. 그래서 원효는 일찍이 공유쟁론의 대표라 할 청변의 『장진론(掌珍論)』과 호법의 『광백론(廣百論)』에 대하여, 각각 『장진론종요(掌珍論宗要)』 1권과 『광백론종요(廣百論宗要)』 1권을 저술하였으며,[56] 『판비량론』을 저술하여 두 비량이 같음을 논증하였던 것이다. 아쉽게도 현재는 일부만 전해지고 있을 뿐이지만, 일본 승려들의 저술에 『판비량론』이 자주 인용된 것으로 보아 당시에는 널리 읽혔던 모양이다.

중관·유식의 화쟁은 법성종(法性宗)과 법상종(法相宗)의 성상융회(性相融會)의 차원에서도 이해할 수 있다. 수대에 성립한 삼론학(三論學)과 천태학(天台學)을 법성종이라 한다면, 현장의 신유식(新唯識)은 바로 법상종이었으며, 법장에 와서 집대성된 화엄학(華嚴學)은 성종과 상종의 대립을 극복하기 위한 사상 체계였다. 그리고 원효의 화쟁 사상이 법장의 화엄교학 형성에 끼친 영향은 이미 지적된 바 있다.[57] 또한 고려 중기에 동아시아 교학 불교의 재건에 헌신한 대각국사 의천(義天)이 그 이상(理想)을 원효에서 찾고 그를 '해동교주(海東敎主)'로 떠받들게 되는데, 그가 원효를 이처럼 높이 평가하게 되는 동기는, 바로 원효가 지자대사(智者大師)의 천태학[법성종]과 자은대사(慈恩大師) 기(基)의 유식학[법상종]을 화쟁하였다고 판단하였기 때문이다.[58]

청변과 호법의 공유쟁론이 현장에 의해 중국 불교계에 소개될 때, 현장은 호법의 신유식을 현양하고자 하였으며, 그 연장선상에서 자은대사 기에 의해 법상종이 성립되었다. 그런데 680년대 들어서면서 지광(智光)과 계현(戒賢)의 공유쟁론이 교판쟁론의 형식으로 새로이 중국 불교계에 소개되었다. 법장은 684년 태원사의 역장(譯場)에서 원측과 함께 중천축(中天竺) 출신의 지파가라(地婆訶羅, 日照)를 만났다. 지파가라는 이때 날란다사에 머무르던 지광과 계현의 교판쟁론의 소식을 전하였다.[59] 그래서 법장은 『화엄경탐현기(華嚴經探玄記)』 권1에서 상당한 지면을 할애해가며 그 화쟁을 시도하였으며,[60] 오교십종판(五敎十宗判)에서 대승시교(大乘始敎)에 『반야경』과 『해심밀경』을 나란히 배당하였던 것이다.

여기서 원효의 사교판론과 관련하여 주목되는 것은, 법장이 『화엄오교장(華嚴五敎章)』에서는 『반야경』을 대승시교에, 『해심밀경』을 대승종교(大乘終敎)에 각각 따로 배당하였는데,[61] 원효의 사교판론을 처음으로 소개한 『화엄경탐현기』에서는 두 경전을 대승시교에 함께 배당했다는 사실이다.[62] 그리고 대승종교에는 『기신론』 등을 배당하였다. 즉, 법장은 시교(始敎)에서 공(空)의 입장인 용수·제바의 중관계 및 삼론교학과 아울러, 상(相)의 입장인 무착·세친의 유가계 및 법상교학을 포섭하였다. 그리고 종교(終敎)에서는 대승교학에 있어서 공유를 화쟁시키는 논리로서 『기신론』 등의 여래장연기설(如來藏緣起說)을 들고 있다.[63] 이와 같이 법장의 오교판에는, 중관과 유식을 화쟁하고 그 논리적 근거를 『기신론』에서 찾은 원효의 불교 사상이 거의 그대로 반영되어 나타나고 있다. 그것은 당시의 사상사적 과제로서 공유의 화쟁을 시도한 원효 불교에 법장 역시 공감했음을 의미한다.

한편 원효의 공유화쟁은 일본에도 전해져서 커다란 영향을 미쳤다. 일본 삼론종 승려인 현예(玄叡)는 왕명을 받아서 삼론학에 관한

『대승삼론대의초(大乘三論大義鈔)』 4권을 저술하였다. 이 저술은 삼론종을 대표해서 만들어졌으므로, 당시 일본 삼론교학의 집대성이라고 할 수 있다. 그런데 『대승삼론대의초』 권3에서, 앞서 인용한 태현의 『성유식론학기』의 공유쟁론 관련 문구를 전재하고 있다.[64] 그리고 또한 공유쟁론의 각 전거가 된 청변의 『장진론』과 호법의 『광백론』의 논리가 같다는 것을 원효의 『판비량론』을 인용하여 주장하였다.[65] 이러한 주장은 법상종의 선주(善珠, 724~797)에게도 보인다.[66] 즉, 8세기 후반에서 9세기 전반 무렵 일본 불교계가 공유쟁론을 극복하는 데 있어서 신라 불교, 특히 원효 불교가 커다란 영향을 미쳤음을 알 수 있다.

원효 화쟁사상의 총서격인 『십문화쟁론』이 진나(陳那) 계통에 의해 인도로 전래되었음은 유명하다.[67] 「고선사서당화상비」에도 원효의 저술이 범어로 번역되었다고 하는데,[68] 『십문화쟁론』일 가능성이 높다.

지금까지 살펴보았듯이 원효의 화쟁, 특히 공유화쟁이 신라·중국·인도·일본 등 당시의 동아시아 불교권에서 중요한 사상사적 과제였던 중관·유식의 대립을 극복하는 데 크게 기여했음을 알 수 있다. 즉, 원효는 구역 불교의 입장에서 신역 불교의 교리를 받아들이는 화쟁주의적 방법을 취하였으며, 궁극적으로 구역의 『대승기신론』과 『화엄경』을 통하여 자신의 일심사상을 체계화시키고자 하였다. 성당기(盛唐期)의 법장은 이러한 원효의 성과를 바탕으로 화엄학을 집대성함으로써, 동아시아 불교의 교학적 체계화가 완성되기에 이른다.[69]

|제10장| 계율관(戒律觀)과 무애행(無碍行)

1. 몇 가지 문제

일연이 『삼국유사』에 원효의 전기를 기술하면서 붙인 제목은 '원효불기(元曉不羈)'였다. 기(羈)가 굴레, 재갈, 고삐를 의미하므로, 원효불기는 '원효가 얽매이지 않다' 정도로 풀이할 수 있겠다. 과연 출가자로서 원효의 행적은 계율에 얽매이지 않는 파격성을 유감없이 드러내었으며, 종국에는 승려 신분을 벗어던지고 재가자(在家者)의 삶으로 되돌아갔다.

이러한 파격적인 행적이 부각되면서, 상대적으로 원효의 계율사상은 그다지 주목받지 못하였다. 그런데 계율은 출가자이든 재가자이든 불교도라면 누구나 지켜야 할 규범이다. 불설(佛說)로 제정된 계율은 깨달음을 얻기 위한 수행 방식이자 동시에 생활 규범이다. 그런 점에서 원효의 계율관은 그 자체로서 흥미로울 뿐 아니라, 원효의 불교 사상 전모를 밝히는 데 있어서도 빼놓을 수 없는 연구주제이다.

원효의 계율사상에 대한 연구는 원효 자신의 파격적인 행적에 가려지기도 하였거니와, 관련 자료 또한 빈약하여 아직 초보적인 이해 수준에 머무르고 있다. 기왕의 연구성과를 일별하면, 최초로 본격적인 연구성과를 낸 이기영은 『보살계본지범요기(菩薩戒本持犯要記)』(이하 『요기(要記)』)를 분석하여 원효의 계율관이 유가계(瑜伽戒) 중심의 대승보살계(大乘菩薩戒)라고 이해하였는바, 이 견해는 1970년대까지 통설로 받아들여졌다.[1] 그런데 1980년대 초반 기무라 센쇼오(木村宣彰)가 유가계설(瑜伽戒說)을 비판하고 새로이 범망계설을 주장하는 한편, 원효의 저술로 전해지던 『범망경보살계본사기(梵網經菩薩戒本私記)』(이하 『사기(私記)』)에 대하여 몇 가지 의문을 제기하였다.[2] 이러한 연구성과를 바탕으로 1990년대 들어서는 역사학계에서 원효의 정신주의적 경향이 강한 계율관을, 동시대에 요청되던 불교대중화와 연결시켜 역사적으로 해석하려는 시도가 본격화하였다.[3]

기왕의 연구가 갖는 한계는 『요기(要記)』 중심의 이해를 탈피하지 못하였다는 점이다. 『요기』가 온전히 남아 있고 원효의 독창적인 계율관을 잘 보여준다는 점에서 중요한 자료이기는 하지만, 분량이 짧고 내용상 계율을 전면적으로 다루지 않았다는 한계도 분명하다. 이러한 한계를 극복할 자료로서 주목되는 것이 『사기(私記)』인데, 기무라의 문제제기에 대하여 요시즈 요시히데(吉津宜英)가 한 차례 반론을 전개하였을 뿐,[4] 정작 한국 학계에서는 본격적인 검토가 이루어지지 않았다.

그런데 근래에 김상영(金相永)이 일본 교토대학이 소장하고 있는 『사기』의 유일본이자 1734년의 고사본(古寫本)을 영인하여 소개하였으며[5] 김상현이 『보살계본지범요기조람집(菩薩戒本持犯要記助覽

集)』(이하 『조람집(助覽集)』)을 발굴 소개함으로써[6] 답보 상태인 원효의 계율관 연구에 새로운 전기가 마련되었다. 무엇보다도 『조람집(助覽集)』에 의해서 『사기』가 원효의 진찬일 가능성이 높아졌으며, 『요기』 중심으로 이루어진 기왕의 연구성과가 『조람집』의 이해 수준과 대부분 일치한다는 사실도 확인되었다. 따라서 원효의 계율사상에 대한 연구에서 『조람집』은 반드시 검토해야 할 자료가 되었다.

기무라의 문제제기에서 비롯된 『사기』의 진위 논쟁은, 원효의 진찬 여부를 떠나서 학계가 소홀히 해온 원효 저술에 대한 서지적 검토를 촉구함으로써, 결과적으로 원효 연구를 한 단계 심화시키는 데 기여하였던 것이다. 그런 점에서 기무라의 문제의식은 여전히 유효하다고 생각한다. 이 글에서는 이 문제와 관련하여 일본 동대사 정창원(正倉院)에 소장된 사경(寫經) 관련 고문서를 검토해서 8세기 일본에서 필사된 원효의 계율 관련 저술의 목록을 정리하고자 한다.

『조람집』에 의해 『사기』가 원효의 진찬이라는 주장이 힘을 얻게 되었지만 아직 풀어야 할 의문이 남아 있으며, 『사기』를 진찬으로 확정할 경우 뒤따르는 사상사적 의문도 검토해야 한다. 이제 진찬설을 주장하는 유력한 증거가 제출되었으므로 이 문제에 대하여 좀 더 진전된 논의를 하고자 한다.

『사기』의 진위 여부를 포함하여 이 글에서는 우선 계율에 관한 원효의 저술 목록을 작성하고자 한다. 저술 목록의 작성은 원효 계율관의 전체 윤곽을 그리는 데 도움이 될 것이다. 원효의 계율관을 이해하는 데는 그의 저술은 물론이려니와, 파격적일 정도로 자유분방한 그의 행적도 아울러 고려할 필요가 있다. 계율에 관한 원효의 언어와 행동을 나란히 검토함으로써, 그의 계율사상이 갖는 사상사적인 위치와 의미를 역동적으로 이해할 수 있을 것이다.

2. 범망경(梵網經) 중심의 저술

계율에 관한 원효의 저술은 조사자마다 약간의 차이는 있지만, 대략 표 6과 같이 10종이 거론되어왔다.[7] 이 가운데 『사분율갈마소(四分律羯磨疏)』 4권이 원효의 저술이라는 주장은 오로지 『동역전등목록(東域傳燈目錄)』의 '사분율갈마소사권(四分律羯磨疏四卷) 효(曉)'[8]라는 구절에 근거를 두고 있다. 그런데 『동역전등목록』에서 다른 저술을 소개할 때는 '원효'라는 전체 이름을 명기하고 있어서, '효'가 반드시 원효라고 단정하기는 어렵다. 또 원효는 소승 부파의 불교에 대하여 비판적 자세로 일관하며 대승불교를 중시하였으며, 저술 목록을 보더라도 대승경전 위주로 저술을 남겼다.[9]

따라서 원효가 과연 소승 부파의 율장인 『사분율』에 대하여 주석서를 남겼을까 매우 의문시된다.[10] 더욱이 수계작법(受戒作法)을 다룬 4권짜리 저술이라는 점은 원효 저술의 일반적 특성이라든가, 그의 계율관과 맞지 않는 점이 있다. 그러므로 그 내용을 전혀 모르는 현재로서는 『사분율갈마소』 4권이 원효의 진찬인지에 대하여 신중할 필요가 있다.[11]

이와 관련하여 『사분율과(四分律科)』 3권, 『사분율행종기(四分律行宗記)』 8권, 『사분율제연기(四分律濟緣起)』 8권이 원효의 저술이라

표 6 원효의 계율 관련 저술 목록

	서 명	권수	經錄	비 고
대승계	梵網經疏	2	奈良錄 榮穩錄 義天錄 2	
	梵網經菩薩戒本私記	2	奈良錄	13세기 일본 승려 凝然과 眞圓의 저술에 '梵網經疏'의 이름으로 인용되어 있음
	梵網經略疏	1	義天錄 2	
	菩薩戒本持犯(要記)	1	奈良錄 義天錄 2	해인사 소장본에는 '菩薩戒本持犯宗要'로 되어 있음(박상국, p. 412)
	菩薩瓔珞本業經疏	3(2)	奈良錄 義天錄 3	
	梵網經宗要	1	永超錄 下	義天錄 2에는 太賢의 저술로 나옴
소승계	四分律羯磨疏	4	永超錄 下	저자 이름이 '曉'라고만 되어 있음
	四分律行宗記	8	興隆錄 上	諸宗章疏 등 다른 목록에는 宋 元照의 저술로 나옴
	四分律濟緣記	8	興隆錄 上	諸宗章疏 등 다른 목록에는 宋 元照의 저술로 나옴
	四分律科	3	興隆錄 上	諸宗章疏 등 다른 목록에는 宋 元照의 저술로 나옴

榮穩錄 = 律宗章疏(榮穩, 914년)
義天錄 = 新編諸宗敎藏總錄(義天, 1090년)
永超錄 = 東域傳燈目錄(永超, 1094년)
興隆錄 = 佛典疏鈔目錄(興隆, 1691~1769년)
奈良錄 = 奈良朝現在一切經疏目錄(石田茂作, 1930년)
박상국 = 朴相國 編著, 1987『全國寺刹所藏木板集』, 文化財管理局

는 견해도 있지만, 이들 저술의 찬자가 송 원조(元照)임은 이미 밝혀진 바 있다.[12] 결국 원효는 소승계인 『사분율』 등에 대하여는 아무런 주석서를 남기지 않았으며, 오로지 대승계를 설하는 『범망경』과 『영락경』에 대해서만 주석서를 남겼다고 할 수 있다.[13]

그러고 보면 『범망경종요(梵網經宗要)』를 원효의 저술로 간주하는 경록(經錄)도 『영초록(永超錄)』이 처음이다. 일본 나라 시대의 정창원 고문서를 근거로 작성된 『나라록(奈良錄)』에는 『범망경종요』가 일절 등장하지 않는다. 오히려 의천이 직접 교열한 『의천록(義天錄)』에는 같은 이름의 책이 태현(太賢)의 저술로 나온다. 그리고 일본승 응연(凝然)의 『범망계본소일주초(梵網戒本疏日珠鈔)』와 진원(眞圓)의 『조람집』에 인용된 태현의 '(범망경)종요'는 현존하는 태현의 『보살계본종요(菩薩戒本宗要)』와 한자도 어김없이 일치한다.[14] 따라서 『범망경종요』의 저자는 원효가 아니라 태현인데, 원효가 즐겨 쓴 '종요'라는 이름 때문에 『영초록』의 편찬자가 착각한 것은 아닌가 한다.

현재 가장 논란이 되고 있는 저술은 『범망경보살계본사기』 2권이다. 『사기』는 『범망경』 하권의 게송부터 주석한 것인데, 일찍이 기무라 센쇼오가 위찬설의 입장에서 의문점을 제기하면서 『범망경소(梵網經疏)』 2권과 혼동된 것이 아닌가 추측한 바 있다.[15] 여기에 대하여 요시즈 요시히데가 진찬설의 입장에서 반박하면서 원효의 진찬임을 확인할 수는 없지만, '달기보살(達機菩薩)'의 경우 계를 범하더라도 목적이 숭고하면 죄가 아니라고 주장하는 방식은 '대처보살(帶妻菩薩)'이었던 원효에 적합한 해석이라는 결론을 내렸다.[16] 양자의 견해를 표로 정리하면 표 7과 같다.

기무라가 제기한 나머지 의문 가운데 ② '사기'라는 제목의 유례가 없다는 점은, 원효의 진찬설을 부인하는 근거가 될 수는 없다. 왜냐하면 『요기』도 다른 사례가 없지만 원효의 진찬이 분명하기 때문이다. 그리고 ⑤ '일운(一云)'이라고 인용한 예가 없다고 하였는데, 『본업경소(本業經疏)』에 용례가 확인된다.[17] 따라서 기무라의 의문은 대

표 7 『범망경보살계본사기』의 진 · 위찬설

	僞 撰 說 (木村宣彰)	眞 撰 說 (吉津宜英)
①	『보살계본지범요기』와 취지가 다름	
②	원효의 다른 저술에 '私記'라는 제목의 유례가 전무함	
③	『의천록』을 비롯한 經錄에 언급이 없으며, 『奈良錄』에 '曉公造'로 나옴	『奈良錄』은 원효의 진찬설을 증명하며, 동시대의 '曉公'은 원효뿐임
④	원효는 항상 『金光明經』을 '金鼓經'이라 하였는데, 『私記』에는 '金光明經'으로 나옴	『법화종요』에서도 '金光明經'이라고 인용하였음
⑤	원효가 다른 사람의 설을 인용 소개할 때 '一云'이라고 한 예가 없음	
⑥	『三論玄義』등 三論의 章疏를 상기시키는 필치가 많은데, 이는 원효 저술로서는 예외적임	원효가 삼론학파의 길장을 자주 인용하였으므로, 三論的 필치가 있다하더라도 불가사의한 것은 아님
⑦	원효의 다른 저술에 인용된 예가 없음	『법화종요』도 원효의 다른 저술에 한번도 인용되지 않았음

부분 풀린 셈인데, 다만 ① 『사기』의 취지가 『요기』와 다르다는 점은 후술하듯이 검토할 여지가 있다.

최근 김상현이 일본승 진원의 『보살계본지범요기조람집』(1282년)을 발굴하여 소개함으로써, 『사기』의 진위 논쟁이 새로운 국면에 접어들었다. 김상현은 『조람집』에 인용된 원효의 '범망소' 구절이 현행 『사기』에서 확인된다는 점을 근거로, 『사기』는 원효의 진찬인 '범망경소'의 이칭(異稱)으로서 그 가운데 하권은 8세기 중반경부터 전하지 않았으리라 추정하였다.[18]

그렇다면 과연 『사기』가 '범망경소'와 동일한 책인가? 진원의 『조람집』과 더불어 응연의 『범망계본소일주초』를 보면 원효의 '범망경소'를 빈번하게 인용하고 있는데, 직접 인용한 구절은 모두 『사기』에서 확인할 수 있다.[19] 당시 일본 불교계는 계율이 부흥하고 있을 때로서,[20] 일본 불교계에 원효의 저술이 널리 유통되는 가운데 『요기』가 특별히 주목받았다.[21] 이러한 정황으로 보아 현행 『사기』가 13세기 후반, 즉 가마쿠라 시대 일본 불교계에서 원효의 '범망경소'로 유통되고 있었음은 분명하다.[22]

다만 기무라가 지적하였듯이, 『의천록』에는 『사기』가 보이지 않는 대신, 『범망경소』와 『범망경약소(梵網經略疏)』가 수록되어 있다. 주지하다시피 『의천록』은 의천 자신의 필생의 사업인 교장(敎藏) 편찬을 위한 예비 목록으로서, 여기에 수록된 저술은 의천이 직접 교감을 본 현행 유통본들이었다. 따라서 의천 당시에는 2권본(광소)과 1권본(약소)의 두 종류 '범망경소' 이외에 '사기'라는 이름의 또 다른 저술은 존재하지 않았다고 볼 수 있겠다. 비록 연대가 훨씬 떨어지기는 하지만, 일본승 광겸(光謙, 1652~1739)이 작성한 「범망경보살계본소초총목(梵網經菩薩戒本疏鈔總目)」에도 원효의 관련 저술로 '지범요의(持犯要義)' 1권과 '소' 2권 및 '약소' 1권만을 언급하고 있을 따름이다.[23]

반면 일본 나라 시대에 필사된 사경 목록에는 엄연히 '사기'가 존재한다. 나라 시대의 정창원 문서에 등장하는 원효의 범망경 관련 저술은 표 8과 같이 크게 4종으로 정리할 수 있다. 먼저 가군의 '범망경소 2권'이 원효의 저술임에는 이론이 없다. 이는 표 6의 『영온록(榮穩錄)』과 『의천록』에 의해서 거듭 확인된다. 적어도 『의천록』이 작성된 11세기 말까지 원효의 『범망경소』 2권이 유통되고 있었던 것이다. 나군의 '범망경상권소 1권'은 『범망경소』 2권 가운데 상권이라는 말인지,

표 8 正倉院文書에 보이는 원효의 『범망경』 관련 저술

<table>
<tr><th></th><th>서 명</th><th>분 량</th><th>저 자</th><th>문서 연대</th><th>출 전</th><th>비 고</th></tr>
<tr><td rowspan="12">가</td><td>① 梵網經疏</td><td>2권</td><td>元曉師撰</td><td>747. 12</td><td>9-607</td><td rowspan="12">『義天錄』 2 (『韓佛』 4, 689쪽下), “(梵網經)疏 二卷……元曉述”</td></tr>
<tr><td>② 梵網經</td><td></td><td>元曉師述</td><td>751. 12</td><td>12-13</td></tr>
<tr><td>③ 梵網經疏</td><td></td><td>元曉師</td><td>751. 12</td><td>12-17</td></tr>
<tr><td>④ 梵網經疏</td><td></td><td>元曉師述</td><td>751. 12</td><td>12-19</td></tr>
<tr><td>⑤ (梵網經)疏</td><td>2권</td><td>元 曉</td><td>751. 9</td><td>12-50</td></tr>
<tr><td>⑥ 梵網經疏</td><td></td><td>元曉師撰</td><td>752. 2</td><td>12-219</td></tr>
<tr><td>⑦ 梵網經疏</td><td>2권, 71장</td><td>元曉師</td><td>753. 5</td><td>12-536</td></tr>
<tr><td>⑧ 梵網經疏</td><td>2권</td><td>元曉師</td><td>756. 7</td><td>13-194</td></tr>
<tr><td>⑨ 梵網經疏</td><td>2권</td><td>元曉師撰</td><td>763. 7. 1</td><td>16-403</td></tr>
<tr><td>⑩ 梵網經疏</td><td>2권</td><td>元曉師</td><td>763. 7. 5</td><td>16-417</td></tr>
<tr><td>⑪ 梵網經疏</td><td>2권</td><td>元曉師撰</td><td>767. 9</td><td>17-84</td></tr>
<tr><td>⑫ 梵網經疏</td><td>2권</td><td>元曉師</td><td>768. 11</td><td>17-124</td></tr>
<tr><td rowspan="4">나</td><td>① 梵網經疏上卷</td><td>1권</td><td>曉 公</td><td>767. 9</td><td>17-87</td><td rowspan="12">『義天錄』 2 (『韓佛』 4, 689쪽下), “(梵網經)略疏 一卷……元曉述”</td></tr>
<tr><td>② 梵網經上卷疏</td><td></td><td>曉 公</td><td>763. 7. 1</td><td>16-403</td></tr>
<tr><td>③ 梵網經上卷疏</td><td>1권</td><td>曉 公</td><td>763. 7. 5</td><td>16-417</td></tr>
<tr><td>④ 梵網上卷疏</td><td>1권</td><td></td><td>771. 4</td><td>18-461</td></tr>
<tr><td rowspan="8">다</td><td>① 梵網經私記</td><td>1권, 30장</td><td></td><td>751. 12</td><td>3-532</td></tr>
<tr><td>② (梵網經)私記</td><td>1권</td><td></td><td>751. 9</td><td>12-50</td></tr>
<tr><td>③ 梵網經菩薩戒本私記</td><td>상권, 30장</td><td>曉公造</td><td>753. 5</td><td>12-536</td></tr>
<tr><td>④ 梵網經戒本私記</td><td>상권</td><td>元曉師撰</td><td>763. 7. 1</td><td>16-403</td></tr>
<tr><td>⑤ 梵網經戒本記</td><td>상권</td><td>元曉師</td><td>763. 7. 5</td><td>16-417</td></tr>
<tr><td>⑥ 梵網經戒本私記</td><td>상권</td><td>元曉師</td><td>767. 9</td><td>17-87</td></tr>
<tr><td>⑦ 戒本私記</td><td>1권</td><td></td><td>768. 11</td><td>17-119</td></tr>
<tr><td>⑧ 梵網私記上卷</td><td>1권</td><td></td><td>771. 4</td><td>18-462</td></tr>
<tr><td rowspan="10">라</td><td>① 菩薩本持犯要記</td><td>1권</td><td></td><td>748. 6</td><td>3-87</td><td rowspan="7">『義天錄』 2 (『韓佛』 4, 689쪽下), “(梵網經)持犯 一卷……元曉述”</td></tr>
<tr><td>② 菩薩戒本持犯要記</td><td>1권</td><td></td><td>752. 8</td><td>12-362</td></tr>
<tr><td>③ 菩薩本持犯要記</td><td>1권</td><td>元曉師</td><td>752. 10</td><td>12-382</td></tr>
<tr><td>④ 菩薩戒本持犯要記</td><td>8지</td><td>元曉師</td><td>753. 5</td><td>12-542</td></tr>
<tr><td>⑤ 菩薩戒本持犯要記</td><td>1권</td><td>元曉師撰</td><td>763. 7. 1</td><td>16-403</td></tr>
<tr><td>⑥ 菩薩戒本持犯要記</td><td>1권</td><td>侃法師</td><td>763. 7. 5</td><td>16-417</td></tr>
<tr><td>⑦ 菩薩戒本持犯要記</td><td>1권</td><td>元曉師</td><td>767. 9</td><td>17-87</td></tr>
<tr><td>⑧ 菩薩本持要犯</td><td>1권</td><td></td><td>768. 11</td><td>17-130</td><td></td></tr>
<tr><td>⑨ 菩薩本持犯要</td><td>1권</td><td></td><td>768. 11</td><td>17-133</td><td></td></tr>
<tr><td>⑩ 菩薩戒本持犯要記</td><td>1권</td><td></td><td>771. 4</td><td>18-461</td><td></td></tr>
<tr><td colspan="7">* 출전은 『大日本古文書』의 권 수와 페이지 수를 표시하였음</td></tr>
</table>

아니면 『범망경』 상권에 대한 소라는 말인지 일견 불분명하다. 그런데 상권만을 주석한 경우가 있을 뿐 아니라, 『범망경』 하권만을 주석한 의적(義寂)의 『범망경소』를 정창원문서에서 '범망하권소(梵網下卷疏)'라고 부른 예가 있다.[24] 그런 점에서 나군은 『범망경』 상권에 대한 소라고 해석하는 것이 가능하며, 따라서 가군과 별개의 저술로 추정된다.

『범망경』은 보살의 수행 단계를 설하는 상권과 보살계를 설하는 하권으로 이루어져 있는바, 전통적으로 제가(諸家)의 주석서는 첫째, 상하권을 모두 주석한 유형, 둘째, 상권만 주석한 유형, 셋째, 하권만 주석한 유형, 넷째, 하권의 게송부터 주석한 유형으로 분류된다.[25] 『사기』는 이 중에서 네 번째 하권의 게송부터 주석한 유형에 해당한다. 따라서 '사기'인 다군은 나군과 내용이 다를 수밖에 없다.

다군의 '사기'와 가군의 '범망경소'(이하 광소)도 별개의 저서로 보인다. 정창원문서 「사서보시감정장(寫書布施勘定帳)」에 의하면, 751년 9월에 15질 364권을 필사한바, '(범망경)사기 1권'과 '(범망경)소 2권'이 제11질(帙)에 함께 들어 있다고 하였다.[26] 이 두 저서가 동일 내용이라면 굳이 제목과 권수를 달리하여 따로 필사하였까 하는 의문이 든다. 이 외에 「봉사장소집전목록(奉寫章疏集傳目錄)」(753년)[27], 「대사혜미압승가첩(大師惠美押勝家牒)」(763년)[28], 「봉사경소청소문안(奉寫經所請疏文案)」(763년)[29] 등의 정창원문서에도 두 저서가 나란히 등장한다. 아직 확정하기에는 이르지만, 위의 정황은 두 책이 별개의 저서임을 시사한다.

이제 『사기』가 원효의 진찬일 경우에 제기될 수 있는 문제 두 가지를 검토하고자 한다. 첫째, 원효의 저술 체재가 가지는 특성을 고려해 볼 때, 『사기』의 체재는 원효의 여타 저술과 다르다.[30] 체재만 놓고 판단한다면 『사기』는 원효의 저술이 아닐 가능성이 있다.

둘째, 『사기』에서 원교사(員敎師) · 법원율사(法源律師) · 윤법사(潤法師) · 융경사(隆鏡師) 등의 실명을 언급하였는데, 교사(敎師) · 율사(律師) · 법사(法師)로 불린 것으로 보아, 이들은 저자의 선배이거나 스승을 가리킨다. 이는 저자가 젊어서 『사기』를 찬술하였다고 볼 수도 있지만, 아직까지 신라 불교사에서 이들은 전혀 확인되지 않는다.

셋째, 『사기』가 원효의 다른 저술과 견해가 어긋나는 부분이 있다. 예컨대 『사기』에서는 진여문과 생멸문에 각각 불공여래장(不空如來藏)과 공여래장을 대응시키고 있는 반면,[31] 『기신론별기』에서는 거꾸로 '진여문=공, 생멸문=불공'의 일면성을 인정하면서도 결론에 있어서는 진여문과 생멸문은 모두 불공을 설한 것이며 여래장은 생멸문에 포섭된다고 주장하였다.[32] 진여문과 생멸문은 일심의 두 측면이며 일심은 원효 사상에서 핵심적인 개념이다. 따라서 『사기』와 『기신론별기』가 이문에 대하여 해석을 달리하는 것은 원효 사상의 이해에 중대한 문제를 제기한다.

이상에서 검토하였듯이, 『사분율』에 관한 저서와 『범망경종요』 1권은 다른 승려의 저술을 원효의 저술로 오인한 것이라 판단된다. 계율에 관한 원효의 저술로는, 가장 신뢰도가 높은 『의천록』에 언급된 『범망경소』 2권과 『범망경약소』 1권, 『보살계본지범요기』 1권 및 『보살영락본업경소(菩薩瓔珞本業經疏)』 2권을 들 수 있겠다. 여기에 나라 시대의 정창원문서에 등장하는 『범망경상권소』 1권을 추가할 수 있다. 다만 『범망경보살계본사기』 1권은 여전히 의문이 해소되지

않고 있다.[33]

전통적인 분류에 따르자면, 『상권소(上卷疏)』는 『범망경』 상권만을 주석한 것이며, 『요기』는 제7 자찬훼타계를 사례로 하여 범망계(梵網戒)의 지범(持犯)의 문제를 집중적으로 다룬 것이다. 따라서 2권본 『범망경소』, 즉 광소는 상하 두 권을 모두 주석한 것으로 추정된다. 『범망경』과 『범망경』을 계승한 『영락경』은 사상적으로 『화엄경』과 친연성이 깊으며, 대승보살계 중에서 이른바 범망계를 설하는 대표적인 경전들이다. 이는 저술 목록만으로도 원효가 범망계를 중시하였음을 짐작케 한다.

3. 대승보살계(大乘菩薩戒) 중심의 계율관(戒律觀)

1) 범망계(梵網戒) 중시

저술 목록에서 나타나는 범망계 중시를 저술 내용에서도 확인할 수 있다. 구체적으로 원효의 계율관을 잘 보여주는 저술이 바로 『보살계본지범요기』이다. 『요기』는 의천의 『신편제종교장총록』에 나오는 '범망경지범(梵網經持犯) 일권(一卷)'이라든가, 『율종장소(律宗章疏)』를 비롯한 일본 측 목록에 보이는 '범망지범요기(梵網持犯要記)'에 해당하는 것으로 간주된다. 총 5,000자 남짓의 단편에 불과하지만, 범망계를 중시하는 원효의 독특한 계율관을 간단 명료하게 잘 드러내고 있다.

이 저술에서 원효는 계율 조항을 일일이 주석하는 것이 아니라,

실생활에서 계율을 어떻게 실천할 것인가에 관심을 두고 있다. 구체적인 경우를 가정하여 그것이 계율을 지킨 것인가 아니면 범한 것인가, 범하였다면 가벼운 죄인가 무거운 죄인가를 세밀히 검토하고 있어서, 말하자면 원효의 독자적인 보살계판례집이라 할 수 있다. 더욱이 "다행히 취지를 같이 하는 자라면 상세히 가려서 결정할 것이다(幸同趣者 詳而取決矣)"라 한 발언은 동조자를 염두에 둔 듯한데, 이는 그의 파격적인 계행과 관련하여 주목할 만하다.

앞서도 언급하였듯이 진원의 『보살계본지범요기조람집』[『일본대장경(日本大藏經)』 권22 대승율장소지부(大乘律藏疏之部), 69~101쪽 소수(所收)]이 발견됨으로써, 『요기』에 대한 심화된 이해가 가능해졌다. 특히 그동안 논란이 되었던 『요기』의 소의경전이 『범망경』임이 분명해졌다.[34] 『요기』는 범망계를 중심으로 보살계를 다음과 같이 분류하였다.

> 경구죄(輕垢罪) 중에 갈래를 세세히 논하자면 가짓수가 8만 4천이지만, 중요한 것을 묶어서 들면 세 가지이다. 혹은 44이니 달마계본(達摩戒本)에서 말한 바요, 혹은 48이니 다라계본(多羅戒本)에서 판별한 바요, 혹은 246경(輕)이니 별해탈계경(別解脫戒經)에서 세운 바이다.……중계(重戒) 중에 합해서 얘기하면 10이 있으며, 그 종류를 따지자면 또한 세 가지가 있다. 혹은 소승과 함께 하는 중계이니 앞의 넷을 이름이요, 혹은 소승과 함께 하지 않는 중계이니 나중의 넷을 가리키며, 혹은 재가보살의 중계를 세웠으니 십중계(十重戒) 가운데 앞의 여섯을 말한다.[35]

여기서 달마계본과 다라계본이 각각 유가계본(瑜伽戒本)과 범망계본(梵網戒本)을 가리킴은 이미 논증된 바 있다. 즉, 기무라 센쇼오가 다라계본이란 『범망경보살계경(梵網經菩薩戒經)』을 가리키는 원효의 조어로서 '수다라[경]의 계본'의 약칭이며, 달마계본이란 '아비달마(阿毘達摩)의 계본'의 약칭으로서 『유가사지론』을 가리킨다고 하였다.[36] 그런데 이러한 해석은 진원이 이미 『조람집』(1282년)에서 제시한 것이기에,[37] 『조람집』의 학술적 가치는 매우 높다고 하겠다.

다만 '별해탈계경 246조'를 『사분율』의 비구계 250조에서 살(殺)·도(盜)·음(淫)·망어(妄語)의 4바라이를 뺀 나머지 246조라고 이해하여 왔는데,[38] '별해탈계경'이라는 구체적인 경명을 적시하였다는 점에서 『사분율』이 아니라 북위의 반야류지(般若流支)가 543년에 번역한 『해탈계경(解脫戒經)』을 가리키는 것이라 하겠다. 『해탈계경』의 계조는 4바라이를 포함하여 정확히 246조이다.[39] 『해탈계경』은 유부(有部)에서 갈라져 나온 가섭비부(迦葉毘部)에서 전승된 계본인데, 원효가 이를 보살계의 일종으로 분류한 점은 특이하다. 이상을 정리하면 표 9와 같다.

계율은 크게 소승계와 대승계로 나누어지는데, 초기 대승경전인 『반야경』 계통에서는 기왕의 별해탈계(別解脫戒, 바라제목차계)를 배제하고 오로지 십선도(十善道)만을 내세웠다.[40] 그런데 대승 교단이 발전하면서 십선도만으로는 교단 운영이 불가능해졌다. 따라서 대승계의 정비는 필연적이었다.

애초에 중국에서는 북량(北涼)의 담무참(曇無讖, 385~433)이 『지지경(地持經)』을 번역한 이후, 그중에서 계율만 따로 모은 『보살계

표 9 원효의 보살계 분류

<table>
<tr><td rowspan="8">보살계</td><td rowspan="4">輕戒</td><td>細論支別</td><td>8만 4천</td><td></td><td></td><td rowspan="8">* 범망경의 10중계
1. 不殺戒
2. 偸盜戒
3. 不婬戒
4. 妄語戒
5. 酤酒戒
6. 意心說同法人過戒
7. 自讚毁他戒
8. 慳惜可毁戒
9. 瞋打結恨戒
10.謗三寶戒</td></tr>
<tr><td rowspan="3"></td><td>44</td><td>達摩戒本</td><td>瑜伽戒</td></tr>
<tr><td>48</td><td>多羅戒本</td><td>梵網戒</td></tr>
<tr><td>246</td><td>別解脫戒經</td><td>解脫戒經</td></tr>
<tr><td rowspan="4">重戒</td><td>總 說</td><td>10</td><td></td><td></td></tr>
<tr><td rowspan="3">類 別</td><td>前四</td><td>小乘과 공통</td><td>四分律의 4바라이</td></tr>
<tr><td>後四</td><td>小乘과 별개</td><td>瑜伽論의 4중계</td></tr>
<tr><td>前六</td><td>在家菩薩戒</td><td>善生經의 6중계</td></tr>
</table>

본』 1권이 성행하였으며, 이역본(異譯本)인 『유가론』이 현장에 의해 한역된 이후 역시 『유가론』에 의한 『보살계본』이 유행하였다. 이 유가계는 오직 출가자를 위한 계율로서 4중(重) 44경계(輕戒)를 내세운다. 그런데 담무참은 이와 별도로 『우바새계경(優婆塞戒經)』(혹은 선생경)을 한역하였는데, 이는 오로지 재가자(在家者)를 위해서 6중 28경계를 설하고 있다. 구마라집의 한역본으로 전해지는 『범망경』은 실상 5세기 후반에 출현한 위경인데,[41] 유가계와 『우바새계경』을 종합하여 출가자와 재가자를 모두 아우르는 보살계로 10중 48경계를 내세웠다. 그리고 『영락경』과 『점찰경』은 『범망경』을 계승한 경전들이다.[42]

이와 같이 중국 불교권에서 정비되는 대승보살계는 크게 범망계와 유가계로 대별된다. 전자는 『범망경』과 『영락경』에서 설하는 보살계인데, 성문계(소승계)를 초월하려는 순대승계(純大乘戒)로서 삼취정계(三聚淨戒: 攝律儀戒, 攝善法戒, 攝衆生戒)가 모두 대승 독자의 것이다. 반면 후자는 『지지경』과 『유가론』에서 설하는 보살계인데, 삼취정계 가운데 율의계(律儀戒)가 소승계를 포섭한 통삼승(通三乘)의 대승계를 설하고 있다.

따라서 원효가 『요기』에서 대승보살계를 다라계본(범망계)과 달마계본(유가계)으로 범주화하여 분류한 것은, 당시 대승보살계의 흐름을 정확히 이해하였음을 의미한다. 특히 『범망경』을 소의경전으로 하면서도, 달마계본을 원용하여 성상(性相)의 차별을 상세히 논구한 것은 현장의 유식학이 풍미하던 시대에 신역인 유가계와 구역인 범망계를 조화시키고자 하였기 때문이다.[43] 단, 양자를 동등하게 조화시킨 것이라기보다는, 범망계의 정신을 우위로 하여 유가계의 법상(法相)을 빌어 와서 보완하고자 한 것이라 하겠다.

원효가 유가계에 대한 범망계의 우위를 분명히 한 것은 그의 교판론에서도 거듭 확인된다. 원효는 사교판론에서 『유가론』을 제외하고 단지 『범망경』과 『영락경』만 일승분교(一乘分敎)에 배당하였는데, 그 이유는 『본업경소(本業經疏)』에서 분명히 밝히고 있다.

> 저 (유가)론에서는 삼승의 교의를 말한 것이므로, 법을 버리거나 계를 범하여 잃음이 있다. 이는 삼승교에 의하여 발심한 보살은 그 마음이 불완전하고 견고하지 못함이 있기 때문이다. 이제 이 『영락경』은 일승교이기 때문에 법을 버림이 없고, 계를 범하더라도 계를 잃지는 않는다.[44]

즉, 유가계는 삼승교에 속하기 때문에 같은 보살계이면서도 일승분교에서 제외된다고 하였다. 따라서 원효는 일승교인 범망계를 본위로 하여 삼승교인 유가계를 포섭하게 되는데, 특히 범망의 정신적인 계조(戒條)를 유가의 법상에 의해 이론적으로 정리하려고 하였다.[45]

『범망경』은 모든 중생이 불성을 가지고 있음을 전제로 하여, 중생이 성불하기 위해서 받아 지녀야 하는 계가 10중 48경계임을 역설하고 있다.[46] 이러한 계는 국왕이나 대신은 물론, 법사의 말을 알아들을 수 있는 자라면 심지어 노비조차도 수계(受戒)할 수 있다고 한다.[47] 이런 점에서 관리나 노비를 비롯한 일부 사람들의 출가를 제한하고 있는 『사분율』과 다르다.[48] 나아가 『범망경』에서는 대승계를 버리고 성문계(聲聞戒)를 받는 것 자체를 경구죄(輕垢罪)라고 할 만큼 소승 성문계에 대한 비판의식이 철저하다.[49] 또한 『사분율』과 달리 『범망경』에서는 불상 앞에서 혼자 맹세하고 수계할 수도 있다는 '자서수계(自誓受戒)'를 승인하였다.[50] 불상 앞에서의 자서수계를 승인하는 경전으로 이외에 『문수사리문경(文殊師利問經)』도 있다.[51] 그런데 『문수사리문경』이 철저하게 출가주의의 입장을 취하고 있는 반면,[52] 『범망경』은 출가자와 재가자를 모두 포용하고자 한다. 말하자면 원효는 종래 불교 교단과 세속 사회를 엄격히 구분 짓고 출가 우위를 표방하던 『사분율』에 반대하여 재가자도 아우르는 새로운 대승보살계로서 범망계를 중시하였던 것이다.

2) 불교사적 의의

중국 남북조 시대에 남도파(南道派) 지론학자들은 『사분율』에 크게 의용하여 교단을 운영하고자 하였다. 그런데 남도파를 대표하는 정영사 혜원은 『사분율』에 머무르지 않고 보살의 자리(自利)와 이타(利他)의 행(行)인 삼취정계(三聚淨戒)를 중시하였으며, 여기에 『사분율』을 비롯한 성문계를 포함시켰다.[53]

동시대 천태학파의 천태지자(天台智者, 538~597)는 남북조에서 수로 이행하면서 시대적으로 보살승이 요청되자, 여기에 부응하여 출가보살의 관점에서 범망계를 본격적으로 연구하였다. 특히 그는 지지본(地持本)에서 유래하는 삼취정계를 『범망경』 해석에 적극적으로 받아들임으로써, 범망계와 유가계의 결합은 물론, 삼취정계의 첫 번째인 섭율의계(攝律儀戒)를 확대 해석하여 사분율조차 포섭할 수 있는 길이 열리게 되었다.[54] 사실 『범망경』은 극단적일 정도로 소승계를 부정하는 경향을 보이므로, 천태의 소승계 포섭은 범망계에 대한 독창적인 해석의 결과로 평가받는다.[55]

그후 삼론학파의 길장(吉藏)은 『영락경』의 영향을 받아서 불상의 유무를 초월한 자유로운 수계법을 의도하였는바, 특히 불교의 이상 실현을 위해서는 도속(道俗)의 구별이 무의미하다는 입장을 보이고 있다.[56] 이와 같이 남북조 말에서 수대에 활동한 이른바 3대 법사는 범망계를 중시하는 경향이 있었다.

반면 초당의 대표적 율승(律僧)인 도선(道宣)은, 당시 출가자들이 대승교도를 자부하면서 소승계를 무시하는 생활을 영위하여 속인들의 비웃음을 사고 결국에는 국가의 간섭과 통제를 초래하였다고 진단하였다. 따라서 세속으로부터 존경받으며 국가의 간섭을 벗어나기 위해서는 철저한 지계지율(持戒持律)의 생활태도를 견지할 필요가 있다고 주장하였다. 그것이 『사분율』을 중심으로 하는 소승계의 중시로 나타났다. 그러면서도 그는 당시의 최신 학문인 현장의 유식학을 받아들여서 『사분율』을 대승적으로 새롭게 해석하였다.[57]

초당기 『사분율』 연구로 일시 침체되었던 『범망경』 연구는, 성당기(盛唐期)에 접어들면서 법장(法藏)에 의하여 다시 부흥하게 되는데, 그 중심에 원효가 있었다. 또한 신라의 계율이 중고기의 『사분율』 중심에서 통일기의 범망계 중심으로 이행하는 계기도 원효의 『범망경』 연구에 있었다.[58] 일본은 나라 시대에 『범망경』 연구가 시작되었는데, 그것은 신라 승려들, 특히 원효의 『범망경소』에 근거하며,[59] 마침내 9세기 초에 최징(最澄)이 『범망경』에 근거한 대승계단(大乘戒壇) 별립(別立)을 추진하기에 이르렀다.[60] 이와 같이 원효의 『범망경』 연구는, 7세기 후반을 경계로 동아시아 불교권에서 『범망경』에 대한 연구가 성행하는 데 중요한 역할을 하였다고 볼 수 있다.

한편 신라 중고기의 자장(慈藏)은 당나라 유학을 통하여 도선의 계율관을 받아들였다. 그가 교단을 숙정할 때 『사분율』에 근거하여 보름마다 포살(布薩)을 시행하였고 봄·겨울에 시험을 쳐서 계행의 준수를 감독하였음은 잘 알려진 사실이다.[61] 이와 같이 『사분율』로 대표되는 소승계는 교단 규율을 위하여 요청되었기 때문에, 객관적이며 일률적인 지범(持犯)의 기준이 마련되어야 하였는바, 그것이 바로 겉으로 드러난 구체적인 행위였다.

그런데 소승계는 시간이 지나면서 계가 제정되기에 이른 취지가 잊혀진 채 계의 형식적인 고착화를 초래하였다는 것이다. 또한 신라 사회는 인도 사회와 자연 환경이라든가 생활 습속이 많이 달랐기 때문에, 인도 전래의 계율을 경시하는 풍조도 적지 않았다. 이러한 시대적 배경 속에서 원광(圓光)은 재가자를 위하여 따로 세속오계(世俗五戒)를 창안하였으며, 자장은 『사분율』로써 출가 교단을 숙정하되 아울러 재가자인 지배층을 대상으로 보살계를 설하였다. 즉, 원광과 자장은 출가자 집단과 재가자 집단을 분리시키고 이들에게 별도의 계율을 가르쳤던 것이다.

반면 원효는 범망계를 중시한다는 점에서 수 3대법사와 궤를 같이 한다.[62] 다만 그러면서도 원효 나름의 계율에 대한 고민을 엿볼 수 있다.

> 보살이 계를 닦는 것은 그렇지 않다. 비록 계를 지킨다는 주체와 객체를 인정하지는 않지만, 계의 사상(事相)을 비방하여 버리지도 않는다. 그러므로 끝내 계를 잃어버리는 커다란 잘못은 없게 된다. 또한 죄와 죄 아님이 없다고 생각하지는 않지만, 계의 실상을 어기거나 거스르지도 않는다. 그러므로 계를 범하여 미세한 죄를 짓는 것을 영원히 떠난다. 이로 말미암아 선교방편(善巧方便)과 깊은 지혜로써 누가 누구에게 무엇을 베푼다는 생각을 잊고, 있다 없다의 양극단에 떨어지지 않아서 바야흐로 계(戒)바라밀을 구족하게 되는 것이다.[63]

겉으로 드러난 행위와 속마음이 경우에 따라서 상반될 수도 있으므로 형식적이고 일률적인 계상(戒相)에 집착해서 그것을 고수한다는 것은 계의 소극적인 인식이다. 그렇다고 해서 고정된 계가 없다고 하여 파계를 일삼는 것 역시 무(無)에 집착하는 것이다. 그래서 그는 집착하지 않는 계로서 보살의 중도적 계행을 강조하였다.

중도적 계행(戒行)이란 계율관의 변화를 의미하였다. 보살계에서는 행위보다 동기를 더 중요시하였다. 중생의 제도를 위한 파계는 죄가 아니라 오히려 선업(善業)이 되었다. 나아가 그는 계율을 지키며 혼자 안주할 것이 아니라 세인들 틈에 섞여서 그들을 교화시키되, 구태여 작위적으로 하려고 해서도 안 된다고 하였다. 이와 같이 원효는 세속인들과 함께 하는 계율을 일관되게 주장하였다.[64] 출가자 집단과 재가자 집단에게 동시에 적용할 수 있는 계율로서 원효가 주목한 계율이 바로 범망계였다. 그런 점에서 원효의 계율관은 성속(聖俗)을 엄밀하게 나누고자 한 원광이나 자장의 계율관과 뚜렷이 구분된다고 하겠다.

다음의 『요기』의 첫 구절은 그러한 원효의 계율관을 가장 잘 드러내고 있다.

> 보살계란 흐름을 거슬러서 근원으로 되돌아가는 나루터요, 삿됨을 버리고 올바름으로 나아가는 긴요한 문이다. 그러나 삿됨과 올바름의 모습은 쉽게 드러나도 죄와 복의 본성은 분별하기 어렵다. 왜냐하면 혹은 속마음이 실제 사악하면서도 겉치레는 올바른 듯하며, 혹은 겉으로 하는 행동은 물들었으나 속마음은 순박하고 깨끗하며, 혹은 하는 일이 약간의 복에 합치되는 듯하나, 실제로는 큰 우환을 초래하기도 하며, 혹은 마음과 행동이 심오하고 원대하면서도 얕고 가까운 것에는 위배되기도 하기 때문이다. 이 때문에 더러움만 오로지 하는 도인과 사사로움만 추구하는 사문들이 사이비 행동을 하면서,

진정함을 잊고 심오한 계를 매번 거역하며 천박한 행동을 구한다. 이제 장차 천한 일일랑 버리고 심오함을 온전히 하며, 사이비 행적을 제거하고 참다움을 좇고자, 자신을 위하여 다 잊고 부처님의 예언을 간추리노라. 다행히 취지에 동조하는 자라면 상세히 가려서 결택할지라.[65]

여기서 우선 주목할 것은, 원효는 계를 근원으로 되돌아가는 방편으로 인식하고 있다는 점이다. 즉, 계가 가지고 있는 두 측면 가운데 생활 방식보다는 깨달음을 위한 수행을 더욱 강조하고 있다.

삼취정계 가운데 섭중생계(攝衆生戒)는 보살의 이타행에 해당하는 중생제도행을 계율의 차원에서 깨달음의 필수요건으로 채택한 것이다. 원효의 사상에 지대한 영향을 끼친 『유마경』에서도 '요익중생(饒益衆生)'을 위하여 술집, 음사(婬舍), 박혁희처(博奕戲處) 등과 같이 『사분율』에서 금지하는 장소를 출입한다는 유명한 구절이 등장한다. 원효는 중생제도행을 강조하고 있는데, 어떤 점에서는 중생제도행을 계행보다 상위의 종교행으로 인식한 것은 아닌가 한다.

사실 원효가 가장 중시한 것이 중생제도행이며, 중생제도행이야말로 계율을 지켰느냐 범하였느냐를 판단하는 척도였다. 중생제도를 포함하여 겉으로 드러난 행위보다 그 행위를 유발한 내면적인 동기를 우선하는 것이 바로 대승보살계의 정신이다. 원효에 있어서 이러한 경향은 확연하다. 이제 자찬훼타계(自讚毁他戒)를 중심으로 이 점을 살펴보겠다. 자찬훼타계의 지범에 대하여, 원효는 『요기』에서 아래와 같이 네 가지 차별을 들었다.

첫째, 복이 될 뿐 범한 것은 아님

(若爲令彼 起信心故 自讚毁他, 是福非犯)

둘째, 범하였으되 아직 오염된 것은 아님

(若由放逸·無記心故 自讚毁他, 是犯非染)

셋째, 오염되었지만 중죄는 아님

(若於他人有愛恚心 自讚毁他, 是染非重)

넷째, 경죄가 아니라 중죄임

(若爲貪求 利養恭敬 自讚毁他, 是重非輕)

이처럼 동일한 행위에 대하여 지범을 네 가지로 나누는데, 그 기준은 내면적인 동기, 즉 마음에서 찾고 있다. 이는 원효의 보살계 이해에 유심주의(唯心主義)의 경향이 뚜렷하였음을 말해준다. 이러한 유심주의적 계율관과 관련하여 『기신론』의 영향을 주목하기도 한다. 그러나 『기신론』은 여전히 재가와 출가를 구분하는 이원적 계율관을 벗어나지 못하고 있을 뿐 아니라, 원효 자신이 『기신론』의 계율에 대하여 별다른 주목을 하고 있지 않다.[66]

대신 『열반경』에서는 보살이 중생을 교화하기 위하여 과부나 음녀의 집에 머무르는 것을 허용하고 있다.[67] 또한 『금강삼매경』은 계상에 집착하는 이른바 소승불교도의 계율관을 도처에서 비판하면서, 공법을 닦는 자는 계의 형식[戒相]에 머무르지 않는 대신 육바라밀의 구족(具足)을 이상으로 한다고 하였으며,[68] 불퇴전위(不退轉位)에 들어가 중생을 제도하는 사람들은 바라제목차계도 지키지 아니하며 포살에 참여하지도 아니한다고 하였다.[69] 원효가 『금강삼매경』의 이러한 계율관에 동조하였음은 분명하다. 그는 실제의 경지에 도달한 사람은 교단의 계율에 제어되지 아니하며 자신의 마음으로 도리를 결판한다고 하였다.[70]

주목할 것은 『화엄경』 역시 지범의 근거를 중생제도행에서 찾는다는 점이다.[71] 이른바 소승불교[聲聞과 緣覺]에 대한 비판은 원효의 사상에 지대한 영향을 끼친 『화엄경』에서 강조하는 바이다.[72] 원효가 환속 이후 거사로서 천촌만락을 돌아다니며 노래와 춤으로 일반 대중을 교화하는 이른바 '무애행'에 전념하였다고 하는데,[73] 노래와 춤은 『화엄경』 십지품(十地品)에서 보살이 중생을 교화하기 위하여 사용한 숱한 방편 가운데 하나이기도 하다.[74] 그런 점에서 원효의 계율사상에 끼친 『화엄경』의 영향은 향후 검토할 필요가 있다.

한편 마음을 지범(持犯)의 주된 판단 근거로 삼는다는 것은, 타율적인 규제보다는 자율적인 규제를 중시하는 것이며, 그것은 결국 수행자 개개인의 내면적 각성을 촉구하게 된다. 따라서 기존의 계율 관행과 충돌이 불가피해지는데, 원효는 순대승계(純大乘戒)인 범망계의 관점에서 소승성문계(小乘聲聞戒)를 비판하였다.[75] 이는 결과적으로 계율에 의해 교단을 통제하려는 세력과 갈등을 빚게 되었다. 기성 교단에 대한 원효의 비판적 시각은 바로 『보살계본지범요기』에 가장 첨예하게 드러난다. 이 저술에서 그는 불법을 배우는 사람들이 계(戒)·정(定)·혜(慧)의 3학에 걸쳐 마귀의 짓거리를 하는 것을 마치 사자의 몸속에 있는 벌레가 오히려 사자의 몸을 갉아먹는 것에 비유하여 격렬히 비난하였다. 이 책에는 계율에 관한 원효의 입장이 뚜렷이 드러나 있는데, 아마 당시 교단 질서에 일대 파문을 던졌을 것이다.

원효의 파격적인 계율관은 요석공주와 결혼하여 아들을 낳은 사건에서 가장 잘 드러난다.[76] 『사분율』에 따르면, 사음계(邪婬戒)를 범하면 바라이죄(波羅夷罪)에 해당하며, 바라이죄를 범한 출가자는 설계(說戒)와 자자(自恣)의 의식에 참가할 수 없다. 따라서 원효가 파계 이후 환속하여 거사로서 일생을 마쳤다는 것은, 『사분율』에 근거하는 중고기 교단체제와 타협하지 않았음을 의미한다. 원효는 대승불교에 충실하고자 하였는바, 대승불교의 핵심은 중생제도에 있다고 보았던 것이다.

4. 무애행(無碍行): 승속불이(僧俗不二)의 거사불교(居士佛敎)

7세기 중반은 신라에 의한 삼국통일 전쟁이 가장 치열한 시기였다. 전쟁 수행을 위해 일반민들은 오랜 전역에 시달려 정신적, 물질적으로 피폐해 있었다. 그러나 교단 중심의 기성불교계는 국가의식의 고취와 왕권의 수식에 치중함으로써, 상대적으로 일반민은 관심 밖에 놓여졌다. 따라서 이를 반성하고 일반민으로의 종교적 관심을 고취하는 시도가 나타났는바, 그것이 대중교화였다고 생각된다.

불교대중화를 주도한 승려들은 교단 중심의 승려들과 외형상 다른 면모를 보여준다.[77] 당시 교단의 중심인 원광·안함·자장 등은 모두 진골 출신으로서 중국 유학을 하였으며, 중고 왕실의 지원을 받고 있었다. 이에 비하여 불교대중화를 주도해 나간 혜숙·혜공·대안·원효 등은 모두 비진골 출신으로서 중국 유학을 하지 않았으며, 저자 거리나 경주 외곽지역 사찰을 무대로 활동하였다.

원효는 깨달음을 이루면서 당나라 유학을 포기하고 경주로 되돌아왔는데, 이 무렵을 전후하여 그는 혜공·대안 등과 교유하면서 대중교화 활동에 매진하기 시작하였다. 당시 원효의 행적에 대하여 「원효전」에서는 이렇게 묘사하였다.

> 하는 말은 상식과 도리에 어긋나고 드러난 행동은 거슬리고 거칠었다. 거사처럼 술집과 기생집을 드나들었고, 지공(誌公)같이 칼과 석장을 지녔다. 소(疏)를 지어 화엄경을 강하기도 하고, 사우(祠宇)에서 가야금을 타며 노래하기도 하고, 속인의 집에서 잠을 자기도 하고, 산수간(山水間)에서 좌선도 하는 등 마음가는 대로 하여 도무지 정해진 틀이 없었다.[78]

정해진 틀이 없다는 말은 승려의 생활규범인 계율에 얽매이지 않았다는 뜻이다. 『사분율』에 의하면, 승려가 속인의 집에서 잠자거나 악기를 들고 노래하거나 칼을 차는 것은 모두 금지된 행동이며, 술집과 기생집은 승려로서 출입이 금지된 곳이다. 『열반경』 권7 사정품(邪正品)에서도 술집이나 기생집 및 기원에 드나들며 노는 사람들을 교단에서 추방해야 한다고 하였다.[79] 『사분율』과 『열반경』은 자장이 불교 교단을 정비할 때 의거하였던 경전이다. 그러므로 원효의 행위가 이들 경전의 금계(禁戒)에 저촉된다는 것은, 자장과 계율관이 달랐음을 의미한다.

반면, 원효의 행위는 유마거사의 중생제도행과 유사한 면이 있다. 『유마경』 방편품에 의하면 유마거사가 중생제도의 일환으로 기생집에 들어가서는 욕망의 허물을 보여주었으며, 술집에 들어가서도 그 뜻을 세울 수 있었으며, 기원(棋院)에 이르러서는 그곳 사람들을 제도하였다고 한다.[80] 원효가 650년경 당나라 유학을 시도할 때 의상과 함께 보덕에게서 『유마경』을 청강하였음은 앞에서도 언급한 바 있다. 그러므로 그가 유학을 포기하고 신라로 돌아온 직후에 보여주었다고 하는 자유분방한 행동은 유마거사가 보여준 중생제도행 바로 그것이었다.

『유마경』은 『승만경』과 더불어 재가보살을 주인공으로 하는 대표적인 대승경전이다. 비야리성에 살고 있는 부호(富豪) 유마거사는 세속적인 삶을 영위하면서 불교의 정법(正法)을 지향한다.[81] 그래서 번뇌를 끊지 않고서 열반에 들어가는 것이 진정한 좌선이라고 역설한다.[82] 이러한 주장은 재가신도들의 일상적인 삶에 종교적 수행의 의의를 부여하려는 것으로 해석된다. 종래 출가의식이었던 구족계(具足戒) 수계(受戒)에 대하여도 보리심을 내는 곳이 곧 출가이자 구족계라고 하였다.[83] 가섭·아난과 같은 석가모니의 10대 제자들은 물론이려니와 석가모니로부터 수기(授記)를 받은 미륵보살조차 유마거사의 지혜와 화술을 두려워하여 문병가기를 주저하였다는 대목에서는, 출가자에 대한 재가보살들의 강한 우월감을 보여준다. 유마거사가 재가보살의 이상형이라는 점에서 당시 재가보살이 중심이 되어 불교를 건설하려는 움직임이 있었음을 반증해준다. 이러한 불교를 『유마경』의 종지(宗旨)인 '불이법문(不二法門)'을 따서 '승속불이의 거사불교'

라고 이름 할 수 있겠다.

원효의 행적은 앞서 언급한 대로 유마거사의 그것과 닮았다. 그런 점에서 원효 역시 '승속불이의 거사불교'를 지향한 것은 아닐까 한다. 원효의 저술 가운데는 『유마경종요(維摩經宗要)』 1권과 『유마경소(維摩經疏)』 3권이 있었지만, 지금은 모두 산실되어서, 원효가 『유마경』을 어떻게 이해하였는 지 알 수가 없다. 대신 『금강삼매경』 여래장품에는 유마거사와 같은 유형의 인물로 범행장자(梵行長者)가 나오는데, 그에 대하여 원효는 겉모습은 속인이나 내면 세계는 일미에 머무르는 자로 묘사하고 있다.[84] 마찬가지로 『금강삼매경』 입실제품에서는, 출가와 재가의 구분을 뛰어넘으려는 의도가 간취된다. 그것은 종래 출가자 중심 교단 운영에 대한 재가자들의 새로운 요구라고 할 수 있다. 그래서 법복도 입지 않고 바라제목차계도 지키지 않고 포살에도 참여하지 않는, 종래의 기준으로 보면 출가자라고 할 수 없는 사람이 자심(自心)으로 무위의 자자(自恣)를 해서 성과를 획득한다고 주장하기에 이르렀다.[85]

원효가 이와 같이 재가보살[居士] 중심의 승속불이를 전개하기 위해서는 거기에 걸맞은 새로운 생활 규범이 필요하였다. 자장 당시에 중시된 『사분율』과 『열반경』은 출가자 중심의 교단을 전제로 하는 것이었기 때문에 원효에게는 맞지 않았다. 그래서 원효가 새로 주목한 계율이 『범망경』 등에서 설하는 대승보살계이었다. 이 점은 뒤에서 구체적으로 언급하고자 한다.

원효는 나중에 환속하여 스스로 거사가 되었으며, 유마거사와 범행장자처럼 거사로서 중생을 제도하는 데 전념하였다.

원효가 이미 계를 잃어 설총을 낳은 뒤로 속인의 옷으로 갈아입고 스스로 소성거사(小性居士)라 이름하였다. 우연히 광대가 춤출 때 쓰는 커다란 박을 얻었는데, 그 생김새가 진귀하고 기이하여 그 형상 그대로 도구를 만들었다. 그리고 『화엄경』의 "일체에 걸림이 없는 사람은 한 길로 생사를 벗어난다(一切無礙人 一道出生死)."라는 구절을 따다 '무애'라고 이름지었으며, 인하여 노래를 지어 세상에 유포시켰다. 일찍이 이것을 가지고 천촌만락을 노래하고 춤추며 교화하고 돌아다녔으며, 가난한 무지한 무리들로 하여금 다들 불타의 명호를 알게 하고 모두 남무(南無)를 칭하게 하였으니, 원효의 교화가 크도다.[86]

환속한 이후에 소성거사를 자처하였다고 하는데, 소성(小姓)은 '소성(小性)'과 통용되었으니, 대성[大乘性]의[87] 반대말로서 스스로를 낮춘 겸사이다.[88] 그가 천촌만락을 누비며 무애의 가무(歌舞)로 중생을 제도하였다고 하므로, 그것을 '무애행'이라 부를 수 있겠다. 그런데 무애란 명칭이 『화엄경』의 '일체무애인(一切無礙人) 일도출생사(一道出生死)'에서 유래하였다면, 그것은 화엄일승사상을 정식화한 구절이다.[89] 또 원효가 천촌만락을 돌아다니며 노래와 춤으로 교화하였다는 대목은, 『화엄경』 십지품(十地品)에서 보살이 중생을 교화하기 위하여 사용한 숱한 방편 가운데 하나이기도 하다.[90] 이런 점들로 볼 때 원효는 『화엄경』을 교학 연구만이 아니라 대중교화 활동의 경전적 배경으로서도 주목하였음을 알 수 있다.

이와 관련하여, 원효가 일찍이 분황사에 머물 때 『화엄경소』를 저술하다가 권4 십회향품(十廻向品)에서 절필하였다는 『삼국유사』「원효불기조」의 기록은 의미가 깊다. 십회향품은 60권본 『화엄경』의 권14부터 권22에 걸쳐 설해진 것으로, 분량만 놓고 계산하면 전체 경전의 1/4 내지 1/3 지점에 해당한다. 그런데 그때까지 저술된 『화엄경소』는 이미 8권이나 되었다. 이런 식으로 집필을 계속한다면, 20권 분량의 대작이 예상된다. 그것은 '말은 적게 뜻은 풍부하게[文約義豊]'라는 평소의 저술 원칙이라든가, 기왕의 저술이 대개 1~3권인 점에 비추어 보았을 때 대단히 이례적이다. 원효는 기왕의 저술과 달리 처음부터 필생의 역작을 쓰리라 마음먹고 집필에 착수하였음이 분명하다. 그렇다면 중도에 붓을 꺾은 피치 못할 사정은 무엇인가. 기왕에는 죽음 때문이 아닌가 하여, 원효 최후의 저술로 보는 견해도 있다. 그러나 일연은 절필의 이유를 죽음이 아닌 다른 데서 찾으려 한 듯하다.

십회향품은 경전 전반부에서 거듭 이야기해온 자신을 이롭게 하고 남을 이롭게 하는 모든 행위[自利行과 利他行]를 일체 중생에게 돌림[廻向]으로써, 깨달음의 경지로 나아감을 설법하고 있다. 중생제도를 강조하는 이 단계를 십회향위(十廻向位)라고 하는데, 보살이 수행하는 52단계 가운데 제31위에서 제40위에 해당한다. 원효의 수행 단계가 초지(初地)임은 자타가 공인하였는데, 그것은 십회향위의 바로 다음인 제41위였다. 그렇다면 원효가 필생의 역작을 중단한 이유는 중생제도와 관련 있으며,[91] 일연은 그 점을 강조하고 싶었던 것이 아닐까.

한편 원효는 교판론에서 최고의 가르침인 일승만교(一乘滿教)에 『화엄경』을 배당하였다. 이처럼 원효가 일승주의(一乘主義)를 천명할 수 있었던 것은 『대승기신론』에 근거하여 인간의 심성을 철저히 분석한 결과 모든 인간은 일심[한마음]임을 깨달았기 때문이다. 인간은 모두 한마음을 가지고 있으며 부처의 가르침에 의해 모두 성불할 수 있다는 점에서 원칙적으로 평등하다. 그러한 인간들 상호 간에 권장된 행위는 이타행이며, 그것을 실천하는 인격체가 다름아닌 보살이다. 원효는 보살 중에서도 유마거사나 범행장자와 같은 재가보살을 지향한 것이다. 보살의 이타행은 일체의 중생을 대상으로 하므로 일체행(一切行)이 되며, 그것은 곧 무애행이기도 하다.

원효에게 있어서 일심은 중생심과 동의어였는데, 그는 중생 가운데서도 일반민에 더 많은 관심을 보였다. 실제로 그가 주로 접촉한 사람들은 미천한 신분의 사복(蛇福), 짚신장수인 광덕(廣德) 및 그의 처인 분황사 노비, 농민인 엄장(嚴莊) 등과 같이 각자의 생업에 분주한 일반민이었다. 그들을 교화하기 위해서는 그들의 일상적인 삶 속으로 들어가서 함께 부대껴야만 하였다. 일례로 사복이 모친상을 당하였을 때, 원효가 같이 장례를 치르면서 죽은 자를 상대로 포살수계(布薩受戒)하고 임시축(臨尸祝)까지 지었다.[92] 따라서 교화의 방식 또한 그들의 삶만큼이나 다양할 수밖에 없었다. 『송고승전』「원효전」에서 "사람을 교화함이 일정치 않았다."[93] 라고 한 말은 이 점을 지적한 것이다.

원효는 중생을 제도하기 위한 방편으로 정토신앙(淨土信仰)을 활용하였다. 앞서 중고기에는 지배층 중심으로 미륵하생신앙(彌勒下生信仰)이 성행한 데 비하여, 그는 미륵상생신앙(彌勒上生信仰)을 더 중시하였다.[94] 그리고 『기신론』의 영향으로 미륵정토(彌勒淨土)보다 아미타정토신앙에 경사된 듯하다.[95] 그는 정토신앙을 받아들이되, 현실과 동떨어져서 별도로 존재하는 정토를 상정하지는 않았다. 그는

"예토(穢土)와 정토는 본래 일심이다."라고 하여,[96] 정토를 마음의 문제로 해석하려는 경향이 있었다. 그것은 그가 검증할 수 없는 이상향보다는 현실 사회에서 고뇌하는 중생들의 실존적인 문제를 직시하였기 때문이었다. 그래서 모든 것을 마음의 차원으로 귀일시켜 본래의 마음을 깨달음으로써 정토를 실현하고자 하였다.

정토로 왕생할 수 있는 요건으로서 그가 제시한 것은 '귀로 경명(經名)을 듣고 입으로 불호(佛號)를 외우는 것'이 전부였다.[97] 더욱이 농민인 엄장에게 삽관법(鍤觀法)을[98] 가르쳤다고 하듯이, 일반민들이 실행하기 쉽도록 그들의 처지에 맞는 언어로 교화를 하였던 것이다. 일찍이 혜공과 대안이 각각 삼태기와 바리때를 매개로 대중을 교화하였는데, 원효는 그러한 전통을 이어받아 삽이라는 일상적인 도구를 활용하여 일반민을 교화한 것이다.

원효의 활동으로 일반민들 사이에 아미타정토신앙이 급속도로 확산되었다. 그래서 후세의 사가 일연(一然)은 가난하고 배우지 못한 일반민들조차 모두 부처의 이름을 알게 되었으니 이는 다 원효의 덕분이라며 그를 높이 칭송하였던 것이다.[99]

원효의 무애행은 일반민들의 처지를 이해하고 그들과 애환을 같이 하면서 그들을 제도하려는 운동이었다. 그런 만큼 원효는 일반민들로부터 존경을 받게 되었으며, 존경심은 원효를 신비화하기에 충분하였다. 「고선사비」에 보면, 원효가 고선사에 머물 때 당나라 성선사(聖善寺)의 화재를 투시하고 병 속의 물을 뿜어서 진압하였다는 기적을 얘기하고 있다.[100] 성선사는 706년에 중종(中宗)의 조칙으로 창건한 사찰이므로,[101] 이미 20년 전에 입적한 원효가 이 사찰에 대해 알 않을 리 만무하다. 후대에 누군가가 성선사에 머물렀던 밀교승 선무외(善無畏, 637~735)를 의식하고 만들어낸 이야기일 것이다.[102] 어쨌든 이런 류의 이적이 후대 일반민들 사이에서 널리 회자되고 있었음을 알 수 있다.[103]

원효의 대중교화 활동을 보면, 이 땅에 정토를 구현하고자 하였음에도 불구하고, 일반민들의 삶을 물질적인 측면에서 제고시키려는 시도는 하지 않았다. 중국 수대 신행(信行, 540~594)의 무진장(無盡藏) 설치라든가 일본 나라 시대 행기(行基, 668~749)의 교량 건설 등과 같은 사회사업을 그는 하지 않았다.[104] 그는 현실 사회에서 고뇌하는 일반민들의 처지를 직시하였다. 단, 구원의 방식에 있어서는 삶의 외부 환경을 개선하는 것보다 그들의 내면적, 종교적 각성을 촉구하는 데에 초점을 맞추었다. 여기에는 사회 사업이 불교의 본령이 아니라는 의식도 작용하였겠지만, 직접적으로는 사회사업을 포함한 민생의 안정은 세속 권력의 몫이라고 여겼던 것은 아닐까. 이것은 불교와 정치 사이의 역할 분담을 전제로 한 협력관계를 의미한다. 이와 관련하여 원효와 중대 집권 세력과의 관계는 앞에서 살펴본 바 있다.

|제11장| 화엄 중심의 사상체계

1. 교판론(敎判論)의 전개

교판이란 교상판석(敎相判釋)의 약어로 '석가모니 가르침의 상(相)을 판별하고 해석한다'는 뜻이다. 애초에 불교가 인도 사회를 배경으로 발생하여, 그 변화에 상응하며 원시불교-부파불교(소승불교)-대승불교-밀교의 순서로 전개되는 과정에서 각 단계마다 새로운 경전이 출현하였다. 그런데 인도 불교가 동아시아에 전래될 때에는 위와 같은 순차적 흐름과는 무관하게 교란된 상태로 전래되었다. 또한 석가모니는 일생 동안 설법한 대상자의 근기(根機)·시기·장소 등의 차이에 따라 각기 다양한 논리와 비유로써 설법하였기 때문에, 설법이 문자로 고정된 경전들은 표현상 서로 모순되기 일쑤였다. 동아시아 불교학자들이 한역된 경전을 매개로 석가모니의 진실한 가르침에 접근하는 과정에서, 여러 경전의 다양한 교리를 종합 정리하여 통일적으로 파악하는 방법론이 필요하였다. 교판론은 바로 이러한 사상적 요구에 부응하면서 성립된 불교학의 독특한 방법론이었다.

교판론의 맹아적 모습은 이미 인도의 대승불교에서 찾아볼 수 있다. 대승불교는 기존의 부파 불교가 번쇄한 철학에서 벗어나지 못한 채 출가자의 자리(自利)만 추구한다고 비판하여 이를 소승이라 폄하하는 동시에 스스로를 대승이라 불렀다. 소승과 대승의 구분은 대승경전에도 반영되어 있고,[1] 용수(龍樹)의 『대지도론(大智度論)』에도 나타난다.[2] 이러한 대·소승의 이분법은 서역 출신의 번역승들을 통하여 중국 불교계에 소개되었으며, 이후 중국 교판론의 전개에 한 흐름을 형성하였다.[3]

남북조 시대에 한역된 경전을 소의(所依)로 하는 학파나 종파가 형성되면서, 자파(自派)의 소의경전(所依經典)을 정점으로 내세우고 기타 경전을 그 하위에 위치 짓는 교판론이 성행하였다.[4] 대표적인 것으로 남지(南地)의 오교판(五敎判)과 북지(北地)의 사종판(四宗判)을 들 수 있다. 오교판은 열반학파의 혜관(慧觀)이 주창한 것으로서, 설법을 시기에 따라 오시(五時)로 나눈 다음 최고인 제5시에 『열반경』을 배당하였다.[5] 이 오교판(또는 오시설)은 유규(劉虯, 438~495)의 오시설[6]과 함께 중국 남조의 성실학파(成實學派)에서 각별히 중시하였다. 사종판은 남도파(南道派) 지론학가(地論學家)인 혜광(慧光, 468~537)이 주창한 것으로서,[7] 『열반경』과 동시에 『화엄경』을 최고위에 배당하였다. 이 사종판은 혜광의 제자들인 자궤(自軌)·안름(安廩, 507~583)으로 계승되면서 지론학파의 대표적 교판론으로 중시되었는데, 특히 『화엄경』을 『열반경』과의 동렬에서 분리 강조하려는 경향을 보이고 있다.[8] 오시설이든 사종판이든 최고의 경전으로 『열반경』

을 똑같이 인정하였다는 점에서 남북조 당시 중국 불교계의 분위기를 짐작케 한다.

남북조 시대의 교판론이 주로 경전의 설시(說時)를 기준으로 한 반면, 수대에 들어서면서 설시 중심의 교판론을 비판하고 새로이 설법 내용을 중시하기 시작하였다. 우선 지론학파의 마지막 세대인 정영사 혜원은 사종판과 다른 교판론을 보여주었다. 그는 유규의 오시설뿐만 아니라 자파의 사종판까지 비판하고, 인도 이래의 대·소승 이분법에 따른 성문장(聲聞藏)·보살장(菩薩藏)의 이장판(二藏判)을 주장하였다.[9] 그는 설시를 기준으로 대승경전을 등급화한 유규의 오시설을 집중적으로 비판하였는데, 그의 논지는 당시 주목받고 있던 『반야경』·『법화경』·『열반경』·『유마경』 등이 비록 종취(宗趣)는 다르지만 모두 대승요의경(大乘了義經)이라는 것이다. 이러한 이장판은 삼론학의 완성자 길장에게로 그대로 계승되었다. 그 역시 오시설과 사종판을 비판한 다음 이장판을 내세웠다.[10] 이장판은 용수에 이미 보이므로, 용수의 교학을 따르는 삼론학파에서 특히 중시한 것으로 보인다.

천태지의(天台智顗)는 이른바 '남삼북칠(南三北七)'의 십가(十家)를 들어서 종래의 교판론을 비판하면서도,[11] 이를 더욱 체계화하여 자신의 독창적인 교판론으로서 오시팔교(五時八教)를 제창하였다. 그 중에서도 장(藏)·통(通)·별(別)·원(圓)의 화법사교(化法四教)는 천태종이 주장하는 공(空)·가(假)·중(中) 삼관(三觀)의 출현 방식에 따라서, 석가모니 일대의 설법을 분류한 것이다.[12] 이 사교판은 지의의 대표적인 교판론인바, 『법화경』을 정점인 원교(圓教)에 배당하고, 소승경전을 장교(藏教)에 그리고 나머지 대승경전을 통교(通教)와 별교

(別教)에 각각 배당하였다. 이러한 사교판은 『열반경』과 『화엄경』을 각각 중시했던 기존의 오시설과 사종판을 탈피하여, 법화본위주의(法華本位主義)로 사상적 경향이 전환되고 있음을 의미하였다.

교판론은 원칙적으로 불교의 경전과 교설을 대상으로 하지만, 각 시대의 사상적 과제와 결부될 때는 유교나 도교 등의 여타 사상도 종종 교판의 대상이 되었다. 원효의 경우 그의 저술 속에서 노장사상의 영향을 간취할 수 있을 뿐 아니라, 설총 같은 대유학자를 아들로 둔 사실로 보아 유교에 대한 지식도 있었을 것이다. 원효가 간단하나마 유교에 대한 불교의 우위를 언급한 구절은 확인된다.[13] 원효는 당시의 여러 사상 가운데 불교를 최고의 가르침으로 인식하였으며, 이를 전제로 불교의 교설들을 다시 분류하였다. 원효의 교판론은 기본적으로 수 불교계의 교판론을 근간으로 성립하였다. 단, 수대 교판론은 구역 불교를 대상으로 하였기 때문에, 현장(玄奘)에 의해 출현한 신역 불교를 교판상 어떻게 위치 짓는가가 원효의 과제였다.

2. '종요(宗要)'류 저술의 대·소승 이분법

현존하는 원효의 저술 가운데, 『미륵상생경종요(彌勒上生經宗要)』·『무량수경종요(無量壽經宗要)』·『대혜도경종요(大慧度經宗要)』·『법화종요(法華宗要)』·『열반종요(涅槃宗要)』 등의 이른바 종요류 저술은 한결같이 대·소승의 이분법을 수용하였다. 『미륵상생경종요』는 미륵신앙의 근간을 이루는 3대경전의 하나인 『미륵상생경』에 대한 저술이다. 그런데 『미륵상생경(彌勒下生經)』에 대해서는 일찍부터 중국에서 대·소승의 논란이 있었다. 더불어 『미륵하생경』에 대해서도 같은 논란이 있어왔다. 그런데 길장은 『미륵상생경』을 보살장(菩薩藏, 대승교)에 『미륵하생경』을 성문장(소승교)에 각각 배당시켰다.[14] 원효는 이에 대해서 성문장설과 보살장설을 각각 소개한 다음, 『미륵상생경』은 대소에 모두 통한다고 보면서도, 소는 대를 포용할 수 없지만 대는 소를 능히 포용할 수 있으므로 결국 보살장에 포섭된다고 하였다. 그리고 『미륵성불경(彌勒成佛經)』과 『미륵하생경』은 성문장에 포섭된다고 하였다.[15] 즉, 원효는 길장의 설을 받아들인 셈이다.[16] 반면 법상종의 기(基)는 『미륵상생경』과 『미륵하생경』 모두가 대소의 양승(兩乘)에 다 포섭된다고 보았는데, 경흥(憬興)은 이 설을 따랐다.[17] 한편 원효는 『무량수경종요』에서 별다른 논의 없이 『무량수경(無量壽經)』을 보살장에 포섭시켰다.[18]

원효는 『법화경』에 대한 교판에서도 길장의 설을 부분적으로 수용하였다. 길장은 원래 용수 이래로 삼론학계에 내려오는 전통에 더하여 혜원의 영향을 받아서 이장판을 내세웠는데, 후에 천태지의(天台智顗)의 법화사상에 영향을 받아 법화본위로 전환하였다.[19] 그래서 만년의 저술인 『법화유의(法華遊意)』에서, 기존의 오시설과 사종판이 모두 화엄을 원만교(圓滿教)로 법화(法華)를 불요의교(不了義教)로 간주한 데 대해 반론을 제기하고, 『법화경』의 요지를 밝히는 삼법륜설(三法輪說)을 내세웠다.[20] 반면에 현장은 『해심밀경(解深密經)』을 정점으로 하는 삼시법륜설(三時法輪說)을 내세우면서 『법화경』을 불요의교(不了義教)로 보았다.[21] 이에 대해서 원효는 『법화종요』에서,

요의교(了義敎)냐 아니냐 하는 기준을 중생의 성불 가부(成佛可否)에서 찾은 듯하다.

현장의 법상종에서는 중생이 선천적으로 갖추고 있는 본성을 오종(五種: 菩薩定性·緣覺定性·聲聞定性·不定性·無性)으로 나누고, 이것은 영원히 결정되었다는 오성각별설(五性各別說)을 주장하였다. 그래서 현장은 삼승(三乘 : 聲聞乘·緣覺乘·菩薩乘)이 진실이고 일승(一乘)은 방편에 불과하다고 하여 일승을 진실, 삼승을 방편으로 하는 『법화경』을 불요의교로 판석한 것이다. 원효는 이에 대하여 현장의 주장은 성문(聲聞)과 연각(緣覺)을 옹호하기 위한 방편이고, 길장의 주장은 부정종성인(不定種性人)을 옹호하기 위한 방편이기 때문에, 서로 상위(相違)하지 않다고 하였다. 다만 전자는 그 뜻이 단협(短狹)한 반면에 후자는 관장(寬長)하여서, 전자가 후자에 포섭되므로 결국 『법화경』을 구경요의교(究竟了義敎)로 보아야 한다고 하였다.[22] 여기서도 길장의 설을 따랐음을 알 수 있다.

원효는 『대혜도경종요』를 통하여 『반야경』이 『화엄경』과 마찬가지로 구경요의교라고 하였다. 먼저 『반야경』에 대한 저술인 『대혜도경종요』에서 혜관의 이교오시설(二敎五時說)과 법상종의 삼법륜설을 모두 비판하였다. 앞서 혜관은 오시설에서 『반야경』을 제2시인 무상교(無相敎)에, 『법화경』을 제4시인 일승교에 배당시켰는데 원효는 『대지도론』과 『법화경』을 근거로 하여 『반야경』이 『법화경』보다 오히려 설법 시기가 후대임을 입증하였다. 또한 법상종에서는 『반야경』을 제2법륜에, 『해심밀경』을 제3법륜에 각각 배당시켰는데, 원효는 역시 『해심밀경』과 『반야경』의 내용을 근거로 하여, 『반야경』이 제

2법륜이 아니라 제3법륜과 같다고 하였다. 나아가서 『반야경』은 『화엄경』과 마찬가지로 무상무용(無上無用)의 구경요의(究竟了義)라고 하였다.[23]

지금까지 살펴보았듯이 원효는 『미륵상생경』과 『무량수경』은 보살장(대승교)에 속하며, 『반야경』과 『법화경』은 대승요의경(大乘了義經)이라고 보았다. 그러나 이들 사이의 우열 관계에 대해서는 아무런 언급도 하지 않았다. 그런 점에서 혜원과 길장 이래의 이장판을 수용한 것으로 보인다. 원효가 소승불교를 의식적으로 비판하고 대승불교를 지향한 것은 이미 저술 목록에서도 엿볼 수 있었는데, 이러한 대승우위의 입장은 이장판의 수용과도 무관하지 않다.

한편 『열반종요』 제사명교적자(第四明教迹者)에서는 이장판의 영향을 여전히 받으면서도 그것을 벗어나려는 변화의 조짐도 보인다. 이 부분은 『열반경』의 교판적 위치 부여에 국한하지 않고 교판론 자체에 대한 원효의 시각을 보여준다는 점에서 흥미롭다. 다음과 같이 크게 세 가지 내용을 담고 있다. 첫째, 유규의 이교오시설을 소개하고 있다. 내용인즉 제3시의 『반야경』과 제4시의 『법화경』은 불요의교이며, 제5시의 『열반경』이 비로소 요의교라는 것이다. 이러한 견해는 남조의 성실학자(成實學者)들 사이에서 널리 받아들여졌기에 남토제사(南土諸師)의 설이라고 불렸다. 둘째는 북방사(北方師)의 설이라 하여 혜원의 교판론을 소개하고 있다. 『반야경』·『유마경』·『법화경』 및 『열반경』은 각각의 종취만 다를 뿐, 모두 대승요의경이므로 유규의 오시설은 오류라는 것이다. 특히 『대품반야경(大品般若經)』과 용수의 『대지도론(大智度論)』을 인용하여 오시설의 오류를 증명하고자 하였다.[24]

여기까지만 보면 원효는 오시설을 반대하고 혜원의 이장판설을 따른 듯하다. 더욱이 『열반종요』의 윗구절은 혜원의 『대승의장(大乘義章)』 권1 중경교적의(衆經敎迹義)를 발췌 인용한 것이다.[25] 그런데 원효는 남토제사(南土諸師)의 설과 북방사(北方師)의 설이 모두 맞을 수도 있고 모두 틀릴 수도 있다고 하여, 혜원의 견해를 상대화시키고 있다. 원효가 이렇게 태도 변화를 보이게 된 데에는 천태(天台, 538~597)의 영향이 컸다. 천태는 남삼북칠(南三北七)이라 하여 남북조 시대의 대표적인 교판설을 일일이 비판하였는데, 『열반종요』를 보면 원효는 천태의 학설을 알고 있었던 듯하며, 특히 천태를 가리켜 정혜(定慧)에 통달한 사람으로 높이 평가하고 있다.[26] 그런 점에서 『열반종요』는 원효의 학문이 열반학에서 천태학으로 이행하던 과도기의 모습을 보여준다고 생각된다.[27]

천태가 당시까지의 교판론을 비판한 것은 『법화경』 우위의 새로운 교판론을 내세우기 위해서였다. 반면 원효는 '사종(四宗)으로 경지(經旨)를 나누고 오교(五敎)로 불의(佛意)를 제한하는 것은, 소라로 바닷물을 퍼는 격이요, 대롱구멍을 통해 하늘을 엿보는 격'이라고 하여 교판론 자체를 부정적으로 인식한 것처럼 보인다.[28] 그러나 이것은 남북조 당시 불교 학파가 분열하면서 교판론이 특정 학파와 결합하여 일종의 도그마화하는데 대한 비판이다. 한 쪽만을 옳다고 여기는 편견과 집착을 비판한 원효 자신의 화쟁주의가 잘 드러난다고 하겠다.

3. 『화엄경소(華嚴經疏)』의 사교판론(四敎判論)

원효의 교판론과 관련하여 일찍부터 주목받은 자료가 바로 만년의 저술인 『화엄경소(華嚴經疏)』에서 건립한 사교판론(四敎判論)이다. 『삼국유사』에 의하면, 원효는 일찍이 분황사에 머물 때 『화엄경소』를 저술하다가 권4 십회향품에서 절필하였다고 한다. 원효의 『화엄경소』는 8권의 미완성본이 유통되었는데, 이러한 사실은 8세기 중반 일본 동대사 정창원의 사경(寫經) 관련 고문서에서 확인된다.[29] 고려 숙종 때 대각국사 의천(義天)이 원효의 『화엄종요』와 합본하여 『화엄경소』 10권으로 삼았음은 잘 알려진 사실이다.[30] 아쉽게도 그 대부분이 흩어지고 현재는 대의문[序]과 권3의 일부만 전해지고 있다.

원효의 사교판론은 중국 화엄종 승려들의 저서를 통해서 일찍부터 그 대강이 알려졌다. 최초의 자료는 법장의 『화엄경탐현기(華嚴經探玄記)』 권1인데, 법장은 불교 역사상 대표적인 10명의 교판론을 거론하면서 원효를 일곱 번째로 소개하였다.

> 원효법사가 소를 지으면서 역시 사교(四敎)를 세웠다. 첫째는 삼승별교(三乘別敎)이니 사제교(四諦敎)와 연기경(緣起經) 등을 말하며, 둘째는 삼승통교(三乘通敎)이니 반야경과 해심밀경 등을 말하며, 셋째는 일승분교(一乘分敎)이니 영락경과 범망경 등을 말하며, 넷째는 일승만교(一乘滿敎)이니 화엄경의 보현교(普賢敎)를 말한다. 사교의 구별에 대한 해석은 그의 소와 같다.[31]

원효의 사교판론은 경전의 교설을 삼승별교(三乘別教)·삼승통교(三乘通教)·일승분교(一乘分教)·일승만교(一乘滿教)의 네 단계로 분류한 것이다. 분류의 기준과 관련해서는 법장의 제자 혜원(慧苑, 673~743)의 『간정기(刊定記)』 권1에 인용되어 다음과 같이 전한다.

> 삼승이 함께 배움을 삼승교라 이름 하는데 그중에서도 법공(法空)을 밝히지 않은 것을 별상교(別相教), 법공을 통설한 것은 통교라 이름 한다. 이승과 함께 하지 않음을 일승교라 하는데, 그중에서도 보법(普法)을 드러내지 않는 것을 수분교(隨分教), 다시 보법을 밝힌 것을 원만교(圓滿教)라 이름 한다. 자세한 것은 그의 화엄소에 잘 나타나 있다.[32]

원효의 사교판(四教判)을 보면, 먼저 법공을 설하지 않았는가 설하였는가를 기준으로 석가모니의 교설을 소승[삼승별교]과 대승[삼승통교]으로 나누었는데, 이는 인도 불교 이래의 대·소승 이분법을 계승한 것이다. 원효가 대소승을 판가름한 가장 중요한 잣대가 '법공'의 유무라는 점은 여기서 분명해졌다.

이어서 대승을 다시 『법화경』의 '일승진실(一乘眞實) 삼승방편설(三乘方便說)'에 따라 삼승교와 일승교로 양분하였다. 『법화종요』에 의하면, 원효는 모든 중생이 평등하게 불성(여래장성)을 지닌다고 설하는 법을 일승이라고 보았다.[33] 그리고 또 일승을 나누는 기준으로 보법(普法)을 들었는데, 원효는 일체법(一切法)이 대소(大小, 공간)·촉사(促奢, 시간)·동정(動靜, 운동)·일다(一多, 수량) 등의 범주에서 아무런 걸림 없이 상입(相入)하고 상즉(相卽)하는 광탕(廣蕩)한 『화엄경』의 세계를 '보법'이라고 하였다.[34] 원효의 사교판론은 그 형식상, 이미 징관(澄觀)이 언급한 바 있듯이,[35] 천태지의의 화법사교(化法四敎)의 영향을 받고 있다. 그러나 구체적으로 경전을 배당하는 데 있어서는 원효의 독창적인 견해가 나타난다.

삼승별교에 사제교(四諦敎)·연기경(緣起經) 등의 소승 경교를 배당한 것은 제가(諸家)의 교판론에서도 거의 통설로 되어 있다.[36] 그런데 삼승통교에 대승철학의 양대 조류인 중관(반야경)과 유식(해심밀경)을 나란히 배당한 것은 교판사상 원효가 처음이었다. 신유식의 경론이 삼승진실(三乘眞實)을 주장함은 두말할 나위도 없다. 『반야경』 또한 이승을 비판하는 배타적인 보살승을 견지한다는 점에서 삼승교에 해당하며, 원효도 이 점에 주목하였다.[37] 그런데 『반야경』과 『해심밀경』을 삼승통교에 나란히 배당한 것은 단순한 병렬이 아니라, 중관·유식의 화쟁을 반영한다는 점에서 의미가 있다.

일승분교에 『범망경』과 『영락경』을 나란히 배당한 것 역시 교판사상 원효가 처음이었다. 이 두 경전은 인도에서 전래되었다고 하나, 실은 화엄경류의 구상을 원용하여 5세기경 중국에서 성립된 위경[Apocrypha]으로 보인다.[38] 따라서 원효가 일승분교에 두 경전을 배당한 데에는 우선 『화엄경』과의 친연성이 감안되었을 것이다. 아울러 『범망경』과 『영락경』이 대승보살계를 설하는 대표적인 대승경전이라는 점도 고려되었을 것이다.[39]

두 경전은 실천적인 보살도를 강조하는 대승계경(大乘戒經)으로서 일찍이 중시되어왔다. 천태지의는 두 경전이 불성상주(佛性常住)

라는 일승의 묘지(妙旨)를 밝힌 것으로, 『화엄경』과는 수기이설(隨機異說)일 뿐이라는 인식에서 주소(注疏)를 하였다.[40] 이후 중국 불교계에서는 유가계(瑜伽戒)를 설하는 『지지경(地持經)』과 함께 대승계의 대표적인 경전으로서 널리 유행하였다. 한편 지엄(智儼)은 화엄 절대주의에 따라서 『범망경』과 『영락경』을 삼승으로 폄하하고, 오직 『화엄경』만이 일승이라고 하였다.[41] 원효는 지의(智顗)의 일승설과 지엄의 삼승설을 종합하여 일승을 분교(分教)와 만교(滿教)로 나누고, 전자에 『범망경』과 『영락경』, 각각 후자에 『화엄경』을 배당하였다. 『범망경』과 『영락경』을 일승분교에 배당한 것은 이전의 교판론사상 찾아보기 어려운 원효의 독창이었으며, 그것은 원효 당시의 사상사적 과제로서 불교대중화를 위한 윤리적 근거로서 대승보살계가 요청되었음을 의미한다.

지금까지 살펴보았듯이 원효의 사교판론은 매우 간단명료하다. 그 때문에 혜원(慧苑)이 용어상의 문제점을 거론한다든가,[42] 징관(澄觀)이 섭교부진(攝教不盡)의 한계를 지적하기도 하였다.[43] 그러나 이들의 비판은 원효 불교 사상의 지향점이라든가 전체적인 틀을 고려하지 않은 채 사교판론 자체에만 초점을 맞추었기 때문에, 다소 본질에서 벗어난 비판이 되고 말았다. 불교의 체계화를 위한 방법론이 교판론이라면, 교판론은 곧 불교를 바라보는 거시적인 틀이라고 할 수 있다. 그런 점에서 사교판론은 원효가 불교를 어떻게 체계화하였는가를 보여주는 그의 원대한 구상인 셈이다.

사교판론의 첫 번째 특징은, 불교를 삼승과 일승으로 나눈 점이다. 그것은 단순히 『법화경』의 주장을 따른다는 차원이 아니라, 현장의 신유식학에 의해 촉발된 일승·삼승 간의 우열 논쟁에 대한 대응 차원이었다. 여기서 원효는 모든 중생이 평등하게 불성을 지닌다는 일승사상의 우위를 분명히 하였다. 두 번째 특징은, 역시 현장의 신유식학에 의해 촉발된 중관·유식의 쟁론을 삼승통교에 나란히 배정함으로써 양자를 지양한 사상이 일승사상임을 선언하였다. 다만 일승사상을 분·만교로 양분하였으니, 그것이 바로 세 번째 특징이 된다. 일승분교에 대승보살도(大乘菩薩道)의 실천규범인 『범망경』과 『영락경』을 배당함으로써, 실천을 중시하는 원효 불교의 특성을 분명히 하였다. 그리고 그 정점인 일승만교에는 원융무애(圓融無碍)를 설하는 『화엄경』만을 배당하여, 마침내 『화엄경』 중심의 사교판론을 완성시켰다.

원효가 『기신론소』와 『금강삼매경론』 등 주요 저술을 통해서 계속 추구해나간 것이 바로 중관·유식의 화쟁이었으며, 『영락경』과 『범망경』의 대승보살계를 토대로 파격적인 실천행을 밟아 나갔다. 이것은 『화엄경』의 원융무애를 과보(果報)로 하는 인행(因行)의 성격을 띤다 하겠다. 결국 사교판론은 교학 연구[三乘通敎]와 실천 수행[一乘分敎]을 통해서 최종적으로는 화엄사상[一乘滿敎]을 증득하는 데로 나아간다는 원효 사상의 틀을 보여준다.

한편 사교판론을 보면, 원효의 다방면에 걸친 경전 섭렵에 비해 매우 적은 수의 경전만이 언급되었음을 알 수 있다. 이것은 '문약의풍(文約義豊)'이라는 원효 자신의 저술 방침과도 무관하지 않다. 그러므로 사교판론에서 밝힌 기준과 원칙을 여타의 경전에 적용해보면, 주요 대승경전 가운데 『열반경』·『법화경』·『승만경』·『무량수경』·

『금강삼매경』·『능가경』 등이 일승사상 내지 여래장사상을 설한다는 점에서 일승분교로 볼 수 있겠다. 이 중에서 『금강삼매경』은 일승사상을 주장하면서도 대·소승을 결판하고 소승을 비판한다는 점에서, 『반야경』의 교판관을 완전히 벗어나지 못하였다. 아울러 사교판론은 삼장 가운데 경장(經藏)만을 대상으로 하였고 논장(論藏)과 율장(律藏)은 제외시켰다. 이는 경과 논을 엄격히 구분하는 데서 기인한다.[44] 원효에게 철학적 기초를 마련해준 『기신론』은 위의 기준에 의하면, 역시 일승분교에 해당한다.

4. 『화엄경』 관련 저술의 일심사상(一心思想)

원효가 사교판론의 최고위에 『화엄경』을 배당한 점, 중국의 역대 화엄학승들이 원효의 『화엄경소』를 인증한 점 등은, 후대에 원효를 화엄종에 소속시키는 근거가 되었을 것이다. 특히 일본 초기 화엄학의 조사로서 유명한 신라학생 심상(審祥)이 원효의 화엄학을 소개한 것을 계기로,[45] 일본 불교계에서 원효를 화엄종 승려로 인식하려는 경향이 두드러져졌다. 최징(最澄, 767~821) 단계에 이미 원효를 화엄종 승려로 인식하였다든가,[46] 9세기 후반으로 추정되는 『화엄종소립오교십종대의약초(華嚴宗所立五教十宗大意略抄)』에서 원효를 화엄종 조사로 거론하기도 하였다.[47]

그러나 원효 자신이 화엄종 승려를 자처한 적은 없다. 다만 원효가 후반기에 『화엄경』 연구에 열중하였고, 그의 전체 사상에서 화엄사상이 중요한 비중을 차지함은 두말할 나위도 없다. 또한 「고선사비」에서 원효의 대표적인 저술의 하나로 『화엄종요』를 언급하였음은 시사하는 바 크다. 화엄종 승려인가 아닌가 하는 차원을 떠나서 원효의 화엄사상을 규명해야 할 필요성이 여기에 있는 것이다.

원효가 『화엄경소』를 찬술한 시기는 몇 가지 정황으로 보아 670년대 전반기 무렵으로 추정된다. 당시 의상(義相)이 지엄(智儼) 문하에서 10년 동안 화엄학을 수학한 다음 670년에 귀국하여, 676년 부석사(浮石寺)가 완공될 때까지 주로 경주에 체류하고 있었는데,[48] 원효는 바로 이 무렵 의상과 교류하면서 그로부터 중국 화엄학의 최신 성과를 접할 수 있었다.[49] 원효의 화엄사상 형성에 끼친 의상의 기여는 다른 무엇보다도 컸다.

화엄사상은 '일체법의 원융'으로 표방되듯이, 일(一)과 다(多, 일체)·대(大)와 소(小)·영원과 순간·이(理)와 사(事) 등 모든 대립적인 요소간의 무차별성 내지 원융무애(圓融無碍)함을 주장한다. 수전법(數錢法)이란 이 중에서도 일과 다 사이의 상즉상입(相卽相入)함을 수전(數錢)의 비유로 설명한 것이다. 이 수전법은 지엄이 창안한 이래 의상·법장 등에게 전수되면서 이후 화엄교학 연구에서 중요시 되었다.

원효는 이 수전법을 의상에게서 전해 듣고 자신의 화엄학 체계에 수용하였는바, 원효의 화엄 관계 저술인 『보법기(普法記)』와 『화엄종요(華嚴宗要)』에서 이를 확인할 수 있다.[50] 그런데 8세기에 활동한 것으로 보이는 표원(表員)의 『화엄경문의요결문답(華嚴經文義要決問答)』에서는 용어상 원효와 의상의 차이를 지적한 다음, 원효를 따르고 있다.[51] 이를 보건대 원효는 수전법을 자기 나름대로 변용했음을 알 수 있다. 한편 의상도 원효로부터 사상적 영향을 받았다. 균여(均如)의 저술에 의하면, 대·소의 원융무애함에 관해서 의상은 원효의 논리를 원용하였다.[52]

이와 같이 원효는 671년 이후 의상을 통하여 중국 화엄교학의 성과를 수용하며 자신의 화엄교학을 완성해 나갔다. 그것이 『화엄경』을 정점으로 하는 사교판의 형성에도 영향을 미쳤으며, 역으로 원효의 화엄교학 역시 의상계의 화엄교학에 영향을 미쳤다.

원효가 중시한 개념에는 '일(一)'이라는 수식어가 늘 따라다닌다. 그런데 '일'은 단순한 수식어라든가 단수의 개념이 아니다. 그것은 모든 것을 포괄하는 개념이기도 하다. 그는 『화엄경』의 '일즉다(一卽多) 다즉일(多卽一)'의 논리를 빌어서 '일'의 의미를 무한대로 확장시켰다. '일'과 '일체'가 상즉상입(相卽相入)하는 것을 원효는 보법(普法)이라고 보았다. 그러므로 일심에 근거한 일체행(一切行)이 성립할 수 있다. 일심은 일체 중생들의 보편성을 의미한다.

만물의 근원인 일심 앞에서 모든 인간들이 평등함을 선언한다. 그러나 중생들의 현실적 처지는 천차만별이다. 그러므로 일체의 중생을 대상으로 행하여지는 대중교화 활동은 일정한 틀이 없는 것이다. 즉, 중생 개개인의 처지에 톱니바퀴처럼 맞물리는 무애행이어야 한다. 그러한 무애행은 일심의 근원으로 돌아갈 것을 목표로 한다는 점에서 공통된다. 그러므로 세간(世間)과 출세간(出世間)을 인위적으로 구분하여 출가자들 중심으로 교단을 조직하는 일은 원효에게 있어서 무의미하였다.

원효 무애행의 무애는 잘 알려졌다시피 『화엄경』의 '일체무애인(一切無碍人) 일도출생사(一道出生死)'라는 구절에서 유래하였다. 그런데 일도(一道)와 일승(一乘)은 표현만 다를 뿐 같은 개념으로 사용되며, 일도란 바로 일체의 성인이 가는 길이었다.[53] 그러므로 무애행은 화엄일승사상을 실천적으로 전개한 것이라고 할 수 있다. 결국 원효는 『화엄경』을 통하여 자신의 일심사상을 최종적으로 완성시켰다고 할 수 있겠다.

|제12장| 인간관과 중생제도행

1. 문제제기

원효는 한국 불교 역사상 가장 뛰어난 사상가이자 가장 대중적인 포교사였다. 그가 활동한 7세기는 신라가 고구려·백제와 격렬한 전쟁을 거듭하면서 마침내 삼국을 통일하는 매우 역동적인 시기였다. 오랜 전쟁이 끝나고 평화가 도래하면서 통일신라시대 전반기[中代]에 불교가 모든 계층 모든 지역으로 확산되는 한국 사회의 불교화가 이루어졌다. 한편 중국 대륙을 재통일한 당(唐)을 중심으로 동아시아 국제질서가 구축되면서, 불교가 동아시아의 보편적이고 지배적인 문화로서 번영을 구가하게 되었다. 이러한 시대를 배경으로 원효는 방대한 대승경전을 두루 섭렵하고 도합 70여 부 150여 권의 저술을 남겼다. 이들 저술을 통하여 그는 화쟁(和諍)의 관점에서 교학을 체계화하였을 뿐 아니라, 대승불교의 이상인 보살의 중생제도행을 실천하는 데 헌신하였다. 요컨대 원효는 교학 연구와 중생제도행을 통하여 신라 중대 불교, 나아가 8세기 화려하게 만개하는 동아시아 불교에 선구자적 역할을 하였으며, 그런 점에서 교종(敎宗)을 대표하는 불교사상가라고 할 수 있다.[1]

여기에서는 원효의 사상 중에서도 인간관에 초점을 맞추고자 한다. 구체적으로 '인간이란 무엇인가?'라는 근본적인 질문에 대하여, 원효는 어떤 생각을 하였으며, 또 그 생각을 어떻게 행동으로 옮겼는가를 밝혀보고자 한다.

아쉽게도 원효의 방대한 저술 중에서 10% 남짓만 현재 전해지고 있다. 더욱이 이들 현존 저술은 물론 다른 불교학자들에게 인용된 글을 보면, 원효가 '인간'을 주제로 전론한 글은 애초부터 없었던 듯하다. 이러한 자료의 한계 때문에 기왕의 연구는 특정 사상이나 특정 경전을 철학적으로 탐색하는 데 집중한 경향이 있었다.[2]

필자는 선행 연구성과를 바탕으로 하되, 방법론과 관점에서 새로운 시도를 함으로써 원효의 인간관에 대한 기존의 이해를 진전시키고자 한다. 하나는 자료의 부족과 관련하여, 인간 관련한 불교 용어나 명구를 정리한 다음, 이를 배경으로 원효의 저술에 보이는 관련 자료를 분석하겠다. 이러한 방법론은 전체 불교사상사에서 교종 승려로서 원효의 인간관이 차지하는 위치를 파악하는 데에도 도움이 될 것이다. 또 다른 하나는 그가 이론 탐구와 실천을 병행하였음을 감안하여, 그의 저술에 보이는 인간관과 그의 전기 자료에서 주목한 중생제도행을 연관지어 해석하겠다. 이러한 관점은 원효의 사상이 시대정신으로서 가지는 역사적 의의를 보여줄 것이다.

2. 인본주의로서의 불교

기원전 6세기 히말라야산맥의 남쪽 자락, 지금의 인도와 네팔의 접경 지대에 있었던 작은 왕국 카필라(Kapilavastu)의 왕자 고타마 싯다르타(석가모니)는 태어나자마자 다음과 같이 말하였다고 전해진다.

> 이 세상에서 오직 나만이 존엄하다(天上天下 唯我獨尊)![3]

불교의 탄생을 알린 위 구절은 글자 그대로 개체적 실존적 존재로서 싯다르타가 자기발견을 하였다고 해석된다.[4] 그런데 그가 나중에 인류의 위대한 교사가 되었음을 고려하면, 당시 인도 사회의 지배이념인 브라만교가 갖고 있던 자연이나 신 중심의 세계관에 맞서 인간의 존엄성 내지 주체성을 천명한 의의가 있다. 불교의 인본주의적 속성을 이처럼 짧고도 강렬하게 선언한 구절은 없다.

불교는 기원전 6세기 무렵 인도 사회가 직면하고 있던 제반 모순[苦]을 근원적으로 극복하기 위하여 석가모니가 제시한 관념체계이다. 기존의 우파니샤드 철학에서는 인간을 포함한 우주 만물에 영원불변한 아(我, atman)가 있다고 하였지만, 석가모니는 그러한 독립적이고 고유한 실체는 없으며[諸法無我], 인간을 둘러싸고 있는 객관세계 또한 영원불변한 것이 아니라 끊임없이 변화한다고 하였다[諸行無常].

석가모니는 6년 동안의 고행과 사유 끝에 마침내 우주 만물이 생멸하고 운행하는 법칙(dharma)을 발견하였다. 그것은 바로 4제(四諦;

苦·集·滅·道)로 대표되는 연기(緣起)였다. 연기의 법칙은 'A가 있음으로 해서 A'가 생겨난다'이며, 반대로 'A가 사라지면 A'도 사라진다'이다. 그런데 당시 인도인들은 그러한 변화를 직시하지 못하고 우주 만물이 고정불변인 양 착각하고 거기에 집착한다. 결국 끊임없이 변화하는 객관세계와 변화하지 않으려는 주관 사이에서 모순이 발생한다. 이 모순을 고(苦)라고 여기기 때문에 인생[生·老·病·死]은 괴로움의 연속인 것이다. 또 고정된 실체[自我]가 있다고 여기고 거기에 집착함으로써 번뇌에 휩싸여 한평생 온갖 가지 행위[業]를 짓는다. 그리고 인과응보(因果應報)의 법칙에 따라, 평생 축적한 업이 원인이 되어 다음 세상에서의 과보(果報)를 결정한다. 그렇게 해서 중생은 여섯 가지 삶의 길[六道 : 天·人·阿修羅·地獄·餓鬼·畜生]을 수레바퀴처럼 영원히 굴러가게 되는데[輪廻轉生], 정도의 차이는 있지만, 어느 길이든 고통에서 완전히 벗어나지는 못한다.

이 영원한 고통의 사슬을 끊고자 한다면, 석가모니는 신에 대한 제사가 아니라, 인간 스스로 집착을 끊고 수행을 통하여 지혜를 키워서 진리를 발견하라고 가르쳤다. 수행을 통하여 지혜를 완성한 인간을 부처[Buddha: 覺者]라 하며, 끝없이 이어지는 고통의 연속에서 완전히 해방된 경지를 해탈(解脫) 또는 열반(涅槃)이라고 한다. 특히 열반이란 번뇌의 불꽃이 완전히 꺼진 상태를 의미하므로, 죽음은 완전한 열반으로 간주되었다. 여기서 탄생을 고통의 시작, 죽음을 고통으로부터의 해방으로 보는 불교 특유의 생사관이 드러난다.

석가모니는 자신이 깨달은 진리를 45년 동안 갠지스강 중류 지역을 중심으로 설법하였으며, 마침내 나이 여든에 그가 가장 좋아하였던 도시 바이샬리에서 최후의 여름철 안거(安居)에 들어갔다. 그때 죽음보다 더한 격심한 고통이 엄습하였는데, 그는 이를 초인적인 의지로 버텨냈다. 당시 시종하던 아난은 스승이 돌아가실지도 모른다는 두려움에서 지금까지 말씀하지 않은 가르침이 있다면 설법해주기를 간청하였다. 이에 석가모니는 이렇게 응답하였다고 한다.

자기를 의지하고 법을 의지하라(自歸依 歸依於法).[5]

이 구절은 오늘날 한국인들에게 '자등명(自燈明) 법등명(法燈明)'이란 말로 널리 회자되고 있다. 죽음을 앞둔 석가모니는 교단 내에서 후계자를 지정하지 않았을 뿐 아니라, 심지어 불교를 개창한 석가모니 자신조차 숭배하지 말라고 하였다. 또한, 당시 불교 교단은 인적 · 물적 자원을 전적으로 세속 사회에 의존하고 있었는데, 석가모니는 세속의 국왕에게 불법(佛法)을 보호해줄 것[外護]을 부탁하면서, 동시에 제자들에게는 도둑을 경계하듯 국왕을 너무 가까이하지도 멀리하지도 말라고 유훈하였다. 요컨대 위의 인용문은 종교적이건 정치적이건 일체의 권위로부터 자유로운 상태에서 오직 수행자 자신과 보편적인 진리[法, dhārma]만을 믿고 따르라는 가르침이었다.

불교는 진리 앞에서 모든 인간은 평등하다는 인간관을 보여준다. 교단 내에서의 지위는 세속에서의 출신성분[四姓制]과 상관없이 교단에 입문한 순서에 따라 정해졌으며, 과보(果報)는 수행자의 자질과 수행의 정도에 따라 차이가 났다. 당연히 최종적인 과보는 붓다[佛]였는데, 부파불교(部派佛教, 小乘)는 현생에서 깨달을 수 있는 인간은 석가모니만이 유일하며, 나머지 수행자들은 그 아래 단계인 아라한(Arahan, 阿羅漢)까지 도달할 수 있다고 굳게 믿었다.

그런데 기원을 전후하여 부파불교를 전면적으로 혁신시키려는 대승불교운동이 전개되었다. 이들은 붓다에 대한 기왕의 관념을 뛰어넘는 대담한 주장을 하기 시작하였다. 그것은 상반된 두 갈래로 진행되었다. 하나는 역사상 실재하였던 인간 석가모니를 신비화시켜서 신적인 존재로 숭배하는 것이었으며, 또 하나는 다음과 같이 모든 수행자에게 성불의 문호를 완전히 개방하는 것이었다.

모든 중생은 다 부처가 될 자질을 가지고 있다(一切衆生 悉有佛性).[6]

흥미롭게도 이 구절은 소승 계통의 『열반경(涅槃經)』에서는 찾아볼 수 없다. 대승불교도들이 『열반경』을 새로 편찬하면서 핵심적인 메시지로 추가한 것이다. 중국에서는 도생(道生)이 천제성불설(闡提成佛說)을 주장하고 그 직후에 『열반경』이 번역되면서, 5세기 이래 동아시아 불교도들은 '모든 중생이 부처가 될 수 있다'는 선언에 폭발적으로 호응하였다. 이 점을 잘 알고 있었던 현장(玄奘)이기에 16년의 인도 구법을 마치고 귀국하기 직전 스승인 계현(戒賢)에게, 『대승장엄경론(大乘莊嚴經論)』 등에서 말하는 무불성(無佛性) 내지 무종성(無種姓)을 중국 불교도들이 반드시 믿지 않을 것이라는 우려에서 이 구절들을 삭제하여도 괜찮은지 문의하였지만, 오히려 계현은 진리를 왜곡하지 말라고 질책하였다고 한다.[7]

따라서 현장과 그 문하가 신유식의 경전을 근거로 일부 중생의 성불 가능성을 부인하는 오성각별설(五性各別說)을 내세우며 법상종을 개창하는 과정에서, 『열반경』에 근거하여 모든 중생의 성불 가능성을 승인하는 일승가(一乘家)와의 대립은 피할 수 없게 되었다.[8] 실로 원효의 인간관은 불성론을 둘러싼 이러한 흐름을 배경으로 성립되었다.

3. 인간에 관한 불교 용어들

원효는 평생 스스로의 인격적 완성을 위하여 고심하였을 뿐 아니라, 동시대 종교적 약자의 구제에도 헌신하였다. 그는 당시 동아시아에서 유통되던 대승불교의 주요 경전을 읽고 대략 70여 종 150여 권에 달하는 방대한 저술을 남겼다. 동시대의 다양한 불교 철학을 깊이 있게 섭렵한 이들 저술은 동아시아 불교를 대표하는 사상사로서의 원효의 진면목을 유감없이 보여준다.

여기서는 원효가 읽었을 불교 문헌과 현존하는 원효의 저술들에 보이는 '인간'에 관련된 용어들을 통하여 원효의 인간관을 파악하고자 한다.[9]

무엇보다 '인간(人間)'이란 말은 중국 고대의 문헌에 이미 보이며, 불교 문헌은 5세기 초 구마라집(鳩摩羅什)이 한역한 경전들에서 본격적으로 등장한다. 이 말에 대응하는 산스크리트어는 세 가지 정도를 들 수 있다. 첫째는 'manuṣya'로서 인민, 또는 인간으로 번역되며, 『법화경(法華經)』에서는 오취(五趣≒六道)의 하나인 인간세계를 가리킨다.[10] 둘째는 'nṛ'로서 남자 또는 영웅이란 뉘앙스를 띠며, 신 또는 천(天)에 대한 반대어이자, 역시 육도(六道)의 하나를 가리킨다. 셋째는 'puruṣa'로서, 영혼의 뉘앙스가 강하며, 한역경전에서는 남자, 장부, 사(士) 등으로 다양하게 번역되었다.

원효는 구마라집이 번역한 『법화경』에 대한 주석서를 남겼기 때문에, '인간'이란 말을 알고 있었으며, 『미륵상생경종요』를 비롯한 현존 저술에서 용례가 확인된다. 확인되는 용례는 도합 10회 미만이며, 그 의미는 생물학적 인간 내지 그러한 인간들이 살아가는 세계로 한정된다.[11] 그런데 원효는 인도 이래의 지수화풍(地水火風)의 4대 요소로 구성되며 유한한 존재인 생물학적 인간, 특히 인간의 몸에 대해서는 그다지 관심을 두지 않았다. 대신 그는 진리를 추구하는 인간, 즉 종교적 인간에 깊은 관심을 가지고 성찰하였다.

한편 원효의 저술에서 가장 많이 등장하는 단어는 '중생(衆生)'이다. 중생은 산스크리트어 sattva(薩埵)의 복수형으로서, 모든 생명체를 총칭한다. sattva는 번역가에 따라서는 감정[六情; 喜·怒·哀·樂·愛·惡]을 가진 모든 생명체라는 뜻의 유정(有情)이라 번역하기도 한다. 그럴 경우 번뇌에 사로잡힌 상태를 끝없이 되풀이하는 모든 존재라는 의미도 있다. 현존 저술을 보면, 원효가 9 : 1 정도로 유정에 비하여 중생을 압도적으로 선호하였음을 알 수 있다.

원효의 중생 개념이랄까 중생관은 특히 구마라집이 한역한 『법화경』 및 『유마경』에 영향을 받았다. 『법화종요』의 대의문에서는 시방삼세의 모든 부처에 대응하는 일체중생을 '구도사생(九道四生)'이라고 하였는데,[12] 이는 위에서 언급한 모든 생명체에 해당한다. 그리고 중생은 구마라집이 한역한 『유마경』에서도 빈번하게 등장하는데, 여기서는 특히 보살의 교화 대상인 종교적 약자라는 뉘앙스를 갖는다.[13] 원효는 구마라집 역 『유마경』에 대하여 『유마경소』와 『유마경종요』 등 최소한 2종 이상의 주석서를 남겼지만, 아쉽게도 둘 다 전하지는 않는다. 다만 후술하듯이 원효의 중생관은 사회적 종교적 약자에 초점을 맞추어져 있는데, 이는 『유마경』의 중생관과 상통한다.

인간의 범칭으로서의 중생은 불교 문헌에서 다시 세분화된다. 첫 번째는 깨달은 사람[覺者]이라는 뜻의 붓다(Buddha)이다. 그런데 기원 전후하여 대승불교가 흥기하면서 붓다는 인간에서 점차 초월적인 존재로 신비화되었으며, 동아시아 불교는 그러한 대승불교가 주도하게 되었다. 대체로 한역경전에서 붓다는 초월적인 능력을 지닌 신적인 존재이며, 불교도들의 절대적 신앙의 대상으로 인식되었다. 붓다의 번역어 불(佛, 仏, 仸)은 붓다가 외형상 인간이지만 초월적 능력을 갖춘 존재임을 여실히 보여준다.

두 번째 부류는 성인(聖人)인데, 성인은 다시 연각(緣覺), 성문(聲聞) 및 보살(菩薩)로 나뉜다. 연각은 pratyeka-buddha의 번역어로서 벽지불(辟支佛)이라고도 하는데, 혼자 힘으로 깨달음을 이룬 사람[獨覺]이라는 뜻이다. 애초에는 스스로 깨닫고 나서 아직 설법하기 이전 상태의 석가모니를 가리켰는데, 대승불교에서는 후자에 초점을 맞추고 이를 이기적이라고 비판하게 되었다. 성문은 śrāvaka의 번역어로서 석가모니의 가르침을 듣고서 깨달음을 이루었지만, 역시 남을 가르치지는 않는 사람을 의미하였다. 원래는 출가든 재가든 석가모니의 설법을 들은 사람, 즉 불제자를 가리켰지만, 이 역시 대승불교에서는 자기만의 깨달음 구하는 데 전념하는 출가자를 의미하게 되었다. 흥미롭게도 불교와 경쟁하였던 자이나교에서는 불교와 반대로 재가자만을 가리켰다. 연각과 성문을 합쳐서 이승(二乘)이라고도 하며, 주지하다시피 대승불교에서는 이들이 자기 자신만의 깨달음을 추구하는 자들이라고 비난하는 뜻에서 소승(小乘)이라고 폄칭하였다.

한편 대승불교가 새로운 인간형으로 제시한 것이 보살이었다. 보살은 Bodhisattva의 음사로서 bodhi(깨달음)와 sattva(중생)의 합성어이다. 원시불교와 부파불교에서는 29세에 출가하고부터 35세에 깨달음을 이루기까지의 수행자 시절의 싯다르타를 지칭하였다. 그런데 대승불교는 이 개념을 확장하여서, 자신의 깨달음을 성취할 수 있지만 이를 잠시 보류하고 타인[중생]을 깨달음으로 인도하는 데 헌신하는 존재를 보살이라고 불렀다. 통상 대승불교는 재가신자가 중심이 된 불교혁신 운동의 산물이라고 알려져 있는바, 재가신자 중에서도 경제적으로 부유한 사람, 이른바 '거사(居士, gṛha-pati)'는 재가보살로서 존경받았다. 거사 중에서도 불교 역사상 가장 유명한 인물이 『유마경』의 주인공인 바이샬리의 유마거사(維摩居士)이다. 원효가 성립과 유통에 깊이 관여한 『금강삼매경』에는 유마거사와 같은 유형의 인물로 범행장자(梵行長者)가 등장하는데, 원효는 그를 겉모습은 속인이나 내면 세계는 일미(一味)에 머무르는 자로 묘사하였다.[14] 원효가 추구한 불교적 삶의 모범이 이들 유마거사나 범행장자에 있었음은 두말할 나위도 없다.

대승불교의 주인공인 보살[거사]의 종교적 사명은 '위로 깨달음을 추구하고 아래로 중생을 제도한다(上求菩提 下化衆生)'에 집약되어 있다. 다만 이 슬로건은 당나라 후기 종밀(宗密)이 사용하면서[15] 널리 알려진 듯하다. 종밀보다 거의 두 세기 가량 앞선 원효는 '위로 불도를 넓히고 아래로 중생을 교화한다(上弘佛道 下化衆生)'라고 하였는데,[16] 이는 원효가 종종 참조한 지의(智顗)와 길장(吉藏)의 저술에서도 확인된다.[17] 비록 표현상 차이는 있지만, 중생의 개념이 인간에 대한 범칭에서 사회적 종교적 약자로 초점이 이동하고 있음을 보여준다.

대승불교에서 보살이 교화의 주체라면, 그 대상이 되는 중생은 특히 범부(凡夫)라 부른다. 범부의 산스크리트어 pṛthag-jana는 평범한 인간을 의미하지만, 불교에서는 어리석고 미혹한 사람, 또는 번뇌에 얽매여 있는 사람을 뜻한다. 원효는 교화를 매개로 하는 대승불교의 인간관계를 언급할 때는 성인[또는 보살]의 대칭 개념으로 범부를 종종 사용하였다.

마지막으로 교화와 관련하여 일천제(一闡提, icchantika)를 언급해두고자 한다. 일천제는 인도에서는 쾌락주의자 내지 현세주의자를 의미하는데, 역시 불교에서는 어의가 변해서 선근(善根)을 끊어 구제받지 못하는 사람, 또는 아무리 수행해도 절대로 깨달을 수 없는 사람이라는 부정적 의미를 띠게 되었다. 5세기 초 『열반경』이 전해진 이래로 동아시아 불교도들은 일천제를 포함한 모든 사람은 누구나 다 불성(佛性)을 갖는다[一性說]를 당연한 진리로 받아들였다. 그런데 7세기 중반 현장에 의하여 '불성(佛性)이 없는 사람도 있다[五性說]'는 현실론이 강력히 제기되었다. 나아가 그것을 주요 교리로 하는 종파[法相宗]가 출현하면서, 불성을 둘러싼 논쟁은 동아시아 불교의 주요

표 10 인간 관련한 불교 용어(Sanscrit)

<table>
<tr><td rowspan="11">중생, 유정
sattva</td><td>천, 신
deva</td><td colspan="4"></td></tr>
<tr><td rowspan="7">인, 인간
manuṣya
nṛ
puruṣa</td><td>부처
Buddha</td><td colspan="3">석존
Śākya-muni, bhagavat</td></tr>
<tr><td rowspan="4">성인, 성자
ārya-sattva</td><td rowspan="2">보살
Bodhisattva</td><td>출가보살</td><td>Bodhisattva</td></tr>
<tr><td>재가보살</td><td>거사, 장자
gṛha-pati</td></tr>
<tr><td>성문
śrāvaka</td><td colspan="2"></td></tr>
<tr><td>연각, 독각,
벽지불
pratyeka-
buddha</td><td colspan="2"></td></tr>
<tr><td>범부
pṛthag-jana</td><td colspan="3"></td></tr>
<tr><td>일천제
icchantika</td><td colspan="3"></td></tr>
<tr><td>아수라
asura</td><td colspan="4"></td></tr>
<tr><td>지옥
naraka</td><td colspan="4"></td></tr>
<tr><td>아귀
preta</td><td colspan="4"></td></tr>
<tr><td></td><td>축생
tiryag-
yoni</td><td colspan="4"></td></tr>
</table>

쟁점으로 부상하였다.

이상에서 간단하게 살펴본 내용을 정리하면 표 10과 같다. 불교의 이상은 모든 인간은 진리[법] 앞에서 평등하여, 심지어 일천제와 같이 불교를 전혀 믿지 않는 사람조차 성불할 수 있다고 한다. 그러나 이러한 이상에도 불구하고 깨닫는 인간은 극히 소수에 불과하며, 대다수는 깨닫지 못하는 것이 현실이다. 불교적 이상과 현실 사이의 괴리, 그것은 원효가 풀어야 할 중요한 사상사적 난제였다.

4. 평등한 인간관: 일심사상(一心思想)

앞서 언급한 여러 용어들 중에서 원효 저술에 가장 많이 등장하는 것은 '보살'과 '중생'이다. 대승불교에서 양자는 교화를 매개로 맺어지는 인간관계의 양쪽이다. 무엇보다도 원효는 이러한 인간관계가 성립하는 철학적 토대를 마련하는 데 집중하였다. 그것이 바로 세계와 운명의 주체로서의 인간 정신[마음]에 대한 탐구였다.

『송고승전』에는, 650년 당나라 유학길에 오른 원효가 해골물을 마시고 깨달음을 이루었다는 유명한 일화를 전한다.[18] 깨닫는 순간 원효는 "마음이 생기니 갖가지 법이 생기며, 마음이 사라지니 동굴과 무덤은 둘이 아니다(心生故種種法生, 心滅故龕墳不二)"라고 노래하였다고 한다. 오늘날에는 '모든 것은 마음먹기 나름이다(一切唯心造)'로 더 잘 알려져 있는데, 엄밀하게 말하자면 이 구절은 원효 사후에 번역된 80권본 『화엄경』에 등장한다.[19] 원효의 깨달음의 노래는 직접적으로는 『대승기신론』의 "마음이 생기면 갖가지 법이 생기며, 마음이 사라지면 갖가지 법이 사라진다(心生則種種法生, 心滅則種種法滅)"에 근거한다.[20] 원효는 『기신론소』에서 위 구절을 해석하면서 객관세계

[境界]는 독립적으로 실재하는 것이 아니라 주관세계[無明心]에 따라 생멸함을 분명히 하였다.[21] 요컨대 원효는 깨달음을 계기로 인간의 내면 세계로 시선을 돌리고 깊이 탐구하게 되는데, 그 과정은 바로 『대승기신론』의 재발견이기도 하였다.

진제(眞諦)가 6세기에 번역한 『대승기신론』(이하 『기신론』으로 줄임)은 동아시아 불교에서 최고의 대승불교 개론서로 각광을 받았다. 그러나 원효 당시까지만 하더라도 이 문헌이 과연 대승불교의 창시자로 유명한 인도 마명(馬鳴)의 진찬(眞撰)인가에 대한 의문이 중국 불교계에 팽배하였다. 특히 원효에게 커다란 영향을 끼친 이른바 수나라 3대 법사—지의, 혜원(慧遠), 길장—는 『기신론』에 대하여 소극적이거나 무관심하였다.[22] 이러한 분위기는 초당(初唐)에 들어가서도 크게 달라지지 않았다. 7세기 중후반 장안 불교계를 주도한 신유식학(新唯識學)의 현장을 비롯한 법상종 자은학파 승려들 역시 『기신론』에 대해 아무도 주석서를 남기지 않았다. 이러한 분위기는 화엄학의 지엄도 마찬가지여서, 『기신론』을 중시한 지론학과 섭론학을 공부하였음에도 불구하고, 그의 저술과 『기신론』의 관계는 명확하지 않다.

이와 같이 남북조 말에서 초당에 걸쳐 등장한 주요 불교학파들, 즉 천태학, 삼론학, 신유식학, 및 법장(法藏) 이전의 화엄학 등은 교리체계를 확립하는 과정에서 한결같이 『기신론』을 그다지 의용(依用)하지 않았다.[23] 결국 찬자를 둘러싼 의문을 먼저 극복해야 『기신론』을 적극적으로 활용할 수 있는데, 그 선구자 중의 하나가 원효였다.

원효는 『기신론』을 '마명 찬술, 진제 번역'이라고 선언한 다음 집중적으로 연구하여 최소한 6종 이상의 저술을 남겼는데, 이 가운데 『기신론별기(起信論別記)』 1권, 『대승기신론소(大乘起信論疏)』 2권, 『이장의(二障義)』 1권이 현재 전해진다. 그중에서도 초기 저작인 『기신론별기』에서 그만의 독특한 관점을 잘 드러낸다. 그는 『기신론』이야말로 『중관론(中觀論)』·『십이문론(十二門論)』에서 설하는 공(空)과, 『유가론(瑜伽論)』·『섭대승론(攝大乘論)』에서 설하는 유(有)를 아우를 수 있는 논서이며, 그 점에서 도의 본성과 일치하기 때문에, '모든 논서의 으뜸이요, 뭇 쟁론의 평주(評主)'라고 극찬하였다.[24] 이는 원효가 현장에 의하여 촉발된 신역(新譯)과 구역(舊譯) 불교 사이의 갈등, 그중에서도 공[中觀]과 유[瑜伽唯識] 사이의 갈등을 극복하는 경전적 근거로 『기신론』을 주목하였음을 보여준다.

한편 해동소(海東疏)로 널리 알려진 『대승기신론소』에서는, 『기신론』을 설한 큰 뜻은 '위로 불도를 넓히고 아래로 중생을 제도한다(下化衆生 上弘佛道)'에 있다고 보았다. 즉 중생이 깨닫지 못하는 이유는 의혹(疑惑)과 사집(邪執) 때문인데, 법에 대한 의혹을 제거하고자 일심을 설하였으며, 문(門)에 대한 의혹을 제거하고자 이문(二門)—진여문(眞如門)과 생멸문(生滅門)—을 설하였다고 해석하였다.[25] 나아가 『기신론』은 이 일심이문(一心二門)의 체계로 주요 대승경전들의 핵심을 하나로 꿰고 있는 유일한 논서라고 하였다.[26]

원효의 사상을 일심사상이라고도 하는데, 『대승기신론소』는 원효가 『기신론』을 통하여 인간의 내면 세계를 깊이 탐구해서 정립한 일심사상을 잘 보여준다. 이제 『대승기신론소』를 중심으로 원효의 일심사상을 간략히 정리해 두고자 한다. 원효는 다음과 같이 대승불교는 바로 일심의 문제라고 보았다.

> 대승법에는 오직 일심(一心)만이 있고, 일심 이외에 다시 다른 법이 없다. 단지 무명(無明)이 일심을 미혹시키고 파도[번뇌]를 일으켜서 (중생이) 육도에 유전(流轉)함을 밝혔다.[27]

왜냐하면 소승불교에서는 일체법(一切法)이 각각 자체(自體)를 지니지만, 대승불교에서는 일체법이 오직 일심으로 자체를 삼기 때문이다. 일심은 만물의 근원으로서 세간과 출세간의 일체법을 포섭하는데, 일체법은 중생심(衆生心)이므로, 일심은 곧 중생심이었다.[28]

일심에는 다시 진여문(眞如門)과 생멸문(生滅門)이 있다. 진여문이란 일체법이 생멸함이 없이 본래 고요한 상태를 말한다. 여기에 중생이 깨달을 수 있는 근거가 있는 것이다. 그러나 대다수 중생은 깨달음에서 유리된 채 현실 사회를 살아가고 있다. 깨달을 수 있다는 이상과 깨닫지 못하고 있는 현실, 이 양자 사이의 괴리를 설명하고자 마련된 것이 생멸문이다. 즉, 생멸문이란 일심의 체(體)인 본각(本覺)이 무명의 작용에 따라 생멸하는 상태를 말한다. 중생들은 무명(또는 번뇌)에 의해 일심이 오염되어 있기 때문에, 불각(不覺)의 상태에서 육도를 윤회전생하고 있다. 이처럼 중생들이 타고난 여래(如來)의 본성이 무명에 의하여 가려진 상태를 여래장(如來藏)이라고 한다.[29] 비록 진여문과 생멸문으로 나누어서 설명은 하였지만, 이 두 문은 불가분의 관계로서 일심을 이룬다. 진여문은 일체법의 통상(通相)이며 생멸문은 일체법의 별상(別相)이라는 점에서 이문은 각각 일체법을 총괄

하며, 서로 불가분의 관계에 있다.[30]

한편 『기신론』은 생멸문에 대하여 진술하면서 섭론학자들의 견해와 마찬가지로 제8식 아리야식을 진망화합식(眞妄化合識)으로 간주함으로써,[31] 이론상 최종적인 식으로서 오염되기 이전의 청정무구한 제9식 아말라식을 상정하게 되었다. 원효는 철학적 토대를 『기신론』에 두었으므로, 그의 관점 역시 구유식(舊唯識)인 섭론학에 가깝다고 볼 수 있다. 다만 원효는 거기서 그치지 않고 근본식은 제8식 아리야식이며 그것은 오염된 망식(妄識)이라고 주장하는 현장 신유식과의 화회(和會)도 적극 시도하였다.

『기신론』과 구유식에서는, 인간은 원래 청정무구한 상태였는데 나중에 오염되면서 생멸한다고 주장하였다. 그런데 현장은 이 주장은 논리 비약이라고 생각하였다. 인간이 정말로 청정무구한 존재라면 어떻게 오염될 수 있는가? 인간이 오염된다는 것은 애초에 오염될 소지가 있었기 때문이 아닌가? 결국 현장은 청정무구한 제9식을 내세우는 구유식을 비판하고, 모든 존재의 근본적인 식은 제8식이며, 그것은 이미 오염된 망식이라고 주장하였다. 이처럼 대립하는 두 인간관은 구유식과 신유식 사이의 중요한 차이점이었는데, 그것은 불교가 추구하는 이상과 불교 교단이 당면한 현실 사이의 갈등이기도 하였다.

원효의 입장은 분명하였다. 그는 아라야식(ālaya-vijñāna)을 일심이문 가운데 생멸문에 한정시킴으로써, 아라야식이 일심의 하위 개념임을 분명히 하였다.[32] 아울러 유념할 것은, 원효가 생멸문에서 아라야식과 여래장의 차이를 논하였을 뿐, 『기신론』의 핵심 개념인 여래장이 진여문에서는 일절 보이지 않는다는 사실이다. 그런 점에서 『기신론』이 여래장사상을 설한다고 할 수는 있어도, 그렇기 때문에 『기신론』의 사상이 여래장사상이라고 말할 수는 없다. 일찍이 고익진이 제기하였듯이, 기신론사상을 여래장사상이라고 당연시하여온 기왕의 통설은 법장의 기신론관이지, 원효의 기신론관은 아니다.[33]

이와 관련하여 10세기 화엄종의 균여(均如)를 주목할 필요가 있다. 한국 승려 가운데 균여만큼 원효를 많이 인용한 승려가 없다. 더욱이 인용문 가운데는 지금은 전하지 않는 원효의 저술도 있어서, 균여의 저술은 원효 사상을 규명하는 데 자료로서 가치가 높다. 특히 기신론 이해와 관련하여 균여는 원효와 법장의 결정적인 차이를 지적하고 있다. 그에 따르면, 원효는 일심에 이문[진여문, 생멸문]을 열되 일심과 진여문을 별개로 파악하는 삼제설(三諦說)을 건립한 반면, 법장은 일심을 진여문과 동일시하는 이제설(二諦說)을 건립하였다고 한다.[34]

요컨대 원효가 인간의 내면세계를 탐구하여 최종적으로 도달한 개념이 '일심(一心, 한마음)'이었다. 그러므로 『기신론』에 근거한 원효의 사상을 여래장사상이라기보다는 일심사상(一心思想)이라 부르는 것이 타당하다. 『기신론』에서는 만물의 근원인 일심에 의하여 만법이 생성 소멸을 반복한다고 한다.[35] 앞서 언급한 원효의 깨달음의 노래[心生故種種法生, 心滅故龕墳不二]는 바로 이 점을 노래한 것이다. 원효에 따르면, 우주 만물의 궁극적인 근원은 일심이다. 객관세계는 인간의 인식 작용을 떠나서 독립적으로 존재하는 것이 아니라[三界唯心], 우주 만물은 일심의 유전(流轉)에 불과하다[一切唯心造].

중생도 여기서 예외일 수가 없다. 일심의 유전이라는 점에서 모든 중생은 본질적으로 평등하며, 부처의 가르침[佛敎]에 의해 모두 고통으로부터 구제받을 수 있다. 중생 중에서 청정무구(淸淨無垢)한 일심을 온전히 회복한 존재가 성인이며, 반대로 무명과 번뇌에 의해 일심이 가려지거나 왜곡된 존재가 범부이다. 이들 상호 간에는 대립과 갈등이 아니라 이타행(利他行)이 권장되었는데, 그것을 실천하는 성인이 바로 보살이었다. 대승불교가 이상적 인간형으로 제시한 보살이야말로 자신의 깨달음을 잠시 보류하고 중생제도를 다른 모든 가치보다 우선하는 존재이다. 중생들은 일심의 본래 모습을 회복하기 위해서 그들의 깨달음을 가로막는 두 가지 장애—지애(智碍)와 번뇌애(煩惱碍)[36]—를 제거해야만 한다. 여기서 범부 중생은 보살의 교화에 의해 무명과 번뇌를 제거함으로써, 비로소 청정한 일심을 회복할 수 있게 된다.

5. 거사의 중생제도행: 무애행(無碍行)

인간의 내면세계를 깊이 성찰한 원효는, 마침내 윤회하는 고통스런 삶으로부터 모든 생명, 모든 인간—불교도는 물론, 불교를 몰랐거나 알았더라도 믿지 않았거나 심지어 비난한 일천제조차—은 불교에 의해 구원받을 수 있다는 결론에 도달하였다. 원효에게 남은 과제는, 불교적 이상에 근거한 평등한 인간관을 현실에서 실현하는 종교적 사명이었다.

이와 관련하여 13세기의 불교사가 일연이 『삼국유사』에서 원효 전기의 제목을 '원효불기(元曉不羈)'라 한 것은[37] 시사하는 바가 있다. 기(羈)는 굴레, 재갈, 고삐라는 뜻이므로, 이 제목은 '원효가 얽매이지 않다'로 해석된다. 과연 출가 이후 원효는 계율에 얽매이지 않는 파격적인 행동을 종종 드러냈다. 이러한 파격적 행적과 환속은 중생제도의 실행이라는 관점에서 검토할 필요가 있다.

먼저 동아시아 불교의 계율사상을 배경으로 원효의 계율관을 언급하고자 한다. 남북조시대에 남도파 지론학자들은 대체로 『사분율(四分律)』에 의거하여 교단을 운영하고자 하였다. 그런데 남도파를 대표하는 정영사 혜원은 『사분율』에 머무르지 않고 보살도의 실천과 관련된 삼취정계(三聚淨戒)도 중시하였다.[38] 그리고 동시대 천태학파의 지의도 남북조에서 수(隋)로 이행하면서 시대적으로 보살승이 요청되자, 여기에 부응하여 출가보살의 관점에서 범망계를 본격적으로 연구하였다.[39] 이들을 이어서 삼론학파(三論學派)의 길장은 불교의 이상 실현을 위해서는 도속(道俗)의 구별이 무의미하다는 입장이었다.[40] 이처럼 남북조 말에서 수대에 활동한 이른바 3대 법사는 보살계로서 범망계를 주목하였다.

반면 초당의 대표적 율승(律僧)인 도선(道宣)은, 당시 출가자들이 대승교도를 자부하면서 소승계를 무시하듯 생활하여 속인(俗人)들의 비웃음을 사고 결국에는 국가의 간섭과 통제를 초래하였다고 생각하여, 세속으로부터 존경받으며 국가의 간섭을 벗어나기 위해서는 철저 계율을 준수하는 생활태도를 견지할 필요가 있다고 주장하였다. 그것이 『사분율』을 중심으로 하는 소승계의 중시로 나타났는다.[41]

초당기(初唐期) 『사분율』 연구로 일시 침체되었던 『범망경』 연구는, 성당기(盛唐期)로 이행하면서 다시 부흥하게 되는데, 원효는 그 선구자였다. 또 신라의 계율이 중고기(中古期)의 『사분율』 중심에서 통일신라기의 범망계 중심으로 이행하는 계기도 원효의 『범망경』 연구에 있었다.[42] 한편 일본은 나라 시대에 『범망경』 연구가 시작되었는데, 그것은 신라 승려들 특히 원효의 『범망경소』에 근거하며,[43] 마침내 9세기 초에 최징(最澄)이 『범망경』에 근거하여 별도로 대승계단(大乘戒壇)의 설립을 추진하기에 이르렀다.[44] 요컨대 7세기 후반을 경계로 동아시아 불교권에서 『범망경』에 대한 관심과 연구가 성행하는 데에 원효가 중요한 역할을 하였다고 할 수 있다.

『범망경』에서는 대승계를 버리고 성문계(聲聞戒)를 받는 것은 죄를 범하는 것이라고 할 만큼 소승성문계에 대하여 비판적이다.[45] 대신 『범망경』은 모든 중생이 불성(佛性)을 가지고 있음을 전제로 하여, 중생이 성불(成佛)하기 위해 받아야 하는 계(戒)가 10중 48경계(十重四十八輕戒)임을 역설한다.[46] 나아가 이 계는 출가자와 재가자의 구분 없이, 또 국왕부터 노비까지 신분의 차별 없이 누구나 수계(受戒)할 수 있으며,[47] 『사분율』과 달리 수계사(授戒師)가 없을 경우 불상(佛像) 앞에서 혼자 맹세하고 수계할 수도 있다고 하였다.[48]

계율에 관한 원효의 저술은 『범망경소』를 포함하여 5~6종이 알려져 있으며, 그가 대승보살계 중에서 깊은 관심을 갖고 연구한 것은 바로 범망계였다. 말하자면 원효는 종래 불교 교단과 세속 사회를 엄격히 구분 짓고 출가 우위를 표방하던 『사분율』보다는 새로운 대승보살계로서 출가 재가의 구별을 뛰어넘는 범망계를 중시하였던 것이다. 주지하다시피 원효 불교사상의 중요한 특성의 하나는 '화쟁(和諍)'인데, 적어도 계율관에 있어서만큼은 이 특성이 적용되지 않는다. 그는 순(純) 대승계인 범망계의 관점에서 소승성문계[사분율]를 비판하였다.

『사분율』과 범망계의 큰 차이점은 계율을 지켰는지 아니면 어겼는지를 판단하는 기준에 있었다. 전자는 교단 규율의 차원에서 겉으로 드러난 객관적인 행위를, 후자는 내면적인 동기, 즉 마음을 각각 중시하였다. 내면적 동기로서 원효가 가장 중시한 중생제도행이야말로 계율을 지켰느냐 범하였느냐를 판단하는 척도였는데, 그는 대승불교의 핵심은 중생제도에 있다고 보았다. 요컨대 원효에게 있어서 중생제도행은 계율 준수보다 상위의 종교행이었다.[49]

흥미롭게도 이러한 인식은 유마거사의 중생제도행과 유사한 면이 있다. 무엇보다 『유마경』은 종래 출가의식이었던 구족계(具足戒) 수계에 대하도 보리심을 내는 곳이 곧 출가이자 구족계라고 하였다.[50] 또 『유마경』 방편품에 따르면, 유마거사가 중생제도의 일환으로 기생집에 들어가서는 욕망의 허물을 보여주었고, 술집에 들어가서도 그 뜻을 세울 수 있었으며, 기원(棋院)에 이르러서는 그곳 사람들을 제도하였다고 한다.[51] 원효는 650년경 입당 유학을 시도할 때 고구려 승려 보덕(普德)한테 『유마경』을 배운 적이 있다.[52] 그러므로 그가 유학을 단념하고 경주로 돌아온 직후에 보여준 자유분방한 행동은 유마거사의 중생제도행과 무관치 않다.

한편 7세기 중반 신라에서 편집된 『금강삼매경』에는 유마거사와 같은 유형의 인물로 범행장자(梵行長者)가 등장하는데, 범행장자에 대하여 원효는 겉모습은 속인이나 내면세계는 일미(一味)에 머무르는 자로 묘사하였다.[53] 마찬가지로 『금강삼매경』 입실제품(入實際品)에서는, 출가와 재가의 구분을 뛰어넘으려는 의도가 간취된다. 그것은 종래 출가자 중심 교단 운영에 대한 재가자들의 새로운 요구라고 할 수 있다. 그래서 승복도 입지 않고 바라제목차계도 지키지 않고 포살(布薩)에도 참여하지 않는, 종래의 기준으로 보면 출가자라고 할 수 없는 사람이 자심(自心)으로 무위(無爲)의 자자(自恣)를 해서 성과(聖果)를 획득한다고 주장하였다.[54] 여기에 대하여 원효는 '교단의 계율에 제어되지 않고 자기 마음으로 도리를 판단한다'고 풀이하였다.[55]

반면 『사분율』에 의하면, 승려가 속인의 집에서 잠자거나 악기를 들고 노래하거나 칼을 차는 것은 모두 금지된 행동이며, 술집과 기생집은 승려로서 출입이 금지된 곳이다. 또한 『열반경』에서도 술집이나 기생집 및 기원에 드나들며 노는 사람들을 교단에서 추방해야 한다고 하였다.[56] 『사분율』과 『열반경』은 중고기에 자장(慈藏)이 불교 교단을 정비할 때 의거하였던 경전이다. 따라서 원효의 행위가 이들 경전의 금계(禁戒)에 저촉된다는 것은, 자장과 계율관이 달랐음을 시사한다.

앞서 언급하였듯이, 원효는 계율 지범(持犯)의 판단 기준을 내면적인 동기, 즉 주관적인 마음에서 찾았는데, 이는 수행자 개개인의 인격을 존중하고 자유 의지에 맡긴다는 것이다. 일연이 「원효전」의 제목을 '원효가 얽매이지 않았다'라고 한 것은, 출가수행자인 원효가 교단의 계율에 얽매이지 않았음을 지적한 것이다. 그에게 있어서 중생제도는 다른 모든 가치보다 고귀한 것이어서, 중생제도를 위해서라면

마치 하지 못할 행동이 없다는 듯이 하여, 마침내 요석공주를 만나 아들을 낳기에 이르렀다.[57]

그런데 『사분율』에서는 불사음계(不邪淫戒)를 범하면 바라이죄(波羅夷罪)에 해당하며, 바라이죄를 범한 자는 다른 출가자들과 함께 거주하거나 계(戒)를 줄 수 없다고 하였다.[58] 원효는 『사분율』을 따르는 교단과 타협하지 않고 스스로 환속하여 거사(居士)가 되었다. 그리고 앞서 언급하였듯이, 『유마경』의 유마거사와 『금강삼매경』의 범행장자처럼 거사[재가보살] 중심의 중생제도에 매진하였으며, 승(僧)과 속(俗)을 구분하지 않는 새로운 생활규범으로 범망계를 주목하였다.

한편 원효의 중생제도와 관련하여 『삼국유사』의 다음 기사는 주목할 만하다.

> 원효가 이미 계를 잃어 설총을 낳은 뒤로 속인의 옷으로 갈아입고 스스로 소성거사(小姓居士)라 이름하였다. 우연히 광대가 춤출 때 쓰는 커다란 박을 얻었는데, 그 생김새가 진귀하고 기이하여 그 형상 그대로 도구를 만들었다. 그리고 『화엄경』의 "일체에 걸림이 없는 사람은 한 길로 생사를 벗어난다(一切無㝵人 一道出生死)."라는 구절을 따다 '무애(無碍)'라고 이름지었으며, 인하여 노래를 지어 세상에 유포시켰다. 일찍이 이것을 가지고 천촌만락을 노래하고 춤추며 교화하고 돌아다녔으며, 가난한 사람 원숭이 같은 무리들로 하여금 다들 붓다의 명호를 알게 하고 모두 남무(南無)를 칭하게 하였으니, 원효의 교화가 크도다.[59]

이처럼 원효는 자신의 중생제도행을 '무애(無碍)'이라 명명하였는데, 그 명칭은 『화엄경』의 일승사상(一乘思想)을 정식화한 구절이다.[60] 또 원효가 수많은 마을을 돌아다니며 노래와 춤으로 교화하였다는 대목은, 『화엄경』에서 보살이 중생을 교화하기 위하여 사용한 숱한 방편 가운데 하나이기도 하다.[61] 따라서 원효가 중생제도의 경전적 근거로서 『화엄경』도 주목하였음을 알 수 있다.

『삼국유사』는 원효가 분황사에 머물 때 『화엄경소』를 찬술하다 십회향품(十廻向品)에서 절필하였다고 전한다.[62] 십회향품은 『화엄경』의 전반부에서 거듭 이야기해온 '자신을 이롭게 하고 남을 이롭게 하는 모든 행위[自利行 利他行]'를 일체중생에게 돌림[廻向]으로써, 깨달음의 경지로 나아간다는 점을 설법하고 있다. 요컨대 『삼국유사』는 원효가 필생의 역작을 집필하다 중단한 까닭이 중생제도에 있음을 강력히 시사한다.[63]

중생제도를 강조하는 이 단계를 십회향위(十廻向位)라고 부르는데, 보살이 수행하는 52단계 가운데 제31위에서 제40위에 해당한다. 그리고 십회향위의 바로 다음 단계인 제41위를 초지(初地)라고 하는데, 『화엄경』에 따르면, 초지보살은 중생들이 가지고 있는 불성(佛性)을 눈으로 볼 수 있으며, 자신의 몸을 100개로 분신할 수 있는 등의 신통력을 지녔다고 한다.[64] 그런데 원효는 소송 중에 자신의 몸을 100개로 분신하는 이적을 보였다고 한다.[65] 원효는 자타가 공인하는 초지보살로서 일체중생을 대상으로 하는 이타적인 무애행을 실천하였다.

중생 중에서도 원효는 직접생산층 내지 하층 계급에 특별한 관심을 가졌다. 실제로 그가 접촉한 사람들은 도시 빈민, 짚신장수와 그의 처인 사원 노비, 화전경작민, 푸줏간 주인 등등 각자의 생업에 분주한 일반민이었다. 따라서 이들을 교화하기 위해서는 엄격한 계율을 지켜야 하는 사원에서 나와서 일반민들의 일상적인 삶 속으로 들어가야 하였는데, 원효는 실제로 그렇게 하였다.

예컨대 미천한 신분의 사복이 모친상을 당하였을 때, 원효가 같이 장례를 치르면서, 망자에게 계(戒)를 주고 축문까지 지었다.[66] 또 화전경작민인 엄장에게 삽관법(鍤觀法)을 가르쳤다고 하는데,[67] 삽은 경작에 사용하는 농기구였다. 일찍이 원효와 교유한 혜공과 대안이 각각 삼태기와 바리때를 써서 대중을 교화하였듯이, 원효도 그들의 영향을 받아서 일반민들의 언어나 도구를 활용하였다. 따라서 그들의 삶만큼이나 교화의 양상도 다양할 수밖에 없었다. 『송고승전』「원효전」은 이 점을 적절히 지적하여, "사람을 교화함이 일정치 않았다."[68]라고 하였다. 그리고 위의 인용문은 불교가 신라의 하층민으로 널리 확산되는 데 원효의 무애행이 크게 기여하였다고 평가하였다.

원효가 중생을 제도하기 위한 방편으로 제시한 것은 정토신앙이었다. 특히 불교의 이상향인 극락정토로 왕생할 수 있는 요건으로서 그가 제시한 것은 '귀로 경명(經名)을 듣고 입으로 부처의 이름을 외우는 것'[69]이 전부일 정도로 간단명료하였다. 다만 정토신앙을 권장하되, 정토를 실재하는 공간이라고 생각하지는 않았다. 그는 "오염된 사바세계[穢土]와 청정한 불국토(佛國土)는 본래 일심[한마음]이다."[70]라고 하여, 정토 역시 인간의 내면에서 찾고자 하였다. 그것은 검증할 수 없는 내세의 이상향보다는 현실에서 고뇌하는 중생들의 실존적인 문제를 직시하였기 때문이다. 그래서 모든 것을 마음의 문제로 귀일하여서, 청정무구한 자신의 일심을 깨달음으로써 현실에서 정토를 구현하고자 하였다.

이상에서 살펴보았듯이, 원효의 인간관은 보살과 범부의 종교적 관계를 축으로 하는 평등한 인간관이라 할 수 있는데, 실제로 그는 환속한 이후에 재가보살[거사]로서 사회적 약자계급에 초점을 맞춘 중생제도행에 헌신하였다. 그런 만큼 원효는 일반민들로부터 존경을 받게 되었으며, 존경심은 원효를 신비화하기에 충분하였다. 9세기 초에 세워진 최초의 전기 자료 「고선사비(高仙寺碑)」에 보면, 원효가 경주 고선사에 머물 때 당나라 장안(長安) 성선사(聖善寺)의 화재를 투시하고 병 속의 물을 뿜어서 진압하였다는 기적을 얘기하고 있다.[71] 그런데 성선사는 원효 사후에 세워진 사찰이므로,[72] 이 기적은 후대에 만들어진 신화이다. 늦어도 9세기 후반 원효의 신성화가 상당히 진척되어서 '신승(神僧)'이라고 불렸으며,[73] 10세기 중반 무렵 그의 여러 기적담이 중국 불교계까지 퍼졌다.[74]

6. 사상사적 의의

지금까지 '인간이란 무엇인가?'라는 근본적인 물음과 관련하여, 동아시아의 대표적인 불교사상가 원효는 어떻게 생각하였으며, 그러한 이상을 실현하기 위하여 어떻게 살았는가를 살펴보았다. 이제 여기서는 그의 삶과 생각을 관통한 그의 인간관이 가지는 사상사적 의의를 음미하는 것으로 결론을 대신하고자 한다.

원효의 인간관은 불교의 인간 중심의 세계관에서 출발한다. 특히 원효는 대승불교의 대표적 논서인 『대승기신론』에서 우주 만물의 근원으로 주목한 일심(一心)에 대하여 깊이 탐구하였다. 그에 따르면, 모든 인간은 일심의 유전(流轉)이라는 점에서 본질적으로 평등하다. 다만 현실에서는 보살과 중생—달리 말하자면 성인과 범부—의 차이가 있음을 인정하되, 보살에게 종교적 약자인 중생의 제도를 위한 이타행을 촉구하였다. 그뿐만 아니라 환속한 이후에는 유마거사를 모범으로 하여 스스로 '무애(無碍)'라 이름한 중생제도행에 헌신하였다.

원효의 평등한 인간관과 이타적 보살행은, 삼국통일 직후 통일신라 사회가 나아갈 방향을 불교적 평등사회에서 찾고 그것을 실천한 의의가 있다. 삼국통일을 주도한 왕실이 원효와 요석공주의 결합을 인정하고 그 소생인 설총을 관직에 발탁한 것은, 원효의 인간관과 중생제도행이 시대적 요청에 부합하였음을 시사한다. 늦어도 「고선사비」를 비롯한 9세기 금석문의 찬자들은 원효에 대한 불교대중들의 추모 열기와 신성화에 놓치지 않았으며, 10세기 중반 중국의 불교사가 찬녕(贊寧)은 원효의 열정적인 저술 활동과 왕실의 후원에 깊은 인상을 받았으며, 13세기 고려의 불교사가 일연은 신라 사회의 저변으로 불교가 확산된 공을 원효에게 돌렸다.

흥미롭게도 원효의 중생제도행은 마음속에서 불교적 이상세계[淨土]를 구현하려는 것이었을 뿐, 일반민들의 삶을 물질적인 측면에서 제고시키려는 시도는 하지 않았다. 수나라 승려 신행(信行)의 서민금융기구 설치라든가 일본 승려 행기(行基)의 교량 건설 등과는 달랐다.[75] 물론 원효도 하층민들의 현실적인 처지를 직시하였지만, 그는 삶의 외부 환경을 개선하는 것보다 그들의 내면적 종교적 각성을 촉구하는 데에 초점을 맞추었다. 여기에는 사회사업이 불교의 본령이 아니라는 의식도 작용하였겠지만, 직접적으로는 사회사업을 포함한 민생을 위한 시책은 세속권력의 몫이라고 여겼던 것은 아닐까 한다. 적어도 원효와 요석공주의 결합은 불교와 정치 사이의 역할 분담을 전제로 한 협력관계를 상징한다.

한편 원효는 동아시아의 불교 교학이 만개하던 시대를 살았다. 대부분의 불교학자들과 마찬가지로 그 역시 유심주의의 관점에서 인간의 내면 세계를 탐구하는 데 전력을 기울였을 뿐, 인간의 육신이라든가 인간을 둘러싼 자연 환경에 대해서는 별다른 언급을 하지 않았다. 아울러 그가 만물의 근원으로 이해한 일심은 모든 인간의 보편적인 마음이었다. 그런 점에서 그의 인간관은 불교 중에서도 교종의 인간관에 해당한다고 볼 수 있다. 인간의 보편적 마음[一心]에서 수행자 개개인의 마음[自我]으로 초점이 이동하며, 마음과 더불어 몸의 가치를 새롭게 발견하고 육체 노동을 수행의 하나로 격상시킨 것은, 원효로부터 1~2백 년 지난 신라 하대 선종(禪宗)에 와서였다.[76]

결 론

|제13장| 원효 사상의 의의

이상에서 필자는 역사적인 관점에서 동아시아 불교를 배경으로 원효가 발견한 불교적 진리를 탐색해보았다. 원효(元曉, 617~686)는 한국 불교사상 가장 뛰어난 사상가이자 가장 대중친화적인 지식인이었다. 그는 위로는 "깨달음을 추구하고 아래로는 중생을 제도한다[上求菩提 下化衆生]"는 대승불교의 이상을 구현하고자 하였다. 이를 위하여, 당시 동아시아 불교에서 연구되고 있던 거의 모든 대승불전을 천착해서 독자적인 일심사상(一心思想)을 체계화하는 한편, 불교의 대중화에 헌신하였다. 이하에서는 본서의 내용을 요약한 다음, 원효 사상의 성립이 갖는 사상사적 의의를 음미하고, 아울러 앞으로의 연구 방향을 전망하는 것으로 결론을 대신하고자 한다.

1. 시대적 배경

신라 불교는 크게 삼국통일 이전과 이후로 나누어 볼 수 있으며, 이는 각각 중국의 남북조 시대와 수·당대의 불교에 대응한다. 중국이 남북조 시대에 인도 불교를 수용하고 수·초당기에 들어가 중국적 불교를 성립시킨 것과 마찬가지로, 한국도 삼국기에 중국으로부터 불교를 수용하고 삼국통일기로 이행하면서 한국 불교의 원형을 갖추게 된다. 그만큼 삼국기에서 통일기로 이행하는 7세기는 외래 문화인 불교가 한국 사회에 뿌리내리는, 달리 말하자면, 한국 사회가 불교화하는 중요한 시기였다.

신라는 삼국기, 즉 중고기(中古期; 514~654) 동안 불교로 대표되는 중국의 선진문물을 적극 도입하여 국가를 경영하려는 이른바 '불교치국책(佛敎治國策)'을 채택하였는바, 그 모범은 중국 역사상 호불군주(護佛君主)로 유명한 양무제(梁武帝)와 수문제(隋文帝)의 치세였다. 삼국기에 한국 사회는 '위로부터' 불교를 받아들였으므로, 자연히 불교는 국가 내지 왕실을 비롯한 지배 계급의 이해관계를 반영하게 되었다. 당시 불교 교단은 특권 계급인 진골(眞骨) 출신으로서 중국 유학을 마치고 귀국한 승려들이 주도하였으며, 이들은 종교적인 역할뿐 아니라 세속적 역할도 수행해야만 하였다.

대표적인 승려가 원광(圓光)과 자장(慈藏)이다. 원광은 귀국 후 진평왕으로부터 나라를 다스리는 방책을 위임받았으며 걸사표(乞師表) 등의 외교문서를 작성하거나 화랑도의 실천규범으로서 세속오계(世俗五戒)를 정비하였다. 자장 역시 선덕여왕의 요청으로 귀국한 이후 현실 정치에 간여하였다. 그는 가섭불(迦葉佛, 과거의 과거) – 석가불(釋迦佛, 과거) – 문수사리(文殊師利, 현재)로 이어지는 '세대계열신앙(世代系列信仰)'을 내세워서 신라가 오랜 옛날부터 부처와 보살이 머무르는 불국토라고 주장하였으며, 진종설(眞種說), 신라삼보설, 전륜성왕설(轉輪聖王說)을 통하여 중고기 왕실을 성화(聖化)시켰다. 황룡사구층목탑은 이러한 시대를 상징하는 기념물이었다. 또한 선덕여왕의 위임을 받아 대국통(大國統)에 취임하여 불교 교단을 대대적으로 숙정하는 한편 교단 운영의 이념으로서 『사분율(四分律)』 중심의 엄숙한 계율을 표방하였다. 자장이 구축한 불교 교단 체제와 그 이념으로서의 계율사상 및 신라불국토설은 불교의 토착화에 커다란 기여를 하였다.

이처럼 원광과 자장은 엄격한 출가주의 정신에 입각해 있으면서 동시에 신라 사회의 세속적 요청에도 충실히 부응하고자 하였다. 그들은 세속 사회 및 진골 귀족과의 타협하에 불교 국가의 건설을 지향한 셈이다. 따라서 그들의 사회관·국가관은 왕실 및 진골 귀족 중심이었고, 일반민은 상대적으로 소외되었다. 만년의 자장이 '아상(我相)'에 집착하였다고 비판받는 것도 이와 무관하지 않다.

그런데 중고기 말부터 득세한 김춘추(金春秋, 태종무열왕; 654~661 재위)와 김유신(金庾信, 595~673)의 연합세력은 당 태종(唐太宗)의 '정관지치(貞觀之治)'를 전범(典範)으로 하는 유교치국책(儒敎治國策)을 지향하고 있었다. 그들은 정치 운영에 있어서 불교에 대한 의존도를 낮추는 한편, 소외되었던 일반민에 적극적인 관심을 표방하였다. 따라서 이들이 진덕왕대를 거쳐 654년 마침내 중대 왕실을 개창

함에 따라 불교 교단의 개편은 불가피해졌다.

한편 중고기 동안 중국과의 인적·물적인 교류를 통하여 한역경전이 대량 전해졌으며, 불성론(佛性論) 내지 여래장사상(如來藏思想) 중심으로 교학 연구도 착실히 진행되었다. 여래장사상은 모든 인간의 본래적인 평등성을 주장한다는 점에서 종래 무교(巫敎)의 차별적인 인간관에 비하여 혁신적인 사상이라 할 수 있다. 그러나 중고기 불교가 보여준 지배층 중심의 편향성 때문에 여래장사상이 온전히 이해되었다고 보기도 어렵다. 이런 점에서 7세기 전반부터 싹튼 대중교화 활동은 주목할 필요가 있다. 그들은 주로 비(非)특권 가문 출신으로서 중국 유학도 하지 못하고 교단에서도 소외당한 승려들이었다. 그들은 경주 시내와 외곽 지대에서 지배층 중심의 불교를 반성하는 대신 소외된 일반민에 대해 종교적 관심을 가질 것을 촉구하였다.

중고기 불교는 교학적으로 볼 때 이른바 '구역 불교(舊譯佛敎)'에 속하였다. 인도 유학에서 돌아온 현장(玄奘)은 구역 불교를 비판하고 새로이 신유식(新唯識) 중심의 '신역 불교'를 수립하였다. 그의 불교는 당 왕실의 후원하에 장안(長安)은 물론 동아시아 불교계의 판도를 바꿀 정도로 일세를 풍미하기 시작하였다.

중대 불교의 과제는 이러한 중고기 불교의 성과를 토대로 하되, 그 한계를 극복하고 새로운 불교를 수립하는 것이었다. 첫째는 신·구역 불교 간의 갈등과 대립을 극복하여 독자적인 사상체계를 수립하는 것이며, 둘째는 지배층 중심의 불교를 반성하고 일반민을 불교적 구원의 대상으로 포섭하려는 불교대중화였다. 이러한 시대적 과제에 부응하며 등장한 인물이 바로 원효(元曉)였다.

2. 원효의 생애와 사상

불교사적인 유명세에도 불구하고 의외로 원효의 전기 자료는 빈약하다. 3대 전기 가운데 「고선사서당화상비(高仙寺誓幢和上碑)」(고선사비)는 비석이 파손되어서 전체 내용 가운데 절반 이하만 겨우 판독이 가능한 실정이지만, 원효 입적 후 100여 년이 지나서 건립된 현존 최고의 전기 자료라는 점에서 중요하다. 중국 측 자료인 『송고승전(宋高僧傳)』「원효전(元曉傳)」은 원효가 입적하고 약 300년 후에 편찬되었는데, 내용의 2/3가량을 『금강삼매경(金剛三昧經)』의 연기 설화에 할당한 점이 특징이다. 그리고 『삼국유사(三國遺事)』「원효불기(元曉不羈)」는 수행 과정 및 대중교화 활동에 대하여 현존하지 않는 다른 전기 자료에 대폭 양보하고 있으며, 그나마 원효 사후 600여 년 후에 편찬되었기 때문에 엄정한 사료 비판이 요청된다. 다만 원효에 관해 가장 대중적이면서도 다채로운 면모를 전하는 자료이기도 하다. 이들 3대 전기를 중심으로 원효의 생애를 어느 정도 복원할 수 있다.

원효는 617년(진평왕 39) 지금의 경북 경산(慶山)에서 관리의 아들로 태어났다. 당시 신라 사회를 규율한 것은 골품제(骨品制)라는 신분제적 원리였으며, 여기에 삼국 간의 전쟁이 치열해지면서 힘의 논리가 중시되었다. 세속 사회를 지배하던 '혈연'과 '힘'이 둘 다 비이성적인 원리임에는 분명하지만, 그것은 엄연한 현실이었다. 원효의 출가가 이러한 현실에 대한 적극적인 대응인가 아니면 소극적인 도피인가를 판단케 할 자료는 전혀 없다. 분명한 것은 그가 세속을 떠나 불교적인 삶을 택하였다는 사실이다.

650년 원효는 34세의 나이로 의상(義相)과 함께 현장(玄奘)의 신유식(新唯識)을 습득하고자 당나라 유학을 시도하였다. 처음에는 고구려 내지를 통과하는 육로를 택하였는데, 요동에서 고구려 국경수비대에 간첩으로 오인받아 체포되는 바람에 실패하였다. 그 직후 해로를 이용하고자 포구로 가던 도중 지금의 충남 천안 부근의 무덤 속에서 "모든 것은 마음먹기 나름[一切唯心造]"이라는 이치를 깨닫고 마침내 유학을 체념하였다.

경주로 돌아온 이후 원효는, '배움에 일정한 스승이 없다[學不從師]'라 하여, 특정한 스승에 얽매임 없이 여러 선지식들을 찾아다니며 수학하였다. 원효는 그들로부터 반야공관사상(般若空觀思想)과 일승사상(一乘思想)을 배웠고 그들의 대중교화 활동에 감화받았다. 혜숙(惠宿)은 화랑도 출신으로서 경주 일대에서 주로 활동하였으며, 생사를 초월하며 동시에 다른 두 장소에서 출현할 만큼 신통력이 뛰어났다. 혜공(惠空)은 진골 귀족의 고용살이 출신으로서, 『조론(肇論)』의 저자를 자처했을 정도로 반야공관사상과 밀접한 관계가 있다. 또 밀교 승려를 능가할 만큼 뛰어난 신통력을 보여주기도 하였다. 대안(大安)은 출신 성분이 미상인데, 『금강삼매경』의 편집을 맡았으며, 중대왕실에 원효를 적극 추천한 장본인이다. 그의 사상은 『금강삼매경』의 기조인 반야공관사상과 관련된다. 이들은 반야공관을 사상적 기조로 하여, 경주 시내와 외곽지대에서 일반민들을 대상으로 불교를 홍포하고 있었다.

한편 낭지(朗智)는 경주 인근 대중(對中) 교통로 상의 작은 사찰에 은거하였는데, 그는 반야공관사상에 입각하여 『법화경(法華經)』의 일승사상을 받아들였다. 인근 사찰에 머물던 원효는 그의 교시로 『안신사심론(安身事心論)』과 『초장관문(初章觀門)』을 저술하였다. 보덕(普德)은 고구려 승려로서 당시 고구려의 도교진흥책에 반대하여 백제로 이주하였다. 그의 사상은 『열반경』의 일승사상이었으며, 원효가 의상과 함께 당나라 유학을 시도하던 650년경 그로부터 『유마경』과 『열반경』을 청강하였다. 이와 같이 낭지와 보덕은 일승사상을 연찬하던 불교수행자였다.

원효는 자신의 중생제도행을 『화엄경(華嚴經)』에 근거하여 '무애행(無碍行)'이라 이름하였다. 사회 모든 구성원들의 근원이 다같이 '한마음[一心]'이라는 점에서 그들은 원칙적으로 평등하다. 혈연이나 힘, 재산, 나이 등등과 같은 세속적인 가치가 아니라 오직 불교적 자질[根機]과 수행의 정도에 따라 교화의 담당자인 보살과 교화의 대상인 범부로 나누어질 뿐이었다. 재가보살[居士]은 세속적인 삶을 영위하면서 동시에 불교의 깨달음과 중생제도를 추구한다는 점에서 대승불교의 이상적인 인간형이었으며, 유마거사(維摩居士)는 그 상징이었다. 승려와 속인이라는 이분법적인 구분을 초월하여 중생을 제도할 것을 역설한 유마거사야말로 원효 일생의 귀감이었다.

원효는 거사로 돌아가서, 각자의 현실적인 처지는 천차만별이지만 본질적으로 평등한 중생들의 내면적 각성을 촉구하였으며, 그렇게 함으로써 새로운 이상사회, 즉 정토를 현실에서 구현하고자 하였다. 그에게 있어서 "고통스런 현실 사회와 행복으로 가득찬 이상 사회는 본래부터 마음의 문제였다[穢土淨國 本來一心]". 즉 행복은 물질적인 개선에 의해서가 아니라, '마음의 평화'에 의해서 성취할 수 있다고 보았다는 점에서 유심주의(唯心主義)라 하겠다.

특히 그는 기왕에 불교계로부터 소외된 하층민들에 깊은 관심을 가졌다. 예컨대 사원 노비, 화전경작민, 짚신장수, 푸줏간 주인, 술장수와 같은 하층민을 대상으로 아미타정토신앙(阿彌陀淨土信仰)을 적극 권장하였으며, 그들을 격려하기 위하여 구원받을 수 있는 요건을 크게 완화시켰다. 죽기 전에 '나무 아미타불 관세음보살'을 한 번만 외어도 극락에 태어날 수 있다는 그의 주장은, 일반 대중들에게 상당히 매력적인 가르침이었을 것이다. 일찍이 일연(一然)은, "가난하고 무지한 사람들조차 염불할 수 있게 된 것은 다 원효의 덕분이다."라고 극찬한 바 있는데, 이는 원효가 일반 대중들 속으로 불교를 확산시키는 데 크게 기여하였음을 의미한다.

이러한 대중교화 활동은 위민정책(爲民政策)을 추진하던 중대(中代) 초기 집권 세력의 주목을 받기에 충분하였다. 원효가 일반민을 불교라는 정도(正道)로 교화하고자 하였다면, 중대 왕실 역시 유교(儒教)라는 정도로 일반민을 교화하고자 하였다. 불교와 유교라는 차이에도 불구하고 양자는 국왕관에 있어서 흡사한 점이 있다. 원효가 중시한 『화엄경』의 국왕관은 '보살위왕설(菩薩爲王說)'이라 할 수 있는데, 이는 유교의 '성인위왕설(聖人爲王說)'과 매우 흡사하다. 양자는 민(民)을 정도로써 다스린다는 점에서 일치하였다. 이처럼 유덕자[성인, 보살]가 정도로써 민(民)을 교화해야 한다는 점에서 양자는 뜻을 같이 하였으며, 그 공감대는 원효와 요석공주(瑤石公主)의 결합이라는 극적인 사건으로 이어졌다. 물론 원효는 이 사건으로 계율에서 금하는 불사음계(不邪淫戒)를 범함으로써 승려로서의 자격을 포기해야만 하였지만, 중대 집권 세력의 외호(外護)를 얻고 승속불이(僧俗不二)의 거사불교(居士佛教)를 실행에 옮길 수 있었다.

파계에도 불구하고 불교계에 원효의 명성을 확인시킨 사건이 바로 『금강삼매경』의 최초 강경이었다. 이 경전은 신라 불교계에서 처음으로 모습을 드러낸, 말하자면 한국 불교사에서 흔치않은 가짜 경전(僞經, Apocryphon)이다. 신라 불교계 내부적으로는, 대안(大安)을 비롯하여 대중교화에 뜻을 둔 일군의 승려들이 자신들의 이상형인 범행장자(梵行長者)를 주요 등장인물로 하여 편찬한 것으로 추정된다. 그리고 동아시아 불교 차원에서 논하자면, 반야공관사상을 주장하는 일파가 현장의 신역 불교에 대응하기 위하여, 자파의 학설을 중심으로 구역 불교의 주요 사상을 망라하고 여기에 석가모니 설법이라는 권위를 부여하여 편찬하였다고 생각된다.

원효는 중대 집권 세력의 은연중의 후원하에 이 경전을 황룡사(皇龍寺)에서 강연함으로써 그의 존재를 각인시킬 수 있었다. 이 때 강의 노트로 작성한 것이 현존하는 『금강삼매경론(金剛三昧經論)』이다. 여기서 그는 『금강삼매경』을 공유화쟁(空有和諍)의 경으로 파악한 다음, 『대승기신론(大乘起信論)』의 일심이문(一心二門) 체계를 빌어와서 현장의 신유식과 화쟁시켰다. 나아가 원효는 『금강삼매경』에 의해 일심사상을 실천적으로 파악하고 이를 '일미관행(一味觀行)'이라 이름하였다. 이와 같이 『금강삼매경』과 『금강삼매경론』이 사상적 편차를 보이는 것은, 당시 신라 불교계의 사상적 추이를 반영하는 것이기도 하다.

한편 원효는 파계 직후 스스로 환속하여 거사로 행세하였기 때문에, 사찰 내에서의 조직적인 문도 양성은 포기하여야만 하였다. 대신 그는 중생을 제도하는 한편 불교 교학을 연구하는 데 열정을 쏟았다. 현재까지 확인된 원효의 저서는 대략 70여 부 150여 권에 달한다. 이 가운데 온전히 전하는 것은 겨우 13부 16권 정도에 불과하며, 단편이나마 전하는 것은 12부 안팎이다. 내용상 반야(般若)·삼론(三論)·열반(涅槃)·천태(天台)·여래장(如來藏)·유식(唯識)·화엄(華嚴)·계율(戒律)·정토(淨土) 등으로서, 밀교(密敎)를 제외하고 당시 중국 불교계에서 연구되고 있던 거의 모든 대승사상을 망라하고 있다. 그중에서도 저술 목록에 의하면, 『대승기신론』에 관한 주석서가 가장 많다. 현존 저술의 인용관계를 통해 보더라도 『기신론별기(起信論別記)』→『일도장(一道章)』→『이장의(二障義)』→『기신론소(起信論疏)』→『금강삼매경론(金剛三昧經論)』으로 이어지는 『기신론』 관계 저술이 중심을 이루고 있다. 그는 대승불교의 양대 철학인 중관(中觀)과 유식(唯識)의 대립을 지양하는 이론서로서 『기신론』을 주목하였는바, 그의 기신론관은 『기신론별기』의 서문에 잘 나타나 있다. 원효는 바로 『기신론』에 의해 일심사상의 이론적 토대를 마련하였던 것이다.

많은 학자들이 원효 사상을 화쟁사상(和諍思想)이라고 단언할 정도로 그는 화쟁주의의 관점을 끝까지 견지하였다. 불교 자체가 화해의 정신을 강조하는 전통이 있기는 하나 원효가 유달리 화쟁을 일관되게 주장한 것은, 그가 그만큼 분열과 갈등의 시대를 살았음을 역설한다. 삼국 간의 갈등과 대립이 치열하였을 뿐만 아니라 초당(初唐) 불교 자체가 파사현정(破邪顯正)의 기치로 뒤덮여 있었던 것이다. 특히 7세기 중엽 동아시아 불교계의 최대 교리 논쟁은 현장(玄奘)

의 신역 불교 성립으로 촉발된 신·구역 불교 사이의 갈등과 대립이었다. 현장은 자신이 직접 인도에서 전래한 신유식을 정통으로 내세우면서 기왕의 구유식이나 중관 및 일승사상을 불완전한 가르침이라고 비난하였다. 그리고 현장의 제자 기(基)가 이를 계승하여 신유식을 골자로 하는 새로운 종단[法相宗]을 개창하였다.

원효는 이러한 신·구역 불교 간의 대립에 대하여, 구역 불교의 정신을 표방하되 신역 불교의 이론도 폭넓게 받아들임으로써 양자의 화해를 모색하였다. 특히 대승불교의 양대철학인 중관[空]과 유가유식[有] 사이의 논쟁을 일심사상의 기치하에 화쟁시키고자 하였다. 원효의 공유화쟁은 중국이나 일본의 불교계에도 영향을 미쳐서 공유쟁론을 극복하는 데 크게 기여하였으며, 원효 화쟁사상의 총서격인 『십문화쟁론(十門和諍論)』은 인도로 전해져서 범어로 번역되기도 하였다.

원효가 교리 간의 쟁론을 한 차원 높은 수준에서 화쟁시킬 수 있었던 것은 불교를 실천적으로 인식했기 때문이다. 그는 '승속불이(僧俗不二)의 거사불교(居士佛敎)'에 걸맞은 새로운 대승보살계(大乘菩薩戒)로서 『범망경(梵網經)』과 『영락경(瓔珞經)』을 주목하였다. 특히 『범망경』은 일체의 중생이 불성(佛性)을 가지고 있음을 전제로 하여, 일체중생이 성불하기 위해서 받아 지녀야 하는 계가 10중(重) 48경계(輕戒)임을 역설하고 있다. 이러한 계는 신분과 지위의 고하를 막론하고 누구나 다 수계(受戒)할 수 있으며, 불상(佛像) 앞에서 혼자 서약하고 계를 받는 것[自誓受戒]이 가능하다는 점에서 소승계(小乘戒)에 속하는 종전의 『사분율(四分律)』과 달랐다. 나아가 『범망경』에서는 보살계를 버리고 소승계를 받는 것 자체를 '가벼운 죄'라고 할 만큼 소승계에 대한 비판 의식이 철저하였다.

대승보살계가 소승계와 가장 다른 점은 객관적인 행위[결과]보다 주관적인 마음[동기]을 더 중시한다는 것이다. 실제로 계율의 지범(持犯)을 논한 원효의 글을 보면, 수많은 마음들이 거론되고 있다. 이는 원효가 유심주의의 관점에서 계율을 이해하였음을 말해준다. 그것은 타율적인 지계(持戒)보다는, 수행자 개개인의 자율적인 의지를 강조하는 것이자, 동시에 내면적인 인격 함양을 촉구하는 것이기도 하다. 그리고 지범의 판단 기준으로서 중생제도를 특별히 강조하였다는 점에서, 대승보살계야말로 대중교화를 위한 실천 규범이라 하겠다.

원효는 화쟁적인 교리 연구와 그것의 실천적인 전개를 바탕으로, 만년의 저술인 『화엄경소(華嚴經疏)』에서 사상의 체계화를 시도하였다. 그것이 석가모니의 가르침을 낮은 단계에서 높은 단계로 분류한 사교판론(四敎判論)이다. 사교판론은 삼승별교(三乘別敎: 四諦敎와 緣起經)·삼승통교(三乘通敎: 般若經과 解深密經)·일승분교(一乘分敎: 瓔珞經과 梵網經)·일승만교(一乘滿敎: 華嚴經의 普賢敎)로 구성되었다. 분류의 형식상 수나라 천태지의(天台智顗)의 영향이 인정되기는 하지만, 경전을 구체적으로 배당하는 데 있어서는 원효의 사상가로서의 독창성이 여지없이 드러난다. 그는 공유화쟁(空有和諍)을 사교판론에 반영시켜서 삼승통교에 『반야경』[中觀]과 『해심밀경』[唯識]을 나란히 배당하였으니, 이는 교판사상 원효에 의해 최초로 시도된 것이었다. 또 불교의 실천적 인식을 위하여 일승분교에 대승보살계를 설하는 『범망경』과 『영락경』을 배당한 것도 교판사상 원효가 처음이었다. 이러한 교판론상의 특징은 바로 원효 불교의 특징이기도

하다. 그리고 최고의 가르침인 일승만교에 『화엄경』을 배당한 것은 그의 일심사상이 화엄일승사상에 의해 최종적으로 완성되었음을 의미한다.

3. 불교사적 의의

원효 사상에서 핵심 개념은 '일심(一心, 한마음)'이라고 할 수 있다. 원효는 『기신론』 연구를 통하여 '한마음'에 철학적 토대를 구축하였으며 『금강삼매경』을 통하여 그 개념에 실천성을 부여하였고 최종적으로 『화엄경』에 의해 완성시켰다. 그는 불교의 각종 유파에서 중시한 불성(佛性), 여래장(如來藏), 본각(本覺), 반야(般若), 아말라식(菴摩羅識), 야뢰야식(阿賴耶識) 등을 일심의 하위 체계에 포섭함로써, 일심을 가장 상위의 개념으로 격상시켰다.

원효에 따르면, 일심(一心)은 공(空)과 유(有)를 초극한 만물의 근원이다. 세계는 객관적으로 존재하는 것이 아니라 일심의 유전(流轉)에 불과하며, 중생도 여기서 예외일 수가 없다. 그런 점에서 모든 중생은 본질적으로 '평등'하다. 부처란 청정무구(淸淨無垢)한 일심을 온전히 회복한 사람이며, 중생이란 무명(無明)과 번뇌(煩惱)에 의해 일심이 가려지고 왜곡된 사람이다. 그러므로 모든 중생은 무명과 번뇌를 제거함으로써 일심의 근원을 회복할 수 있으며, 그것이 바로 부처가 되는 길이다. 중생 각자의 현실적 처지에 따라 성불의 방편은 다를지라도, 그 모든 것의 귀착점이 '한마음'[一心]이기에, 결국 그들이

가는 길도 하나[一道]요, 타고 가는 수레도 하나[一乘]요, 깨달음의 경지도 하나[一覺]요, 그 맛도 하나[一味]인 것이다. 하나이기 때문에 원효는 기존의 승속이원론(僧俗二元論)을 탈피하고자 하였으며, 구성원 상호간의 관계에 있어서는 대립과 갈등보다 이타적(利他的)인 자비행(慈悲行)을 권장하였다.

『화엄경』에 의하면 '일(一)'은 곧 '일체(一切)'이기 때문에 개개의 인간을 대상으로 행하는 일체의 교화활동, 즉 무애행이 성립할 수 있는 것이다. 그러한 무애행을 실현하는 이상형을 그는 거사(또는 재가보살)에서 발견하였다. 원효는 거사로 돌아가 지역과 신분과 문화를 달리하지만 본질적으로 평등한 인간들의 내면적 각성을 촉구하였고, 그렇게 함으로써 새로운 이상 사회, 즉 정토(淨土)를 '지금', '이곳'에서 실현하고자 하였다.

원효의 일심사상에는 이와 같이 인간 중심의 세계관, 평등한 인간관, 그리고 이타적인 인간관계가 내포되어 있다. 그것은 불교경전에 대한 전면적인 이해를 바탕으로 성립된 원효의 독자적인 사상체계일 뿐만 아니라, 재래의 무교(巫敎)가 지닌 자연(또는 신) 중심의 세계관, 차별적인 인간관을 극복한 새로운 사유체계라는 점에서 그 이론적 의의를 갖는다. 나아가 원효는 교학 연구와 더불어 중생제도를 강조하였으며, 그 스스로 직접생산자층을 대상으로 한 대중교화 활동에 전념하였다. 그리고 가난하고 배우지 못한 대다수 일반민들이 원효의 교화에 감화받아 불교를 신앙하기에 이르렀다. 그가 일반민의 관점에서 불교를 재인식한 것은 중대 왕실이 유교 정치 이념에 입각하여 일련의 위민정책을 추진한 것과 일맥상통하며, 그 점에서 종래 지배층 중심의 불교 이해를 벗어나지 못했던 중고기 불교와 성격을 달리하였다. 원효의 불교는 새로운 통일신라 사회의 요청에 부응한 것이며, 그런 점에서 중대 불교의 성립으로 자리매김할 수 있다.

원효는 신라 불교에 국한하지 않고, 불교계의 변화에 대응하고자, 인식의 지평을 동아시아에서 유통되고 있던 대승불전 전체로 확대시켰다. 그는 불교 경전에 대한 전면적인 인식을 바탕으로 서로 대립하고 있던 교리를 적극적으로 화해시키려는 화쟁주의(和諍主義)의 관점을 표방하였으며, 그것을 다시 일반민에게 회향시키려는 이타행(利他行)을 직접 실천하였다. 그런 점에서 그는 석가모니 당시의 무쟁정신(無諍精神)과 대승불교의 보살도(菩薩道)를 온전히 회복시켰다고 하겠다. 이러한 과정을 통해 성립된 일심사상은 원효 사상의 핵심이자 시대정신의 반영물인 것이다.

끝으로 원효 불교의 불교사적 위치 문제를 언급해두고자 한다. 원효가 구역 불교에서 출발하였음은 두말할 나위가 없는바, 특히 수 3대 법사—지론학(地論學)의 혜원(慧遠), 천태학(天台學)의 지의(智顗), 삼론학(三論學)의 길장(吉藏)—의 영향은 널리 인정된다. 이와 관련하여 본 연구에서는 원효와 수 3대 법사의 차이점에 주목하였다. 즉, 『대승기신론』의 진위 여부를 둘러싸고 3대 법사가 부정적이거나 소극적이었다면, 원효는 '마명(馬鳴) 찬술, 진제(眞諦) 한역'을 적극적으로 표방하였음을 밝혔다. 그리고 원효가 이처럼 『대승기신론』을 강조한 것은, 7세기 중반 현장의 신역 불교 출현으로 촉발된 신·구역 불교의 갈등을 교리적으로 극복하는 것과 밀접히 관련된다고 보았다. 원효가 이처럼 『대승기신론』을 통하여 교리적 갈등을 화쟁시켰기 때문에, 다음 세대인 법장(法藏)이 원효의 성과를 토대로 화엄학 중심으로 동아시아 불교학을 집대성할 수 있었던 것이다.

한국 불교사에 국한한다면, 원효는 환속하였기 때문에 조직적인 문도 양성은 할 수 없었다. 따라서 원효가 686년 3월 혈사(穴寺)에서 70세로 입적한 이후, 그의 불교 사상은 주로 저술을 매개로 전승될 수밖에 없었다. 애장왕대(哀莊王代)에 원효를 현창하기 위한 비가 고선사에 처음 건립되었는데, 이는 애장왕대에서 헌덕왕대(憲德王代)에 걸쳐 아도(我道)·이차돈(異次頓) 등에 대한 일련의 추모사업이 추진되는 것과 관련 있다.

원효는 모든 대승사상을 두루 섭렵하였으며 또한 자신이 교단 활동을 하지 않고 거사로 일생을 마쳤기 때문에, 특정한 종파에 소속시킬 수 없다. 그러나 고려 중기에 의천(義天) 등에 의해 원효에 대한 재인식이 이루어짐과 동시에 각 종파에서 원효를 종조(宗祖)로 추대하려는 움직임이 구체화되었다.[1] 이러한 후대인들의 원효 재평가는 각 시기 불교사의 과제를 반영하는 것으로서 의의를 지닌다. 그런 점에서 '오늘날 원효를 어떻게 볼 것인가?' 하는 물음은 '지금의 불교사적 과제는 무엇인가?' 하는 현실 인식과 직결된다고 하겠다. 바꿔 말하자면, 현재의 불교사적 과제를 해결하기 위해서 원효는 끊임없이 재발견되어야 한다.

부록 1. 원효 연보

연대	왕 력	원 효	한 국	중 국
600	眞平王 22		惠宿과 安含이 풍랑으로 중국 유학에 실패. 圓光이 隋에서 귀국	
602	眞平王 24		8월, 圓光에게 世俗五戒를 받은 歸山과 箒項이 백제와의 전투에서 전몰	
608	眞平王 30		왕이 고구려의 침략에 맞서 圓光으로 하여금 隋에 보내는 乞師表를 짓게 함	
612	眞平王 34		7월, 고구려 乙支文德이 薩水에서 隋軍 30만을 섬멸	1월, 隋 煬帝가 高句麗를 침공
613	眞平王 35		7월, 수나라 사신 王世儀가 皇龍寺에서 百高座會를 베풀 때 圓光이 講經	
617	眞平王 39	押梁郡(지금의 慶山)에서 출생. 속성은 薛. 조부는 仍皮公, 부는 談捺奈麻		
618	眞平王 40			3월, 隋 멸망 5월, 唐 건국
621	眞平王 43		薛罽頭가 骨品制를 비판하고 당으로 건너감	
625	眞平王 47		義相 출생	
626	眞平王 48		圓測 渡唐 留學	
630	眞平王 52		圓光 입적(640, 641년설)	
634	善德女王 3		1월, 仁平으로 改元 芬皇寺 낙성	
638	善德女王 7		慈藏 渡唐 留學	
639	善德女王 8		百濟 武王의 왕비가 益山 彌勒寺 西塔 건립	
640	善德女王 9			華嚴宗 杜順 입적
642	善德女王 11		8월, 백제가 大耶城을 공략하고 金春秋의 맏사위이자 대야성주인 金品釋 부부를 죽임. 10월, 고구려 淵蓋蘇文이 榮留王을 죽이고 寶臧王을 세움. 겨울, 김춘추가 고구려에 가서 구원병을 요청하였으나 실패. 김유신이 押督州 軍主가 됨	

연대	왕 력	원 효	한 국	중 국
643	善德女王 12		3월, 慈藏이 왕명으로 당에서 급거 귀국	
645	善德女王 14		3월, 慈藏의 건의로 황룡사9층 목탑 건립 9월, 고구려가 안시성 전투에서 당군을 격퇴	1월, 玄奘이 17년의 인도유학을 마치고 장안으로 귀환 4월, 당 태종이 고구려 침공
647	善德女王 16 眞德女王 1		1월, 비담과 염종이 여왕 통치에 불만을 품고 반란을 일으키자, 김유신이 이를 진압하던 도중, 선덕여왕이 피살됨 이 해 김춘추가 일본에 사신으로 다녀옴	
648	眞德女王 2		겨울, 김춘추 부자가 당에 가서 백제 협공을 요청	5월 玄奘이 『瑜伽師地論』 100권 번역
649	眞德女王 3		1월, 김춘추와 慈藏의 건의로 당나라 관복을 착용 이 해 당 태종이 『瑜伽師地論』 100권을 신라에 보냄	
650	眞德女王 4	義相과 육로로 유학을 시도하였으나 遼東에서 실패. 이 무렵 고구려 승려 普德에게 涅槃經 등을 배움. 재차 義相과 해로로 시도하여 黨項鎭으로 가던 도중 稷山의 무덤 속에서 깨달음을 이루고, 경주로 돌아옴	6월, 고구려가 道敎를 우대하고 불교를 견제하자, 普德이 백제 完山州 高德山으로 이주(飛來方丈)	
?	武烈王代	이무렵 瑤石宮 寡公主와의 사이에서 薛聰을 얻자, 환속하여 小性居士라 자칭		
655	武烈王 2		9월, 왕의 둘째 사위 金欽運이 백제를 공격하다 전사 10월, 왕이 셋째 딸 智照를 김유신에게 출가시킴	
656	武烈王 3		3월, 왕자 金仁問이 당에서 귀국하자 押督州 軍主로 삼고 獐山城을 쌓게 함	
660	武烈王 7		1월, 金庾信이 上大等이 됨 7월, 나당연합군이 백제를 멸망시킴	

연대	왕 력	원 효	한 국	중 국
661	文武王 1		義相이 당나라 화엄종의 智儼 문하에 유학	
662	文武王 2	2월, 金庾信의 고구려 원정 때 당나라 蘇定方이 보낸 암호문을 해독		
664	文武王 4		8월, 함부로 절에 재화와 토지를 시주하는 것을 왕명으로 금함	2월, 玄奘 입적
667	文武王 7		順璟이 제자를 당에 보내어, 원효가 밝힌 玄奘의 논리적 오류를 지적	10월, 道宣 입적
668	文武王 8		9월, 나당연합군이 고구려 멸망	10월, 智儼 입적
670	文武王 10		義相이 당에서 귀국	
671	文武王 11	行名寺에서 判比量論 저술		
673	文武王 13		7월, 김유신 죽음	
674	文武王 14			또는 675년. 禪宗 五祖弘忍 입적
?	文武王代	金剛三昧經論 찬술		
676	文武王 16		2월, 義相이 왕명을 받들어 浮石寺를 창건 11월, 신라가 당군을 축출	禪宗 六祖慧能이 廣州 法性寺에서 정식으로 출가
681	文武王 21 神文王 1	신문왕대에 薛聰이 花王戒를 지음	6월, 문무왕이 의상의 충고에 따라 토목공사를 중지 8월, 문무왕의 유언에 따라 백제 출신 憬興을 國師로 삼으려다, 신라 승려들의 반발로 國老로 삼음	
682	神文王 2			11월, 法相宗 大乘基 입적
686	神文王 6	3월 30일, 穴寺에서 입적. 설총이 유해로 廻顧像을 만들어 분황사에 안치		
800~801?	哀莊王 初	손자 薛仲業의 발의와 角干 金彦昇(憲德王)의 후원으로 高仙寺에 誓幢和上碑 건립		
1101	肅宗 6	大覺國師 義天의 건의로 和諍國師에 추봉됨	10월 義天 입적	
1190	明宗 20	芬皇寺에 和諍國師碑 건립		

부록 2. 고선사서당화상비(高仙寺誓幢和上碑) 판독문

	33	32	31	30	29	28	27	26	25	24	23	22	21	20	19	18	17	16	15	14	13	12	11	10	9	8	7	6	5	4	3	2	1	
1	每	永	□	□	偉	能	歸	千	造	更	見	得	知	玄	未	不	倭	大					師											1
2	至	斷	□	□	哉	學	心	金		有	法	頌	如	風	經	喜	南	唐																2
3	□	俗	欲	赤	法	不	委	彥		子	無	文	是	之	數	意	演	聖																3
4	□	塵	風	弓	體	經	命	昇	大	叔	生	已		大	溢	欲	法	善	村															4
5	咸	經	不	向	無	遂	志	公	師	哉	道	經		匠	馬	和	□	寺	主															5
6	臻	行	勝	彼	處	辭	在	海	居		俗	一	大	也	騎	光	峯	被	□															6
7	啓	樂	手	恒	不	不	虔	岳	士		咸	紀	師		成	故	騰																	7
8	讀	道	舞	沙	形	□	誠	精	之	以	稱	雖	賢		群	白	空																	8
9	日	寂	惆	狂	十	免	尊	乾	形	此	僧	不	孫	大	取	日																		9
10		□	悵	言	方	輒	法	坤	至	貞	龍	躬	相	師	將																			10
11					□	諟	重	秀	于	元	法	申	歡	曰	髑																			11
12							人	承	三	年	□	頂	之	我	髏																			12
13								親	月	中	奉	禮	甚																					13
14									□	躬	尋	親	傾																					14
15												奉																						15
16																																		16
17																																		17
18																																		18
19																																		19
20																																		20
21																																		21
22	□	□	□	□	□	□	之	三	□	□	行	知	諸	乎	□	通	□	□	心	□	□	通	山	雨	□	昏	□	文	□	佛	相	初		22
23	□	□	□	□	三	趣	靈	千	山	□	遇	神	人		万	化	而	□	法	后	□	融	而	驟	識	衢	啓	武	母	地	印	無		23
24	□	□	□	□	明	□	跡	心	輻	□		□	□	大	善	他	□	□	未	土	□	柳	投	空	記	拔	□	大	初	命	登	適		24
25	□	□	□	還	高	塵	非	超	湊	□		有	□	曆	和	方	□	□	曾	立	□	爲	廻	空	□	苦	獨	王	得	體	法	莫		25

26	銘	□	□	爲	仙	年	文	六	傍	是	聖	□	期	之	上	以		□	□	待	讚	序	谷	之	□	濟	勝	□	夢	高	空	慈		26
27	□	□	海	居	大	不	無	月	野	傷	人	□	淨	春	識	垂		□	悉	更	歎	述	憎	論	外	危	歡	理	星	仙	座	迦		27
28	以	覺	□	士	師	朽	以	德	雲	心	攀	聲	刹		中	拱	大	□	□	不	婆	名	有	雲	書	既		國	流	棲	作	如		28
29	穴	遺	□	淡	佛	芥	陳	義	趁	乃	旆	者	頂		傳	二	師	□	觀	曾	娑	曰	愛	奔	等	有		也	□	此	傳	影		29
30	寺	跡	□	海	地	劫	其	資	覩	苦	靡	有	戴	大	□	年	神	□	□	移	翻	十	空	或	見	僧	大	早	入	村	燈	隨		30
31	堂	遺	□	之	而	長	事	□	像	□	絶			師		三	測	灌	□	此	爲	門	猶	言	斥	那	師	應	懷	名	之	形		31
32	東	文	身	□	生	在	無	□	觀	□	追			之		月	未	水	□	顯	梵	和	捨	我	於	之	德	天	便		□	良		32
33	近	盡	能	溟	一	其	記	光	形	倍	戀	奉	大	孫	佛	卅	形	之	□	冥	語	諍	樹	是	世	願	惟	成	□	佛	再	由		33
34	山	蒙	談	東	代	詞	安	□	誠	增	無	德	師	翰	法	日	知	處	□	心	便	論	以	言		研	宿	家	有	地	轉	能		34
35	玆	盡	□	相	□	曰	可	物	心	便	徒	寺	靈	林	能	終	機	從	下	之	附	衆	赴	他	就	微	植	邦	□	遐	法	感		35
36	改	渥	聖	府	言		表	見	頂	策	尤	大	章	字	者	於	复	此	之	倦	□	莫	長	不	中	析	道	□	待	是	輪	之		36
37	□		快	匡	深		其	彼	礼	身	見	德	曾	仲	有	穴	遠	池	言	也	人	不	林	是	十	理	實	晏	其	一	者	心		37
38	□		說	國	窮		由	山	然	心	□	法	無	業	九	寺	□	成	□		此	允	譬	或	門	□	生	恩	月	途	誰	故		38
39	恒	大	通	匡	正		所	中	後	泥	人	師	□	□	人	春	□	此	□	女	□	僉	如	說	論	□	知	開	滿	他	其	所		39
40	□	師	神	家	理		以	大	講	堂	頌	三	捨	使	皆	秋	□	□	正	人	言	曰	青	我	者	薩	因	大	分	將	能	應	音里火三千幢主級湌高金□鐫	40
41		□	再	允	此		令	德	讚	葺	文	藏	及	滄	稱	七	歸	高	講	三	其	善	藍	然		云	心	造	解		□	之		41
42		當	修	文	界		僧	奉	□	屋	據	神	見	溟	大	十	移	仙	忽	礼	三	哉	共	說		之	自	功	之		則	理		42
43		□	穴	允	他		作	□	□	二	尋	將	□	□	□	也	居	寺	索	天	藏		體	他	如	心	悟	莫	時	佛	我	必		43
44		□	□	□	□		□	□	□	□	□	□	孫	□		卽	穴		瓶	神	寶	花	氷	不	來	矣	學	能	忽	地		然		44
45		□	□	□	□		□	□	□	□	□	□	□	日		於	寺		水	遮	重	嚴	水	然	在		□	宜	有	我		大		45
46		□	□	□	□		□	□	□	□	□	□	瞻	本	大	寺	緣	大	□	之	之	宗	同	遂	世	王	從	爲	五	見	誓	矣		46
47		□	□	□	□		□	□	□	□	覺	與		彼	師	之	以	師	西	又	由	要	源	成	已	城	師	蠢	色	丘	幢	哉		47
48		□	□	□	□		□	□	□	□	幾	慈		國	在	西	神	房	□	表	也	者	鏡	河	賴	西	性	動	雲	陵	和	設		48
48		含	長	□	□		□	□	□	□	焉	和	論	上	初	峯	廟	前	之	非		理	納	漢	圓	北	□	之	□	何	上	欲		48
50		啼	辞	其	□		求	□	□	池	寧	知	主	宰	盖	權	非	小	言	入	山	雖	万	矣	音	有	孤	乾	特	者	其	抽		50
51		□	帝	祖	□		自	□	□	之	知	心	昨	因	是	宜	遙	池	曰	愛	僧	元	形		衆	一	誕	坤	覆	只	人	法		51
52		月	闕	父	□		揆	方	□	□	日	空	來	□	毗	龕	見	是	我	法	提	一	水		生	小	滋	作	母	如	也	界		52
53							無	銘	角	□	□	寂	造	語	讚	室	神	也	見	來	酒	隨	分	大	等	寺	情	黔	居	驟	俗	括		53

주석

|제1장|

1 金哲埈, 1952「新羅上代社會의 Dual Organization(下)」『歷史學報』3, pp. 90~96; 1990『韓國古代社會研究』, 서울대학교출판부, pp. 147~154 재수록

2 崔柄憲, 1984「新羅 佛敎思想의 展開」『歷史都市 慶州』, 열화당, pp. 365~366

3 宣祖의 원효 인식은 그가 義州 피난시에 西山大師와 독대한 자리에서 나눈 대화에 집약되어 있다[『淸虛大禪師寶藏錄』(1983『大芚寺志』권3, 亞細亞文化社影印本 pp. 133~134 참조)].

4 원효 진영은 그것이 제작된 시대의 원효 인식을 반영하는데, 김승희, 2010「歷代 元曉眞影의 흐름」『元曉大師』(국립경주박물관 신라 역사 인물 특별전1 도록)는 문헌자료와 현존하는 원효 진영을 회화사의 관점에서 최초로 검토한 글이다.

5 원효를 다룬 기왕의 연구 논저 목록을 작성하는 것은 그 자체가 방대한 작업인바, 주요한 목록은 다음을 참조하기 바람. 梁銀容, 1987「元曉大師關聯研究文獻目錄」『元曉研究論叢』, 國土統一院; 元曉全書國譯刊行會, 1989「元曉聖師關係研究論文」『國譯元曉聖師全書』권6; 은정희 역주, 1991『원효의 대승기신론소·별기』부록 II「원효에 관한 연구 업적」; 동국대학교불교학자료실, 1993「元曉關係 研究論著 總合索引」『多寶』6; 金相鉉, 1994『역사로 읽는 원효』, pp. 323~374; 中央僧伽大學校 佛敎史學研究所, 1996『元曉研究論著目錄』

6 朝鮮總督府 編, 1914『朝鮮總督府月報』4-9, p. 97

7 小田幹治郎, 1920「新羅の名僧元曉の碑」『朝鮮彙報』1920-4, pp. 67~77

8 초기의 대표적인 연구성과는 橫超慧日, 1940「元曉の二障義について」『東方學報』第11冊, 근래의 연구성과는 吉津宜英, 1991『華嚴一乘思想研究』, 東京 大東出版社를 들 수 있다.

9 權相老, 1917『朝鮮佛敎略史』, 新文館; 1980, 寶蓮閣, pp. 279~281; 李能和, 1918『朝鮮佛敎通史』上篇, 新文館, pp. 58~63; 金映遂, 1939『朝鮮佛敎史藁』, 中央佛敎專門學校, pp. 20~24; 權相老, 1939『朝鮮佛敎史槪說』, 佛敎時報社, pp. 11~13

10 장도빈의 역사인식, 민족의식에 대하여는 다음의 논고를 참조하기 바람. 申瀅植, 「汕耘 張道斌의 歷史認識」; 申瀅植, 「汕耘 張道斌의 民族主義 史學(II)」; 金昌洙, 「汕耘 張道斌의 民族主義 史學(I)」; 金昌洙, 「汕耘 張道斌의 史學과 民族意識」(이상 汕耘學術文化財團, 1988『汕耘 張道斌의 生涯와 思想』에 수록)

11 崔南善, 1930「朝鮮佛敎－東方文化史上にける於其地位－」『佛敎』74. pp. 12~18

12 吉津宜英, 1986「新羅の華嚴教學への一視點－元曉·法藏の融合形態を中心として－」『韓國佛教學SEMINAR』2; 高翊晉, 1989『韓國古代佛敎思想史』, 東國大出版部, pp. 337~366「元曉系 華嚴學과 그 特徵」

13 崔柄憲, 1982「韓國華嚴思想史上에 있어서의 義天의 位置」『韓國華嚴思想研究』(東國大學校 佛敎文化硏究所 編); 崔柄憲, 1987「高麗佛敎界에서의 元曉 理解－義天과 一然을 中心으로－」『元曉硏究論叢』, 國土統一院; 金相鉉, 1994「고려시대의 원효 인식」『정신문화연구』54(金相鉉, 2000 앞의 책, 재수록); 南東信, 1999「元曉와 芬皇寺 關係의 史的 推移」『新羅文化祭學術論文集』20

14 木村宣彰, 1977「元曉の涅槃宗要－特に淨影寺慧遠との關連－」『佛教學セミナ－』26; 金昌奭, 1980「元曉の教判資料に現れた吉藏との關係について」『印度學佛教學研究』28-2; 福士慈稔, 1990「元曉著述に於ける天台の影響について」『印度學佛教學研究』39-1

15 원효의 기신론관에 대한 최근의 종합적인 검토로는 南東信, 2004「元曉의 起信論觀과 一心思想」『韓國思想史學』22를 참조하기 바람.

16 金瑛周, 1918 앞의 논문; 横超慧日, 1940 앞의 논문; 鎌田茂雄, 1986 앞의 논문

17 高翊晉, 1989, 앞의 책, 제4장 新羅 中代 華嚴思想의 展開와 그 影響, p. 380

18 북한 학계의 관련 연구성과는, 정진석·정성철·김창원 공저, 1961 『조선철학사(상)』, 평양 과학원 역사연구소(1988 영인, 『조선철학사연구』, 광주, pp. 24~25); 최봉익, 1975 『조선철학사상사연구(고대-근세)』, 평양 사회과학출판사, pp. 71~72; 최봉익, 1986 『조선철학사개요-주체사상에 의한 『조선철학사』(1962)의 지양-』, 평양 사회과학출판사(1989 영인, 한마당, pp. 71~83) 등을 참조할 수 있다. 북한 학계에서 원효에 대한 역사적인 평가는 시대에 따라 약간씩 변화하고 있다. 1960년대는 원효를 '봉건착취계급의 진보적 계층'을 대변하는 인물로 평가하였으며, 70년대에는 주체사상의 강조와 함께 원효를 격렬하게 비난하였고, 80년대 들어서는 계급성 평가를 자제하고 대신 철학적인 분석을 대폭 보강하였다. 북한 학계의 불교사 서술에 대한 개관은 金福順, 2002 『한국 고대불교사 연구』, 民族社, 「北韓의 韓國 古代佛敎史 敍述」을 참조하기 바람.

|제2장|

1 원효의 전기 자료에 대한 개괄적인 검토는 金煐泰, 1980 「傳記와 說話를 통한 元曉硏究」 『佛敎學報』 17, pp. 43~38에서 이루어졌으며, 여기서 빠졌거나 이후에 새로 발견된 자료에 대하여는 金相鉉, 1989 「元曉行蹟에 關한 몇 가지 新資料의 檢討」 『新羅文化』 5에 자세히 언급되었다.

2 薛仲業이 779~780년 일본에 使行을 다녀간 사실은 동시대의 일본 문헌에 잘 남아 있다[『續日本紀』 권36 光仁天皇 寶龜 11年(庚申, 780) 春正月 壬申(6日)條, "授新羅使薩飡金蘭蓀正五品上 副使級飡金巖正五品下 大判官韓乃麻薩仲業 小判官金貞樂 大通事韓乃麻金蘇忠 三人 各從五品下."]. 그리고 이때 일본 고관으로부터 환대를 받은 사실은 그 직후에 건립한 「고선사비」에 생생하게 전해진다[「고선사비」(『譯註 韓國古代金石文』 권3, p. 7), "大曆之春, 大師之孫 翰林 字仲業, □使滄溟□□日本. 彼國上宰 因□語知如是大師賢孫 相歡之甚傾, (결락)諸人□□期淨刹 頂戴大師靈章 曾無□捨, 及見□孫□瞻論主 昨來造得頌文 已經一紀"]. 고려 중기에 金富軾이 『三國史記』 薛聰傳에서 일본 고관이 薛仲業에게 주었다는 詩文을 일부를

인용하였지만, 정작 薛仲業의 이름은 알지 못한 것으로 보아(『三國史記』 권46, 列傳 5 薛聰傳에서는, "世傳, 日本眞人 贈新羅使薛判官詩序云, 嘗覽元曉居士所著 金剛三昧論 深恨不見其人, 聞新羅國使薛郎 是居士之抱孫, 雖不見其祖 而喜遇其孫, 乃作詩贈之. 其詩至今存焉 但不知其子孫名字耳."), 「高仙寺碑」가 일찍부터 세간에서 잊혀졌음을 시사한다.

3 좀 더 자세한 내용은 다음을 참조하기 바람. 朝鮮總督府 編, 1914 『朝鮮總督府月報』 4-9 「雜錄: 11 慶州高仙寺誓幢和上塔碑銘」, p. 97; 小田幹治郞, 1920 「新羅の名僧元曉の碑」 『朝鮮彙報』 1920-4, pp. 67~77; 葛城末治, 1931 「新羅誓幢和上塔碑に就いて」 『靑丘學叢』 5; 1935 『朝鮮金石攷』, 京城: 大阪屋號書店(1978 亞細亞文化社 影印); 本井信雄, 1961 「新羅元曉の傳記について」 『大谷學報』 41-1; 黃壽永, 1970 「新羅誓幢和上碑의 新片」 『考古美術』 108; 金相鉉, 1988 「新羅誓幢和上碑의 再檢討」 『蕉雨黃壽永博士古稀紀念 美術史學論叢』; 韓國古代社會硏究所 編, 1992 『譯註 韓國古代金石文』 권3 「高仙寺誓幢和上碑」; 李基東, 1992 「薛仲業과 淡海三船의 交驩」 『歷史學報』 134·135합

4 朝鮮總督府 編, 1914 『朝鮮總督府月報』 4-9 「雜錄: 11 慶州高仙寺誓幢和上塔碑銘」, p. 97

5 '高仙寺誓幢和上碑'는, 이 비편이 고선사 터에서 수습되었고, 비문에 '高仙寺'와 '誓幢和上'이 보이기 때문에 그렇게 이름 붙인 것이다. 그리고 1975년 고선사 터에서 국립경주박물관으로 옮긴 '고선사귀부'가 바로 고선사비의 귀부라고 믿어 의심치 않았다. 그런데 2010년 국립경주박물관이 "元曉大師" 특별전을 준비할 때, 비의 촉과 귀부의 홈이 크기가 다르다는 사실을 발견하였다. 즉 귀부의 홈 규격은 상부 기준으로 555×118×85(mm)이며, 비의 촉은 890×130×65(mm)여서 직접 꽂을 수가 없었다. 이는 비를 꽂기 위한 별도의 부재가 있었든가, 아니면 「고선사비」와 「고선사귀부」가 별개의 유물임을 의미한다. 이와 관련하여 추후 정밀조사가 필요하다. 비의 촉과 귀부의 홈이 크기가 맞지 않다는 사실을 알려주신 2010년 당시 이영훈 국립경주박물관장과, 류정한·진정환 두 학예사께 깊이 감사드린다.

6 『高麗史』 권11 世家11 肅宗 辛巳 6년(1101) 8월 癸巳

7 『梅月堂詩集』 권12 「無諍碑」, "君不見新羅異僧元旭氏. 剔髮行道新羅市,

入唐學法返桑梓, 混同緇白行閭里, 街童巷婦得容易. 指云誰家誰氏子, 然而密行大無常, 騎牛演法解宗旨, 諸經疏抄盈巾箱. 後人見之爭仰企, 追封國師名無諍, 勤彼貞珉頗稱美, 碣上金屑光燐燐. 法畫好辭亦可喜, 我曹亦是善幻徒, 其於幻語商略矣, 但我好古負手讀, 吁嗟不見西來士."

8 『白沙集』 권1 「次金接伴韻[再次]」, "老鮑爲亭月作城, 千年文物燭風驚, 芬皇寺古金碑在, 庾信墳孤石獸傾, 蘿井有基空撫迹, 鰲峯無語尙含情, 愁來徙倚賓賢柱, 玉笛誰家弄月明."

9 「月光寺圓朗禪師塔碑」『譯註韓國古代金石文』 권3, p. 147, "爰抵櫻山 寓□□□□, 乃神僧元曉成道之所也."

10 R. E. Buswell, 앞의 책, p. 124

11 물론 당시에는 단일한 전승만 있었던 것은 아니다. 예컨대 전기 자료는 아니지만, 『宗鏡錄』 권11, 『林間錄』 권上, 『指月錄』 권7에서는 원효의 悟道說話를 소개하면서 해골물을 마시고 깨달았다고 하여, 「元曉傳」과 약간 다른 전승도 있었음을 시사한다.

12 이 외에도 지금은 전해지지 않지만, 12, 13세기 일본에는 『元曉和上緣起』와 『元曉事抄』 등 원효 전기가 유통되고 있었다(金相鉉, 1988 「元曉行蹟에 關한 몇 가지 新資料의 檢討」『新羅文化』 5, pp. 85~86).

13 『三國遺事』 권5, 廣德嚴莊에서 "錚觀在曉師本傳 與海東僧傳中"이라 하여, 一然 당시에 元曉의 전기로 「元曉本傳」과 『海東高僧傳』 元曉傳이 있었음을 알 수 있다. 또 원효 전기는 아니지만 원효와 관련된 자료가 『三國遺事』 권3 前後所將舍利, 권4 二惠同塵과 義相傳敎 및 蛇福不言, 권5 廣德嚴莊과 朗智乘雲 등에 보인다. 이들 자료에 대하여는 金相鉉, 1993 「三國遺事 元曉 關係 記錄의 檢討」, 『新羅佛敎의 再照明』(新羅文化祭學術發表會論文集 14)을 참조하기 바람.

14 『三國遺事』 권4 元曉不羈, "其遊方始末 弘通茂跡, 具載唐傳與行狀, 不可具載."

15 『三國遺事』 자체가 삼국시대의 일반사와 불교사에 대하여, 기왕의 史書에서 누락된 얘기들을 補遺한 것인바(남동신, 2007 「『三國遺事』의 史書로서의 特性」『불교학 연구』 16 참조), 그러한 특성은 元曉不羈條에서 단적으로 드러난다(金相鉉, 1993 앞의 논문, pp. 186~189).

16 이 때문에 一然이 원효의 학자적 면모보다 대중불교 운동가적 면모에 더욱 관심을 기울인 것은 아닌가 하는 지적도 있었다(崔柄憲, 1987「高麗佛教界에서의 元曉 理解」『元曉研究論叢』, 국토통일원, p. 662; 崔柄憲, 1986「三國遺事에 나타난 韓國古代佛敎史 認識」『삼국유사의 綜合的 檢討』, 韓國精神文化研究院, pp. 193~197).

17 覺岸(1820~1896)이 1894년 찬술한『東師列傳』권6의 元曉國師傳(『韓佛』 10, p. 996中~下)은 元曉不羈條를 요약하고 여기에『林間錄』의 悟道說話와 당시 통용되던 원효 관련 유적지를 덧붙인 것이다.

18 Buswell, 앞의 책, pp. 140~162

19 辛鍾遠, 1992『新羅初期佛教史研究』, 民族社, p. 240 주 21

20 陳子昂,「館陶郭公姬薛氏墓誌銘」(『全唐文』 권216, 上海古籍出版社, p. 965), "姬人姓薛氏, 本東明國王 金氏之允也. 昔金王有愛子, 別食於薛, 因爲姓焉. 世(不)與金氏爲姻." 이 자료에 대한 검토는 盧重國, 1999「新羅時代 姓氏의 分枝化와 食邑制의 實施-薛瑤墓誌銘을 中心으로-」『韓國古代史研究』 15, pp. 185~219; 于賡哲, 2009「"薛瑤"墓誌銘 研究」『제3회 신라학국제학술대회 발표집』, pp. 255~267을 참조하기 바람.

21 719년에 건립된 甘山寺阿彌陀像 造像記의 찬자는 薛聰으로 추정되는데, 그는 단지 '奈麻 聰'이라고만 하였지, 姓氏를 밝히지는 않았다(남동신, 2020「甘山寺 阿彌陁佛像과 彌勒菩薩像 造像記의 연구」『美術資料』 98, pp. 36~38).

22 李基白, 1971「新羅 六頭品 研究」『省谷論叢』 2; 1974『新羅政治社會史研究』, 一潮閣, p. 43에서는, 押督國이 항복한 뒤에 그 왕족을 왕경으로 데려다 육두품으로 편입시키고 習比部에 살게 함과 동시에 본국은 食邑으로 주었기 때문에 왕경과 압량군에 아울러 거주지를 가지고 왕래하였던 것으로 추정하고 있다. 반면 田美姬, 1988「元曉의 身分과 그의 活動」『韓國史研究』 63, pp. 73~78에서는, 원효의 선조는 원래 경주 습비부 출신인데, 언젠가 압량군으로 이주하여 지방세력화하였으며, 부 담날은 戰功으로 京位를 수여받았으며, 나중에 신라의 관등체계가 일원화되는 과정에서 5두품으로 편입되었다고 추정하고 있다. 한편 경북 경산군 압량면 당음동 일대가 원효의 출생지라는 속설이 지금도 전해지고 있다.

23 金瑛周, 1918 「諸書에 現한 元曉華嚴疏敎義」 『朝鮮佛敎叢報』 12, p. 74; 張道斌, 1925 『元曉』, 高麗館, p. 8

24 金思燁, 1963 「元曉大師と願往生歌」 『朝鮮學報』 27, p. 25

25 金煐泰, 1982 앞의 논문, p. 39

26 李梵弘, 1982 앞의 논문, p. 299

27 葛城末治, 1931 「新羅誓幢和上塔碑に就いて」 『青丘學叢』 5, p. 47

28 원효의 부 談捺의 奈麻 관등을 군직과 연계시키기도 한다(八百谷孝保, 1961 앞의 논문, pp. 64~65; 田美姬, 1988 앞의 논문, pp. 76~77). 원효와 花郞集會의 관련성도 시사되고 있는데(八百谷孝保, 앞의 논문, p. 68), 구체적인 증거는 없다.

29 金煐泰, 1980 「元曉小名誓幢에 대하여」 『韓國佛敎學』 5, p. 38, pp. 40~41

30 『譯註 韓國古代金石文』 권3, p. 5, "再轉法輪者 誰其能之 則我誓幢和上其人也."

31 誓幢和上의 誓幢이 9誓幢의 하나인 綠衿誓幢에서 유래한다는 주장은 여전히 유념할 만하다. 綠衿誓幢은 眞平王 5년(583) 9서당 가운데 최초로 창설된 부대이다. 원래는 誓幢이라고만 부르다가 동왕 35년(613)에 綠衿誓幢으로 개칭하였다고 하는데, 실은 문무왕 12년(672)이나 17년경에 가서야 개칭되었을 것이다(末松保和, 1954 「新羅幢停考」 『新羅史の諸問題』, 東京: 東洋文庫, pp. 352~353).

32 申東河, 1979 「新羅 骨品制의 成立過程」 『韓國史論』 5

33 설계두는 원래 신라 사람이었는데, 당시 신라가 관리를 등용하고 승진하는 데 있어서 재주와 功의 유무 대신 骨品을 기준으로 하는 데 실망하여, 마침내 621년(眞平王 43) 중국으로 건너갔다. 그 후 唐 太宗이 고구려를 원정할 때 左武衛果毅로 참전하였다가 결국 그곳에서 전사하고 말았다. 그 직후 설계두에 관한 이야기를 들은 당 태종이 그를 大將軍으로 贈職시켰다(『三國史記』 권47, 列傳7 薛罽頭傳).

34 盧泰敦, 1978 「羅代의 門客」 『韓國史硏究』 21·22합, pp. 14~20

35 申瀅植, 1983 「三國時代 戰爭의 政治的 意味」 『韓國史硏究』 43, pp. 15~19(1984 『韓國古代史의 新硏究』 재수록); 金基興, 1991 『삼국 및 통일신라 세제의 연구』, 역사비평사, pp. 225~231

36 尹善泰, 1993「新羅 骨品制의 構造와 基盤」『韓國史論』30, pp. 36~38

37 裂起는 662년 金庾信의 고구려 원정 때 步騎監 輔行이라는 말단 군관으로 참전하여 죽음을 무릅쓴 武功을 세움으로써, 金庾信에 의해 級飡(9위)—나중에 沙飡(8위)—으로 파격적인 승진을 하게 되었다. 그때 官品이 과하지 않느냐는 文武王의 우려에 대해, 金庾信은 爵과 祿은 有功者에게 주는 것이라며 이를 관철시켰다(『三國史記』 권47 列傳7 裂起傳).

38 眞平王代(579~632) 설씨녀의 부친은 노쇠하고 병들었음에도 불구하고 징집대상이 되었으며, 대신 자원한 嘉實은 3년 기한을 넘겨 6년 만에야 교대가 이루어졌다(『三國史記』 권48, 列傳8 薛氏女). 文武王代(661~681)의 眞定은 노모 한 분에 재산이라고는 다리가 부러진 솥이 전부일 만큼 가난하여 결혼도 못하였지만 군대에 징발되었으며, 部役하는 틈틈이 남의 집 고용살이로 생계를 이어가야 하였다(『三國遺事』 권5 眞定師孝善雙美).

39 원효와 같은 시기에 활약한 强首는 유교에서 새로운 원리를 찾고자 하였다. 예컨대 6두품 출신인 그가 미천한 대장장이 딸과의 연애를 정식결혼으로 성사시키는 과정에서 '조강지처' 운운한 발언에는 유교적 가치관이 잘 드러나 있다(『三國史記』 권46 列傳6 强首傳).

40 『譯註 韓國古代金石文』 권3, p. 6

41 望月信亨, 1942「元曉の淨土論」; 1975『中國淨土敎理史』所收, 京都: 法藏館, p. 212

42 本井信雄, 1961 앞의 논문, p. 47

43 『諸師製作目錄』(『大日本佛敎全書』 권2, p. 343上)에는, "元曉, 新羅國興論寺法藏弟子"라고 하였으며, 『釋敎諸師製作目錄』 권3(위의 책, p. 374)에는, "元曉, 新羅國興福寺法藏弟子"라고 하였다. 興論寺와 興福寺는 모두 興輪寺의 誤記로 보인다. 원효 당시의 신라 승려 가운데 法藏이란 인물은 다른 데서는 등장하지 않는다. 『諸師製作目錄』과 이것을 수정 증보한 『釋敎諸師製作目錄』은 16, 17세기경에 편찬된 데다 내용상 많은 오류가 있어서, 자료로서의 신뢰도는 낮다(『佛書解說大辭典』 권5, pp. 10~11, p. 261 참조).

44 「부석본비」는 『三國遺事』 권3 前後所將舍利條의 말미의 無極이 추기한 글에서 언급되고 있다. 이름으로 보아 浮石寺에 세워진 義相의 碑를 가리키는 것임을 알 수 있다. 義相은 숙종 연간에 元曉와 함께 國師로 추봉될 때,

'圓敎國師'의 호를 받았다. 權適이 찬술한 「大司成金富軾讓撰圓敎國師碑不允」(『東文選』 권30)에 따르면, 金富軾이 圓敎國師碑銘의 찬술을 명받았다고 한다. 현재 비의 실물과 김부식 찬술의 碑銘이 모두 전해지지 않아서 단정할 수는 없지만, 無極이 인용한 「부석본비」가 金富軾이 찬술한 圓敎國師碑일 가능성은 매우 높다.

45 深浦正文, 1954 『唯識學硏究』 上, pp. 229~273 참조

46 凝然, 『梵網戒本疏日珠鈔』 권1(『大正藏』 권62, p. 4下), "龍朔二年壬戌, 大師年滿二十. 時新羅義湘 度海入唐(出致遠傳 然大元曉傳總章二年者 恐是考誤), 依儼大師, 學華嚴宗. 賢首大師, 時爲同學."

47 「金山寺慧德王師眞應塔碑」(『朝鮮金石總覽』 권上, pp. 299~300), "唐文皇以新羅王表請 宣送瑜伽論一百卷." 여기서 唐文皇(太宗文皇帝, 627~649)이 新羅王(眞德王, 647~653)의 요청에 응하여 『瑜伽論』(648년 譯) 100권을 보냈음을 알 수 있다.

48 金穎 撰(884), 「月光寺圓朗禪師塔碑」 『譯註 韓國古代金石文』 권3, p. 146, "師卽潛□憤悱 欲扣玄微, 爰抵檅山 寓□□□□, 乃神僧元曉成道之所也." 9세기 말에 원효의 成道處로 알려진 檅山은 오늘의 稷山임이 거의 분명하다.

49 『三國史記』 권5, 眞德王 2년. 김춘추가 출발한 항구가 남양면 마산포 일대라는 전설이 지금도 현지에 전해지고 있다.

50 『三國史記』 권5 眞德王 3년 8월조 및 권28 義慈王 9년 8월

51 『宋高僧傳』 「義湘傳」에서는 悟道說話의 소재로 무덤을 들었지만, 이보다 앞선 『宗鏡錄』이나 후대의 『林間錄』에서는 해골물을 들었다(金相鉉, 1994 앞의 책, pp. 95~100). 표현기법상 해골물을 소재로 하는 쪽이 훨씬 더 극적이지만, 양자가 전달하려는 메시지는 차이가 없다.

52 『大正藏』 권32, p. 557中

|제3장|

1 「고선사비」에서 萬善和上을 언급하고 있는데, 만선화상은 640년(선덕여왕 9) 경주 萬善道場에서 입적한 安含(또는 安弘, 579~640)을 가리킨다. 『海

東高僧傳』에 의하면 안함의 비를 '翰林薛某'가 찬술하였다고 하는데, 그는 다름 아닌 薛仲業으로 비정된다(辛鍾遠, 1992『新羅初期佛敎史硏究』, 民族社, p. 240). 이런 정황으로 보아 薛仲業이 「고선사비」를 세울 무렵에는 안함과 원효 사이에 師承 관계가 인정된 듯하다. 다만 더 이상의 자료가 없어서, 양자의 관계에 대하여는 추후의 과제로 남겨둔다.

2 金煐泰, 1968「新羅 佛敎大衆化의 歷史와 그 思想硏究」『佛敎學報』6; 1987『新羅佛敎硏究』, 民族文化社

3 蔡尙植, 1993「한국 중세불교의 이해방향」『考古歷史學志』9

4 『三國史記』권4 眞興王 10년조;『海東高僧傳』권2 覺德傳

5 『三國史記』권4 眞興王 26년조.『海東高僧傳』권2 覺德傳에는 明觀을 入學僧이라 하였고 가져온 불경의 권수도 2,700여 권이라 하였다.

6 辛鍾遠, 1992『新羅初期佛敎史硏究』2장 3절「6세기 新羅佛敎의 南朝的性格」에서는 승려를 지칭하여 '道人'이라 한 점에 착안하여, 6세기 신라 불교의 남조적 성격을 밝히고자 하였으며, 捨身과 八關會를 남조 불교의 영향으로 보았다.

7 엄밀한 사료 비판을 거쳐 원광의 생애를 복원하고자 한 역사학계의 연구로 다음을 참조할 수 있다. 崔鉛植, 1995「圓光의 生涯와 思想」『泰東古典硏究』12; 이문기, 2012「圓光의 生涯 復原 試論」『新罗文化祭學術論文集』33

8 원광이『成實論』을 강의한 사실은 중국 승려의 전기에서도 확인된다.『續高僧傳』권22, 明律 下, 慧旻傳(『大正藏』권50, p. 619下)에 의하면, "十五聽法廻向寺新羅光法師成論, 率先問對 秀逸玄賓, 命覆幽宗 耆宿同悅."이라 하여, 慧旻이 15세(587)에 新羅光法師로부터『成實論』강의를 들었다고 한다. '新羅光法師'는 당시의 정황으로 보아 圓光임이 분명하다(辛鍾遠, 1992『新羅初期佛敎史硏究』3장 1절「圓光과 眞平王代의 占察法會」, p. 214 본문 및 주 8).

9 『續高僧傳』권5 僧旻(『大正藏』권50, pp. 461下~463下)

10 『三國史記』권4 眞平王 7년, 24년조

11 『三國史記』권4 眞平王 27년조

12 『海東高僧傳』권2 安含傳. 安含과 安弘이 같은 사람인가 하는 점, 그가 과연『東都成立記』를 지었는가 하는 점에 대해서는 아직도 확실하게 밝혀지

지는 않았다. 이 문제에 대한 정리는 辛鍾遠, 1992 앞의 책, 3장 2절「安弘과 新羅佛國土說」을 참조하기 바람.

13 『續高僧傳』 권12 淨業(『大正藏』 권50, p. 517下), "大業四年 召入鴻臚館教授蕃僧."

14 『續高僧傳』 권13 靜藏(『大正藏』 권50, p. 523中), "大業九年 召入鴻臚 教授東蕃."

15 『續高僧傳』 권15 靈潤(『大正藏』 권50, p. 546上), "大業十年 被召入鴻臚教授三韓."

16 『海東高僧傳』 권2 安含傳

17 『續高僧傳』 권24 慈藏 附圓勝(『大正藏』 권50, p. 640上)

18 『三國遺事』 권5 明朗神印. 明朗이 632~635년 사이에 중국 유학을 하였다는 『三國遺事』의 기록에 대해 연대상의 의문을 제기하고, 이를 文武王 初로 수정하려는 견해도 있다(高翊晉, 1989 『韓國古代佛敎思想史』, p. 404 참조).

19 『續高僧傳』 권13 圓光 附圓安(『大正藏』 권50, p. 524上~中)

20 『大唐西域求法高僧傳』 권上(『大正藏』 권51, p. 2中~下, p. 5上). 신라승 외에 고구려 출신 玄遊가 있는데 그는 師子國에서 출가하였다고 한다(위의 책, p. 8下).

21 자장에 대한 상세한 검토는 南東信, 1992「자장의 佛敎思想과 佛敎治國策」『韓國史硏究』 76을 참조

22 安藤俊雄, 1970「北魏涅槃學の傳統と初期の四論師」『北魏佛敎の硏究』(橫超慧日 編), 京都: 平樂寺書店, pp. 184~200 참조

23 『三國史記』 권26 聖王 19년조

24 吉藏, 『涅槃經遊意』(『大正藏』 권38, p. 239上), "道融先於江南會稽遊學, 聞彼大德等云, 其吉藏法師 涅槃疏記等, 百濟僧并將歸鄕, 所以此間無本留行." 이 일은 吉藏 생존 시에 있었던 일인 듯, 길장 스스로도 만년에 이르러 자신의 잃어버린 저술들에 대해 술회하고 있다. 道融은 일본 奈良時代 天平 연간(729~748)에 활동한 戒律宗 승려로서 道宣의 『事鈔』 6권을 처음 일본에서 강의하기도 하였다.

25 高翊晉, 1985「三國時代 大乘敎學에 대한 硏究」『哲學思想의 諸問題』 Ⅲ, p. 99

26 『東域傳燈目錄』(『大正藏』 권55, p. 1154上)에서, "梁 楊都沙門 釋僧朗 奉勅註. 皇帝共十法師爲靈味寺寶亮法師製義疏序."라 하였는데, 이 승랑을 고구려 출신 僧朗으로 보는 견해도 있다(東國大佛敎文化硏究所 編, 1976 『韓國佛敎撰述文獻總錄』, pp. 3~4).

27 『涅槃經』 권3 金剛身品(『大正藏』 권12, p. 623下)

28 『大般涅槃經(北本)』 권12(『大正藏』 권12, p. 434上); 『大般涅槃經(南本)』 권11(『大正藏』 권12, p. 673中)

29 『續高僧傳』 권15 法常(『大正藏』 권50, p. 541中), "美歸於攝論, 而志於所尙慕涅槃."

30 東國大學校 佛敎文化硏究所 編, 1976 『韓國佛敎撰述文獻總錄』, p. 7

31 『續高僧傳』 권15(『大正藏』 권50, p. 549中), "當時諸部 雖復具揚, 而涅槃攝論 最爲繁富."

32 『續高僧傳』 권13 圓光(『大正藏』 권50, pp. 523下~524上), "開皇九年 來遊帝宇, 値佛法初會 攝論肇興, 奉佩文言 振績徽緖."

33 『續高僧傳』 권18 曇遷(『大正藏』 권50, p. 572中), "攝論北土創開 自此爲始也."

34 『續高僧傳』 권15 靈潤(『大正藏』 권50, p. 548下), "前後所講涅槃七十餘遍 攝大乘論三十餘遍, 并各造義疏一十三卷 玄章三卷."

35 『續高僧傳』 권15 法常傳(『大正藏』 권50, p. 541上)

36 『續高僧傳』 권15 法常傳(『大正藏』 권50, p. 541中)

37 『法界圖記叢髓錄』 卷下之一(『大正藏』 권45, p. 750中)에 의하면, 9세기 무렵 신라 法融이 의상의 『華嚴一乘法界圖』에 대하여 주석을 달 때 법상의 『攝論義疏』를 참고하고 있다.

38 『續高僧傳』 권18 曇遷傳(『大正藏』 권50, p. 573上)

39 眞諦 당시의 연구 경향에 근거하여 이를 '如來藏說과 唯識說의 交流期'라고 평하기도 한다(高崎直道, 1974 『如來藏思想の硏究－インド大乘佛敎思想硏究－』, 東京: 春秋社, p. 748).

40 柏木弘雄, 1981 『大乘起信論の硏究』, 東京: 春秋社, p. 203

41 柏木弘雄, 위의 책, pp. 206~207

42 『歷代三寶紀』 권12(『大正藏』 권49, p. 106下), "占察經二卷. 右一部二卷

檢群錄無目, 而經首題云, 菩提登在外國譯, 似近代出. 妄注. 今諸藏內 并寫流傳. 而廣州有一僧 行塔懺法, 以皮作二枚帖子, 一書善字 一書惡字, 令人擲之, 得善字好 得惡字不好. 又行自撲法, 以爲滅罪, 而男女合雜. 青州亦有一居士, 同行此法. 開皇十三年 有人告廣州官司云, 其是妖. 官司推問. 其人引證云, 塔懺法 依占察經, 自撲法 依諸經中, 五體投地 如泰山崩. 廣州司馬郭誼 來京向岐州 具狀奏聞. 勅不信占察經道理, 令內史侍郎李元操 共郭誼就寶昌寺 問諸大德法經等. 報云, 占察經目錄無名及譯處, 塔懺法與衆經復異, 不可依行. 勅云, 諸如此者 不須流行. 後有婆羅門來云, 天竺見有經 出六根聚曰."

43 道宣도 『占察經』의 진위 여부에 관심을 가진 듯 『續高僧傳』 권2 達摩笈多傳에서는 『歷代法寶紀』를 발췌 인용하였으며, 664년에 찬술한 『大唐內典錄』 권5 隋朝傳譯佛經錄 17(『大正藏』 권55, p. 279上~中)에서는 『歷代法寶紀』를 그대로 전재하였다. 그리고 『大唐內典錄』 권10 歷代所出疑僞經論錄 8(『大正藏』 권55, pp. 335下~336上)에서는 『占察經』을 僞經으로 분류하였다.

44 柏木弘雄, 1981 앞의 책, pp. 212~217

45 一然은 『歷代法寶紀』를 직접 인용하지 않고 『續高僧傳』 권2 達摩笈多(『大正藏』 권50, pp. 435下~436上)의 해당 기록을 그대로 전재하였다.

46 『三國遺事』 권4 圓光西學

47 『三國遺事』 권5 仙桃聖母隨喜佛事

48 『三國遺事』 권4 蛇福不言

49 金煐泰, 1975 「占察法會와 眞表의 敎法思想」 『崇山朴吉眞博士華甲紀念 韓國佛敎思想史』; 1987 『新羅佛敎思想硏究』 재수록

50 高翊晉, 1989 『韓國古代佛敎思想史』, p. 75

51 『韓佛』 1, p. 528上, "占察經, 煩惱生死 畢竟無體 求不可得, 本來不生 實更不滅, 自性寂靜 卽是涅槃." 이 구절은 『占察經』 권下(『大正藏』 권17, p. 909下)에서 인용한 것이다.

52 柏木弘雄, 앞의 책, pp. 225~232에서 『占察經』 권下와 『起信論』의 유사점을 정리하였다.

53 韓泰植, 1984 「新羅·惠宿の彌陀信仰について」 『印度學佛敎學硏究』 33-1;

金英美, 1994『新羅佛敎思想史硏究』, 民族社, p. 62

54 『三國遺事』 권4 二惠同塵

55 『譯註 韓國古代金石文』 권2 蔚州川前里書石條, p. 172. 화랑인 경우 이름 뒤에 '郞'자가 붙는데 비해, 好世는 이름 두 글자만 새긴 것으로 보아, 화랑에서 물러난 이후에 이곳을 다녀간 것으로 추측된다. 같이 나오는 水品은 善德王 5년(636)에 上大等이 된 인물이다.

56 金煐泰, 1969「僧侶郞徒攷-花郞道와 佛敎와의 관계 一考察-」『佛敎學報』7; 1987『新羅佛敎硏究』, 民族文化社, p. 88

57 『海東高僧傳』 권2 安含, "明年有旨 簡差堪成法器者 入朝學問, 遂命法師允當行矣."

58 安含은 진골 출신으로서 詩賦 伊湌의 아들이었다(『海東高僧傳』 권2 安含條). 安含(또는 安弘)에 대하여는 辛鍾遠, 1992 앞의 책, 제3장 제2절「安弘과 新羅佛國土說」을 참조하기 바람.

59 『大正藏』 권22, p. 951中

60 화랑들 사이에서 『四分律』이 읽혀졌을 가능성은 景德王代의 화랑인 耆婆郞의 이름에서도 짐작된다. 耆婆는 『四分律』 권40(『大正藏』 권22, p. 852上)을 비롯한 律典에 나오는 인도 고대의 전설적인 名醫이다. 그는 중국의 편작이나 화타처럼 의술로 이름을 떨쳤으며 석가모니에게 귀의하였다.

61 『維摩經』 권中 觀衆生品 7(『大正藏』 권14, p. 548中~下), "舍利弗言, 汝何以不轉女身. 天曰, 我從十二年來 求女人相, 了不可得, 當何所轉. 譬如幻師化作幻女, 若有人問, 何以不轉女身. 是人爲正問不. 舍利弗言, 不也. 幻無定相, 當何所轉. 天曰, 一切諸法 亦復如是 無有定相, 云何乃問 不轉女身 (中略) 一切女人 亦復如是, 雖現女身而非女也."

62 『大東輿地圖』에 보면 安康縣 서쪽에 馬耳峴이 있다.

63 달마가 입적하자 熊耳山에 안장하였는데, 서역에서 돌아오던 魏의 사신 宋雲이 葱嶺에서 손에 짚신 한 짝을 들고 서쪽으로 가는 달마를 만났다. 그래서 돌아와 무덤을 열어보니 관 속에 짚신 한 짝만 남아 있더라는 것이다. 이것이 유명한 隻履歸西說인데, 달마의 전기 가운데 처음으로 隻履歸西를 얘기한 것은 732년 이후의 저술로 추정되는 荷澤神會(670~762)의 『南陽和尙問答雜徵義』이며, 『歷代法寶記』(774)와 『寶林傳』(801)을 비롯한 傳燈

史로 전승되었다(關口眞大, 1967 『達磨の硏究』, 東京: 岩波書店, pp. 205~210). 따라서 이 隻履歸西說이 신라 불교계에 알려진 것은 일러도 8세기 중반을 소급할 수가 없다. 그리고 981년(景宗 6)에 찬술된 「智谷寺眞觀禪師碑」에 眞觀禪師의 죽음을 가리켜 '隻履雖遺' 또는 '履遺一隻'이라 하였으며, 994년(成宗 3)에 건립된 崔亮의 「葛陽寺惠居國師碑」에 '達磨指心留隻履而 玄玄揭理'라는 구절이 나오는 것으로 보아, 隻履歸西說은 늦어도 10세기 말 이전에 신라 불교계에 널리 알려진 듯하다. 좀 더 추리를 한다면, 801년에 성립된 『寶林傳』의 영향이지 않을까 싶다. 왜냐하면 신라 하대 선승들이 대개 馬祖道一(709~788) 계통의 선을 수용하였는데, 馬祖系를 정통으로 하는 시각에서 祖師禪의 계보를 완성시킨 책이 바로 『寶林傳』이기 때문이다(鄭性本, 1991 『中國禪宗의 成立史硏究』, 民族社, pp. 756~766). 이와 관련하여 崔致遠이 無染碑와 道憲碑를 찬술할 때 『寶林傳』을 읽었을 가능성이 있다든가(鄭性本, 위의 책, p. 760), 『寶林傳』의 저자로 신라승 道義를 추정하는 견해를(柳田聖山, 1978 「新續燈史の系譜, 敍の一」 『禪學硏究』 59) 주목할 만하다. 隻履歸西의 고사는 혜숙이 창건했다고 전해지는 剛州 彌陀寺에서 郁面婢가 왕생하는 도중 小伯山에 이르러 역시 짚신 한 짝[隻履]를 떨어뜨리고 갔다는 설화에서도 엿볼 수 있다(『三國遺事』 권4 郁面婢念佛西昇條).

64 혜숙의 塑像이 경주 불교의 중심 사찰인 興輪寺 金堂에 十聖의 하나로 봉안되고, 혜숙이 머물던 곳에 惠宿寺와 그의 浮圖가 건립된 것도 이러한 현창사업의 산물로 보인다. 거기에는 선종의 대두라는 당시 불교계의 상황 전개를 배경으로 한다. 이 문제는 신라 하대 선종의 등장과 관련되므로 별도의 연구가 필요하다.

65 『大正藏』 권50, p. 390下

66 『三國遺事』 권4, 二惠同塵, "遂出家爲僧 易名惠空. 常住一小寺 每猖狂大醉 負簣歌舞於街巷, 號負簣和尙. 所居寺因名夫蓋寺, 乃簣之鄕言也."

67 이 설화는 이미 밝혀졌듯이, 龍樹가 찬술한 『大智度論』 권14 釋初品中羼提波羅蜜義 24(『大正藏』 권25, p. 166上~下)에 나오는 術波伽說話에서 유래한다(印權煥, 1968 「「心火燒塔」 說話攷-印度 說話의 韓國的 展開-」 『國語國文學』 41 참조). 그런데 모티브를 술파가설화에서 따왔을지 모르나, 전

체적으로 등장인물이라든가 배경은 신라의 실정에 맞게 번안하였다. 특히 설화를 만든 의도는 상당히 다르다. 『大智度論』에서 이 이야기를 하게 된 배경은 여자의 淫欲을 경계하기 위해서였다. 이에 비해 『三國遺事』에서는 혜공의 신통력을 강조하는 데 목적이 있다. 조선시대의 權文海는 『大東韻府群玉』 권20 心火燒塔條에서 崔致遠의 「殊異傳」을 인용하여 좀 더 자세한 설화를 전하고 있는데, 흥미롭게도 여기서는 혜공이 빠지고 설화 자체도 火神 내지는 火災를 막는 呪文이 성립하게 된 연기 설화의 성격을 띠고 있다.

68 『三國遺事』 권4 二惠同塵, "嘗見肇論曰 是吾昔所撰也."

69 塚本善隆, 1955 「佛教史上における肇論の意義」『肇論研究』(塚本善隆編), 京都 法藏館, p. 158

70 위의 책, pp. 157~158

71 『金剛三昧經論』 권下 摠持品(『韓佛』 1, p. 674中)에 나오는 '道遠乎哉 觸事而眞, 聖遠乎哉 體之卽神矣'는 『肇論』 不眞空論 제2(『大正藏』 권45, p. 153上)에서 인용한 것이다. 또 권上 無相法品(『韓佛』 1, p. 621上)에서 般若波羅密 주석과 관련하여 나오는 '動而常寂 寂而恒動'은 『肇論』 涅槃無名論 제4 動寂 제15(『大正藏』 권45, p. 160下)에 나오는 구절로, 物不遷論과 不眞空論에도 나오는 僧肇가 매우 애용한 문구이다.

72 塚本善隆, 앞의 논문, p. 155, p. 160

73 『肇論』 涅槃無名論(『大正藏』 권45, p. 157上), "陛下 叡哲欽明 道與神會, 妙契環中 理無不統, 游刃萬機 弘道終日, 威被蒼生 垂文作則, 所以域中有四大 而王居一焉."

74 위의 책, p. 157中 참조

75 『肇論』 般若無知論(『大正藏』 권45, p. 153上), "大秦天王者……信季俗蒼生之所天, 釋迦遺法所仗也." 같은 책, p. 155下, "秦王 道性自然 天機邁俗, 城塹三寶 弘道是務, 由使異典勝僧 方遠而至, 鷲靈之風 萃於玆土."

76 『老子』 上篇 제4장

77 「般若無知論」(『大正藏』 권45, p. 154中), "是以至人 處有而不有 居無而不無, 雖不取於有無 然亦不捨於有無. 所以和光塵勞 周旋五趣, 寂然而往 怕爾而來, 恬淡無爲 而無不爲."

78 『涅槃經』 권6 四依品8(『大正藏』 권12, p. 640中), "是人爲欲調伏如是諸比

丘故, 與共和光 不同其塵."

79 『三國遺事』 권4 元曉不羈條에도 단 한 군데 짤막하게 나오는데, 대체로 『宋高僧傳』의 元曉傳을 인용한 것으로 보이며 새로운 내용은 없다.

80 『大正藏』 권50, p. 730上~中

81 『華嚴經』 권10 明法品 14(『大正藏』 권9, p. 461中), "佛子, 譬如阿伽陀藥 衆生見者 衆病悉除. 菩薩成就如是無量法藏 衆生見者 煩惱諸病 皆悉除愈, 於白淨法 心得自在."

82 『韓佛』 1, p. 608上

83 竺法護譯, 『正法華經』 권1 善權品(『大正藏』 권9, p. 71上), "其有滅度 諸所如來 彼時所有 一切衆生 忍辱調意 得至大安 斯等皆當 成得佛道." 이러한 용례는 竺法護가 한역한 『普門品經』(『大正藏』 권11, p. 779下)과 『離垢施女經』(『大正藏』 권12, p. 94中) 및 『慧上菩薩問大善權經』(『大正藏』 권12, p. 156中)에도 보인다.

84 康僧鎧 譯, 『佛說無量壽經』 권上(『大正藏』 권12, p. 267上~中), "法藏……頌讚曰……吾誓得佛 普行此願 一切恐懼 爲得大安."

支婁迦讖 譯, 『佛說無量淸淨平等覺經』 권1(『大正藏』 권12, p. 280上~中), "曇摩迦留……稱讚佛言……吾誓得佛者 普逮得此事 一切諸恐懼 我爲獲大安."

日休 校輯, 『佛說大阿彌陀經』 권上(『大正藏』 권12, p. 328上~中), "法藏……以偈讚佛……吾誓得此事 一切諸恐懼 普爲獲大安."

85 朗智乘雲條를 전론한 최근의 연구로는 金福順, 2010 「신라 중고기 불교와 『법화경』-『삼국유사』 「낭지승운 보현수」조를 중심으로-」 『新羅文化祭學術論文集』 31, pp. 101~130이 있음.

86 『三國遺事』 권5 朗智乘雲, "朗智傳, 元聖王代 有大德緣會來居山中 撰師之傳行于世."

87 『三國遺事』 권3 原宗興法, "新羅本記, 法興大王卽位十四年, 小臣異次頓爲法滅身, 卽蕭梁普通八年丁未, 西竺達摩 來金陵之歲也. 是年 朗智法師 亦始住靈鷲山開法, 則大敎興衰 必遠近相感一時, 於此可信."

『三國遺事』 권5 朗智乘雲, "通曰, 法師住此其已久如. 曰, 法興王丁未之歲 始寓足焉 不知今幾. 通到山之時 乃文武王卽位元年 辛酉歲也, 計已

一百三十五年矣."

88 靈鷲寺의 위치 비정에 대하여는, 金侖禹, 1988 「韓國古刹의 位置·沿革考(Ⅳ)」『東洋學簡報』 8, pp. 9~13을 참조하기 바람.

89 磻高寺의 위치 비정과 관련하여 두어 군데의 폐사지가 주목받고 있다. 첫째, 蔚山郡 斗東面 川前里 탑거리(또는 탑등)에 있는 신라시대의 폐사지로 추정하고 있다(蔚山文化院, 1979 『蔚山文化財』, p. 52, pp. 85~87). 이곳은 그 유명한 川前里書石에서 북쪽으로 불과 100미터 남짓 떨어진 곳으로, 절터와 서석 사이로 大谷川이 급하게 돌아나가며 절경을 이루고 있다. 절터에는 현재 무너진 탑재가 일부 남아 있으며, 석조여래좌상과 탑신부 일부는 부산대박물관으로 옮겨졌다. 둘째, "槃皐寺 在盤龜山 今無"[金鎔濟 編輯, 1935 『蔚山邑誌』 권1 佛宇條(韓國人文科學院, 1989 『朝鮮時代 私撰邑誌』 권17, 慶尙道篇 2, p. 95)]에 근거하여, 盤龜台에 있는 폐사지로 추정한다(黃壽永·文明大, 1984 『盤龜台巖壁彫刻』, p. 152). 이곳에는 원래 磻溪書院을 비롯하여 작은 마을이 있었는데, 서원은 1871년의 서원철폐령으로 일찍이 문을 닫았으며, 마을은 근래의 사연댐 축조 때 맞은편 언덕으로 이주하여서 지금 반구대에는 1900년에 지방 유생들이 鄭夢周·李彦迪·鄭逑을 추모하고자 세운 遺墟碑와 碑閣만이 남아 있다. 셋째, 반고사와의 관련성은 불분명하지만, 반구대 북쪽 대안인 彦陽面 大谷里 890번지 일대에도 신라 시대의 폐사지가 있다(鄭永鎬, 1962 「彦陽 大谷里寺址의 調査」 『考古美術』 3-9). 磻高寺가 일찍 폐사가 되어 조선시대의 지리지나 읍지류에 전혀 보고된 바가 없으며, 남겨진 유물조차 빈약하여 이를 확인하기란 쉽지 않다. 다만 이 세 곳이 모두 신라시대 폐사지이며 아주 가까운 거리에 위치하고 있는 점이 주목된다. 『海東地圖』 권上에 언양과 경주 사이에 '盤龜書院', '盤龜亭', '盤龜站' 등의 명소가 표기된 것으로 보아(서울대 규장각 영인, 1995, p. 170, p. 171), 반고사가 이 일대 어딘가에 있었을 것은 분명하다.

90 蔚山文化院, 1979 『蔚山文化財』, p. 61. 그리고 『三國遺事』 권3 塔像4 靈鷲寺條에 의하면, 절은 신문왕대인 683년경에 창건되었다고 한다.

91 栗里만 하더라도, 靑松寺址에 신라 시대의 석탑 1기가(보물 제382호), 望海寺에 신라 하대의 석조부도 2기가(보물 제173호) 각각 있으며, 文殊寺에도 통일신라의 석조불상 1구가 남아 있다.

92 『三國遺事』 권5, 朗智乘雲

93 『大正藏』 권9, p. 37上~下 참조. 이와 관련하여 흥미롭게도 "항상 좌선을 즐기고 한적한 곳에 머물면서 그 마음을 다스리는 일을 익힌다."라고 鳩摩羅什이 번역하였기 때문에, 이것이 중국 天台宗의 南岳慧思(515~577)와 天台智者(538~597)에게 그대로 수용되었는데 실은 鳩摩羅什의 이러한 번역은 원문과 그 뜻이 정반대로 잘못 번역된 것이며, 그 때문에 『維摩經』이나 『大品般若經』과 정신을 달리하게 되었다고 한다(柳田聖山 著, 안영길 추만호 譯, 1989 『禪의 思想과 歷史』, 民族社, pp. 62~63). 19세기 네팔에서 발견된 산스크리트어본에는 이 부분이 "은둔 생활을 중시해서는 안 된다. 끊임없이 은둔해서 명상에 전념해서는 안 된다."라고 되어 있다(坂本幸男·岩本 裕 譯註, 1981 『法華經(中)』(第18刷), 岩波書店, p. 247). 산스크리어본을 번역한 영역본에서도 이 구절에 대응하는 내용이 조금 다르다(玄海 編, 2006 『梵漢英國譯 四本對照 妙法蓮華經』 Ⅱ, 民族社, p. 468). 그런데 松濤誠廉·丹治昭義·桂紹隆 共譯, 1988 『大乘佛典』 권5(법화경 Ⅱ) 新訂三版, 中央公論社, p. 64에는, "저[菩薩大士]는 틀어박혀서 禪定 닦는 것에 전념하며, 끊임없이 선정에 틀어박혀서 날을 보낸다."라고 하였다.

94 『大正藏』 권9, pp. 15中~16中

95 『三國遺事』 권5, 朗智乘雲

96 중국 천태종의 2조 南岳慧思와 3조 天台智者의 좌선관 역시 『法華經』 安樂行品에 근거하고 있다. 慧思에게는 『法華經安樂行義』 1권이 있는데, 백제 출신 玄光이 그에게서 安樂行門을 密受한 후 귀국하여 熊州(公州) 翁山을 중심으로 활약하였다. 나중에 達拏山에 은거하여 일생을 마친 修德寺의 혜현(570~627)으로 전승된 듯하다. 또 智者大師의 문하에서 수학하고 7세기 초에 귀국한 신라승 緣光도 80세로 입적할 때까지 독실한 法華行者로 일관하였다[金煐泰, 1983 「三國時代의 法華受容과 그 信仰」 『韓國天台思想硏究』(東國大學校 佛教文化硏究所 編), pp. 19~28].

97 『三國遺事』 권5, 緣會逃名

98 『菩薩戒本持犯要記』(『韓佛』 1, p. 581下). 여기에 대하여는 제3장 제4절을 참조

99 원효가 집필을 마친 후 隱士인 文善을 통하여 저술을 낭지에게 올렸는데,

그 저술 말미에는 이런 시가 있었다고 한다.

서쪽 계곡의 沙彌는 동쪽 봉우리 上德 계신 高巖 앞으로,
머리 조아려 禮를 올립니다.
세세한 티끌을 불어 鷲岳에 보태오며,
미미한 물방울을 날려 龍淵에 던지옵니다.

이 시에 붙인 一然의 주를 보면, '磻高는 靈鷲의 西北에 있기에'라든가, '山 동쪽의 大和江……龍淵'이라고 하였는데, 이는 지금의 地理와 부합한다.

100 平井俊榮, 1976『中國般若思想史硏究』, 東京: 春秋社, pp. 427~429

101 高翊晉, 1985 앞의 논문, p. 109

102『大正藏』권9, p. 19下

103『大正藏』권9, p. 32中

104 吉藏,『涅槃經遊意』(『大正藏』권38, p. 230上), "攝山大師 唯講三論 及摩訶般若, 不開涅槃法華. 諸學士請講涅槃經, 大師云, 諸人今解般若 那復令農講 復重請, 乃爲道本有今無偈 而遂不講文. 至興皇以來 時大弘斯典, 但開此經."

105 원효의 止觀體系에 삼론학의 영향이 인정된다고 한다(金夏雨, 1982「三論과 華嚴系(元曉·法藏系)의 轉悟方式」『哲學硏究』7). 그리고 원효의 저술에 보이는 노장적 표현이 吉藏의 영향이라는 견해도 있다(崔裕鎭, 1987「元曉에 있어서 和諍과 言語의 問題」『哲學論集』3, pp. 37~42). 원효에 대한 吉藏의 영향은 충분히 상정할 수 있다. 그러나 원효의 스승 惠空이『肇論』의 저자를 자처한 사실로 보아, 원효의 노장적 취향을 굳이 吉藏과 연결시킬 필요는 없다.

106 원효와 동시대의 義寂이 '安心養身'이라고 한 예[『觀經定善義傳通記』권1(『大日本佛敎全書』권2, p. 331上)]에 비추어볼 때, '安身事心論'은 '安心事身論'의 와전인 듯하다.

107 鄭性本, 1991『中國禪宗의 成立史硏究』, 民族社, pp. 218~219

108 平井俊榮, 1963「初期禪宗思想の形成と三論宗」『宗學硏究』5

109『東國李相國集』권23「南行月日記」, "崔致遠作(普德)傳備詳, 故於此略之."

110『三國遺事』권3 寶藏奉老 普德移庵, "文烈公著傳行世,……餘具載本傳與

(海東高)僧傳.” 다만 文烈公이 『殊異傳』을 지은 朴寅亮(10세기)인지 아니면 金富軾(1075～1151)인지는 미상이다.

111 『大覺國師文集』 권17 「孤大山景福寺飛來方丈禮普德聖師影」(『韓佛』 4, p. 559上) 및 권19 「到盤龍山延福寺禮普德聖師飛房舊址」(『韓佛』 4, p. 563下), 『三國史記』 권22 寶臧王 下 9년 6월조, 『三國遺事』 권3 高麗靈塔寺條, 『東國李相國集』 권10 「十月八日遊景福寺」 및 권22 「南行日月記」, 『湖山錄』 권下 「答芸臺亞監閔昊書」(『韓佛』 6, p. 213中), 『新增東國輿地勝覽』 권33 全州府 佛宇條 등에 관련 자료가 전한다.

112 『續高僧傳』 권24 慧乘傳(『大正藏』 권50, p. 634上), “武德八年……天子下詔曰, 老教孔教 此土先宗, 釋教後興, 宜崇客禮, 令老先 次孔 末後釋宗.” 『冊府元龜』 999책 p. 14上, “武德八年 許高麗使人 學道佛法詔.”
도교진흥책은 당나라 종교정책의 기조였다. 당나라 왕실은 李氏라는 이유에서 老子와 道教를 신봉하여 건국 초부터 ‘先道後佛’의 종교정책을 수립하였다. 이 때문에 당 초부터 道宣이나 玄奘 같은 쟁쟁한 고승들이 이 정책의 철폐를 수없이 건의하였고 또 수시로 조정에서 승려와 도사 간의 격렬한 토론이 있었지만, 끝내 이 정책은 폐기되지 않았다. 연개소문이 642년 집권하여 도교진흥책을 편 배경에는 내부적인 사정도 있었겠지만, 대외적으로는 긴장상태에 놓인 麗唐關係를 재조정하기 위한 유화책의 성격이 짙었다. 도교진흥책을 둘러싼 연개소문과 보덕의 갈등에 대하여는, 李乃沃, 1983 「淵蓋蘇文의 集權과 道教」 『歷史學報』 99·100합 및 盧鏞弼, 1989 「普德의 思想과 活動」 『韓國上古史學報』 2, pp. 119～141을 참조

113 『三國遺事』 권3 寶藏奉老 普德移庵, “及寶藏王卽位, 貞觀十六年壬寅也, 亦欲併興三教. 時寵相蓋蘇文 說王以儒釋幷熾 而黃冠未盛, 特使於唐求道教. 時普德和尙 住盤龍寺, 憫左道匹正 國祚危矣, 屢諫不聽, 乃以神力飛方丈 南移于完山州, 今全州也, 孤大山而居焉. 卽永徽元年 庚戌 六月也, 又本傳云 乾封二年 丁卯 三月三日也.”
여기서 보덕이 乾封 2년(667)에 백제로 이거하였다고 하는 ‘本傳’이란, 李奎報의 『東國李相國集』 권23 「南行月日記」에 의하면, 崔致遠이 찬술한 ‘보덕전’을 가리킨다. 이 외에도 天頙의 『湖山錄』 권下 「答芸臺亞監閔昊書」(『韓佛』 6, p. 213中) 및 위의 普德移庵條에 부친 一然 자신의 본문 注도

667년 이전설을 따르고 있다.

114 『三國遺事』 권3, 寶藏奉老 普德移庵

115 『大覺國師文集』 권17 「孤大山景福寺飛來方丈禮普德聖師影」(『韓佛』 4, p. 559上), "涅槃方等教 傳授自吾師, 兩聖橫經日 元曉義湘 嘗參講下 親稟涅槃維摩等經 高僧獨步時." 이 시는 『補閑集』 권下에도 수록되어 있는데 마찬가지로 注에서 "元曉義相 受涅槃維摩經於師"라 하여 元曉와 義相이 普德에게서 『涅槃經』과 『維摩經』을 배웠음을 밝히고 있다.

116 『大正藏』 권12, p. 707下

117 『大正藏』 권12, p. 766上~中

118 일례로 『四分律』에서 '三種淨肉'이라 하여 제한적이나마 허용하였던 肉食을 『涅槃經』에서는 전면적으로 금지하였다.

119 『大覺國師文集』 권17 「孤大山景福寺飛來方丈禮普德聖師影」(『韓佛』 4, p. 559上), "涅槃方等教 傳授自吾師."

120 당시 북중국에서는 北本이라 하여 40권본 『涅槃經』이 주로 강론되고 있었다(丁明夷, 1988 「北朝佛教史的重要補正－析安陽三處石窟的造像題材－」 『文物』 1988-4).

121 安藤俊雄, 1970 「北魏涅槃學の傳統と初期の四論師」 『北魏佛教の研究』(橫超慧日 編), 京都: 平樂寺書店, pp. 184~200

122 특히 佛性의 體에 관하여 여섯 가지의 학설을 소개하고 있는데, 新唯識派의 설을 제외한 나머지 다섯 가지가 南朝 불교계의 연구성과였다(『韓佛』 1, pp. 538上~539上).

123 義相은 『涅槃經』 권6 四依品(『大正藏』 권12, pp. 642中~643上)에서 언급한 '八不淨物'의 정신을 존중하여, 문무왕이 제의한 노복과 전장을 거부하였는데, 그가 유학한 長安은 북중국 불교계의 중심지였다.

|제4장|

1 『東國輿地勝覽』 권21 慶州府 古跡 瑤石宮條 및 『東京雜記』 권2, 古蹟 瑤石宮條(1913년 朝鮮光文會 영인본 권2, p. 6)는, 둘 다 『三國遺事』 권4 元

曉不羈條를 인용한 듯하다. 다만 不羈條의 '瑤石宮 寡公主'를 '瑤石宮 有宗室寡婦'라 표기한 점이 다를 뿐이다.

2 『韓佛』 1, p. 842下, "我及衆生無始已來 不解諸法本來無生 (中略) 於中橫計男女等相 起諸煩惱自以纏縛 長沒苦海不求出要 靜慮之時甚可怪哉. (中略) 我及衆生 唯寢長夢妄計爲實 違順六塵男女二相 並是我夢永無實事 何所憂喜何所貪瞋."

3 薛瑤墓誌銘에 대한 기초 연구는 다음의 두 논문을 참조하기 바람. 盧重國, 1999 「新羅時代 姓氏의 分枝化와 食邑制의 實施 - 薛瑤墓誌銘을 中心으로 -」 『韓國古代史研究』 15, pp. 185~219; 于賡哲, 2009 「"薛瑤"墓誌銘研究」 『제3회 신라학국제학술대회 발표집』, pp. 255~267

4 중국 불교사에서도 高僧이 공주와 관계하여 문제가 된 사건이 있었다. 우선 鳩摩羅什(344~413 또는 350~409) 父子의 경우를 들 수 있다. 羅什의 父 鳩摩炎은 龜玆國王의 누이와 결혼하여 羅什을 낳았으며, 羅什 또한 姑藏에 억류되었을 때, 後凉 呂光의 강압으로 龜玆王女를 범하였고, 長安에 머물 때는 2세를 보아야 한다는 後秦 姚興의 요청에 못 이겨 妓女 10인과 동거하였다고 한다[『高僧傳』 권2 鳩摩羅什(『大正藏』 권50, pp. 330上~333上)]. 비록 구마라집 부자가 不邪婬戒를 범하여서 당시 불교계로부터 비난을 사기는 하였지만, 국왕의 强請에 못 이겨 공주와 관계하였기 때문에 목숨을 부지할 수는 있었다. 반면 唐初 會昌寺의 辯機는 위와 반대되는 경우에 해당한다. 辯機는 인도에서 막 귀국한 玄奘이 당 태종의 특별한 후원을 받아가며 불경을 漢譯할 때 한역사업을 도운 촉망받는 수제자였다. 그런데 당 태종의 딸로서 이미 결혼한 合浦公主[高陽公主]와 간통하다 들통나는 바람에 당 태종의 분노를 사서 결국 648년 7월에서 649년 5월 사이에 극형인 腰斬을 당하였으며, 이후 영원히 僧史에 立傳되지 못하였다[陳垣, 1931 「『大唐西域記』 撰人辯機」 『桑原博士還曆紀念東洋史論叢』; 1981 『陳垣史學論著集』(吳澤 主編), 上海: 人民出版社, pp. 266~287)].

5 『三國遺事』 권1 紀異2 太宗春秋公條, "太子法敏 角干仁問 角干文王 角干老且 角干智鏡 角干開元等, 皆文姬之所出也.……庶子曰, 皆知文級干 車得令公 馬得阿干, 幷女五人."

여기서 태종무열왕의 자녀 가운데 김유신의 동생인 文姬는 아들만 6명을 낳은 것으로 되어 있다. 그런데 『三國史記』 권5 眞德王 2년(648)조에 의하면, 당나라에 사행 간 김춘추가 당 태종에게 한 말 가운데 '臣有七子'라는 표현이 나온다. 또한 『三國史記』 권5 太宗武烈王 2년조에 다른 형제들과 함께 仁泰가 나오는 것으로 보아 문희의 소생은 모두 7명으로 추정된다. 한편 『三國史記』 권5 太宗武烈王 2년(655) 10월조에, "王女智照 下嫁大角湌庾信."이라 하였고, 권43 列傳3 金庾信 下에, "妻智炤夫人, 太宗大王第三女也."라 하여 태종무열왕의 셋째 딸이 김유신에게 시집갔다고 하였는데, 그녀는 문희가 아닌 다른 부인의 소생으로 보아야 할 것이다. 도 1에는 몇 가지 의문점도 있다. 첫째, 金欽運(『三國史記』 권8 神文王 3년 2월)이 金歆運(『三國史記』 권47 列傳7 金歆運)과 동일인인가 하는 점이다. 신문왕 3년(683)에 金欽運의 '小女'를 취하여 왕비로 삼았다고 하는데, 金歆運은 武烈王 2년(655) 대백제전에서 전사하였기 때문에 양자가 동일인이라면 그 딸의 나이는 최소한 28세가 되어 '소녀'라는 표현과 걸맞지 않게 된다. 둘째, 요석공주를 '寡(婦)公主'라 한 점이다. 죽은 남편이 김흠운이라면 – 그런 주장도 있다 –, 계보는 한층 더 복잡해져서 원효 부자와 신문왕이 얽히게 된다. 셋째, 문희와 첫째 부인과의 관계이다. 문희가 처음부터 정실부인으로 들어갔을 가능성은 적다. 그녀가 정실부인이 된 때는 나중일 텐데, 그 시기를 보여주는 자료는 없다. 아울러 3남 5녀의 庶子女가 모두 첫째 부인의 소생이라고 단정할 근거도 없다. 이런 몇 가지 의문점을 고려할 때 도 1은 추후 수정 내지 보완할 여지가 있음을 밝혀둔다.

6 『三國遺事』 권4 元曉不羈, "旣入寂 聰碎遺骸 塑眞容 安芬皇寺 以表敬慕終天之志. 聰時旁禮 像忽廻顧 至今猶顧矣."

7 『譯註 韓國古代金石文』 권3, p. 7, "造大師居士之形."

8 고려 후기까지도 문인 관료들 사이에서는 원효를 居士로 인식하려는 경향이 있었다. 즉, 李仁老(1152~1220)는 元曉의 無碍行을 기록으로 남겼을 뿐만 아니라 小性居士眞影을 소장하고 있었는데, 李奎報(1168~1241)가 이것을 보고 贊을 지었으며 林椿은 원효를 維摩居士에 비유하는 노래를 남겼다(金相鉉, 1994 「高麗時代의 元曉 認識」 『정신문화연구』 17-1, pp. 77~78).

고려 후기 문인 관료들 사이에서 관찰되는 居士佛敎는 가깝게는 고려 중기 문벌귀족의 거사불교를 계승한 것이다. 그런데 李資玄에서 정형을 이루는 고려 중기의 거사불교는 이미 지적되었듯이, 난숙한 귀족 문화를 배경으로 성립하여 사회 의식이 취약할 뿐 아니라, 개인적·은둔적 경향을 벗어나지 못하였다(崔柄憲, 1983 「高麗中期 李資玄의 禪과 거사불교의 性格」 『金哲埈博士華甲紀念 史學論叢』, pp. 941~960). 이런 점에서 고려 후기 문인 관료들이 원효의 거사불교를 인식하였음에도 불구하고, 강렬한 대민의식을 바탕으로 전개된 원효의 거사불교를 온전히 계승했다고 보기는 어렵다. 이와 관련하여 唐 후기 문인 관료들 사이에서 관찰되는 '士大夫型 居士'(山崎宏, 1969 「唐代後期の居士裴休について」 『佛教史學』 14-4 참조)와의 비교 연구가 필요하다.

9 南東信, 1995 앞의 논문, pp. 84~91

10 『三國遺事』 권4 元曉不羈, "曉旣失戒生聰, 已後易俗服, 自號小姓居士. 偶得優人舞弄大瓠, 其狀瑰奇, 因其形製爲道具. 以華嚴經 一切無导人 一道出生死, 命名曰無导, 仍作歌流于世. 嘗持此 千村萬落, 且歌且舞 化詠而歸, 使桑樞瓮牖玃猴之輩, 皆識佛陀之號 咸作南無之稱, 曉之化大矣哉."

11 『起信論疏』 권上(『韓佛』 1, p. 699中)에서는 『對法論』과 『顯揚論』을 인용하여 각각 7종의 大乘性을 소개하고 있다.

12 石南本寫本과 民族文化推進會校勘本 및 晩松文庫本에서는 '卜姓'이라고 하였다(三國遺事硏究會, 『對校 三國遺事』 권5 元曉不羈條 참조). 春園 李光洙는 '卜'은 자형상 '下'에서 '一'의 아래에 해당하므로, '下之下'라는 뜻이 된다고 하였다(李光洙, 1968 『元曉大師』, 三中堂, p. 129). 이 또한 스스로를 낮은 데 비유한 겸사이다.

13 『華嚴經』 권5 四諦品 4-2(『大正藏』 권9, p. 429中)에 보면, "모든 부처가 오직 一乘으로 生死를 벗어날 수 있다고 하였는데, 어찌하여 지금의 모든 세상은 일마다 같지 않은가."라고 文殊師利가 묻자, 여기에 대하여 賢首菩薩이 게송으로 대답을 하는데, 그 가운데 '一切無礙人 一道出生死'의 구절이 나온다. 여기서의 一道란 華嚴一乘思想을 의미한다.

14 『華嚴經』 권25 十地品 22-3(『大正藏』 권9, pp. 556中~557下)에는, 難勝地의 보살이 중생을 교화하여 諸佛無上의 法으로 인도할 때 사용하는 여러 가지 방편행이 제시되어 있는데, 그 가운데 '妓樂歌舞 戲笑歡娛'가 보인다.

15 李基白, 앞의 논문, pp. 55~61

16 『三國遺事』 권4 元曉不羈條에서도 짤막하게 언급하였는데, 이는 대체로 元曉傳을 참조한 것으로 보이며 새로운 내용은 없다. 元曉傳의 연기 설화를 검토한 대표적인 연구성과로는, Robert E. Buswell, Jr. 1989 *The Formation of Ch'an Ideology in China and Korea: The Vajrasamādhi-Sūtra, a Buddhist Apocryphon*, Princeton University Press, New Jersey, pp. 41~45 및 金相鉉, 1992 「『金剛三昧經』의 緣起說話考」 『伽山李智冠스님華甲紀念論叢 韓國佛敎文化思想史』 上이 있다.

17 『宋高僧傳』 권4 元曉傳 附大安(『大正藏』 권50, p. 730上~中)

18 水野弘元, 1955 「菩提達摩の二入四行說と金剛三昧經」 『駒澤大學硏究紀要』 13, p. 43. 한편 金煐泰는 이 구절을 좀 더 분석하여 鳩摩羅什의 舊譯과 玄奘의 新譯이 합성된 것임을 입증하였다(金煐泰, 1988 「新羅에서 이룩된 金剛三昧經」 『佛敎學報』 25, pp. 27~28).

19 Buswell의 686년설은 이 점을 분명히 한 것이다(Buswell, 1989, 앞의 책, pp. 67~73 참조).

20 經이 갖는 功德經의 성격에 착안하여, 경이 공덕 획득을 위해 조직적으로 편집되었다고 보는 견해도 있다(許一範, 1992 「티베트本 『金剛三昧經』 硏究」 『佛敎硏究』 8, pp. 88~89).

21 『華嚴經』 권10 明法品 14(『大正藏』 권9, p. 461中), "佛子, 譬如阿伽陀藥 衆生見者 衆病悉除. 菩薩成就如是無量法藏 衆生見者 煩惱諸病 皆悉除愈, 於白淨法 心得自在."

22 『韓佛』 1, p. 608上

23 '靑帝'는 중국의 전설적인 三皇五帝 가운데 하나인 東方蒼帝를 가리킨다. 그런데 「文武王陵碑」(『譯註 韓國古代金石文』 권2, p. 125)에는 중대 왕실의 기원과 관련하여 역시 삼황오제의 하나인 '火官', 즉 '炎帝神農氏'와 漢武帝 때의 실존인물인 秺侯 金日磾(B. C. 134~86년)를 주목하였다(李泳鎬, 1986 「新羅 文武王陵碑의 再檢討」 『歷史敎育論集』 8, pp. 63~64). 그리고 「金仁問碑」(『譯註 韓國古代金石文』 권2, p. 136)와 『三國史記』 권28 百濟本紀 6 義慈王條의 史論에서는 '小昊金天氏[白帝]'를 언급하였다. 三皇五帝說은 漢式諡號의 도입과 더불어 당시 중대 왕실의 親唐 한화정책을

반영하는 것인데, 이는 불교의 眞種說이나 刹帝利種說에서 왕실의 권위를 찾던 중고기 왕실의 친불교정책과 뚜렷이 대비된다. 한편 『三國史記』 권41 列傳 1 金庾信 上에 인용된 金庾信碑에 의하면, 김유신 가문도 '黃帝軒轅氏와 少昊金天氏의 후예'로 자처하였음을 알 수 있다.

24 『三國史記』 권35, 雜志4 地理2 漢州 長堤郡, "金浦縣 本高句麗黔浦縣, 景德王改名, 今因之."

25 『三國史記』 권9, 惠恭王 3년 9월조에서는, "金浦縣의 벼이삭이 모두 쌀로 변하였다."라고 하였는데 『三國遺事』 권2, 惠恭王條에서는 大曆 2년(혜공왕 3, 767)의 일로서 "今浦縣의 논 5頃 중에서 모든 낟알이 이삭이 되었다." 라고 하였다.

26 沈德符, 『萬曆野獲編』 권2 「觸忌」, "宋南渡後 人主書金字俱作今. 蓋與完顏世仇 不欲稱其國號也."

27 金海의 '金'이 적어도 통일신라시대까지는 오늘날의 '김'이 아니라 '금[검]'으로 발음되었을 가능성이 높다. 이와 관련하여 『日本書紀』의 한자음을 참조할 만하다. 대개 平安時代의 발음을 보여주고 있는데, 여기서 '金官'(坂本太郎 外3人 校注, 1965 『日本書紀』 권下, 東京 岩波書店, p. 42, 繼體 23년 4월條 頭註), '金春秋'(같은 책, p. 305, 大化 3년 是歲條), '金光明經'(같은 책, p. 426, 天武 5년 9월 甲申條) 등의 金字가 한결같이 'こむ[komu]'로 발음되고 있다. 이 점은 당시 신라의 한자음을 복원하는 데 시사하는 바가 크다.

28 『三國史記』 권34, 雜志3 地理1 良州 金海小京條에 의하면, 景德王代에 '金官'을 '金海'로 고쳤다고 한다. 따라서 같은 시기에 있었던 黔浦→金浦의 개명 사례를 그대로 적용하여, 金海를 黔[鈐]海의 雅化라고 단정하기에는 아직 이르다. 다만 발음은 같았으리라 추정된다.

29 諸橋轍次, 1956 『大漢和辭典』 7, 東京: 大修館書店, p. 156 溟漲條

30 『三國史記』 권4 眞興王 19년(531)

31 일본 나라 시대의 寫經目錄에서 5권본 廣疏의 존재를 확인할 수 없다는 사실을 중시하여 원효가 처음에 지은 5권본 廣疏를 薄徒가 훔쳐갔다든가 3권본 略疏를 중국의 번역삼장이 論으로 고쳤다는 설 등을, 사실이라기보다는 원효의 학문적 능력을 더욱 돋보이게 하려는 설화적 윤색으로 보려는 견해

도 있다(金相鉉, 1992 앞의 논문, pp. 374~375, pp. 381~381, p. 385). 그런데 元曉傳 말미에서 『宋高僧傳』의 편찬자 贊寧은 廣·略 두 본이 모두 신라에서 유행한다고 하고 있으므로, 廣疏의 존재를 선불리 부인하기도 어렵다. 이 문제에 대한 판단은 일단 유보하고자 한다. 어쨌든 3일 만에 다시 疏 3권을 써야 했기 때문인지 모르나, 현행 『金剛三昧經論』을 보면 전체적으로 완성도가 떨어진다. 특히 후반부에서는 인용 전거를 제대로 밝히지 않는 대신 원효의 주관이 다른 저술에 비해 더욱 부각된 감이 있다.

32 元曉가 大僧正이었다고 하는 견해가 있어(趙明基, 1962 앞의 책, p. 90) 주목되는데, 유감스럽게도 어떠한 전거도 제시하지 않았다.

33 원효의 대중교화 활동이 갖는 특성은 전체 동북아 불교계의 동향 속에서 비교 고찰을 통하여 밝혀질 수 있을 것이다. 이와 관련하여 최근 元曉와 직간접적인 관계에 있는 圓光·慈藏·義相의 불교를 三階敎와 관련시켜 보려는 견해가 제기된 바 있다(閔泳珪, 1993 「新羅 佛敎의 定立과 三階敎」 『東方學志』 77·78·79합). 또 일본 학계에서도 行基의 대중포교 활동에 대한 원효의 영향 여부를 검토한 바 있다(田村圓澄, 1980 앞의 논문; 吉田靖雄, 1981 앞의 논문).

34 『三國史記』 권40 職官志 下 武官條 참조

35 『三國史記』 권6, 文武王 9년 春正月, "以信惠法師爲政官大書省."

36 『三國史記』 권7, 文武王 14년 9월, "命義安法師爲大書省."

37 성전사원에 대한 주요 논고는 다음과 같다. 邊善雄, 1973 「皇龍寺 9層塔誌의 硏究」 『國會圖書館報』 10-10; 浜田耕策, 1981 「新羅の寺院成典と皇龍寺の歷史」 『學習院大學文學部硏究年報』 28; 李泳鎬, 1983 「新羅中代 王室寺院의 官寺的 機能」 『韓國史硏究』 43; 蔡尙植, 1984 「新羅統一期의 成典寺院의 構造와 機能」 『釜山史學』 8; 朴南守, 1994 「統一新羅 寺院成典과 佛事의 造營體系」 『東國史學』 28(1996 『新羅手工業史硏究』, 신서원, pp. 169~200 재수록); 尹善泰, 2000 「新羅의 寺院成典과 衿荷臣」 『韓國史硏究』 108

38 남동신, 2000 「新羅의 僧政機構와 僧政制度」 『韓國古代史論叢』 9, pp. 156~167 참조

39 韓永愚, 1983 『鄭道傳思想의 硏究』(改正版), 서울대학교출판부, 제3장. 社

會·政治思想 참조

40 『三國史記』 권5 善德王 11년, 권41 列傳1 金庾信 上

41 『三國史記』 권41 列傳1, 金庾信 上에 의하면, 大和 元年(648)에 압량주의 민심을 살핀 후 州兵을 선발하여 大梁州 공격에 동원하였다고 한다.

42 『三國史記』 권5 太宗武烈王 3년

43 淨影寺 慧遠(523～592)도 만년에 『華嚴經疏』를 찬술하다가 힘에 부쳐서 결국은 강의도 하지 못한 채 十廻向品에 이르러 절필하였다고 한다[法藏, 『華嚴經傳記』 권1 論釋5(『大正藏』 권51, pp. 156下～157上, p. 164中)]. 다만 원효는 『華嚴經』을 강의한 경험이 있으며, 절필의 사유도 대중교화와 관련 있다는 점에서 慧遠과는 다르다 하겠다.

44 『華嚴經』 권16～권19, 金剛幢菩薩十廻向品 21-3～21-6(『大正藏』 권9, pp. 499下～520下 참조)

45 『仁王經』 권上 菩薩敎化品(『大正藏』 권8, pp. 826下～827上), "是菩薩十堅心作轉輪王 亦能化四天下……若菩薩住百佛國中 作閻淨四天王 修百法門 二諦平等心 化一切衆生. 若菩薩住千佛國中 作忉利天王 修千法門 十善道 化一切衆生. 若菩薩住十萬佛國中 作炎天王 修十萬法門 四禪定 化一切衆生. 若菩薩住百億佛國中 作兜率天王 修百億法門 行道品 化一切衆生." 이와 같이 『仁王經』에서는 '菩薩爲王說'을 전제로 하되, 보살이 다스리는 나라의 크기에 따라 왕의 칭호와 수행 내용 및 교화 이념을 단계별로 구분하고 있다.

46 통일신라기 불교의 정치 사상에 대하여는 南東信, 2001 「三國統一과 佛敎界의 動向-中代初 국가와 불교 교단의 관계를 중심으로-」 『韓國古代史研究』 23, pp. 181～187 참조

47 『三國遺事』 권4, 元曉不羈, "又嘗因訟 分軀於百松 故皆謂位階初地矣."

48 『華嚴經』 권23 十地品 22-1(『大正藏』 권9, p. 547中), "諸佛子 是菩薩若欲捨家 勤行精進於佛法中 便能捨家妻子五欲 得出家已 勤行精進 須臾之間 得百三昧 得見百佛……能變身爲百 於一一身 能示百菩薩以爲眷屬."

49 『華嚴經』 권23 十地品 22-1(『大正藏』 권9, p. 547中), "諸佛子 是名略說菩薩入歡喜地. 廣說則有無量百千萬億阿僧祇事. 菩薩住歡喜地 多作閻浮提王, 高貴自在 常護正法."

50 『韓佛』 1, p. 644上~中, "王爲諸民之所依."

51 여기에 관해서 가장 상세한 기록은 『三國史記』 권42, 列傳 2 金庾信 中에 보인다. 거기에는 67세의 老將 김유신이 출정을 자원하면서 죽음도 무릅쓰겠다고 하자, 문무왕이 그의 손을 잡고 눈물을 흘렸다고 할 만큼 비장한 대목이 나온다.

52 『三國遺事』 권1 太宗春秋公條에 인용된 '古記'에 의하면, 蘇定方이 난새와 송아지를 그린 암호문을 김유신 진영에 보내왔을 때 이를 아무도 몰랐는데, 원효가 '速還'으로 해독하여 신라군의 신속한 퇴각을 가능케 하였다고 한다. 여기서 速은 畵와 犢, 還은 畵와 鸞의 半切을 각각 취한 것이라고 한다.

53 이 문제에 관한 개괄적인 연구성과로 橫超慧日, 1958 「中國佛敎に於ける國家意識」 『中國佛敎の硏究』, 京都: 法藏館을 참조

54 中古期의 전륜성왕설에 대하여 이미 많은 논자들이 언급한 바 있다. 최근에 연구성과로 판카즈(N. M. Pankaj), 1994 「新羅 '中古'期의 轉輪聖王理念-印度 Asoka王과 新羅 眞興王의 政治理念의 비교-」, 서울대학교 석사학위논문이 있다. 이 논문에서는 전륜성왕설이 인도 불교에서 출현하여 그것이 중국적으로 변용되고 다시 新羅 中古期에서 나타나는 여러 사례를 다각도로 조명하고 있다.

55 『三國史記』 권7 文武王 21년 6월, "王欲新京城, 問浮屠義相. 對曰, 雖在草野茅屋 行正道 則福業長, 苟爲不然 雖勞人作城 亦無所益. 王乃止役."
『三國遺事』 권1 文虎王法敏, "又欲築京師城郭, 其令眞吏. 時義湘法師聞之, 致書報云, 王之政敎明 則雖草丘畵地而爲城, 民不敢踰 可以潔災進福, 政敎苟不明 則雖有長城 災害未消. 王於是ㅁ罷其役."

56 鄭炳三, 1998 『義相 華嚴思想 硏究』, 서울대학교출판부, pp. 182~190 참조

57 姜鳳龍, 1994 「新羅 地方統治體制 硏究」, 서울대학교 박사학위논문, pp. 231~248 참조

58 『三國遺事』 권1 紀異2 太宗春秋公, "城中市價, 布一疋 租三十碩 或五十碩, 民謂之聖代."

1 金煐泰, 1980「傳記와 說話를 통한 元曉硏究」『佛敎學報』17, pp. 41～42에 실린 원효 관련 寺庵의 일람표 참조

2 南東信, 1995「元曉의 大衆敎化와 思想體系」, 서울대학교 박사학위논문, pp. 53～56 참조

3 관련 자료에 대한 기존의 연구는, 金煐泰, 1996「芬皇寺와 元曉의 관계史的 考察」『元曉學硏究』1, pp. 11～54가 있음.

4 『三國史記』 권5, 善德王 3년(634) 春正月, "改元仁平 芬皇寺成."

5 645년에 道宣이 지은 『續高僧傳』 권24 慈藏傳에서는 芬皇寺를 '王芬寺'라 하였다(『大正藏』 권50, p. 639下). 한편 7세기 후반에 창건된 皇福寺址에서는 '王福'銘 기와편이 수습된 바 있다(동국대학교박물관 유물번호 917).

6 분황사의 어의를 해석하려는 선구적인 시도는 金煐泰, 1996 앞의 논문, pp. 15～23에서 이루어졌다. 그는 '芬'은 연꽃 또는 연꽃이 활짝 핀 상태를 뜻하는 '芬陀利'를 뜻하며, '皇'은 皇龍寺나 聖祖皇姑에서와 같은 '으뜸 임금'의 뜻이라기보다는 '覺皇'의 줄임말로 보아야 하므로, 세상의 괴로움과 번뇌에 물들지 않은 분타리와 같은 부처님의 가르침 도량이라는 뜻에서 분황사라 하였다고 추정하였다. 그러나 이러한 견해는 불교적인 해석에만 치중함으로써 선덕왕 즉위와 관련한 정치적 해석의 여지를 배제한 아쉬움이 남는다.

7 『三國遺事』 권1 善德王知幾三事

8 『三國史記』 권5 善德王 卽位年

9 모란꽃은 富貴, 나비는 耋壽(80세)를 각각 상징하는데, 모란꽃에 나비를 같이 그리면 '80세까지 부귀를 누리다'로 의미가 한정되기 때문에, 모란에 나비만을 배치하는 그림은 그리지 않는다고 한다(조용진, 1989『東洋畵 읽는 법』, 集文堂, pp. 92～97).

10 金紅男, 1999「朝鮮時代 '宮牧丹屛' 硏究」『美術史論壇』9, pp. 80～82

11 羅喜羅, 2003『新羅의 國家祭祀』, 지식산업사, pp. 125～126

12 『三國史記』 권5 善德王紀 말미에 첨부된 아래의 史論에는, 여왕을 부정적으로 인식한 金富軾의 유교 정치 이념이 잘 드러나 있다. "(前略) 以天言之

則陽剛而陰柔, 以人言之 則男尊而女卑. 豈可許姥嫗出閨房 斷國家之政事乎. 新羅扶起女子處之王位, 誠亂世之事, 國之不亡幸也. 書云 牝鷄之晨, 易云 羸豕孚蹢躅, 其可不爲之戒哉."

13 선덕여왕의 즉위와 통치를 둘러싼 여러 문제에 관하여 최근에 이루어진 대표적인 연구성과로 朱甫暾, 1994「毗曇의 亂과 善德王代 政治運營」『李基白先生古稀紀念 韓國史學論叢[上]』古代篇·高麗時代篇, 一潮閣, pp. 206~234가 있다.

14 『三國史記』 권5, 善德王 卽位年

15 李基東, 1984『新羅骨品制社會와 花郎徒』, 一潮閣, p. 26, p. 88; 申東河, 1979「新羅 骨品制의 形成過程」『韓國史論』5, 서울大學校 國史學科, pp. 41~42

16 金哲埈, 1952「新羅 上代社會의 Dual Organization(下)」『歷史學報』2, pp. 91~94 참조

17 南東信, 1992「慈藏의 佛敎思想과 佛敎治國策」『韓國史硏究』76, pp. 28~30

18 가람배치 등에서도 분황사가 황룡사와 밀접한 연계를 가지며 창건되었음은 李康根, 1998「芬皇寺의 伽藍配置와 三金堂 形式」『芬皇寺의 再照明』(제20회 신라문화제학술회의 발표문)에 대한 토론 과정에서 참석자들 다수가 지적한 바 있다.

19 姜在哲, 1991「'善德女王知幾三事'條說話의 硏究」『東洋學』21, pp. 64~89

20 『三國遺事』 권5, 善德王 12년 9월, "帝曰,……爾國以婦人爲主 爲隣國輕侮."

21 『續高僧傳』 권24 慈藏(『大正藏』 권50, p. 639下)

22 자장의 불교가 가지는 정치적 의미에 대하여는 南東信, 1992 앞의 논문 참조

23 南東信, 1995「慈藏定律과 四分律」『佛敎文化硏究』4 참조

24 『韓佛』1, p. 620中

25 『韓佛』1, p. 647上

26 『韓佛』1, p. 647上~中

27 원효와 요석공주의 결혼에 대하여는 南東信, 1998「元曉와 新羅中代王室의 關係」『元曉思想』(원효연구원 편저, 논문집 1), 신우당, pp. 147~158을 참조

28 『說郛』 권77 雞林志(『文獻通考』 권200, 經籍志27, p. 11右), "僧娶婦者 不得居寺."

29 李文基, 1999 「新羅 金氏 王室의 少昊金天氏 出自 觀念의 標榜과 그 變化」『歷史教育論集』 23·24합, pp. 669~672

30 「高仙寺碑」에 대한 기초적 이해는 다음 자료를 참고하기 바람. 金相鉉, 1988 「新羅 誓幢和上碑의 再檢討」『蕉雨黃壽永博士古稀紀念 美術史學論叢』, 通文館, pp. 467~491; 南東信 譯註, 1992 「高仙寺誓幢和上碑」『譯註韓國古代金石文』(韓國古代社會硏究所 編) 권3, pp. 3~15; 李智冠, 1993 「譯註 慶州高仙寺誓幢和上碑文」『譯註 歷代高僧碑文』 新羅篇, pp. 48~52

31 李基東, 1992 「薛仲業과 淡海三船의 交驩」『歷史學報』 134·135합, pp. 311~315. 한편 일본의 上宰로 나오는 인물이 淡海眞人 三船이 아니라, 당시의 실권자였던 藤原魚名이라는 반론이 최근 제기되었다(강은영, 「779년 遣日本使 薛仲業과 8세기 후반 나일관계」, 2011년 6월 호남사학회 정기학술대회 발표문).

32 金相鉉, 1988 앞의 논문, pp. 478~479

33 『譯註韓國古代金石文』 권3 「高仙寺誓幢和上碑」, "萬善和上識中, 傳□佛法能者有九人, 皆稱大□. 大師在初, 蓋是毗讚玄風之大匠也." 기왕의 모든 판독문과 연구 논저에는 '大師在初' 이하를 앞의 문장과 떼어서 해석함으로써, 경우에 따라서는 '佛法에 능한 9인'을 원효의 제자로 간주하기도 하였다. 그러나 '大師在初'를 '傳□佛法에 능한 9인'과 연결하고 이들 모두를 만선화상의 제자로 해석하는 것이 비교적 타당하다고 생각한다. 새로운 해석에 도움을 준 尹善泰 교수께 감사드린다.

34 辛鍾遠, 1992 『新羅初期佛教史硏究』, 民族社, p. 240 주 21

35 興輪寺金堂十聖에 安含의 塑像이 포함되었다든가, 神行(704~779)이 安弘(安含)의 가계임을 강조하는 것은, 당시 불교사 인식의 변화를 보여주는 대표적 사례이다. 이는 『삼국유사』에 안함의 전기가 누락된 사실과 뚜렷한 대조를 이룬다.

36 「高仙寺碑」 건립을 즈음하여 국가에서 원효에게 시호나 탑호를 내렸다는 증거는 현재까지 확인되지 않는다. 이보다 늦은 813년(憲德王 5)에 건립된 「斷俗寺神行禪師碑」에서도 아직 시호와 탑호에 관한 언급은 없다. 아마 승

려에게 시호와 탑호를 내리는 것은 남종선이 본격적으로 전해지는 9세기 중엽 이후가 아닌가 한다.

37 『譯註韓國古代金石文』 권3, p. 7, "造大師居士之形."

38 『三國史記』 권46 列傳6 薛聰傳, "世傳, 日本眞人 贈新羅使薛判官詩序云, '嘗覽元曉居士所著 金剛三昧論 深恨不見其人 聞新羅國使薛郎 是居士之抱孫 雖不見其祖 而喜遇其孫' 乃作詩贈之, 其詩至今存焉, 但不知其子孫名字耳."

39 南東信, 1995 앞의 논문, 僧俗不二의 居士佛敎 참조

40 南東信, 1988 「元曉의 敎判論과 그 佛敎史的 位置」 『韓國史論』 20, 서울대학교 국사학과, p. 56

41 『三國遺事』 권3 興法3 東京興輪寺金堂十聖, "東壁坐庚向泥塑, 我道·厭髑·惠宿·安含·義湘. 西壁坐甲向泥塑, 表訓·虵巴·元曉·惠空·慈藏."

42 『三國遺事』 권3 塔像4 皇龍寺鐘·芬皇寺藥師·奉德寺鐘, "又明年乙未 鑄芬皇藥師銅像 重三十萬六千七百斤 匠人本彼部强古乃末."

43 『三國遺事』 권3 塔像4 芬皇寺千手大悲 盲兒得眼, "景德王代 漢岐里女希明之兒 生五稔而忽盲. 一日 其母抱兒 詣芬皇寺左殿北壁畵千手大悲前 令兒作歌禱之 遂得明."

44 金元龍, 1967 『芬皇寺石佛群』(古蹟調査報告 第一冊), 文化財管理局, pp. 1~12 참조

45 南東信 譯註, 1992 「我道碑」 『譯註韓國古代金石文』(韓國古代社會硏究所編) 권3, p. 230, "其京都內有七處伽藍之墟. (中略) 四曰龍宮北(今芬皇寺善德甲午始開)."

46 金相鉉, 1988 앞의 논문, p. 480

47 『三國遺事』 권4 義解4, 虵福不言

48 최연식, 1999 「均如 華嚴思想硏究-敎判論을 중심으로-」, 서울대학교 박사학위논문, pp. 118~119

49 崔柄憲, 1987 「高麗佛敎界에서의 元曉 理解-義天과 一然을 中心으로-」 『元曉硏究論叢』, 國土統一院, pp. 646~656. 한편 赫連挺이 1074년 찬술한 「均如傳」에, "元曉가 玄音을 벌려놓았다."라는 평가가 있는데, 「均如傳」 자체가 의천과 밀접한 관계인 昶雲이 정리한 균여 행장에 근거하므로, 이러

한 인식은 의천의 원효 인식을 반영한다고 하겠다.

50 義天, 『大覺國師文集』 권16 「祭芬皇寺曉聖文」(『韓佛』 4, p. 555上~中)

51 『大覺國師文集 』 권20 「讀海東敎迹」(『韓佛』 4, p. 565中), "著論宗經闡大猷 馬龍功業是其儔."

52 원효의 『화엄경소』를 세인들이 '화엄해동소'라 명명하였고, 여기서 해동종의 명칭이 유래하였다고 보기도 한다(李能和, 1918 『朝鮮佛敎通史』 下篇, p. 1010).

53 『朝鮮金石總覽』 上, p. 311

54 『韓國金石全文』 中世上, p. 600

55 『朝鮮金石總覽』 上, p. 299, "曉法師導之于前 賢大統踵之於後."

56 崔柄憲, 1981 「高麗中期 玄化寺의 創建과 法相宗의 隆盛」 『韓沽劤博士停年紀念史學論叢』, p. 256 주 24

57 의천이 제문을 지은 사실과 내용 일부가 「金山寺碑」(『朝鮮金石總覽』 권上, p. 301)에 실려 있다. 이 제문은 『大覺國師文集』 권16에도 수록되었으나, 유감스럽게도 해당 부분이 낙장 상태이다.

58 劉燕庭 編, 『海東金石苑』(亞細亞文化社 1976년 영인본 권上, p. 454). 李頫(1042~1110)는 고려 중기 최고의 귀족 가문인 인주이씨 출신이며, 숙종의 쿠데타로 숙청된 李資義의 당숙이다. 의천은 평소 시를 좋아하지 않았다고 고백하였지만, 金剛居士를 자처하고 『金剛經』에 관하여 저술을 남길 만큼 불교경전에 이해가 깊었던 이오에 대해서는 상당한 호감을 가졌다. 그래서 宋에 갈 때는 특별히 이오의 문집을 가져가서 중국 승려들에게 소개하고 그 서문을 받아올 정도였다. 1099년 숙종이 왕족과 관료를 대거 거느리고 三角山 僧伽窟을 참배할 때 의천도 동행하였는데, 그 자리에서 이오는 「三角山重修僧伽窟記」의 찬술을 거듭 명령 받게 된다. 따라서 1097년 「金山寺碑」 찬술을 이오가 담당하는 데에 의천의 추천이 있었을 것이다. 나중에 의천이 입적하였을 때, 승려이지만 왕자 출신이므로 관리들이 상복을 입어야 한다고 주장하고, 나아가 의천에게 석가모니를 뜻하는 '大覺'이라는 시호를 내리도록 주청한 이도 바로 이오였다.

59 『高麗史』 권11, 肅宗 6년 8월 癸巳, "詔曰, 元曉義相 東方聖人也. 無碑記謚號 厥德不暴, 朕甚悼之. 其贈元曉大聖和靜國師, 義相大聖圓敎國師. 有司

卽所住處 立石紀德 以垂無窮."

60 金富軾의 「和諍國師影贊」(『東文選』 권50)에서는 모습에 대한 묘사는 없다.

61 金龍善 編著, 1993 『高麗墓誌銘集成』 「崔惟淸墓誌銘」, 翰林大學校 아시아文化硏究所, p. 25

62 『新增東國輿地勝覽』 권21 慶州府 佛宇 芬皇寺, "有高麗平章事韓文俊所撰和諍國師碑, 乃烏金石也."

63 「崔惟淸墓誌銘」(『高麗墓誌銘集成』, p. 5)에 의하면, "奉□撰海東先覺國師·芬皇和諍國師·□□圓應國師三碑銘"이라 하여 왕명으로 세 비명을 찬술한 것으로 나온다. 현존하는 「雲門寺圓應國師碑」(1147년 건립)는 찬자가 尹彦頤로 되어 있다. 또 「玉龍寺先覺國師碑」는 최유청이 1150년 찬술하였으나, 이듬해 정치적 사건에 연루되어 지방으로 좌천되면서 이후 20여 년 동안 국청사 회랑에 방치되었다가, 무신난 이후인 1173년에야 비로소 건립되었다. 그런 점에서 「芬皇寺和諍國師碑」도 최유청이 처음 찬술하기는 하였으나, 언젠가 한문준이 지은 비문으로 대체된 듯하다. 결국 비문을 찬술하였다고 하여, 그 비문이 반드시 비석으로 건립되었다고는 말할 수 없다. 특히 최유청은 仁宗代 후반 김부식이 집권하던 시기에 정치적으로 박대를 받게 되는데(朴漢男, 1991 「崔惟淸의 生涯와 詩文分析-東人之文四六-」 『국사관논총』 24 참조), 이런 정치적 상황 때문에 비문 찬자가 교체되었을 가능성이 있다.

64 『東文選』 권27

65 비음의 탁본 일부가 7첩본 『金石淸玩』 제1첩과 『大東金石書』 제6첩에 실려 있다(남동신 외, 2020 『대동금석서 연구』, 한국학중앙연구원, pp. 719~720).

66 守其, 『高麗國新雕大藏校正別錄』 권1(『韓佛』 11, p. 62下)

67 許興植, 1988 「高宗官版大藏經補版의 範圍와 思想性」 『蕉雨黃壽永博士古稀紀念 美術史學論叢』, p. 495

68 李仁老, 『破閑集』 권中(大東文化硏究院 영인본, 1973, 『高麗名賢集』 권2, p. 93上), "芬皇宗光闡師 夷曠不護細行. 嘗赴內道場大醉 頹然坐睡 涕洟垂胸, 爲有司所糾 竟斥去之. 足庵聞之乃曰, 千鍾斯聖 百榼亦賢 積麴成封 猶不害於眞人, 況浮圖人遊戲自在 固不可以得窮耶. 迺作偈貝葉 翻爲竹葉 盃天花落 盡眼花開 醉鄕廣大人間 窄誰識佯狂老萬回."

69 許興植, 1986 앞의 논문, p. 459; 許興植, 1998 「高麗에서 元曉의 推仰과 宗派別 變容」 『元曉思想』(원효연구원 편저, 논문집 1), 신우당, pp. 88~95

70 『西河集』 권 5 「東行記」; 金相鉉, 1994 앞의 논문, pp. 76~78 참조.

71 『東國李相國集』 권9 「題楞迦山元曉房幷序」, "曉師俗號小性居士"

72 『東國李相國集』 권19 「小性居士贊幷序」, "剃而髡則元曉大師, 髮而巾則小性居士, 雖現身千百 如指掌耳, 此兩段作形 但一場戲."

73 崔柄憲, 1983 「高麗中期 李資玄의 禪과 居士佛敎의 性格」 『金哲埈博士華甲紀念 史學論叢』, 知識産業社, pp. 941~960

74 山崎宏, 1969 「唐代後期の居士裴休について」 『佛敎史學』 14-4 참조

75 史書로서 『三國遺事』가 지니는 '遺事'와 '反影'의 특성에 대하여는 남동신, 2007 「『三國遺事』의 史書로서의 特性」 『불교학연구』 16을 참조

76 Robert E. Buswell, Jr. 1989 *The Formation of Ch'an Ideology in China and Korea : The Vajrasamādhi-Sūtra, a Buddhist Apocryphon*, Princeton University Press, New Jersey, pp. 60~72; 로버트 버스웰, 1995 「문화적·종교적 원형으로서의 원효－한국 불교 고승전에 대한 연구－」 『佛敎研究』 11·12합, pp. 59~67

77 金相鉉, 1994 「高麗時代의 元曉 認識」 『정신문화연구』 17-1(통권 54호), p. 79

78 『三國遺事』 권4 元曉不羈, "其遊方始末 弘通茂跡 具載唐傳與行狀 不可具載, 唯鄕傳所記有一二端異事."

79 南東信, 1995 앞의 논문, pp. 102~111 참조

80 金煐泰, 1996 앞의 논문, pp. 53~54

81 金相鉉, 1988 「新羅 誓幢和上碑의 再檢討」 『蕉雨黃壽永博士古稀紀念 美術史學論叢』, p. 490

82 『三國遺事』 권4 元曉不羈

83 法藏, 『華嚴經傳記』 권1 論釋5(『大正藏』 권51, pp. 156下~157上, p. 164中)

84 『華嚴經』 十廻向品이 원효가 대중교화에 나서는 계기가 되었음은 일찍이 지적된 바 있다(金煐泰, 1968 「新羅 佛敎大衆化의 歷史와 그 思想研究」 『佛敎學報』 6; 1987 『新羅佛敎研究』, 民族文化社, pp. 141~146).

85 石田茂作, 1930 『寫經より見たる奈良朝佛教の研究』 附錄 奈良朝現在一切

經疏目錄, 東京: 東洋文庫, p. 95

86 『譯註韓國古代金石文』 권3, p. 6, "華嚴宗要者 理雖元一, 隨 (결락) 讚歎婆娑 翻爲梵語 便附□人 此□言其三藏寶重之由也."

87 『一乘法界圖圓通記』 권下(『韓佛』 4, p. 25上), "華嚴宗要云, 此明所詮普法義者 乃至正是此經所詮之義", "又宗要云 此數錢門 儼法師出 亦有道理 故今取之."

88 義天, 『新編諸宗敎藏總錄』 권1(『韓佛』 4, p. 680中), "(華嚴經)疏十卷. 本是八卷, 今開第五卷 幷宗要均作十卷也, 元曉述."

89 『大正藏』 권55, p. 1146中, "同經疏十卷 元曉師撰."

90 金煐泰 集註, 1996 「元曉연구관계 現存史料集錄 - 제2편 目錄자료 - 」 『元曉學硏究』 1, pp. 189~219 참조

91 『華嚴論節要』 권1(『韓佛』 4, p. 785上), "第七唐朝海東新羅國元曉法師 造此經疏 亦立四敎者, 一三乘別敎 如四諦敎緣起經等, 二三乘通敎 如般若深蜜經等, 三一乘分敎 如瓔珞經及梵網經等, 四一乘滿敎 如華嚴經普賢敎. 釋此四別 如彼疏中."

92 『法集別行錄節要幷入私記』(『韓佛』 4, p. 762上), "華嚴宗要云, 趣入法界法門者 無所入故 無所不入, 修行無邊行德者 無所得故 無所不得." 물론 書名을 밝히지 않은 채 '曉公'으로 시작하는 인용구 가운데 그 전거가 『華嚴經疏』일 가능성은 있다. 지눌의 원효 인용에 대하여는 宗眞, 1992 「普照知訥의 禪思想에 대한 再照明」 『伽山李智冠스님華甲紀念論叢 韓國佛敎文化思想史』 권上, p. 932, 「표 6」 참조

93 疏는 大意文과 권3 일부만이 현재 전해지고 있는데, 대의문은 『東文選』 권83에 수록된 것이고 권3은 1670년 일본에서 필사된 사본이어서 현재의 대의문이 과연 8권본의 원래 대의문이었는지 여부는 확인조차 할 수가 없다.

94 『三國遺事』 권5, 廣德嚴莊, "(嚴莊)便詣元曉法師處 懇求津要. 曉作錚觀法誘之. 藏於是潔己悔責 一意修觀, 亦得西昇. 錚觀在曉師本傳 與海東僧傳中."

95 『三國遺事』 권4, 元曉不羈

96 『華嚴經』 권5 四諦品4-2(『大正藏』 권9, p. 429中)에 보면, 文殊師利가 "모든 부처가 오직 一乘으로 生死를 벗어날 수 있다고 하였는데, 어찌하여 지금의 모든 세상은 일마다 같지 않은가?"라고 묻자 여기에 대하여 賢首菩薩

이 답한 게송에, "一切無礙人 一道出生死"의 구절이 나온다. 여기서의 一道란 바로 華嚴一乘思想을 의미한다.

97 表員, 『華嚴經文義要決問答』 권3(『韓佛』 2, p. 377上), "又一道一切聖人所遊之路 更無別岐 故名一道……上來元曉師言 宜審記知之."

98 『華嚴經』 권25 十地品 22-3(『大正藏』 권9, pp. 556中~557下)에는 難勝地의 보살이 중생을 교화하여 諸佛無上의 法으로 인도할 때 사용한 여러 가지 방편행이 제시되어 있는데, 그 가운데 '妓樂歌舞 戲笑歡娛'가 보인다.

99 『三國遺事』 권4, 元曉不羈

100 『譯註韓國古代金石文』 권3, pp. 6~7, "以垂拱二年 三月卅日 終於穴寺 春秋七十也. 卽於寺之西峰 權宜龕室 未經數日 馬騎成群 取將髑髏. (결락)"

101 분황사의 원효소상, 홍륜사 금당의 원효소상, 고선사의 원효거사상을 별개로 간주하고, 이 셋 모두 고려 후기까지 전해졌다고 보기도 한다(金相鉉, 1994 「高麗時代의 元曉 認識」 『정신문화연구』 54, p. 69).

102 善業泥像에 대하여는 다음의 논저를 참조. 小杉一雄, 1939 「肉身像及遺灰像の考察」 『東洋學報』 24-3; 陳直, 1963 「西安出土隋唐泥佛像通考」 『現代佛學』 1963-3, 台北: 夏美訓, 1984 「善業泥佛像」 『歷史文物與藝術』, 台北: 배진달, 2003 『당대불교조각』, 일지사, pp. 220~221

103 崔柄憲, 1987 앞의 논문, pp. 657~662

|제6장|

1 『注進法相宗章疏』(1176년)(『大正藏』 권55, pp. 1140中~1144下)

2 趙明基, 1962 『新羅佛教의 理念과 歷史』, 經書院, pp. 96~103

3 원효의 저술을 소개한 經錄類와 근대 이후 선학들의 목록 작성에 대해서는, 李梵弘, 1984 「元曉의 撰述書에 대하여」 『哲學會誌』 10 및 殷貞姬, 1991 『원효의 대승기신론소·별기』 부록 I. 「원효의 저술」 등에 잘 정리되어 있다. 본고는 이들 선행 연구성과와 더불어 東國大學校 佛教文化研究所 編, 1976 『韓國佛教撰述文獻總錄』, pp. 16~37 및 金相鉉, 1994 『역사로 읽는 원효』, 고려원, pp. 185~192 등을 참조하여 목록을 작성하였다. 원효

저술에 관한 최근의 가장 종합적인 연구성과로는 福士慈稔의 연구를 들 수 있는데, 그는 각종 經錄을 검토하여 원효의 저술로 인정되는 것을 74부 정도로 추산하였다(福士慈稔, 2004 『新羅元曉硏究』, 東京 大東出版社, pp. 147~171).

4 福士慈稔, 2007 「十世紀初までの日本各宗に於ける新羅佛教の影響」 『身延論叢』 12, pp. 65~79; 福士慈稔, 2007 「十二世紀末までの日本各宗に於ける朝鮮仏教の影響について」 『身延山大学仏教学部紀要』 8, pp. 1~21; 金相鉉, 2012 「日本에 傳한 新羅佛教典籍의 硏究 現況」 『日本에 流通된 古代韓國의 佛教 典籍과 佛教 美術』(韓國技術教育大學校 文理閣 新羅寫經硏究팀 주최 新羅寫經 프로젝트 國際워크샵 발표집), pp. 2~3

5 『韓佛』 4, pp. 680~697

6 이 수치는 石田茂作, 1930 「奈良朝現在一切經疏目錄」 『奈良朝佛教の硏究』, 東京 東洋文庫, pp. 94~148을 정리한 것인데, 同名異本 내지 同本異名에 따른 오차가 있을 수 있다.

7 사진 자료는 국립중앙박물관 소장 10첩본 『金石淸玩』과 일본 天理大 도서관 소장 7첩본 『大東金石書』를 촬영한 것이다. 귀중본의 열람을 허락해준 두 박물관의 관계자 여러분께 깊은 감사의 뜻을 표한다. 낭선군 이우가 편찬한 『大東金石書』는 원래 本篇 5책, 續篇 2책인데, 일제강점기 때 京城帝大 교수로 재직하고 있던 今西龍이 입수한 것을, 1932년 경성제대법문학부에서 고대와 고려 시대에 해당하는 탁본 155장을 한 권으로 엮어서 영인하였다. 원본 7책은 나중에 일본 천리대 도서관에 기증되었으며, 현재 유통되고 있는 『大東金石書』는 亞細亞文化社가 1976에 앞서의 영인본을 재차 영인한 것이다. 남동신 외, 2020 『대동금석서 연구』, 한국학중앙연구원, pp. 22~33 해제 참조

8 黃壽永, 1999 『黃壽永全集』 권4(금석유문), 혜안, pp. 152~153. 이 비편은 음기의 마지막에 해당하며, 마름모꼴로 깨져 있는 것으로 보아, 조속이 탁본한 이후에 인위적 파손이 더 진행되었음을 짐작케 한다.

9 영인본 『大東金石書』에 근거하여 필자는 전에 '瑜伽師地疏十卷'을 원효의 저술 목록에 추가한 적이 있었다. 그런데 天理大 소장 『大東金石書』 원본을 조사한 결과, '瑜伽師地'와 '疏十卷'이 비면의 서로 다른 부분을 탁본하

여 이어붙이기한 것임을 확인할 수 있었다. '瑜伽師地'가 원효의 저술로 알려진 '瑜伽論抄 5권'이나 '瑜伽論中實 4권' 둘 중의 어느 하나에 해당하는지 아니면 제3의 또다른 저술인지는 현재로서는 단정하기 어렵다.

10 『無量義經』은 일찍부터 『法華經』의 結經으로 주목받아 왔다. 그리고 원효는 『金剛三昧經』이 『法華經』과 닮은 점이 많다고 보았으며, 『金剛三昧經』을 '無量義宗'이라고도 하였다. 이런 정황으로 보아 원효가 『無量義經宗要』를 저술하였을 가능성은 있다. 다만 여기서는 기왕의 견해대로 일단 『無量壽經宗要』의 착오로 간주하였다.

11 望月信亨, 1942 『支那淨土教理史』 第17章 義湘·元曉·義寂等の淨土論幷に十念說, 東京 法藏館

12 安啓賢, 1961 「元曉의 彌陀淨土往生思想(上)」 『歷史學報』 16

13 高翊晉, 1976 「遊心安樂道의 成立과 그 背景－遊心安樂道는 無量壽經宗要의 증보 개편이다－」 『佛教學報』 13; 1987 『韓國撰述佛書의 硏究』, 民族社

14 村地哲明, 1958 「『遊心安樂道』元曉作說への疑問」 『大谷學報』 39-4; 松林(源)弘之, 1967 「朝鮮淨土教の研究－彌勒所問の十念說をめぐる疑問－」 『龍谷大學佛教文化研究所紀要』 6; 松林(源)弘之, 1973 「新羅淨土教の特色」 『新羅佛教研究』(金知見·蔡印幻 共編), 東京 山喜房佛書林; 惠谷隆戒, 1974 「新羅元曉の遊心安樂道は僞作か」 『印度學佛教學研究』 23-1

15 愛宕邦康, 1994 「大覺國師義天と『遊心安樂道』－『義天錄』における 『遊心安樂道』 不載の文題に着目して－」 『印度學佛教學研究』 43-1; 愛宕邦康, 1994 「『遊心安樂道』の撰述者に關する一考察－東大寺華嚴僧智憬とその思想的關聯に着目して－」 『南都佛教』 43-1; 愛宕邦康, 1995 「『遊心安樂道』來迎院本の包紙」 『印度學佛教學研究』 44-1; 愛宕邦康, 2001 「《遊心安楽道》の研究」, 大阪大學 博士學位論文

16 『東域傳燈目錄』(『大正藏』 권55, p. 1161 주 ③)에서는 大谷大學藏寫本에, "成實論疏十六卷 元曉師未詳"이라 하여 元曉說을, 『增補諸宗章疏錄』 권2(『大日本佛教全書』 제1책, p. 79中)에서는, "元瑜述未詳"이라 하여 元瑜說을 각각 주장하여서, 근래까지도 미정인 상태로 남아 있었다(東國大學校佛教文化研究所 編, 1976 『韓國佛教撰述文獻總錄』, p. 36).

17 『大正藏』 권55, p. 557上

18 『法相宗章疏』(『大正藏』 권55, p. 1140上). 이 저술은 『東域傳燈目錄』(『大正藏』 권55, p. 1161中)에서 말한 『順正理論述文記』 24권과 동일본인데, 序를 신라승 神昉이 썼다고 한다.

19 『大正藏』 권55, p. 155下

20 원효가 『四分律』을 다루었다고 하더라도, 그것이 그의 계율관의 핵심이 되었다고 보기 어려우며, 그의 계율관의 근본은 대승적이라고 한다(李箕永, 1967 「元曉의 菩薩戒觀-菩薩戒本持犯要記를 中心으로-」 『論文集』 3·4합, 동국대학교, p. 54).

21 願曉는 三論宗의 학승으로서 官僧都에 취임하여 元興寺를 주재하기도 하였는데, 후대의 藏俊은 1176년 경에 찬술한 『注進法相宗章疏』(『大正藏』 권50, p. 1144上)에서, "因明義骨三卷 元興寺願曉律師"라 하여 願曉를 律師라 부르고 있다.

22 崔源植은 원효의 진찬으로 인정하고, 나아가 梵網戒에 小乘戒를 포섭 융회시킨 저술로 평가하였다(崔源植, 1999 『新羅菩薩戒思想史硏究』, 民族社, pp. 68~77).

23 먼저 木村宣彰이 위찬설을 제기하였으며(木村宣彰, 1980 「菩薩戒本持犯要記について」 『印度學佛敎學硏究』 28-2, p. 306), 여기에 대하여 吉津宜英이 반박한 바 있다(吉津宜英, 1991 『華嚴一乘思想の硏究』, 東京 大東出版社, pp. 592~593 주 30). 그러나 吉津도 『私記』가 원효의 진찬이라는 확실한 근거를 제시하지는 못하였다.

24 金相鉉, 2000 「『菩薩戒本持犯要記助覽集』의 검토」 『元曉硏究』, 民族社, pp. 165~188

25 南東信, 2001 「元曉의 戒律思想」 『韓國思想史學』 17; 손영산, 2010 「『梵網經菩薩戒本私記卷上』 元曉 진찬 여부 논쟁에 관한 재고-三身 개념을 중심으로-」 『韓國佛敎學』 56

26 『破閑集』 下, "是後好事者 綴金鈴於上 垂彩帛於下 以爲飾 拊擊進退 皆中音節 乃摘取經論偈頌 號曰無碍歌 至於田翁 亦效之以爲戲."

27 『大正藏』 권55, p. 1175上

28 『韓佛』 1, p. 732下

29 『韓佛』 1, p. 560中

30 현존 저술은『韓國佛教全書』제1冊 (東國大 韓國佛教全書編纂委員會, 1970)에 대부분 수록되었다.

31 金相鉉, 1993「輯逸勝鬘經疏－勝鬘經疏詳玄記所引 元曉疏의 編輯－」『佛教學報』30; 金相鉉, 1994「輯逸金光明經疏－金光明最勝王經玄樞 所引 元曉疏의 編輯－」『東洋學』24; 金相鉉, 1995「元曉師逸書輯編」『新羅文化』10·11합

32 石井公成, 2002「元曉の和諍思想の源流－『楞伽經』との關連を中心として－」『印度學佛教學研究』51-1 참조

33 趙明基, 1937「元曉宗師의 十門和諍論 硏究」『金剛杵』22, p. 24

34 『楞伽經』은 주요 한역본 세 가지가 전해지는데,『楞伽阿跋陀羅寶經』4권은 求那跋陀羅가 433년 번역하였으며,『入楞伽經』10권은 菩提留支가 513년 번역하였으며,『大乘入楞伽經』7권은 698년에 實叉難陀가 번역에 착수하여 끝마치지 못한 것을 702년 彌陀山이 復禮, 法藏 등과 마저 공역하였다.

35 『大覺國師文集』권11「答大宋元炤律師書」(『韓佛』4, p. 546下)

36 원효는『楞伽宗要』에서 지론학파의 주장과 섭론학파의 주장을 각각 諸業煩惱所感義門과 根本無明所發義門에 배대시킨 다음 양자가 모두 一理 있으므로 수고스럽게 논쟁할 필요가 없다고 결론을 내렸다[證眞,『法華玄義私記』권5末(『佛教大系』권19, pp. 638～639)].

37 亞細亞文化社 影印, 1976『大東金石書』, p. 136, p. 137

38 『大正藏』권55, p. 1167上

39 石井公成, 1990,「新羅佛教における『大乘起信論』の意義－元曉の解釋を中心として－」『如來藏と大乘起信論』(平川彰 編), 551쪽

40 『新編諸宗教藏總錄』권1(『韓佛』4, p. 680中), "華嚴經疏十卷, 本是八卷, 今開第五卷, 幷宗要, 均作十卷也. 元曉述."

41 원효 화엄학을 계승한 신라학생 審祥이 일본에 전한 원효의『화엄경소』는 10권본이었다(平岡定海, 1972「新羅の審祥の教學について」『印度學佛教學研究』20-2, p. 87). 天平 15년(743) 3월의 사경 관련 고문서 역시, 원효의『화엄경소』가 10권본이었음을 전하는데(『大日本古文書』권8, p. 169), 이후의 사경 관련 기록을 보더라도 완본은 10권이었음이 분명하다. 시대가 내려가서 鎌倉時代의 凝然도『華嚴法界鏡』에서, "華嚴經疏十卷 解六十卷

元曉大師撰"이라고 증언하고 있다(『佛教大系』 권1, p. 524).

42 남동신, 1999 『원효』, 새누리, pp. 284~318에서는 13편 대의문[序文]을 별도로 편집하여 번역하였으며, 海住 譯註, 2009 『精選 元曉』, 대한불교조계종, pp. 73~335에서는 「기신론소대의」와 「기신론별기대의」를 제외한 11편에 대하여 역주를 하였다.

43 인용관계를 통한 상대 편년의 작성은, 李箕永, 1975 「經典引用에 나타난 元曉의 獨創性」 『朴古鎭博士古稀記念論叢 韓國佛敎思想史』; 李箕永, 1987 「統一新羅時代의 佛敎思想」 『韓國哲學史』 권上(韓國哲學會 編), pp. 200~203; 石井公成, 1990 「新羅佛教における『大乘起信論』の意義-元曉の解釋を中心として-」 『如來藏と大乘起信論』(平川彰 編), 東京 春秋社, pp. 551~553을 참조하기 바람. 도 6 〈인용관계를 통한 저술연보〉는 石井公成이 작성한 연보를 일부 수정·보완한 것이다. 저술 상호 간의 인용관계를 바탕으로 작성하였기 때문에, 인용이 안 된 저술은 부득이 상대 편년에서 제외시켰다. 또한 이러한 저술 연보가 신뢰도를 유지하려면, 저술은 한 번에 하나씩 이루어지고 일단 완성된 저술은 나중에 수정이나 증보를 하지 않는다는 조건이 충족되어야 한다. 그런 점에서 위의 연보는 보완할 여지가 있음을 밝혀둔다.

44 『瑜伽論』 100권은 玄奘이 648년 5월에 한역을 마쳤다. 그리고 「金山寺慧德王師眞應塔碑」(『朝鮮金石總覽』 권上, pp. 299~300)에 의하면, "唐文皇 以新羅王表請, 宣送瑜伽論一百卷"이라 하여, 唐 文皇(太宗文皇帝; 627~649)이 신라왕(眞德王, 647~654)의 요청을 받고 『瑜伽論』 100권을 보냈다고 한다. 그러므로 『瑜伽論』은 650년 이전에 이미 신라 불교계에 수입 유통되고 있었다. 원효가 『瑜伽論』을 읽는 데 소요된 시간을 감안하면, 『別記』의 저술 상한선은 650년대 전반이 된다.

45 李箕永, 1975 「經典引用에 나타난 元曉의 獨創性」 『崇山朴吉眞博士華甲紀念論叢 韓國佛敎思想史』; 1982, 『韓國佛敎硏究』, p. 365

46 『韓佛』 1, p. 489上

47 『大悲經』 권2 布施福德品 10 (T.12, 960a)

48 『法苑珠林』 권37 敬塔篇 35 (T.53, 581c~582a)

49 T.53, 269b, "於大唐總章元年, 歲在執徐, 律惟沽洗, 三月三十日, 纂集斯畢."

50 均如, 『一乘法界圖圓通記』 권下(『韓佛』 4, p. 25上) 및 『釋華嚴敎分記圓通鈔』 권8(『韓佛』 4, p. 448下)

51 福士慈稔, 2004 『新羅元曉研究』, 大東出版社, pp. 172～180; 伊吹 敦, 2006 「元曉の著作の成立時期について」 『東洋學論叢』 31(東洋大學文學部紀要インド哲學科篇 第59集)

52 일람표는 『韓國佛敎全書』 제1책에 수록된 원효 저술을 저본으로 하였는데, 체재상 다른 판본과 별다른 차이는 없다. 또한 疏냐 宗要냐 하는 저술의 성격에 따라 체재가 다를 수 있지만, 大意를 서술하는 부분은 그런 차이를 무시해도 좋을 만큼 모든 저술에 공통된다.

53 『韓佛』 4, p. 689下

54 최근의 종합적인 연구성과로는 李起雲 集註·金煐泰 監修, 1997 「現傳諸書 중의 元曉聖師撰述文鈔存」 『元曉學研究』 2, pp. 169～368 및 福士慈稔, 2004 앞의 책, pp. 186～465를 들 수 있다.

|제7장|

1 望月信亨, 1922 『大乘起信論之研究』, 東京: 金尾文淵堂, 大乘起信論註釋書解題 참조

2 柏木弘雄, 1981 『大乘起信論の研究』, 東京: 春秋社, pp. 4～5

3 望月信亨, 앞의 책, p. 228; 柏木弘雄, 앞의 책, p. 32

4 李富華·何梅, 2003 『漢文佛敎大藏經研究』, 北京: 宗敎文化出版社, pp. 44～61에 따르면, 주요 경록에 언급된 한역경전의 수는 다음과 같다.

　梁 僧祐(445～518)의 『出三藏記集』 15권; 2,162부 4,328권

　隋 法鏡의 『衆經目錄』 7권(594년); 2,257부 5,310권

　唐 道宣의 『大唐內典錄』 10권(664년); 2,232부 7,200권

　唐 智昇의 『開元釋敎錄』 20권(730년); 2,277부 7,046권

한편 한역경전의 집계는 연구자마다 약간 달라서, 7세기 중반에 이미 2,542부 7,738권에 달하였다고 보기도 한다(小野玄妙 編纂, 1968 『佛書解說大辭典』(重版) 권7, 東京: 大東出版社, p. 377).

5 南東信, 1998「新羅 中代佛教의 成立에 관한 硏究–『金剛三昧經』과『金剛三昧經論』의 분석을 중심으로–」『韓國文化』21, pp. 128~129

6 '十七地論'은 眞諦가 한역한 世親의『攝大乘論釋』권10(『大正藏』31, p. 224中, p. 225下), 권11(『大正藏』31, p. 236下)에 세 번 언급되어 있다.

7 法鏡,『衆經目錄』권5(『大正藏』55, p. 142上), "人云眞諦譯, 勘眞諦錄無此論, 故入疑."

8 望月信亨, 1922 앞의 책, pp. 1~173 참조

9 柏木弘雄, 1981 앞의 책, pp. 144~182 참조

10 기신론을 北地 地論師의 僞作이라고 보는 견해는, 후술하듯이 7세기의 三論學派 승려 慧均이 처음 제기한 것이다. 최근 이 관점에서 실증적 연구를 진행한 대표적 연구성과로는, 竹村牧男, 1993『大乘起信論讀釋』(改訂版), 東京: 山喜房佛書林; 大竹晉, 2004「『大乘起信論』の引用文獻」『哲學·思想論叢』22; 石井公成, 2004「『大乘起信論』の成立–文體の問題および『法集經』との類似を中心にして–」『『大乘起信論』と法藏教學の實證的研究』(「井上克人 外, 平成13年度~平成15年度科學硏究費補助金[基盤硏究(B)(2)]研究成果報告書) 등이 있다. 이들을 포함한 최근의 연구동향은, 石井公成/최연식 번역, 2006「근대 아시아 여러 나라에 있어서「대승기신론」연구의 동향」『불교학리뷰』1에 간략히 정리되어 있다.

11 진찬설의 입장에서 이 문제를 검토한 논고로는, 吉津宜英, 1972「淨影寺慧遠の『起信論疏』について–曇延疏との比較の視点から–」『印度學仏教學研究』21-1, pp. 335~337; 柏木弘雄, 앞의 책, pp. 30~33을 들 수 있다.

12 柏木弘雄, 위의 책, p. 30

13 深浦正文, 1954『唯識學硏究』上, 京都: 永田文昌堂, p. 64, pp. 122~123

14 『續高僧傳』권4 玄奘(『大正藏』50, p. 458中), "又以起信一論 文出馬鳴, 彼土諸僧 思承其本, 奘乃譯唐爲梵 通布五天, 斯則法化之緣 東西互擧."

15 柏木弘雄, 앞의 책, p. 94 참조

16 『新編諸宗教藏總錄』권3(『韓佛』4, p. 692中)

17 柏木弘雄, 앞의 책, p. 33

18 佐藤 厚, 2000「義湘系華嚴學派の基本思想と『大乘起信論』批判–義湘と元曉の對論記事の背後にあるもの–」『東洋學研究』37, pp. 51~82 참조

19 『三論玄疏文義要』 권2(『大正藏』 70, p. 228下), "四論玄第五云, 二胡道人 令人信 故好假借天親菩薩名. 安置已作論中 起信是虜魯人作 借馬鳴菩薩名(云云). 均師四論玄第十云, 起信 有云 是北土地論師造也. 而未知見非(取意)正文云, 北諸論師云(起信論)非馬鳴造論 昔日地論造論 借菩薩名目之. 故尋不見 翻經論目錄中 無有也 未知定是不."; 같은 책 권2(『大正藏』 70, p. 320上), "四論玄第十 詳起信論云 北地諸論師云 非馬鳴造 昔日地論師造 借菩薩名目之故 尋不見翻經論目錄中 無有也 未知定是不也."

20 深浦正文, 앞의 책, pp. 199~201. 한편 『大乘四論玄義』의 佛性義와 吉藏의 저술로 전해지는 『大乘玄論』의 佛性義 사이에 구성과 내용 및 문장이 一致相似하는 바가 적지 않다는 지적을 감안하면(伊藤隆壽, 1972 「四論玄義の仏性説」 『印度學仏教學研究』 21-1, p. 327), 당시 삼론학자들 사이에 기신론에 대한 불신이 널리 퍼져 있었을 개연성도 있다.

21 『無衣無得大乘四論玄義記』 권10(『卍續藏經』 제74책, p. 206下), "顯慶三年 歲次戊午年 十二月 六日, 興輪寺學問僧法安 爲大皇及內殿 故敬奉章也." 한편 최연식교수가 최근 『大乘四論玄義記』의 저자를 종래 알려진 중국 남조의 승려가 아니라 삼국시대 백제 승려라는 참신한 주장을 제기하고, 그 관점에서 『大乘四論玄義記』에 대한 충실한 교감본을 간행하였다(최연식, 2007 「百濟 撰述文獻으로서의 『大乘四論玄義記』」 『韓國史研究』 136; 최연식, 2009 『校勘 大乘四論玄義記』, 불광출판사; 최연식, 2009 「『大乘四論玄義記』 사본의 기초적 검토」 『불교학리뷰』 5).

22 杲寶 記·賢寶 補, 『寶冊抄』 권8 「起信論眞僞事」(『大正藏』 77, p. 826上~下), "四論玄義第十(均正僧正撰)云, 第二論師名馬鳴菩薩傳云, 此菩薩共外道論義 既降伏竟七匹馬落淚而鳴呼. 時人呼爲馬鳴菩薩也. 相傳云, 佛滅度後三百五十年中出世造論 依摩耶經云, 六百年中出世造論 論有一千偈 不來此土也. 唯見起信論一卷. 或人云 馬鳴菩薩所造 北地諸地論師云, 非馬鳴造論. 昔日地論師造論借菩薩名目之. 故尋覓翻經論目錄中無有也 未知定是不也. 探玄記第三私記(青丘釋珍嵩撰)云, 馬鳴起信論一卷 依漸刹經二卷造此論, 而道跡師目錄中云, 此經是僞經故, 依此經造起信論是僞論也."

23 崔鉛植, 2003 「珍嵩의 『孔目章記』 逸文에 대한 研究」 『天台學研究』 4

24 柏木弘雄, 앞의 책, pp. 203~205

25 『大正藏』 50, p. 729上～下

26 『大正藏』 32, p. 577中

27 石井公成, 1990「新羅佛敎における『大乘起信論』の意義 - 元曉の解釋を中心として - 」『如來藏と大乘起信論』(平川 彰 編), 東京: 春秋社, pp. 546～548

28 『續高僧傳』 권15 靈潤(『大正藏』 50, pp. 545中～547上)

29 『韓佛』 4, p. 678上, p. 698中

30 『韓佛』 1, p. 678上, p. 698上, p. 698中

31 『疏』 권上(『韓佛』 1, p. 698下)

32 吉津宜英, 1972 앞의 논문, pp. 335～337; 柏木弘雄, 1981 앞의 책, pp. 23～48; 柏木弘雄, 1990「中國·日本における『大乘起信論』硏究史」『如來藏と大乘起信論』(平川彰 編), 東京: 春秋社, pp. 289～333

33 원효의 사상적 본령을 여래장사상으로 보려는 견해는 일본 학계에 널리 퍼져 있는바(橫超慧日, 1940「元曉の二障義について」『東方學報』 11-1; 橫超慧日·村松法文, 1979『新羅元曉撰二障義』 硏究篇, 京都: 平樂寺書店 참조), 그러한 일본 학계의 동향은 李平來, 1996『新羅佛敎如來藏思想硏究』, 民族社에 충실히 소개되고 있다.

34 원효와 법장의 기신론관 차이라든가 법장의 여래장연기종설의 관점에서 원효의 기신론관을 해석하는 데 따른 문제점은, 殷貞姬, 1985「元曉의 中觀·唯識說」『論文集』 18, 서울교육대학; 朴太源, 1994『大乘起信論 思想硏究』(I), 民族社, pp. 190～209를 참조

35 吉津宜英, 1991『華嚴一乘思想の硏究』, 東京: 大東出版社, 第七章『大乘起信論義記』の成立と展開 참조

36 賴賢宗, 2001「法藏≪大乘起信論義記≫及元曉與見登的相關述記關於一心開二門的闡釋」『中華佛學學報』 14

37 橫超慧日, 1940 앞의 논문

38 李箕永, 1967『元曉思想』 1 世界觀, 圓音閣, p. 31

39 石井公成, 1990 앞의 논문, pp. 551～553; 南東信, 1995「元曉의 大衆敎化와 思想體系」, 서울대학교 박사학위논문, pp. 111～115

40 『別記』 권本(『韓佛』 1, p. 678上)

41 朴鍾鴻, 1963·1964「元曉의 哲學思想」『韓國思想』 6·7; 1982『朴鍾鴻全

集』 권IV, pp. 117~118

42 高翊晉, 1973「元曉의 起信論疏·別記를 통해 본 眞俗圓融無碍觀과 그 성립이론」『佛敎學報』 10

43 高翊晉, 1989『韓國古代佛敎思想史』, 동국대학교출판부, p. 194

44 殷貞姬, 1982「起信論疏·別記에 나타난 元曉의 一心思想」, 고려대학교 박사학위논문; 殷貞姬, 1993「大乘起信論에 대한 元曉說과 法藏說의 比較」『泰東古典硏究』 10

45 朴性焙, 1979「元曉思想 展開의 문제점－朴鍾鴻博士의 경우－」『東西哲學의 諸問題』, pp. 60~96; 朴太源, 1990「元曉의 起信論觀 理解를 둘러싼 문제점 小考」『東洋哲學』 1; 朴太源, 1994『大乘起信論史上硏究(I)』, 民族社, pp. 68~112. 여기서 원효의 기신론관에 대한 종전의 견해를 비판적으로 재검토하고 있다.

46 현재 학계에서는 疏와 別記를 합하여 편집한『大乘起信論疏記會本』(『韓佛』 1, pp. 733上~789中;『續藏經』 第1篇 第71套 第4冊)을 의용하는 경우도 종종 있다. 그런데 會本을 편집하는 과정에서 중복되거나 불필요하다고 생각하는 문장은 삭제하였기 때문에, 疏와 別記를 비교 검토하는 자료로서는 한계가 있다.

47 吉津宜英, 1991 앞의 책, p. 509, 주 30. 요시즈 효시히데는 근년에 자신의 立論을 더욱 보강한 원고를 발표한 바 있다(吉津宜英, 2005「元曉『大乘起信論別記』의 위치 여부」『元曉學硏究』 10, pp. 25~51 참조).

48 『疏』 권上(『韓佛』 1, p. 715下), "此中釋難會通新古 如別記中 廣分別也."

49 『別記』 권末(『韓佛』 1, pp. 691下~692上).『集量論』은 원효보다 후대인 711년에 義淨이 한역하였다[『開元釋敎錄』 권9『大正藏』 55, p. 568中)]. 그러므로 원효가 義淨譯을 보았을 리 만무하다.『集量論』은『因明正理門論』과 더불어 陳那(약 400~480)가 자신의 논리학을 체계화한 저작이다.『慈恩傳』(688년)에 따르면, 玄奘이 인도 유학시 나란타사에서 戒賢으로부터 강의를 들은 경론 가운데『集量論』이 포함되어 있다(『大正藏』 50, p. 216下). 더욱이 그가 649년 번역한『佛地經論』 권3(『大正藏』 26, p. 303中)과 659년에 번역한『成唯識論』 권2(『大正藏』 31, p. 10中)에『集量論』이 언급되고 있다. 그런데 어쩐 일인지 현장은 648년 12월에『因明正理門論』을 한역하였으면서도

『集量論』은 그의 역경 목록에 보이지 않는다. 다만 玄奘의 후계자인 基(632~682)도 『瑜伽師地論略纂』 권16(『大正藏』 43, p. 224上)에서 『集量論』을 인용하고 있는 것으로 보아, 玄奘이 『集量論』을 번역하였지만 현재 전해지지 않거나 다른 이름으로 번역하였을 가능성이 있다.

50 『疏』 권上(『韓佛』 1, p. 717下), "此下第六明二礙義. 顯了門中名爲二障, 隱密門內名爲二礙, 此義具如二障章說."

51 『別記』 卷末(『韓佛』 1, p. 693下)

52 또 다른 논쟁은 『疏』와 『別記』에서 '新論'이라는 이름으로 인용하는 경전이 『成唯識論』이냐(吉津宜英), 『瑜伽論』이냐(石井公成) 하는 문제인데, 여기서 인용한 '新論'은 후자임이 확인된다. 예컨대 『別記』 권本(『韓佛』 1, p. 685上)의 "新論云, 煩惱自性 唯有六種."은 『瑜伽論』 권55 (『大正藏』 30, p. 603上)의 "問煩惱自性有幾種, 答有六種, 一貪, 二瞋, 三無明, 四慢, 五見, 六疑"과 일치한다. 원효가 자신의 주저에서 『成唯識論』을 인용하지 않은 것은 그의 사상을 이해하는 데 시사하는 바가 많다.

53 南東信, 1995 앞의 논문, pp. 120~124

54 朴太源, 2001 「『金剛三昧經』·『金剛三昧經論』과 원효사상(I) - 中觀·唯識의 화쟁적 종합을 중심으로 - 」 『元曉學硏究』 5, p. 367

55 柏木弘雄, 1981 앞의 책, p. 40

56 『大乘起信論別記』 本(『韓佛』 1, p. 678)

57 『別記』 권本(『韓佛』 1, p. 677下), "然夫佛道之爲道也,……將謂有也 一如由之而空, 將謂無也 萬物用之而生. 不知何以言之 强爲道." 같은 내용이 『疏』 권上(『韓佛』 1, p. 698中)에도, 『別記』가 老莊的 표현을 더욱 강조하였다.

58 『別記』 권本(『韓佛』1, p. 680上)

59 『別記』 권本(『韓佛』1, p. 680上~中)

60 『別記』 권本(『韓佛』1, p. 680中)

61 『別記』 권本(『韓佛』1, p. 680中~下)

62 『疏』 권上(『韓佛』1, p. 705下)

63 『大乘起信論同異略集』 권本(『韓佛』 3, p. 691下). 이 책은 종래 신라 승려 見登의 저술로 전해져 왔으나, 최근 최연식의 일련의 연구결과 일본 초기 화엄종 승려인 智憬의 저술임이 밝혀졌다. 崔鈆植, 2001 「『大乘起信論同

異略集』の著者について」『駒澤短期大學佛教論集』 7, pp. 230～214; 崔鉛植, 2001「新羅 見登의 著述과 思想傾向」『韓國史研究』 115, pp. 4～12; 최연식, 2003「日本 古代華嚴과 新羅佛教－奈良·平安시대 華嚴學 문헌에 반영된 신라불교학－」『韓國思想史學』 21, pp. 6～14

64 『大正藏』 32, p. 575下

65 『疏』 권上(『韓佛』 1, p. 703下)

66 『大正藏』 32, p. 575下, "亦有衆生復 以廣論文多爲繁, 心樂總持少文而攝多義能取解者. 如是此論 爲欲總攝如來廣大深法無邊義故, 應說此論."

67 『疏』 권上(『韓佛』 1, p. 701中～下)

68 『疏』 권上(『韓佛』 1, p. 701中～下)

69 『疏』 권上(『韓佛』 1, p. 704上)

70 『疏』 권上(『韓佛』 1, p. 704上～中)

71 『疏』 권上(『韓佛』 1, p. 704下)

72 『疏』 권上(『韓佛』 1, pp. 704下～705上)

73 『疏』 권上(『韓佛』 1, p. 705上～中)

74 『起信論』(『大正藏』 32, p. 576中)

75 『別記』 권本(『韓佛』 1, pp. 681下～682上)

76 『疏』 권上(『韓佛』 1, pp. 707下～708上)

77 『別記』 권本(『韓佛』 1, p. 682下)

78 『別記』 권本(『韓佛』 1, pp. 682下～683中)

79 고익진, 1989 앞의 책, p. 237

80 최연식, 1999「均如 華嚴思想研究－教判論을 중심으로－」, 서울대학교 박사학위논문, pp. 118～119

81 均如, 『釋華嚴教分記圓通鈔』 권3(『韓佛』 4, p. 324下), "言有異者 曉公意非因非果 是本法一心 章主(法藏)意 非因非果 是眞如門故 有不同也 何者章主意者 眞如生滅外 更無一心故, 非因非果 是眞如門. 曉公意者 眞如生滅外 別立本法一心故, 非因非果者 是本法一心也. 是故 章主唯立二諦, 曉師卽三諦也."

82 『起信論』(『大正藏』 32, p. 577中), "是故三界虛僞 唯心所作, 離心則無六塵境界.……當知世間一切境界 皆依衆生無明妄心, 而得住持. 是故一切法 如

鏡中像 無體可得, 唯心虛妄, 以心生則種種法生 心滅則種種法滅故."

83 『二障義』는 이 두 가지 장애를 전론한 저술이다. 특히 원효는 起信論系의 智碍·煩惱碍를 瑜伽系의 所知障·煩惱障과 화쟁시켰는데 전자를 隱密門, 후자를 顯了門에 배당한 다음 전자의 우위하에 후자를 포섭하는 방식을 취하였다. 좀 더 구체적인 내용은 橫超慧日, 1940 앞의 논문; 李貞熙, 1992 「元曉가 본 二障 體性에 관한 研究-'二障義'를 中心으로-」, 동국대학교 석사학위논문을 참조

84 『起信論』(『大正藏』 32, p. 581下)

85 『疏』 권下(『韓佛』 1, p. 726下), "第二開門中 言止觀門者, 六度之中 定慧合修, 故合此二, 爲止觀門也."

86 『疏』 권下(『韓佛』 1, p. 726中), "隨相而論 定名爲止, 慧名爲觀. 就實而言定通止觀 慧亦如是."

87 『疏』 권下(『韓佛』 1, p. 727上), "是知依眞如門, 止諸境相, 故無所分別, 卽成無分別智. 依生滅門, 分別諸相, 觀諸理趣, 卽成後得智也."

88 『疏』 권下(『韓佛』 1, p. 727上), "欲顯止觀雙運之時 卽是正觀."

89 『大正藏』 32, pp. 582下~583上, "復次若人唯修於止, 則心沈沒 或起懈怠不樂衆善 遠離大悲, 是故修觀.……以此義故, 是止觀二門, 共相助成 不相捨離. 若止觀不具, 則無能入菩提之道."

90 『疏』 권下(『韓佛』 1, p. 732中), "止觀二行 旣必相成, 如鳥兩翼, 似車二輪. 二輪不具, 卽無運載之能, 一翼若闕, 何有翔空之勢. 故言止觀不具, 則無能入菩提之道也."

91 『涅槃經』 권29(『大正藏』 12, p. 793下), "善男子, 如拔堅木, 先以手動後 則亦出. 菩薩定慧 亦復如是, 先以定動 後以智拔."

92 南東信, 1992 「慈藏의 佛教思想과 佛教治國策」 『韓國史研究』 76, pp. 8~9, pp. 13~14, pp. 42~43

93 『疏』 권下(『韓佛』 1, p. 730下), "以修世間以下 此顯事定之僞, 謂不淨觀安羅槃念等 皆名世間諸三昧也. 若人不依眞如三昧, 直修此等事三昧者, 隨所入境 不離取著, 取著法者 必著於我. 故屬三界, 與外道共也. 如智度論云, 諸法實相 其餘一切皆是魔事, 此之謂也."

1 『宋高僧傳』 권4 元曉傳(『大正藏』 50, p. 730上~中)

2 신라 중대 불교사에 대한 개관 내지 연구사적 검토는 다음을 참조. 崔柄憲, 1984 「新羅 佛教思想의 전개」 『歷史都市 慶州』, 열화당; 金杜珍, 1991 「統一新羅의 歷史와 思想」 『韓國思想史大系』 2, 韓國精神文化研究院; 김영미, 1994 「신라통일기 불교계의 동향과 추이」 『역사와 현실』 14; 南東信, 1995 「신라 중대의 불교교학과 불교대중화」 『한국역사입문』 ②, 풀빛; 鄭炳三, 1998 「불교철학의 확립」 『한국사』 9(통일신라), 국사편찬위원회

3 『出三藏記集』 권3(『大正經』 55, p. 18下)

4 道宣이 664년에 찬술한 『大唐內典錄』 권3(『大正藏』 55, p. 256下)에는 '金剛三昧經 失譯'으로 나온다. 그런데 같은 저자의 『釋門歸敬儀』 권下(『大正藏』 45, p. 868上~中)에서는 『金剛三昧經』을 인용하고 있는바, 이는 역자 미상의 『金剛三昧本性清淨不壞不滅經』(『大正藏』 15, p. 699上)에서 인용하였음이 확인된다. 이 구절은 道世의 『法苑珠林』 권20(『大正藏』 53, p. 431上~中) 및 권52(『大正藏』 53, p. 679中)에 그대로 전재되어 있다. 道宣과 道世는 선후배 사이로서 둘 다 백과전서파라 불리어도 부끄럽지 않을 만큼 박학다식한 승려였다. 따라서 이들이 활동한 7세기 3/4분기에 北凉代 한역된 『金剛三昧經』은 이미 산실되었으며, 대신 『金剛三昧本性清淨不壞不滅經』을 '金剛三昧經'으로 약칭하는 것이 일반적인 관행이었던 듯하다. 한편 北魏 때 佛陀扇多가 한역하였다는 '金剛上味經'을 '金剛三昧經'의 誤寫로 보는 견해도 있다(木村宣彰, 1976 「金剛三昧經の眞僞問題」 『佛教史學研究』 18-2, 주 39). 그러나 이 경전은 20세기 초 돈황에서 발견된 佛陀扇多 譯, 『金剛上味陀羅尼』 1권임에 틀림없다(方廣錩, 1991 『佛教大藏經史』, 北京 中國社會科學出版社, p. 364, p. 397, p. 447 참조).

5 忽滑谷快天, 1923 『禪學思想史』 上, 東京 玄黃社, p. 316; 宇井伯壽, 1935 『禪宗史研究』, 東京 岩波書店, pp. 23~24

6 水野弘元, 1955 「菩提達摩の二入四行說と金剛三昧經」 『駒澤大學研究紀要』 13, pp. 56~57. 이 글은 같은 해 같은 제목으로 『印度學佛教學研究』 3-2에 요약본이 실렸다.

7 水野弘元, 위의 논문, p. 36

8 Walter Liebenthal, 1956 "Notes on the 'Vajrasamādhi'" 通報 T'oung Pao Vol. 42

9 柳田聖山, 1967『初期禪宗史書の硏究』, 禪文化硏究所, p. 27; 柳田聖山, 1969『無の探究』, 角川書店, p. 102 참조. 이 설은 최근까지도 정설로 수용되고 있다(鄭性本, 1991『中國禪宗의 成立史硏究』, 民族社, p. 265).

10 木村宣彰, 1976 앞의 논문, pp. 106~117 참조

11 Robert E. Buswell, Jr. 1989 *The Formation of Ch'an Ideology in China and Korea : The Vajrasamādhi-Sūtra, a Buddhist Apocryphon*, Princeton University Press, New Jersey, p. 180

12 韓國古代社會硏究所 編, 1992『譯註 韓國古代金石文』권3, pp. 183~184, "按杜中書正倫纂銘敍云, '遠方奇士 異域高人 無憚險途 來至珍所 則掬寶歸止,' 非師而誰."

13 첫째, 법랑에 관한 最古의 자료인「斷俗寺神行禪師碑」(813년)에서는 법랑의 중국 유학에 대하여 아무런 언급이 없다. 둘째, 崔致遠이 보았다는 杜正倫의「道信碑」는 후세의 위작이다. 셋째, 최치원이 인용한「道信碑」의 구절에는 법랑이 중국 유학을 하였다고 볼 수 있는 아무런 근거가 없다. 이런 점들로 보아 법랑의 禪宗初傳說은 신라 下代 九山禪門의 하나인 曦陽山派에서 南宗禪에 대응하며 자파의 연원이 오래되었음을 강변하고자 만들어낸 조작으로 추정된다.

14 Robert E. Buswell, 1989 앞의 책, pp. 170~177

15 Robert E. Buswell, 위의 책, p. 57, p. 180에서, 통일신라 초기 '禪師들' 對 '왕실과 결탁해 있는 경주의 교학승'의 갈등을 설정하고 있지만, 이와 관련한 더 이상의 구체적인 서술은 보이지 않는다.

16 『金剛三昧經』이 보리달마의 二入四行論에 선행한다는 견해는 佐藤繁樹, 1996『元曉의 和諍論理 - 無二不守一思想 -』, 民族社, p. 323 주 32에서도 제시된 바 있다.

17 柳田聖山(崔裕鎭 譯), 1993「金剛三昧經의 硏究 - 中國佛敎에 있어서 頓悟思想의 텍스트 -」『白蓮佛敎論集』3, pp. 461~487 참조. 야나기다는 일반적인 이해와 달리 元曉가 먼저『金剛三昧經論』을 집필하고, 이 중에서 大

安이 발췌하여 『金剛三昧經』을 편집한 것이라는 대담한 추리를 하였는데 (같은 책, p. 467), 전후 문맥과 연결이 안 되는 매우 돌출적인 주장이라는 인상이 강하다.

18 石井公成, 1998 「『金剛三昧經』の成立事情」 『印度學佛敎學硏究』 46-2, pp. 31~36

19 金煐泰, 1988 「新羅에서 이룩된 금강삼매경」 『佛敎學報』 25, pp. 35~37

20 南東信, 1995 「元曉의 大衆敎化와 思想體系」, 서울대학교 박사학위논문, pp. 133~153; 서영애, 2007 『신라 원효의 금강삼매경론 연구』, 民族社, pp. 65~74; 석길암, 2009 「『金剛三昧經』의 성립과 유통에 대한 재고」 『普照思想』 31

21 金柄煥, 1997 「元曉의 金剛三昧經論 硏究-觀行을 中心으로-」, 동국대학교 박사학위논문, p. 21; 李貞熙, 2006 「元曉의 實踐修行觀 硏究」, 동국대학교 박사학위논문, p. 5

22 李箕永, 1969 「金剛三昧經論」 『韓國의 古典百選』(新東亞 1969년 1월호 부록); 李箕永, 1969 「大乘起信論疏·金剛三昧經論」 『韓國의 名著』, 玄岩社; 李箕永, 1972 『金剛三昧經論』 解說, 大洋書籍; 李箕永, 1982 「元曉聖師의 길을 따라서-金剛三昧經의 經宗에 대한 그의 考察을 中心으로-」 『釋林』 16; 1994 『元曉思想硏究』 I, 한국불교연구원 재수록; 李箕永, 1987 「元曉의 如來藏思想」, 『新羅文化』 3·4합; 1994 『元曉思想硏究』 I, 한국불교연구원 재수록; 李箕永, 1991 「元曉思想의 獨創的 特性-金剛三昧經論의 哲學을 中心-」 『韓國思想大系』 2; 1994 『元曉思想硏究』 I, 한국불교연구원 재수록

23 李箕永, 1969b, p. 21

24 李箕永, 1991 앞의 논문; 1994 앞의 책, pp. 231~232

25 高翊晉, 1975 「元曉思想의 實踐原理-금강삼매경론의 一味觀行을 中心으로-」 『崇山朴吉眞博士華甲紀念 韓國佛敎思想史』, 圓光大出版局, p. 229, 주 22

26 『金剛三昧經論』이 실천 수행을 제시하고 있다는 입장에서 그 觀行을 집중 분석한 최근의 연구로는, 金柄煥, 1997 앞의 논문과 李貞熙, 2006 앞의 논문을 들 수 있다.

27 高翊晉, 1973 「元曉의 起信論疏·別記를 통해 본 眞俗圓融無碍觀과 그 성

립 이론」, 『佛教學報』 10 참조

28 高翊晉, 1975 앞의 논문, pp. 253~254

29 高翊晉, 1989 『韓國古代佛敎思想史』, 東國大出版部, pp. 216~236

30 李箕永 譯, 1980 『金剛三昧經論』 解說, 大洋書籍, p. 15

31 佐藤繁樹, 1996 『元曉의 和諍論理-無二不守一思想-』, 民族社, p. 55. 이 책은 1993년 동국대학교에 제출한 자신의 박사학위논문을 출간한 것인데, 부록으로 『金剛三昧經論』의 諸本을 비교 대조하고 버스웰의 영역을 첨부해두었다.

32 Robert E. Buswell, 1989 앞의 책, pp. 51~60; 金相鉉, 1994 앞의 책, pp. 217~220 참조

33 大安의 사상에 대하여는, 南東信, 1995 앞의 논문, pp. 78~80, pp. 88~95 참조

34 『大正藏』 50, p. 730上~中

35 『金剛三昧經論』 권下(『韓佛』 1, p. 659中), "此中問者 名梵行者 是人形雖俗儀 心住一味 以是一味 攝一切味. 雖攝諸味之穢塵俗 不失一味之梵淨行. 此中顯如是義 所以令其發問."

36 『韓佛』 1, p. 647上

37 『金剛三昧經』 권中 入實際品(『韓佛』 1, p. 647上), "如是之人 不在住二相. 雖不出家 不住在家故. 雖無法服 不具持波羅提木叉戒 不入布薩, 能以自心無爲自恣, 而獲聖果. 不住二乘 入菩薩道 後當滿地 成佛菩提."

38 『金剛三昧經』 권1(『韓佛』 1, p. 610中~下), "解脫菩薩 即從座起 合掌胡跪而白佛言. 尊者 佛滅後 正法末世 像法住世 於末劫中 五濁衆生 多諸惡業輪廻三界 無有出時 願佛慈悲 爲後衆生 宣說一味決定眞實 令彼衆生 等同解脫." 여기서 말하는 '佛滅後 正法末世 像法住世 於末劫中'을 원효는 像法으로 해석하였다.

39 『法華經』 譬喩品(『大正藏』 9, p. 12上)

40 『韓佛』 1, p. 637下

41 『韓佛』 1, p. 638上

42 『金剛三昧經』 摠持品 제8(『韓佛』 1, p. 675下; 『大正藏』 9, p. 374上), "若有衆生 持是經者 即於一切經中 無所希求. 是經典法 總持衆法 攝諸經要. 是

諸經法 法之繫宗. 是經名者 名攝大乘經 又名金剛三昧 又名無量義宗."

43 『金剛三昧經』 권1 無相法品(『韓佛』 1, pp. 622中~623中)

44 水野弘元, 1955 앞의 논문, p. 41

45 小野玄妙 編纂, 1968 『佛書解說大辭典』(重版) 권7, 東京: 大東出版社, p. 377

46 牧田諦亮, 1976 『疑經研究』, 京都大學人文科學研究所, p. 27

47 『三國史記』 권4 眞興王 26년조. 『海東高僧傳』 권2 覺德傳에는 明觀을 入學僧이라 하였고 가져온 불경의 권수도 2,700여 권이라 하였다.

48 『續高僧傳』 권24 慈藏(『大正藏』 50, p. 639下), "藏以本朝經像彫洛未全, 遂得藏經一部 幷諸妙像幡花蓋 具堪爲福利者, 齎還本國."

49 『金剛三昧經』 권上 無相法品(『韓佛』 1, p. 622中)에서는 "大覺滿足尊 爲衆敷演法, 皆說於一乘 無有二乘道"라 하여, 一乘 이외에 二乘은 없다고 하였다. 또 如來藏品(『韓佛』 1, pp. 659下~660中)에서는 도시와 4대문이라든가 바다와 4대강을 비유로 들어 '一乘眞實 三乘方便'의 입장을 분명히 하였다.

50 『金剛三昧經』 권中 本覺利品(『韓佛』 1, p. 630下), "無住菩薩 而白佛言, 尊者, 以何利轉, 而轉衆生一切情識, 入唵摩羅. 佛言, 諸佛如來 常以一覺, 而轉諸識, 入唵摩羅." 원효는 이 암마라식이 제9식인바, 眞諦의 九識說은 여기서 유래한다고 해석하였다.

51 水野弘元, 1955 앞의 논문, pp. 41~43 참조

52 陳垣, 1931 「『大唐西域記』撰人辯機」 『桑原博士還曆紀念東洋史論叢』; 1981 『陳垣史學論著集』(吳澤 主編), 上海: 人民出版社, pp. 279~283 참조

53 일찍이 李箕永博士는 『金剛三昧經』을 가리켜, 선종의 종파적 관념과 관계없이 선의 경지를 이야기한 심오한 경전으로 평가한 바 있다(1980 『金剛三昧經論』 해설, 大洋書籍, p. 15).

54 『金剛三昧經論』 권上(『韓佛』 1, p. 609中)

55 平井俊榮, 1976 『中國般若思想史研究-吉藏と三論學派-』, 東京: 春秋社, p. 674

56 平井俊榮, 1976 위의 책, pp. 674~684 참조

57 『韓佛』 1, p. 634上~中; 『大正藏』 9, p. 368下

58 『大般涅槃經』 권8 鳥喩品 14(『大正藏』 12, p. 655下), "善男子 雖修一切契經諸定 乃至未聞大般涅槃 皆言一切悉是無常, 聞是經已 雖有煩惱 如無煩惱, 卽能利益一切人天. 何以故. 曉了己身有佛性故 是名爲常." 이런 구절은 비유 하나를 들 때마다 반복된다.

59 平井俊榮, 앞의 책, p. 695

60 平井俊榮, 위의 책, pp. 547~549 참조

61 『韓佛』 1, p. 666下; 『大正藏』 9, p. 372下, "爾時大衆 聞說是義, 皆得正命, 入於如來如來藏海."

62 경의 핵심 사상을 여래장사상으로 보는 대표적 견해는 Robert E. Buswell, 앞의 책, pp. 78~92에 잘 나타나 있다.

63 『韓佛』 1, p. 670中; 『大正藏』 9, p. 373中, "地藏菩薩言……尊者常說, 寔如空法 卽良藥也. 佛言, 如是."

64 許一範, 1992 앞의 논문 참조

65 『金剛三昧經』이 禪의 이론서임은 물론이며, 『金剛三昧經論』이 중국 선종의 뿌리라고 보는 견해도 있다(李箕永, 1994 「元曉思想의 特徵과 意義-元曉思想 硏究노트-」 『震檀學報』 78, pp. 34~35 참조).

66 水野弘元 이래로 『金剛三昧經』이 菩提達摩나 道信-弘忍의 사상을 도입한 것으로 이해하였는바, 柳田聖山은 이를 더욱 강조하여 達摩의 二入四行說과 道信-弘忍의 守心說을 佛說로서 근거 지우려 한 데에 이 경전 출현의 의도가 있다고 단정하였다(柳田聖山, 1967 앞의 책, p. 27). 그러나 최근에 이러한 통설을 비판하고 『金剛三昧經論』에서 達摩의 二入四行論이 만들어졌다고 보는 견해도 제기되고 있다(佐藤繁樹, 1993 「元曉의 『金剛三昧經論』에 있어서의 論理構造의 特色-無二而不守一思想-」 『哲學論叢』 9, pp. 327~359; 柳田聖山, 1993 「金剛三昧經の硏究-中國佛敎における頓悟思想のテキスト-」 『白蓮佛敎論叢』 3, pp. 444~448 참조). 두 가지 견해 모두 충분한 논증이 뒷받침되지 못한 채 가설의 수준에 머물고 있어서 새로운 연구가 요망된다.

67 『韓佛』 1, p. 658中과 『大正藏』 9, p. 371下에 나오는, "因緣所生義 是義滅非生, 滅諸生滅義 是義生非滅"이라는 구절은, 宇井伯壽, 1935 『禪宗史硏究』, 東京 岩波書店, 所收 大乘五方便, p. 503에 보이는, "因緣所生義 是義

滅非生滅, 二乘滅滅諸生滅義 是義滅非生生菩薩惠"와 매우 흡사하다.

68 高翊晉은, 원효가 起信論이나 眞諦 九識說의 先生經으로 『金剛三昧經』을 주장하는 것은 경의 권위를 위해 일부러 그렇게 말하고 있는지도 모른다고 하였다(高翊晉, 1989 앞의 책, p. 229 주 22).

69 『宋高僧傳』 권4 元曉傳(『大正藏』 50, p. 730中), "疏有廣略二本 俱行本土. 略本疏入中華, 後有翻經三藏 皆之爲論焉."

70 佐藤繁樹에 의하면, 원효는 경의 宗要를 반야경사상의 근본의인 '無所得'으로 파악하고 그것을 '無住'로 받아들였으며(1993 「元曉의 禪思想, 그 無住觀에 관한 一考察 - 『金剛三昧經論』을 中心으로 -」 『震山韓基斗博士華甲紀念 韓國宗敎思想의 再照明』 上, pp. 247~261 참조), 나아가 金剛三昧를 반야의 공사상과 유식사상에 의해 설명하고 있다고 한다(1993 「元曉에 있어서 和諍의 논리 - 金剛三昧經論을 중심으로 -」, 동국대학교 박사학위 논문, p. 18).

71 『金剛三昧經』 권上(『韓佛』 1, p. 604中~下)

72 『別記』 권本(『韓佛』 1, p. 678上)

73 『金剛三昧經論』 권中(『韓佛』 1, p. 638上)

74 『韓佛』 1, p. 639上~中

75 위의 책, p. 639中

76 위의 책, pp. 639下~640上

77 위의 책, pp. 662下~663上

78 다만 원효의 저술에 인용된 경전을 조사해보면, 玄奘이 번역한 唯識典籍 가운데 648년에 번역된 『瑜伽論』은 매우 빈번하게 인용하면서도 659년에 번역된 『成唯識論』은 별로 언급하지 않았음을 알 수 있다. 이는 원효가 『成唯識論』보다는 『瑜伽論』을 중심으로 玄奘의 신유식학을 수용하였음을 의미한다.

79 『金剛三昧經論』 권上(『韓佛』 1, p. 612上)

80 위의 책, p. 612中

81 위의 책 권下, p. 658下

82 安井廣濟, 金成煥 譯, 1988 『中觀思想硏究』, 文學生活社, p. 125 참조

83 『韓佛』 1, pp. 658下~659上

84 위의 책 권下

〈經〉若說法有一 是相如毛輪 如燄水斷倒 爲諸虛妄故. 若見於法無 是法同於空 如盲無日倒 說法如龜毛. 我今聞佛說 知法非二見 亦不依中住 故從無住取(pp. 663中~664上).

〈論〉此是 第二破諸邪解, 邪解雖多 大邪有二. (中略) 一者 聞佛所說動靜無二 便謂是一 一實一心 由是誹撥二諦道理. 二者 聞佛所說空有二門 計有二法 而無一實 由此誹撥無二中道 是二邪解 服藥成病 甚難可治 今顯彼過(p. 663中~下).

85 위의 책, p. 666上~下

〈經〉因緣無不生 不生故不滅 因緣執爲有 如採空中華 猶取石女子 畢竟不可得(p. 666上).

〈論〉此下第二 破二邊執 於中有二 一者四頌 破有邊執 二者 一頌奪空邊着 (중략) 上文 已破凡夫執有 此頌 亦奪二乘住空(p. 666上~下).

86 위의 책, p. 610上~中

|제9장|

1 '華嚴宗[海東宗, 芬皇宗]의 진정한 창립자'(崔南善, 1930「朝鮮佛敎」『佛敎』74;『六堂崔南善全集』권2 재수록), '法性宗'(金映遂, 1937「五敎兩宗에 對하야」『震檀學報』8), '圓融宗'(權相老, 1939『朝鮮佛敎史概說』) 등 여전히 종파론적 관점에서 벗어나지는 못하였지만, 이들은 동시에 원효 불교의 특성으로 '通佛敎'를 강조하였다는 공통점이 있다.

2 趙明基, 1937「元曉宗師의 十門和諍論 研究」『金剛杵』22

3 金相鉉, 1995「元曉 和諍思想의 研究史的 검토」『佛敎研究』11; 2000『元曉研究』, 民族社, pp. 208~234 재수록

4 趙明基, 1937 앞의 논문; 李鍾益, 1977『元曉의 十門和諍思想研究』, 東方思想研究院; 鎌田茂雄, 1981「十門和諍論の思想史的意義」『佛敎學』11; 李晚鎔, 1983『元曉의 思想』, 展望社; 崔凡述, 1987「十門和諍論 復元을 위한 募集資料」『元曉研究論叢』, 국토통일원; 吳法眼, 1989『元曉의 和

諍思想 硏究』, 弘法院; 崔裕鎭, 1992「元曉의 和諍思想 硏究 - 十門和諍論 - 」, 『민족불교』 2

5 『金剛三昧經論』의 분석을 통하여 원효의 화쟁 논리로 '無二而不守一'을 주목한 연구도 있다(佐藤繁樹, 1996 『元曉의 和諍論理』, 民族社). 그러나 無二而不守一이란 和諍과 마찬가지로 형식 논리이지, 그 자체가 화쟁의 실제 내용은 아니다.

6 閔泳珪, 1953「元曉論」『思想界』 1-6. 단 민영규는 大乘을 空大乘과 有大乘으로 구분한 다음, 전자에는 實相論을 설하는 中觀論·百論·十二門論·涅槃論·般若經·法華經 등이 속하며, 후자에는 緣起論을 설하는 華嚴經·梵網經·起信論·瑜伽論·攝大乘論 등이 속한다고 봄으로써, 나중에 일반화된 中觀·唯識보다 더 포괄적인 틀을 제시하였다.

7 朴鍾鴻, 1963, 1964「元曉의 哲學思想」『韓國思想』 6, 7; 1982 『朴鍾鴻全集』 Ⅳ, 螢雪出版社 재수록

8 高翊晉, 1973「元曉의 起信論疏·別記를 통해 본 眞俗圓融無碍觀과 그 성립이론」『佛敎學報』 10

9 1960년대부터 『起信論』의 一心思想을 주목한 李箕永의 일련의 연구성과가 여기에 해당한다(1982 『韓國佛敎硏究』, 韓國佛敎硏究院 및 1994 『元曉思想硏究』 I에 수록된 논문 참조).

10 高翊晉, 1982「元曉의 華嚴思想」, 『韓國華嚴思想硏究』(東國大佛敎文化硏究所 編); 殷貞姬, 1982「起信論疏·別記에 나타난 元曉의 一心思想」, 고려대학교 박사학위논문; 殷貞姬, 1985「元曉의 中觀·唯識說」『서울敎大論文集』 18; 金鍾宜, 1992「元曉의 思想體系에 關한 硏究」, 부산대학교 박사학위논문

11 朴性焙, 1979「元曉思想 展開의 問題點」『金奎榮博士華甲記念論文集 東西哲學의 諸問題』; 李平來, 1987「如來藏說과 元曉」『元曉硏究論叢』, 國土統一院; 최유진, 1998 『원효사상연구 - 화쟁을 중심으로 - 』, 경남대학교 출판부; 朴太源, 1990「元曉의 起信論觀 理解를 둘러싼 問題點 小考 - 別記 大意文 句節의 理解를 中心으로 - 」『東洋哲學』 1; 朴太源, 1994 『大乘起信論思想硏究(I)』, 민족사 제3장 元曉의 관점

12 證眞, 『法華玄義私記』 권5末(『佛敎大系』 권19, pp. 638～639 참조

13 南東信, 2004「元曉의 起信論觀과 一心思想」『韓國思想史學』22

14 石井公成, 2002「元曉の和諍思想の源流－『楞伽經』との關連を中心として－」『印度學佛教學研究』51-1 참조

15 『涅槃宗要』(『韓佛』1, p. 537中)

16 玄奘의 서역 구법과 역경 활동을 다룬 논저는 상당히 많은데, 본고에서는 주로 다음의 두 논문을 참조하였다. 結城令聞, 1951「玄奘とその學派の成立」『東洋文化硏究所紀要』11; 鎌田茂雄, 1999『中國佛教史』第6卷 第2章「玄奘の大飜譯事業」, 東京大學出版會

17 남동신, 2008「玄奘의 印度 求法과 玄奘像의 推移－西域記, 玄奘傳, 慈恩傳의 비교 검토를 중심으로－」『불교학연구』20 참조

18 『大唐大慈恩寺三藏法師傳』권7(『大正藏』50, p. 257中～下), "貞觀 十九年 二月 六日 奉勅, 於弘福寺 翻譯聖教要文, 凡六百五十七部."; 『舊唐書』권191, 列傳, "命房玄令等助玄奘翻經勅."

19 結城令聞, 1971「初唐佛教の思想史的矛盾と國家權力との交錯」『東洋文化研究紀要』25

20 『續高僧傳』권27 法沖(『大正藏』50, p. 666下), "又三藏玄奘 不許講舊所翻經. 沖曰, 君依舊經出家, 若不許弘舊經者, 君可還俗 更依新翻經出家, 方許君此意. 奘聞遂止, 斯亦命代弘經護法强禦之士 不可及也." 法沖은『楞伽經』을 매개로 初期禪宗의 一派인 南天竺一乘宗을 형성한 인물이기도 하였다(鄭性本, 1991『中國禪宗의 成立史 硏究』, 民族社, p. 120).

21 石井公成, 1990「新羅佛教における『大乘起信論』の意義－元曉の解釋を中心として－」『如來藏と大乘起信論』(平川彰 編), 東京: 春秋社, pp. 547～548에서는 唯識家와 一乘家의 대립만 언급하였지만, 元曉에게서 관찰되듯이 中觀·唯識의 대립도 간단한 문제가 아니었다.

22 神昉은 645년부터 663년의『大般若經』까지 내내 현장의 역장에 참여하고,『種性差別章』을 지어 五性說을 주장하였다. 그는 嘉尙·普光·基와 더불어 현장 4대 제자의 하나로 꼽혔다. 한편 현장 문하에서의 수학 여부는 미상이지만, 神文王代의 憬興이 慈恩學派의 맥을 잇는다는 점에서 이 부류에 넣을 수 있겠다.

23 일찍부터 학계에서는 圓測이 一性說을 창도하였다든가(羽溪了諦, 1916「唯

識宗の異派」『宗教研究』111, p. 113; 1971『羽溪了諦博士米壽祝賀記念佛教論說選集』 재수록), 一乘說의 입장을 취하였다고 이해하여왔다(江田俊雄, 1954「慈恩·西明兩學派の『金光明最勝王經』解釋」『印度學佛教學研究』2-2, p. 179). 그러나 최근에는 遁倫의『瑜伽論記』에 인용된 글을 면밀히 검토하여 원측이 오히려 五性說의 입장에 있다고 보는 견해도 제기되었다(橘川智昭, 2001「圓測の五性各別思想－圓測思想に對する從來解釋の再檢討と基敎學との比較－」, 東京大學敎 박사학위논문, pp. 56~135). 마찬가지로 新舊唯識의 갈등에 대하여도 견해가 엇갈린다. 원측이 신유식의 체계화를 위한 補足說로서 眞諦의 학설을 많이 인용하는 정도라는 견해가 있는가 하면(木村邦和, 1981「眞諦三藏の學說に對する西明寺圓測の評價－解深密經疏の境遇－」『印度學佛教學研究』30-1), 최근에는 양자를 비판적으로 종합하여 독자적인 철학체계를 세웠다고 평가하는 견해도 있다(丁永根, 1994「圓測의 唯識哲學－新·舊唯識의 批判的 綜合－」, 서울대학교 박사학위논문). 中觀·唯識의 갈등에 대하여는, 기본적으로 신유식을 바탕으로 하면서도 空有에 대해서 비교적 객관적 입장을 지키려 하였다고 보기도 한다(高翊晉, 1985「三國時代 大乘敎學에 대한 硏究」『哲學思想의 諸問題』Ⅲ, pp. 121~135; 高翊晉, 1986「韓國佛教哲學의 原流와 展開」『哲學思想의 諸問題』Ⅳ, pp. 71~88).

24 順璟을 비롯하여 당시 玄奘 문하에서 수학한 신라승에 대하여, 金相鉉, 1993「新羅 法相宗의 成立과 順璟」『伽山學報』2 참조

25 李箕永, 1975「經典引用에 나타난 元曉의 獨創性」『崇山朴吉眞博士華甲記念 韓國佛教思想史』, pp. 177~223

26 『成唯識論』의 편역과 거기에 따르는 불교사적 의미에 대하여는 남동신, 2008 앞의 논문, pp. 227~236을 참조

27 沖和史, 1982「無相唯識と有相唯識」『講座大乘佛教』8 唯識思想(平川彰·梶山雄一·高崎直道 編輯), 東京: 春秋社, pp. 179~181

28 천태종의 쇠퇴 이유로는 수도인 장안에서 너무 멀리 떨어져 있다는 점, 智顗가 隋 煬帝에게 지나치게 접근했다는 점 등의 외적 요인 외에도 교리상 他 종단으로부터의 도전에 대한 대응력을 상실했기 때문이며, 이는 새로운 경전의 한역과도 밀접한 관련이 있다(安藤俊雄, 1968『天台學』, 京都: 平樂

寺書店, p. 300).

29 遁倫, 『瑜伽論記』 권13下(『韓佛』 2, p. 846下), "若至本國 必不生信, 願於所將種論之語 戒賢人欲來之時諸大德論無性人文, 呵云, 彌離車人 解何物而輒爲彼損."

30 竹村牧男, 1982 「地論宗·攝論宗·法相宗－中國唯識思想史概觀－」 『講座大乘佛教』 8 唯識思想(平川彰·梶山雄一·高崎直道 編), 東京: 春秋社, p. 291

31 一性說·五性說 논쟁의 전개 과정과 주요 논점에 대하여는, 常盤大定, 1930 『佛性の硏究』, 東京 國書刊行會, pp. 221~277을 참조

32 『續高僧傳』 권15 靈潤(『大正藏』 50, pp. 545中~547上)

33 義榮은 신라가 아니라 백제 승려인 듯하며, 『藥師本願經疏』 1권과 『瑜伽論義林』 5권의 저술이 있었다(『韓國佛敎撰述文獻總錄』, pp. 5~6).

34 『涅槃宗要』(『韓佛』 1, p. 538中~下), "然佛性之體 正是一心. 一心之性 遠離諸邊, 遠離諸邊故 都無所當, 無所當故 無所不當."

35 원효는 대립하는 두 가지 주장이 각각 명제로서 성립할 수 있는 논거를 聖敎에서 찾았는데, 이러한 논리를 聖敎量이라 한다. 확실히 원효는 석가모니가 설법한 일체의 가르침은 오직 一味이므로 취지가 다를 수 없다는 생각에 투철하였다(『持犯要記助覽集』 『日本大藏經』 大乘律藏疏之部, pp. 90下~91上, "楞伽宗要記主云, 諸佛所說 一切敎意 更無異趣 唯是一味"). 이러한 聖敎量은 그가 수많은 교설들 간의 모순을 회통시킬 때 자주 활용한 논리였다. 불교에서의 성인이란 부처나 보살을 지칭한다. 원효 당시는 여전히 부처나 보살의 권위에 의해서 불교가 존숭되던 시대였다. 그런 점에서 원효 불교는, 聖敎에 대한 의존적 태도를 타파하고 인간의 육성을 중시하기 시작한 선종과 차이가 나는 것이다.

36 『韓佛』 4, pp. 325中~326上, "問. 和諍論云, 問一切衆生 皆有佛性耶, 當言亦有無性有情耶. 答. 有說者, 於有情界 定有無性, 一切界差別故, 無始法爾故云云. 又有說者, 一切衆生 皆有佛性云云. 問. 二師所說 何者爲失.答. 又有說者, 二師所說 皆是失, 何以故. 皆依聖敎而成立故, 法門非一無障碍故. 是義云何. 眞俗相望 有其二門, 謂依持門及緣起門. 依持門者, 猶如大虛持風輪等, 緣起門者, 猶如巨海起波浪等. 就依持門, 眞俗非一, 衆生本來法爾差別, 故有衆生 從無始來, 樂着生死不可動拔. 就此門內 於是衆生, 六處之中 求出世法, 可生之性 永不可得故. 依此門 建立無性有情也. 約緣起門, 眞妄無二, 一切法同一心爲體, 故諸衆生 從無始來, 無不卽此法界流轉. 就此門內 於諸衆生, 心神之中 求不可令歸自源者, 永不可得故. 依此門 建立一切皆有佛性. 如是二門 本無相妨.……答. 和諍論中, 依瑜伽顯揚等 立依持門, 依涅槃等經 立緣起門. 然不通取瑜伽等文句, 但依五性差別之門, 立依持門, 亦不通取涅槃經文, 但依皆有佛性之文, 立緣起門."

37 深浦正文, 1954 『唯識學硏究』 上(敎史論), 京都: 永田文昌堂, p. 133

38 深浦正文은 淸辯의 회견 요청에 護法이 응하지 않았다는 『大唐西域記』를 근거로, 청변과 호법 사이에 실제적인 諍論은 없었다고 하였다(深浦正文, 위의 책, pp. 138~149). 그러나 양자가 직접 대면한 상태에서의 諍論은 없었겠지만, 『大唐西域記』는 두 사람으로 대변되는 중관파와 유가파 사이의 사상적 대립이 현장 유학 당시 있었음을 증언해준다고 하겠다. 특히 『續高僧傳』 玄奘傳과 『慈恩寺三藏法師傳』에 모두 인용된 「大唐三藏聖敎序」에는, 당시 불교계의 동향과 관련하여 '空有是非'와 '大小隆替'를 언급하고 있음을 주목할 필요가 있다. 「大唐三藏聖敎序」는 648년 6월 『瑜伽師地論』 한역 직후에 玄奘의 특별한 청원을 받아 唐 太宗이 직접 지었을 뿐 아니라, 太宗 자신이 직접 필사하고 조칙하여 그때까지 현장이 한역한 모든 경전의 머리에 삽입케 한 문장이기도 하다. 이런 점을 감안할 때 중국 불교계에서 '空有是非'의 불교사적 인식은 직접적으로는 현장에서 비롯되었을 가능성이 높다. 현장을 뒤이어 7세기 후반 인도를 구법 여행한 義淨(635~713)이 인도의 대승불교를 中觀과 瑜伽로 나누어 보고한 것도 이와 무관하지 않다.

39 安井廣濟, 金成煥 譯, 1988 『中觀思想硏究』, 文學生活社, pp. 255~265

40 위의 책, p. 266

41 唯識學에서 말하는 三性 가운데 依他起性의 空有를 둘러싸고 논쟁이 있었으며, 원효가 그 논쟁을 극복하였음은 13세기 일본 불교계에서도 주목한 바 있다[『持犯要記助覽集』 『日本大藏經』 大乘律藏疏之部, pp. 90下~91上, "依他空有 則是古來諍論 記主十門和諍論 幷楞伽宗要 廣擧諸說 往復徵破 還顯大乘 甚深正義(今記通約三性二諦)"].

42 彦悰, 『大唐大慈恩寺三藏法師傳』 권4(『大正藏』 50, p. 244中~下)

43 靖邁, 『古今譯經圖起』 권4(『大正藏』 55, p. 367上), "然彼小乘 爰洎外道 各構異論 誹毁大乘 法師遂造制惡見論 制十八部小乘 破九十五種外道 幷造會中論 融會瑜伽中論之微旨 以靜大乘之糾紛."

44 현장이 번역한 청변의 『掌珍論』에 대하여 법상종 측에서 註疏가 많이 나왔는데, 이러한 동향은 호법의 불교를 선양하려는 의도에서 나온 것이다(平井俊榮, 앞의 책, p. 237).

45 基, 『成唯識論料簡』 권上(『續藏經』 제1집 제76투, p. 932上~下)

46 智儼, 『華嚴五十要問答』 권上(『大正藏』 45, p. 519下)

47 木村淸孝, 1977 『初期中國華嚴思想硏究』, 東京 春秋社, p. 435

48 『韓佛』 3, pp. 483中~484上

49 空有諍論에 대한 원측의 견해는 善珠의 『唯識義燈增明記』 권1(『大正藏』 65, p. 332中, p. 334上)에 인용되어 있으며, 이들 자료는 최근 집록되었다(李萬, 1993 「成唯識論에 관한 新羅 唯識家들의 註釋」 『佛敎學報』 32, p. 378).

50 『韓佛』 3, p. 484上

51 불교사상 간의 쟁론과 여기에 대한 원효의 화쟁을 주로 언어의 측면에서 접근한 연구로는 崔裕鎭, 1987 「元曉에 있어서 和諍과 言語의 問題」 『哲學論叢』 3; 1998 『원효사상연구-화쟁을 중심으로-』, 경남대학교출판부 등이 있다.

52 『韓佛』 1, pp. 480下~481上

53 위의 책, pp. 538上~539上

54 富貴原章信, 1969 「元曉,判比量論の硏究」 『日本佛敎』 29, pp. 34~39에서, 현장의 유식비량에 대한 신라 불교계의 이설을 소개하였다.

55 金相鉉, 1994 『역사로 읽는 원효』, 고려원, pp. 204~210

56 『韓國佛敎撰述文獻總錄』, pp. 28~30

57 横超慧日, 1940 「元曉の二障義について」 『東方學報』 11-1; 鎌田茂雄, 1981 「十門和諍論の思想史的 意義」 『佛敎學』 11; 高翊晉, 1982 앞의 논문

58 崔柄憲, 1987 「高麗佛敎界에서의 元曉 理解-義天과 一然을 中心으로-」 『元曉硏究論叢』, 國土統一院, pp. 646~656

59 法藏, 『華嚴經探玄記』 권1(『大正藏』 35, p. 111下)과 『十二門論宗致義記』 권上(『大正藏』 42, p. 213上~下) 및 胡幽貞, 『大方廣佛華嚴經感應傳』(『大

正藏』51, p. 175中～下)
60 深浦正文, 앞의 책, pp. 149～155 참조
61 法藏, 『華嚴一乘敎義分齊章』 권1(『大正藏』 45, p. 481中～下)
62 法藏, 『華嚴經探玄記』 권1(『大正藏』 35, pp. 115下～116中)
63 高峰了州, 1942 『華嚴思想史』, 京都 百華苑, p. 224
64 『大正藏』 70, p. 153上～中 참조
65 위의 책, p. 152下, "新羅曉師 掌珍廣百, 其量皆同. 此師爲好, 宜依信也."
66 善珠, 『成唯識論本文抄』 권15(『大正藏』 65, p. 530下), "新羅元曉法師 判比量論云, 掌珍量同廣百量等云云." 『因明論疏明燈抄』 권三末(『大正藏』 68, p. 323下), "曉云, 廣百比量 不異掌珍. 淸辨宗意 諸法皆空, 故說空宗." 善珠에 의하면, 憬興은 掌珍量과 廣百量이 서로 다르다는 입장을 취하였다고 한다. 즉, 공유화쟁과 관련한 비량에 대하여 원효와 경흥은 서로 상반되었음을 알 수 있다.
67 順高, 『起信論本疏聽集記』 권2末(『大日本佛敎全書』 권92, p. 103上), "私云…… 元曉和諍論制作ス 陳那門徒唐土ニ來テ 有滅後取彼論 歸天竺國了. 是陳那ノ末第歟云云(私云 元曉事抄ノ第五ニ 引シナリ會解記第六說云云)."
68 「高仙寺誓幢和上碑」(『譯註 韓國古代金石文』 권3, p. 6), "讚歎婆娑, 翻爲梵語 便附□人, 此□言其三藏寶重之由也."
69 南東信, 2004 「元曉의 起信論觀과 一心思想」 『韓國思想史學』 22

|제10장|

1 李箕永, 1967 「元曉의 菩薩戒觀 – 菩薩戒本持犯要記를 中心으로 – 」 『論文集』 3·4합, 東國大學校; 李箕永, 1967 「元曉의 菩薩戒觀(續)」 『佛敎學報』 5; 李箕永, 1984 「元曉의 倫理觀 – 菩薩瓔珞本業經疏를 中心으로 – 」 『東園金興培博士古稀紀念論文集』; 蔡印幻, 1977 「元曉の戒律思想」 『新羅佛敎戒律思想硏究』, 東京 國書刊行會, pp. 273～316
2 木村宣彰, 1980 「菩薩戒本持犯要記」 『印度學佛敎學硏究』 28-2; 木村宣彰,

1981「多羅戒本と達摩戒本」『戒律思想の研究』(佐佐木敎悟 編), 京都: 平樂寺書店

3 崔源植, 1994「元曉의 菩薩戒 인식 경향과 그 특성」『東國史學』28; 1999『新羅菩薩戒思想史硏究』, 民族社, pp. 66~100; 南東信, 1995 앞의 논문, pp. 166~174

4 吉津宜英, 1991『華嚴一乘思想の硏究』, 東京: 大東出版社, pp. 592~593, 각주 30 참조

5 金相永 解題, 1998「梵網經菩薩戒本私記」『佛敎史硏究』2, pp. 316~323

6 金相鉉, 2000「『菩薩戒本持犯要記助覽集』의 검토」『元曉硏究』, 民族社, pp. 165~188

7 閔泳圭, 1959「新羅章疏錄長編」『白性郁博士頌壽記念 佛敎學論文集』, p. 356, p. 360; 東國大學校佛敎文化硏究所 編, 1976『韓國佛敎撰述文獻總錄』, 東國大學校出版部, pp. 26~30; 金相鉉, 1984『역사로 읽는 원효』, 고려원, pp. 186~189

8 『大正藏』55, p. 155

9 南東信, 1995 앞의 논문, p. 110

10 李箕永은 원효가 『四分律』을 다루었다고 하더라도 그것이 그의 윤리관의 핵심이 되었다고 보기 어려우며, 그의 계율관의 근본은 대승적이라고 한다(李箕永, 1967 앞의 논문, p. 54).

11 일본 三論宗 승려인 願曉(?~874)의 저술일 가능성도 있다. 그는 三論宗의 학승으로서 官僧都에 취임하여 元興寺를 주재하기도 하였는데, 후대의 藏俊은 1176년경에 찬술한 『注進法相宗章疏』(『大正藏』50, p. 1144上)에서, "因明義骨三卷 元興寺願曉律師"라 하여 願曉를 律師라 부르고 있다.

12 閔泳圭, 1959 앞의 논문, p. 360

13 木村宣彰, 1980 앞의 논문, p. 305

14 凝然, 『梵網戒本疏日珠鈔』 권10(『大正藏』62, p. 61上), "賢師宗要云, 若有重罪亦業道, 設有業道亦重罪, 師句分別, 或有是重而非業道, 謂酤酒等及餘一分, 或有業道而非重攝, 謂綺語等, 餘句應知."

眞圓, 『菩薩戒本持犯要記助覽集』 卷1(『日本大藏經』 권22 大乘律藏疏之部, p. 71上), "宗要太賢云, 行者之機過塵沙故, 萬行一一以千門應, 塵機修

一一故, 罪福之性難別, 一行應塵之故, 邪正之相易濫."
위의 구절은 각각 太賢, 『菩薩戒本宗要』(『韓佛』 3, p. 482上, p. 482中~下)에 그대로 나온다.

15 木村宣彰, 1980 앞의 논문, p. 306

16 吉津宜英, 앞의 책, pp. 592~593, 각주 30 참조

17 『韓佛』 1, p. 519中, "一云次法身藏者, 五相五德積集名藏, 如無上依經言."

18 金相鉉, 2000 앞의 논문, pp. 181~183

19 凝然이 원효의 '梵網經疏'를 직접 인용한 것만 조사하여도 25회가량 되는데, 이들 인용 문구는 모두 『私記』에서 확인된다. 그중에서 자찬훼타계와 관련된 인용 문구를 예로 들면 다음과 같다. 『梵網戒本疏日珠鈔』 권27 第七自讚毁他戒(『大正藏』 62, p. 138下), "曉師疏中作句委細, 故彼文云. 於中五句現意. 一者不望利唯自讚非毁他 唯犯輕. 二不望利唯毁他非自讚 犯輕. 三望五錢以下利自讚毁他 犯輕. 四者望五錢以上利自讚毁他 正犯此戒. 五者發望五錢以上利意 擧重意過 自讚毁他 犯此戒及前戒二重已上. 又云問. 不望利而 具作自讚毁他二種何耶. 答 但犯輕垢罪已上. 又云, 問 雖望五錢以上利 而自讚毁他 互闕何耶. 答 應重. 問 何以得知 望五錢以上利方犯此戒也. 答 地持論云, 望利意 自讚毁他犯衆大犯 故知五錢已下者犯輕垢罪五錢以上方犯重已上. 又云 若有望五錢以上意 自讚毁他者 錢得不得此重戒耶. 潤法師云 得五錢方犯此重戒 若得錢者重 犯此及盜戒二重已上". 이 구절은 『私記』 권上(『韓佛』 1, p. 601中)에 그대로 나온다.

20 辻善之助, 1943 『日本佛敎史之硏究(續編)』(第四版), 東京: 金港堂書籍, pp. 119~124; 石田瑞麿 著·李英子 譯, 1988 『日本佛敎史』, 民族社, pp. 199~203

21 金相鉉, 2000 앞의 책, pp. 166~168

22 당시 '梵網經私記'라는 이름의 책이 유통되기는 하였는데, 그 저자는 일본승 慧岳이었다[凝然, 『梵網戒本疏日珠鈔』 권1(『大正藏』 62, p. 4上~中)].

23 『日本大藏經』 권22 大乘律藏疏1, p. 343

24 「間寫經本納返帳 正倉院文書」 天平 19年(747 12月 6日(『大日本古文書』 권9, 1914, p. 605), "梵網下卷疏, 二卷上下. 寂法師撰."

25 凝然, 『梵網戒本疏日珠鈔』 권1(『大正藏』 62, p. 4中), "諸師解釋隨意不同.

太賢·善珠及以法進 通上下卷造於疏注. 圓證·平備 唯釋上卷. 勝莊·法銓·道璿·傳奥·利涉·樸楊 自下卷始而解釋之. 天台·賢首·義寂·處行 及以明廣並從下卷偈頌釋之."

한편 吉津宜英, 앞의 책, p. 599에서는 게송부터 주석한 A형, 하권부터 주석한 B형, 상하 두 권을 주석한 C형으로 분류하였다.

26 「寫書布施勘定帳 正倉院文書」 天平勝寶 3年(751) 9月 20日(『大日本古文書』 권12, 1918, p. 50)

27 『大日本古文書』 권12, 1918, p. 536

28 『大日本古文書』 권16, 1927, p. 403

29 『大日本古文書』 권16, 1927, p. 417

30 南東信, 1995 앞의 논문, pp. 115~117

31 『梵網經菩薩戒本私記』 권上(『韓佛』 1, p. 590中), "有心者, 有二種心, 謂一者眞如心, 此心從本以來, 具足恒河沙性功德, 故名不空如來藏. 二者心生滅心, 謂此心者, 由煩惱, 以染覆故, 性不現故, 約隱義故, 名空."

32 南東信, 1995 앞의 논문, pp. 124~127

33 이와 관련하여 최근 『사기』에 보이는 三身 개념을 원효의 다른 저술에 보이는 개념과 비교 검토하여, 원효 진찬설을 재차 비판한 논문이 제출되기도 하였다(손영산, 2010 「『梵網經菩薩戒本私記卷上』 元曉 진찬여부 논쟁에 관한 재고」 『韓國佛教學』 56).

34 金相鉉, 2000 앞의 책, pp. 173~174

35 『韓佛』 1, p. 581上~中, "輕垢罪中 細論支別 頭數乃有八萬四千, 括擧其要 別有三類, 或四十四 如達摩戒本所說, 或四十八 如多羅戒本所判, 或有二百四十六輕 如別解脫戒經所立.……重戒之中 總說有十, 論其類別 亦有三種, 或有共小之重 謂前四也, 或有不共之重 謂後四也, 或立在家菩薩之重 謂十重內在前六也."

36 木村宣彰, 1980 앞의 논문, p. 307

37 金相鉉, 2000 앞의 책, pp. 165~188

38 『菩薩戒本持犯要記助覽集』 권1(『日本大藏經』 권22, p. 73下), "波羅提木叉, 此云別解脫, 卽四分律等戒本所立也. 彼戒本中, 總說二百五十戒相, 然初四是重, 僧殘已下戒有二百四十六輕." 木村宣彰, 1980 앞의 논문, pp.

306~307; 金相鉉, 2000 앞의 책, p. 172

39 『大正藏』 24, pp. 659上~665中 所收

40 平川彰·沈法諦 譯, 1989 『초기대승불교의 종교생활』, 民族社, pp. 120~131

41 望月信亨, 앞의 책, pp. 345~381 참조

42 土橋秀高, 1980 『戒律の硏究』, 京都: 永田文昌堂, pp. 969~990

43 木村宣彰, 1983 앞의 논문, p. 308; 1981, p. 502~503

44 『菩薩瓔珞本業經疏』 권下(『韓佛』 1, p. 521下), "彼論述於三乘敎意故 有捨法 犯戒而失 依三乘敎發心菩薩 心不全故 不堅固故 今此經者 是一乘敎故 無捨法 犯而不失."

45 勝莊·義寂·太賢은 『瑜伽論』에 바탕을 두고 『梵網經』을 주석하였다고 한다(崔源植, 1992 앞의 논문, p. 46).

46 『梵網經』 권下(『大正藏』 24, p. 1003下)

47 위의 책, p. 1004中, "佛子諦聽. 若受佛戒者 國王王子百官宰相 比丘比丘尼 十八梵天 六欲天子 庶民黃門婬男婬女奴婢 八部鬼神金剛神 畜生 乃至變化人, 但解法師語, 盡受得戒, 皆名第一淸淨者."

48 『四分律』 권31~35 受戒揵度(『大正藏』 22, pp. 779上~816下)에는 출가를 제한하는 규정이 상세히 나온다.

49 『梵網經』 권下(『大正藏』 24, p. 1005下), "若佛子 心背大乘常住經律 言非佛說 而受持二乘聲聞外道惡見 一切禁戒邪見經律者 犯輕垢罪."

50 『梵網經』 권下(『大正藏』 24, p. 1006下), "若千里內 無能授戒師 得佛菩薩形像前受戒 而要見好相."

51 『文殊師利問經』 권上 菩薩受戒品 13(『大正藏』 14, pp. 497下~498上)

52 위의 책, pp. 505中~506中, "住家過患, 出家功德."

53 素雲, 1993 「淨影寺慧遠における戒律思想の硏究」, 東京大學敎 석사학위 논문

54 吉津宜英, 1991 앞의 책, pp. 567~571

55 佐藤達玄, 1986 『中國佛敎における戒律の硏究』, 東京: 木耳社, pp. 412~417

56 佐藤達玄, 1986 위의 책, p. 406

57 甘蔗圓達, 1939「道宣の支那戒律史上に於ける地位」『支那佛敎史學』 3-2, pp. 13~19; 土橋秀高, 1980 앞의 책, pp. 173~174; 佐藤達玄, 1986 앞의 책, pp. 84~88, pp. 138~139

58 崔源植은 원효의 연구가 차지하는 사상사적 위치를 인정하되, 원효의 계율 사상이 통일기 신라 승려들에게 미친 영향은 그리 크지 않았다고 보았다(崔源植, 앞의 책, pp. 96~98).

59 石田茂作, 앞의 책, pp. 120~122

60 田村晃祐, 1995「大乘戒思想の展開」『日本仏敎論 - アジアの仏敎思想 -』(高崎直道/木村清孝 編), 東京: 春秋社, pp. 52~60 참조. 특히 最澄은 南都佛敎로부터 天台宗團을 독립시키고자 大乘戒壇을 별도로 설치하였는데, 그가 『顯戒論』에서 元曉의 『要記』를 인용하였음은 학자들이 일찍부터 주목한 바 있다(鹽入良道, 1983「新羅元曉大師撰『宗要』の特質」『天台學報』 26, p. 20; 金相鉉, 2000 앞의 책, p. 166).

61 『續高僧傳』 권24 慈藏傳(『大正藏』 50, p. 639下), "半月說戒 依律懺除, 春冬總試 令知持犯." 여기에 대하여는 南東信, 1995「慈藏定律과 四分律」『佛敎文化硏究』 4, pp. 88~89 참조

62 崔源植, 앞의 책, pp. 91~95에서는 원효가 智顗를 참조는 하되, 범망계를 훨씬 더 적극적으로 융통성 있게 이해하였다고 보았다.

63 『菩薩戒本持犯要記』(『韓佛』 1, p. 585上~中)

64 『韓佛』 1, p. 582上~中

65 『菩薩戒本持犯要記』(『韓佛』 1, p. 581上)

66 南東信, 1995 앞의 논문, p. 132

67 『涅槃經』 권3 金剛身品 2(『大正藏』 12, p. 384下), "若諸菩薩爲化衆生, 常入聚落不擇時節, 或至寡婦婬女舍宅, 與同住止經歷多年, 若是聲聞所不應爲, 是名調伏利益衆生."

68 『金剛三昧經』 권上, 無相法品(『韓佛』 1, p. 620中), "善男子 修空法者 不依三界 不住戒相. 清淨無念 無攝無放 性等金剛 不壞三寶 空心不動 具六波羅蜜."

69 『金剛三昧經』 권中, 入實際品(『韓佛』 1, p. 647上), "菩薩! 如是之人 不在住二相, 雖不出家 不住在家故, 雖無法服 不具持波羅提木叉戒 不入布薩, 能

以自心 無爲自恣 而獲聖果, 不住二乘 入菩薩道, 後當滿地 成佛菩提.”

70 『韓佛』 1, p. 647上~中7

71 『華嚴經』 권12 十無盡藏品 18(『大正藏』 9, p. 475上~中)

72 『華嚴經』 권37 離世間品 33-2(『大正藏』 9, p. 633下), “佛子 菩薩摩訶薩 有十種戒 何等爲十. 所謂不壞菩提心戒 離聲聞緣覺地戒 饒益觀察一切衆生戒…….”

73 『三國遺事』 권4 元曉不羈

74 『華嚴經』 권25 十地品 22-3(『大正藏』 9, pp. 556中~557下)에는 難勝地의 보살이 중생을 교화하여 諸佛無上의 法으로 인도할 때 사용하는 여러 가지 방편행이 제시되어 있는데, 그 가운데 ‘妓樂歌舞 戲笑歡娛’가 보인다.

75 『華嚴經』도 보살의 10종계 중에 ‘離聲聞緣覺地戒’와 ‘饒益觀察一切衆生戒’를 들고 있다[『華嚴經』 권37 離世間品 33-2(『大正藏』 9, p. 633下)].

76 원효와 요석공주의 결혼에 대하여는, 南東信, 1998 「元曉와 新羅中代王室의 關係」 『元曉思想』(원효연구원 편저 논문집 1), 신우당, pp. 147~158 참조

77 7세기 초~문무왕대의 신라 불교 승려

	이름	생존 시기	출신	중국 유학	중심 사찰	주요 전거
教團佛教	圓光	554~637	薛씨, 王京人	590~600	皇龍寺	삼국유사 4 圓光西學
		542~640	朴씨	566~601	皇龍寺	속고승전 13 圓光
	圓安	7세기	圓光 제자	陳末~隋		위와 같음
	智明 知命	진평왕대		585~602		해동고승전 2 智明
		진평왕대	백제?		獅子寺	삼국유사2 武王
	安含	579~640	진골	601~605	萬善道場	해동고승전 2 安含
	慈藏	7세기 전반	진골	638~643	芬皇寺 皇龍寺	속고승전 24 慈藏
	圓勝	7세기 전반	자장 제자	?~643		위와 같음
街巷佛教	惠宿	진평왕대	郎徒	600 실패	安康縣	삼국유사 4 二惠同塵
	惠空	선덕왕대	家傭		夫蓋寺 吾魚寺	위와 같음
	大安	문무왕대			경주 시내	송고승전 4 元曉
	元曉	617~686	薛씨, 押梁郡人	650 실패	芬皇寺 高仙寺	삼국유사 4 元曉不羈

78 『宋高僧傳』 권4 元曉傳(『大正藏』 50, p. 730上), "厥緣既差息心遊往 無何發言狂悖示跡乖疎 同居士入酒肆倡家 若誌公持金刀鐵錫. 或製疏以講雜華, 或撫琴以樂祠宇. 或閭閻寓宿, 或山水坐禪. 任意隨機 都無定檢."

79 『大正藏』 12, p. 644中, "出入遊行 不淨之處 所謂沽酒婬女博奕 如是之人我今不聽在比丘中 應當休道 還俗役使."

80 『大正藏』 14, p. 539上, "維摩詰……欲度人故 以善方便 居毘耶離.……若至博奕戲處 輒以度人……入諸婬舍 示欲之過, 入諸酒肆 能立其志."

81 『維摩經』 권1 方便品(『大正藏』 14, p. 539上), "維摩詰……欲度人故以善方便 居毘耶離, 資財無量 攝諸貧民, 奉戒淸淨 攝諸毁禁, 以忍調行 攝諸恚怒, 以大精進 攝諸懈怠, 一心禪寂 攝諸亂意, 以決定慧 攝諸無智. 雖爲白衣奉持沙門 淸淨律行, 雖處居家 不著三界. 示有妻子 常修梵行, 現有眷屬 常樂遠離. 雖服寶飾 而以相好嚴身, 雖復飮食 而以禪悅爲味. 若至博奕戲處輒以度人, 受諸異道 不毁正信. 雖明世典 常樂佛法, 一切見敬爲供養中最執持正法 攝諸長幼 一切治生諧偶. 雖獲俗利 不以喜悅, 遊諸四衢 饒益衆生, 入治正法 救護一切, 入講論處 導以大乘, 入諸學堂 誘開童蒙, 入諸婬舍示欲之過, 入諸酒肆 能立其志."

82 같은 책, p. 539下, "不斷煩惱而入涅槃 是謂宴坐, 若能如是坐者 佛所印可."

83 같은 책, p. 541下, "維摩詰言, 然汝等便發阿耨多羅三藐三菩提心, 是卽出家是卽具足."

84 『金剛三昧經論』 권下(『韓佛』 1, p. 659中), "此中問者 名梵行者 是人形雖俗儀 心住一味 以是一味 攝一切味. 雖攝諸味之穢塵俗 不失一味之梵淨行. 此中顯如是義 所以令其發問."

85 『韓佛』 권1, p. 647上

86 『三國遺事』 권4 元曉不羈, "曉既失戒生聰, 已後易俗服, 自號小姓居士. 偶得優人舞弄大瓠, 其狀瑰奇, 因其形製爲道具. 以華嚴經 一切無㝵人 一道出生死, 命名曰無㝵, 仍作歌流于世. 嘗持此 千村萬落, 且歌且舞 化詠而歸, 使桑樞瓮牖玃猴之輩, 皆識佛陀之號 咸作南無之稱, 曉之化大矣哉."

87 『起信論疏』 권上(『韓佛』 1, p. 699中)에서는 『對法論』과 『顯揚論』을 인용하여 각각 7종의 大乘性을 소개하고 있다.

88 石南本寫本과 民族文化推進會校勘本 및 晩松文庫本에서는 '卜姓'이라고

하였다(三國遺事硏究會, 『對校 三國遺事』 권5 元曉不羈條 참조). 春園 李光洙는 '卜'은 자형상 '下'에서 '一'의 아래에 해당하므로, '下之下'라는 뜻이 된다고 하였다(李光洙, 1968 『元曉大師』, 三中堂, p. 129). 이 또한 스스로를 낮은 데 비유한 겸사이다.

89 『華嚴經』 권5 四諦品 4-2(『大正藏』 9, p. 429中)에 보면, 文殊師利가 "모든 부처가 오직 一乘으로 生死를 벗어날 수 있다고 하였는데 어찌하여 지금의 모든 세상은 일마다 같지 않은가?"라고 묻자, 여기에 대하여 賢首菩薩이 답한 게송에 '一切無礙人 一道出生死'의 구절이 나온다. 여기서의 一道란 바로 華嚴一乘思想을 의미한다.

90 『華嚴經』 권25 十地品 22-3(『大正藏』 9, pp. 556中~557下)에는, 難勝地의 보살이 중생을 교화하여 諸佛無上의 法으로 인도할 때 사용한 여러 가지 방편행이 제시되어 있는데, 그 가운데 '妓樂歌舞 戱笑歡娛'가 보인다.

91 『華嚴經』 十廻向品이 원효가 대중교화에 나서는 계기가 되었음은 일찍이 지적된 바 있다(金煐泰, 1969 앞의 논문; 1987 『新羅佛敎硏究』, 民族文化社, pp. 141~146).

92 『三國遺事』 권4 蛇福不言

93 『大正藏』 50, p. 730中

94 許庚九, 1988 「元曉의 彌勒思想硏究-彌勒上生經宗要를 中心으로-」, 동국대학교 석사학위논문, pp. 30~40; 金南允, 1995 「新羅 法相宗 硏究」, 서울대학교 박사학위논문, pp. 104~112

95 원효는 미타정토가 미륵정토보다 우월할 뿐 아니라 往生하기도 더 쉬우며, 더욱이 미타경전은 凡夫를 우선하여 설해졌다고 보았기 때문이라고 한다(安啓賢, 1963 「元曉의 彌陀淨土往生思想(下)」 『歷史學報』 21; 1987 『新羅淨土思想史硏究』, 玄音社, pp. 57~59). 이러한 주장의 근거는 『遊心安樂道』였는데, 최근에는 이 책 자체가 8세기 이후 원효에 가탁한 위찬이라는 견해가 일반적이어서 앞서의 논증은 재고를 요한다. 원효가 아미타정토신앙을 가지게 된 배경에는 앞으로 『起信論』의 영향을 주목할 필요가 있다. 주지하다시피 『起信論』은 아미타정토신앙을 받아들였다.

96 『阿彌陀經疏』(『韓佛』 1, p. 562下), "穢土淨土, 本來一心." 똑같은 문장이 『無量壽經宗要』(『韓佛』 1, p. 553下)에도 보인다.

97 『阿彌陀經疏』(『韓佛』 1, p. 562下), "耳聞經名 則入一乘而無反, 口誦佛號 則出三界而不還."

98 斗溪譯註本, 朝鮮史學會本, 東大校訂本에서는 '錨'을 '錚'이라 하였으며, 民族文化推進會校勘本에서는 '淨'이라 하였다(三國遺事硏究會, 『對校 三國遺事』 권5, 廣德嚴莊條 참조).

99 『三國遺事』 권4, 元曉不羈, "使桑樞瓮牖玃猴之輩 皆識佛陀之號 咸作南無之稱 曉之化大矣哉." 또 『破閑集』 권下(『高麗明賢集』 권2, p. 102上)에 의하면, 농사꾼(田翁)에 이르기까지 무애의 가무를 흉내내어 즐겼다고 한다.

100 『譯註 韓國古代金石文』 권3, p. 6, "忽索甁水 □西□之言曰 我見 大唐 聖善寺 被火災(결락) 灌水之處 從此池成 此□高仙寺 大師房前小池是也."

101 『佛祖統紀』 권40(『大正藏』 권49, p. 372中; 『佛祖歷代通載』 권22(『大正藏』 권49, p. 729中)

102 善無畏는 中印度 출신으로서 716년에 長安에 와서 이후 台藏系 密敎를 전파하는 데 큰 역할을 하였다. 그의 자세한 행적에 대하여는 『宋高僧傳』 권2, 善無畏傳(『大正藏』 권50, pp. 714中~716上)을 참조

103 「月光寺圓朗禪師大寶禪光塔碑」 『朝鮮金石總覽』 권上, p. 84에는 '神僧元曉'라 하여 원효를 神異僧으로 추앙하고 있다. 또 元曉傳에서는, "혹은 대야를 던져서 대중을 구하고 혹은 물을 뿌려서 불을 껐으며, 혹은 여러 곳에 모습을 나타내기도 하고 혹은 모든 방향에서 사라지기도 하였으니, 盃渡나 誌公에 견줄 수 있겠다."(『大正藏』 권50, p. 730中)라고 하여, 남북조 시대의 神異僧이었던 盃渡나 寶誌에 비견하였다(『大正藏』 권50, p. 730中).

104 원효의 대중교화 활동이 갖는 특성은 전체 동북아 불교계의 동향 속에서 비교고찰을 통하여 밝혀질 수 있을 것이다. 이와 관련하여 최근 元曉와 직간접적인 관계에 있는 圓光·慈藏·義相의 불교를 三階敎와 관련시켜 보려는 견해가 제기된 바 있다(閔泳珪, 1993 「新羅 佛敎의 定立과 三階敎」 『東方學志』 77·78·79합). 또 일본 학계에서도 行基의 대중포교 활동에 대한 원효의 영향 여부를 검토한 바 있다(田村圓澄, 1980 「行基と新羅佛敎」 『古代朝鮮佛敎と日本佛敎』, 吉川弘文館; 吉田靖雄, 1981 「行基と三階敎および元曉との關係の考察」 『舟ケ崎正孝先生退官記念 畿內地域史論集』).

1 吉藏, 『三論玄義』(『大正藏』 45, p. 5中～下)

2 龍樹, 『大智度論』 권4(『大正藏』 25, pp. 85中～86下)

3 基, 『成唯識論料簡』 권上(『續藏經』 제1집 제76투, pp. 929下～930上)

4 金俊烴, 1985 「元曉의 敎判觀硏究」, 동국대학교 박사학위논문에서 諸교판론을 상세히 소개하였다.

5 吉藏, 『三論玄義』(『大正藏』 45, p. 5中)

6 慧遠, 『大乘義章』 권1(『大正藏』 44, p. 465上)

7 吉藏, 『大乘玄論』 권5(『大正藏』 46, p. 63下)

8 法藏, 『華嚴經分齊章』 권1(『大正藏』 45, p. 480下)

9 『大乘義章』 권1 (『大正藏』 4, pp. 465上～468上, p. 483中)

10 吉藏, 『法華玄論』 권3(『大正藏』 34, p. 382中～下)

11 智顗, 『法華玄義』 권10上(『大正藏』 33, p. 801上～中)

12 宇井伯壽, 1962 『佛敎凡論』, 東京: 岩波書店, pp. 553～563

13 『大慧度經宗要』(『韓佛』 1, p. 480中), "至如唐虞之蓋天下, 周孔之冠群山, 而猶諸天說敎, 不敢逆於天則. 今我法王波若眞典, 諸天奉而仰信, 不敢違於佛敎, 以此而推去彼遠矣, 豈可同日而論乎哉."

14 『彌勒經遊意』(『大正藏』 38, pp. 263下)

15 『韓佛』 1, pp. 548中～549中

16 安啓賢, 1962 「元曉의 彌勒淨土往生思想」 『歷史學報』 17·18합, p. 248, pp. 252～257

17 위와 같음.

18 『韓佛』 1. p. 554上

19 安藤俊雄, 1968 『天台學』, 京都: 平樂寺書店, p. 303, pp. 403～408

20 『大正藏』 34, pp. 634下～635上. 그런데 平井俊榮은 吉藏이 교판론 건립에 부정적이었기 때문에 그의 三輪說 역시 교판론으로 보기는 어렵다고 하였다(平井俊榮, 1976 『中國般若思想史硏究』, 東京: 春秋社, pp. 510～511).

21 基, 『成唯識論料簡』 권上(『大日本續藏經』 제1집 제76투 제5권, p. 466右上～右下).

22 위와 같음

23 위의 책, pp. 486中~487中

24 『韓佛』 1, pp. 546中~547上

25 『大正藏』 44, pp. 465上~468上 참조. 다만 『法華經』의 종취를 慧遠은 『華嚴經』과 마찬가지로 三昧라고 한 데 비해, 원효는 一乘이라고 한 점이 다르다. 원효가 吉藏의 견해를 받아들인 것으로 추측된다.

26 『韓佛』 1, p. 547上, "天台智者 問神人言, 北立四宗 會經意不. 神人答言 失多得少. 又問, 成實論師 立五教 稱佛意不. 神人答曰, 小勝四宗 猶多過失. 然天台智者 禪惠俱通, 擧世所重 凡聖難測. 是知 佛意深遠無限, 而欲以四宗 科於經旨 亦以五時 限於佛意, 是猶以螺酌海 用管闚天者耳."

27 『妙法蓮華經玄義』 권10上(『大正藏』 33, p. 801上~中)에 따르면, 天台가 비판한 北方의 四宗說은 慧光의 四宗判이지, 慧遠의 二藏判이 아니다. 반면 원효가 비판한 北方師는 문맥상 慧遠을 가리킨다. 앞서 慧遠이 『般若經』·『法華經』·『維摩經』·『涅槃經』 등 네 대승경전의 종취를 논한 것을, 원효는 北方師의 四宗說이라고 하였는데, 教判史에서 그것을 慧遠의 四宗說로 명명한 예는 전무후무하다. 또 慧遠은 慧光 이래의 四宗判에 대하여, 자파의 학설임에도 불구하고 그것이 대승경전을 등급화한다는 점 때문에 반대의사를 분명히 하였다. 그러므로 慧遠의 四宗說은 성립되지 않는다. 아마도 원효가 慧遠과 天台를 읽는 과정에서 생긴 착오인 듯한데, 분명한 것은 이즈음 원효의 관심이 慧遠에서 天台로 이행하였다는 사실이다. 四宗判에 대하여는 高峯了州, 『華嚴思想史』, p. 103을 참조

28 『韓佛』 1, p. 547上, "欲以四宗科於經旨 亦以五時限於佛意, 是猶以螺酌海 用管窺天者耳."

29 石田茂作, 1930 『寫經より見たる奈良朝佛教の研究』, p. 80 참조

30 義天, 『新編諸宗教藏總錄』 권1(『大正藏』 55, p. 1166中), "(華嚴經)疏十卷. 本是八卷, 今開第五卷 并宗要均作十卷也, 元曉述."

31 『大正藏』 35, p. 111上~中, "唐朝海東新羅國 元曉法師 造此經疏, 亦立四教. 一三乘別教 謂如四諦教緣起經等, 二三乘通教 謂如般若經深密經等, 三一乘分教 如瓔珞經及梵網等, 四一乘滿教 謂華嚴經普賢教. 釋此四別 如彼疏中." 이 구절은 李通玄(635~730)의 『新華嚴經論』 권3(『大正藏』 36,

p. 374下)에 그대로 전재되었다.

32 『續藏經』 제1집 제5투, p. 17上, "三乘共學 名三乘敎, 不明法空 名別相敎, 通說法空 是爲通敎. 不共二乘 名一乘敎, 於中未顯普法 名隨分敎, 復明普法 名圓滿敎. 具顯如彼華嚴疏中." 이 구절은 表員, 『華嚴經文義要決問答』 권4(『韓佛』 2, p. 385中)에 전재되었다.

33 『法華宗要』(『韓佛』 1, p. 488下), "案云, 如來法身 如來藏性, 一切衆生 平等所有, 能運一切 同歸本原. 由是道理 無有異乘, 故說此法爲一乘性, 如是名爲一乘理也."

34 高翊晉, 1982 「元曉의 華嚴思想」 『韓國華嚴思想硏究』(동국대학교 불교문화연구원 편), pp. 67~68

35 澄觀, 『大方廣佛華嚴經疏』 권2(『大正藏』 35, p. 510上)

36 四諦와 十二因緣을 소승교로 보는 견해는 이미 『法華經』에도 나타난다. 즉, 권6 常不輕菩薩品(『大正藏』 9, p. 50中~下)에서, "聲聞을 구하는 이에게는 四諦法을 설하여 四苦를 극복케 하며, 벽지불을 구하는 이에게는 十二因緣을 설하며, 보살에게는 六波羅蜜을 설하여 佛智에 들게 한다."라고 하였다.

37 『大慧度經宗要』(『韓佛』 1, p. 487上), "又此經言, 欲求三乘菩提 當學般若波羅蜜. 又言, 波若波羅蜜中, 雖無法可得 而有三乘之敎."

38 木村淸孝, 1977 『初期中國華嚴思想硏究』, 東京: 春秋社, p. 441

39 李箕永, 1974 「敎判史上에서 본 元曉의 位置」 『霞城李瑄根博士古稀紀念論文集 韓國學論叢』, p. 520

40 木村淸孝, 앞의 책, p. 145

41 위와 같음

42 慧苑, 『刊定記』 권1(『續藏經』 제1집 제5투, p. 21下), "曉法師 立四敎中云, 唯名生空 名三乘別敎者. 此但是小乘敎 何用三名. 若言是三 中小與大別敎名別者, 有大乘經 爲異小乘 唯說法空, 彼亦應名三乘別敎. 又云具顯二空 名三乘通敎者, 一乘亦應名爲通敎, 分滿敎中 具二空故, 一三雖殊 空無異故. 又不共二乘 名一乘者, 法華維摩涅槃等經 應非一乘, 彼經會中有聲聞故."

43 澄觀, 『華嚴經疏』 권2(『大正藏』 35, p. 510上), "(元曉)自言 且依乘門 略立四種, 非謂此四遍攝一切 故無有失."

44 金相鉉 輯, 1993「輯逸勝鬘經疏-勝鬘經疏詳玄記 所引 元曉疏의 輯編-」『佛教學報』30, p. 450, "正法住者 是多羅藏……正法滅者 是達摩藏"이라 하여, 正法이 머무르느냐 아니면 멸하였느냐를 기준으로 경과 논을 구분하고 있다. 이러한 기준은『菩薩戒本持犯要記』에서 菩薩戒를 多羅戒와 達摩戒로 구분하는 데도 적용되었을 것이다.

45 平岡定海, 1972「新羅の審祥の教學について」『印度學佛教學硏究』20-2, pp. 83~91

46 最澄,『依憑天台集』(『日本傳教大師全集』권3, p. 358), "新羅國 華嚴宗沙門 元曉 讚天台德 證諸宗教時."

47 『大正藏』72, p. 200中. 이 자료에 대해서는 다음의 연구가 있다. 吉津宜英, 1986「新羅の華嚴教學への一視點」『新羅佛教學 SEMINAR』2; 吉津宜英, 1993「八世紀東アシア佛教硏究への展望」『韓國佛教學 SEMINAR』5.

48 義相 및 그 문도들의 활동과 사상에 대하여는, 金知見, 1973「新羅華嚴學의 系譜와 思想」『學術院論文集』12; 金相鉉, 1984「新羅中代 專制王權과 華嚴宗」『東方學志』44; 김상현, 1984「新羅 華嚴學僧의 系譜와 그 活動」『新羅文化』1; 鄭炳三, 1998『義相 華嚴思想 硏究』, 서울대학교출판부 등을 참조

49 『法界圖記叢髓錄』권下之一(『大正藏』45, p. 752中), "古辭云 曉師遇和尙決疑有三 謂一始覺同本覺 爲凡爲聖之義 二濕過海種種心之義 三此能詮所詮皆在言中之處也 曉師之意 則謂下教中實有法體 及見此文乃知 能詮所詮皆在言中 無實法體也." 이와 같이 원효는『大乘起信論疏』와『金剛三昧經論』에서 자신이 중요시하였던 始覺·本覺을 비롯하여 세 가지 의문점을 의상에게 질의하여 해결하였다고 한다.

50 均如,『釋華嚴教分記圓通抄』권8(『韓佛』4, p. 448下), "問數錢之法 誰始出也 答智儼和尙也 謂曉公華嚴宗要云 此數錢法門 儼法師所出 亦有道理 故今取之 又曉師普法記云 所言如數錢者 謂智儼法師所說之義 義湘法師傳之辭 思量此義有道理故 今須述也."

51 金仁德, 1982「表員의 華嚴學」『韓國華嚴思想硏究』(東國大學教 佛教文化硏究所 編), pp. 118~120

52 均如,『一乘法界圖圓通記』권上(『韓佛』4, p. 8上), "道身章 元曉法師曰 小

之大義能容大 大之小義入小中.” 여기서 『道身章』은 의상의 강연 내용을 그의 제자인 道身이 기록한 것이며, 위의 인용문은 均如의 다른 저술에서도 자주 보인다.

53 表員, 『華嚴經文義要決問答』 권3(『韓佛』 2, p. 377上), “又一道一切聖人所遊之路 更無別岐 故名一道……上來元曉師言 宜審記知之.”

|제12장|

1 원효의 사상과 생애를 다룬 대표적 연구는 다음과 같다. 李箕永, 1967 『元曉思想』 I 世界觀, 圓音閣; 高翊晉, 1989 『韓國古代佛敎思想史』, 東國大出版部; 金相鉉, 2000 『元曉硏究』, 民族社

2 李箕永, 1967 앞의 책; 高翊晉, 1975 「元曉思想의 實踐原理」 『崇山朴吉眞博士華甲紀念 韓國佛敎思想史』; 金恒培, 1976 「元曉, 一心思想의 本質과 그 理論的 構造」 『東國大論文集』 15; 殷貞姬, 1982 「起信論疏 · 別記에 나타난 元曉의 一心思想」, 고려대학교 박사학위논문; 김영미, 1992 「元曉의 如來藏思想과 衆生闕」 『先史와 古代』 3; 김영미, 1994 「신라 중대 초기 승려들의 인간관과 사회인식」 『역사와 현실』 12; 李平來, 1996 『新羅佛敎如來藏思想硏究』, 民族社; 南東信, 2004 「元曉의 起信論觀과 一心思想」 『韓國思想史學』 22

3 이 명구는 당나라의 義淨이 번역한 『根本說一切有部毘奈耶雜事』 20(『大正藏』 24, 298a:11) 이후에 널리 회자되었으며, 석가모니의 대표적인 전기 자료인 『佛本行集經』 33(『大正藏』 3, 808a:28)에서는 ‘天人中 唯我獨尊’이라고 하였다.

4 성열, 2008 『고따마 붓다 – 역사와 설화 – 』, 문화문고, p. 95

5 『長阿含經』 2 遊行經(『大正藏』 1, 15b:7); 『長阿含經』 6 轉輪聖王修行經(『大正藏』 1, 39a:25)

6 『大般涅槃經』 6 如來性品(『大正藏』 12, 402c:8-9)

7 遁倫, 『瑜伽論記』 13下(『大正藏』 42, 615a:17-b:2). 다만 이 구절에서 특히 뒷부분은 傳寫 과정에서 일부 글자가 탈루된 듯 그 의미가 정확하지 않

은 문제가 있는데, 여기에서는 학계의 통설을 따른다. 통상 학계에서는, 玄奘의 조심스런 건의를 戒賢이 질책하고 자신이 가르친 진리 그대로 중국에 전하라고 훈계한 것으로 해석한다.

8 一性說·五性說 논쟁의 전개 과정과 주요 논점에 대하여는, 常盤大定, 1930 『佛性の研究』, 東京 國書刊行會, pp. 221~277 및 竹村牧男, 1982 「地論宗·攝論宗·法相宗－中國唯識思想史概觀－」『講座大乘佛敎』 8 唯識思想(平川彰·梶山雄一·高崎直道 編), 東京: 春秋社, p. 291을 참조하기 바람.

9 불교 용어의 사전적 개념에 대하여는 다음의 사전류를 주로 참조하였음. 『望月佛敎大辭典』(塚本善隆 編纂代表, 1974 改定版, 世界聖典刊行協會); 『印度佛敎固有名詞辭典』(赤沼智善 編, 1979 제1판, 法藏館); 『佛敎語大辭典』(中村元, 1981, 東京書籍)

10 鳩摩羅什 譯, 『妙法蓮華經』 2(『大正藏』 9, 13a:20-26)

11 『彌勒上生經宗要』(『韓佛』 1, 550b:9-10)

12 『法華宗要』(『韓佛』 1, 487c:8-10)

13 『維摩經』 1(『大正藏』 14, 538a:18-19)

14 『金剛三昧經論』 下(『韓佛』 1, 659b:17-20)

15 宗密, 『大方廣圓覺修多羅了義經略疏』 下1(『大正藏』 39, 553b:17-18)

16 『本業經疏』 下(『韓佛』 1, 503b:14-15)

17 智顗, 『妙法蓮華經玄義』 4上(『大正藏』 33, 724b:15-17);『摩訶止觀』 1上(『大正藏』 46, 6a:18);『四敎義』 권7(『大正藏』 46, 744a:2-3)
吉藏, 『法華玄論』 6(『大正藏』 34, 413c:1-2); 『法華義疏』 6(『大正藏』 34, 527c:8)

18 『宋高僧傳』 권4 義湘傳(『大正藏』 50, 729a:05-16)

19 實叉難陀 譯, 『大方廣佛華嚴經』 권19(『大正藏』 10, 102a:29-b:01)

20 『大乘起信論』(『大正藏』 32, 577b:22)

21 『起信論疏』 上(『大正藏』 44, 214b:15-18)

22 柏木弘雄, 1981 『大乘起信論の研究』, 東京: 春秋社, p. 30

23 南東信, 2004 「元曉의 起信論觀과 一心思想」『韓國思想史學』 22, pp. 45-76 참조

24 『起信論別記』 本(『韓佛』 1, 678a:10-19)

25 『大乘起信論疏』上(『韓佛』1, 701b:7-c:23)

26 같은 책(『韓佛』1, 698b:22-c:5)

27 같은 책(『韓佛』1, 701b:24-c:2)

28 같은 책(『韓佛』1, 704a:8-14)

29 같은 책(『韓佛』1, 704c:16-705a:6)

30 같은 책(『韓佛』1, 705a:17-b:1)

31 『大乘起信論』(『大正藏』32, 576b:7-9)

32 『起信論別記』本(『韓佛』1, 682c:11-20)

33 高翊晉, 1989『韓國古代佛教思想史』, 동국대학교출판부, p. 237

34 均如, 『釋華嚴教分記圓通鈔』3(『韓佛』4, 324c:2-9)

35 『大乘起信論』(『大正藏』32, 577b:16-23)

36 원효는『二障義』에서, 起信論系의 智碍·煩惱碍를 隱密門에, 瑜伽系의 所知障·煩惱障를 顯了門에 각각 배당한 다음 전자의 우위 하에 후자를 포섭하는 방식을 취하였다. 좀 더 구체적인 내용은 横超慧日, 1940「元曉の二障義について」『東方學報』11-1을 참조하기 바람.

37 『三國遺事』4 元曉不羈(『大正藏』49, 1006a:7)

38 素雲, 1993「淨影寺慧遠における戒律思想の硏究」, 동국대학교 석사학위논문

39 佐藤達玄, 1986『中國佛教における戒律の硏究』, 東京 木耳社, pp. 412~417

40 같은 책, p. 406

41 甘蔗圓達, 1939「道宣の支那戒律史上に於ける地位」『支那佛教史學』3-2, pp. 13~19; 佐藤達玄, 1986 앞의 책, pp. 84~88, pp. 138~139

42 崔源植은 원효의 연구가 차지하는 사상사적 위치를 인정하되, 원효의 계율사상이 통일기 신라 승려들에게 미친 영향은 그리 크지 않았다고 보았다(崔源植, 1999『新羅菩薩戒思想史硏究』, 民族社, pp. 96~98).

43 石田茂作, 1930『寫經よに見たる奈良朝佛教の硏究』, 東京 東洋文庫, pp. 120~122

44 田村晃祐, 1995「大乘戒思想の展開」『日本仏教論－東アジアの仏教思想－』(高崎直道/木村清孝 編), 東京 春秋社, pp. 52~60 참조. 最澄은 南

都佛敎로부터 天台宗壇을 독립시키고자 大乘戒壇을 별도로 설치하였는데, 그가 『顯戒論』에서 元曉의 『菩薩戒本持犯要記』를 인용하였음은 학자들이 일찍부터 주목한 바 있다[鹽入良道, 1983 「新羅元曉大師撰『宗要』の特質」『天台學報』 26, p. 20).

45 『梵網經』 下(『大正藏』 24, 1005c:05-07)

46 같은 책(『大正藏』 24, 1004a:23-1009c:04)

47 같은 책(『大正藏』 24, 1004b:07-10)

48 같은 책(『大正藏』 24, 1006c:14-15)

49 이하 원효의 계율사상에 대하여는 南東信, 2001 「元曉의 戒律思想」『韓國思想史學』 17, pp. 251~282를 참조하기 바람.

50 『維摩經』 上(『大正藏』 14, 541c:25-27)

51 같은 책(『大正藏』 14, 539a:15-29)

52 『大覺國師文集』 17 「孤大山景福寺飛來方丈禮普德聖師影」(『韓佛』 4, 559a:10-18); 『大覺國師文集』 19 「到盤龍山延福寺禮普德聖師飛房舊址」(『韓佛』 4, 563c:16-20)

53 『金剛三昧經論』 下(『韓佛』 1, 659b:17-20)

54 『金剛三昧經』 1(『大正藏』 9, 370b:4-8)

55 『金剛三昧經論』 中(『韓佛』 1, 647a:3-6)

56 『涅槃經』 7(『大正藏』 12, 403c:04-06)

57 원효와 요석공주의 결혼에 대하여는, 南東信, 1998 「元曉와 新羅中代王室의 關係」『元曉思想』(원효연구원 편저 논문집 1), 신우당, pp. 147~158 참조

58 『四分律』 권1(『大正藏』 22, 570c:07-09)

59 『三國遺事』 권4 元曉不羈(『大正藏』 49, 1006b:10-16)

60 『華嚴經』 권5 四諦品(『大正藏』 9, 429b:19)

61 『華嚴經』 권25 十地品(『大正藏』 9, 556c:03)에는, 難勝地의 보살이 중생을 교화할 때 사용한 여러 가지 방편행이 제시되어 있는데, 그 가운데 '妓樂歌舞 戲笑歡娛'가 포함되었다.

62 『三國遺事』 권4 元曉不羈(『大正藏』 49, 1006b:19-20)

63 『華嚴經』 十廻向品이 원효가 대중교화에 나서는 계기가 되었음은 일찍이 지적된 바 있다(金煐泰, 1987 『新羅佛敎研究』, 民族文化社, pp. 141-146).

64 『華嚴經』 권23 十地品(『大正藏』 9, 547b:14-21)

65 『三國遺事』 권4 元曉不羈(『大正藏』 49, 1006b:20-21)

66 『三國遺事』 권4 蛇福不言(『大正藏』 49, 1007b:02-06)

67 『三國遺事』 권5 廣德嚴莊(『大正藏』 49, 1012c:13-16). 1512년 간행본에는 '錚觀法'이라 하였지만, 내용상 1394년 간행본의 '錘觀法'에 따른다.

68 『宋高僧傳』 권4 元曉(『大正藏』 50, 730b:19-22)

69 『佛說阿彌陀經疏』(『韓佛』 1, 562c:12-22)

70 『無量壽經宗要』(『韓佛』 1, 553c:15-16)

71 南東信 譯註, 「高仙寺 誓幢和上碑」(韓國古代社會硏究所 編, 1992 『譯註 韓國古代金石文』 권3, 駕洛國史蹟開發硏究院, p. 6)

72 『佛祖統紀』 권40(『大正藏』 49, 372b:21)

73 「月光寺圓朗禪師大寶禪光塔碑」 『朝鮮金石總覽』 권上, p. 84

74 『宋高僧傳』 4 元曉(『大正藏』 50, 730b:19-22)

75 특히 元曉와 行基의 영향 관계에 대하여는 吉田靖雄, 1981 「行基と三階敎および元曉との關係の考察」 『舟ケ崎正孝先生退官記念 畿內地域史論集』을 참조하기 바람.

76 남동신, 2021 「校勘譯註 聖住寺朗慧和尙白月葆光塔碑」 『韓國史論』 67, 서울대학교 국사학과, p. 294, p. 337

|제13장|

1 崔柄憲, 1987 「高麗佛敎界에서의 元曉 理解」 『元曉硏究論叢』, 國土統一院, pp. 651~655. 高麗 肅宗 6년(1101)의 和諍國師 추봉도(『高麗史』 권11, 肅宗 6년 8월 癸巳) 이러한 움직임과 관련 있다.

참고문헌

1. 자료

1) 史書 · 文集 · 金石文 · 辭典 등

『三國史記』 『三國遺事』
『高麗史』 『韓國佛敎全書』
『(國譯)元曉聖師全書』 『海東高僧傳』
『東師列傳』 『朝鮮佛敎通史』
『新編諸宗敎藏總錄』 『大覺國師文集』
『崔文昌侯全集』 『東國李相國集』
『破閑集』 『補閑集』
『東文選』 『新增東國輿地勝覽』
『韓國寺志叢書』 『大東金石書』
『海東金石苑』 『朝鮮金石總覽』
『韓國金石全文』 『黃壽永全集4』 권4(금석유문)
『譯註 韓國古代金石文』 『校勘譯註 歷代高僧碑文』
『譯註 羅末麗初金石文』 『韓國寺刹全書』
『高仙寺址發掘調査報告書』(文化財管理局 慶州史蹟管理事務所, 1977)
『佛敎辭典』(耘虛龍夏, 1961, 東國譯經院)
『佛典解說事典』(鄭承碩 編, 1989, 民族社)
『韓國佛敎撰述文獻總錄』(東國大學校 佛敎文化研究所 編, 1976)
『元曉研究論著目錄』(中央僧伽大學校 佛敎史學研究所, 1996)
『元曉大師』(국립경주박물관, 2010 신라 역사 인물 특별전1 도록)
『舊唐書』 『新唐書』
『唐六典』 『梁高僧傳』
『續高僧傳』 『宋高僧傳』

『佛祖統紀』 『佛祖歷代通載』
『出三藏記集』 『衆經目錄』
『大唐內典錄』 『日本書紀』
『大日本古文書』(東京帝國大學 文學部 史料編纂掛 編)
『東域傳燈目錄』 『入唐求法巡禮行記』
『佛敎語大辭典』(中村元, 1981, 東京書籍)
『佛書解說大辭典』(小野玄妙 編纂, 1968 重版, 大東出版社)
『望月佛敎大辭典』(塚本善隆 編纂代表, 1974 改定版, 世界聖典刊行協會)
『印度佛敎固有名詞辭典』(赤沼智善 編, 1979 제1판, 法藏館)
『佛敎人名辭典』(三枝充悳 編, 1987, 法藏館)
『中國佛敎史辭典』(鎌田茂雄 編, 1981, 東京堂出版)
『仏敎史年表』(山崎 宏 · 笠原一男 監修, 1979, 法藏館)
『大正新修大藏經』

2) 經論類

『金剛般若經』(『大正藏』 8)
『仁王般若經』(『大正藏』 8)
『妙法蓮華經』(『大正藏』 9)
『金剛三昧經』(『韓佛』 1; 『大正藏』 9)
『華嚴經』 60권본(『大正藏』 9) / 80권본(『大正藏』 10)
『涅槃經』(『大正藏』 12)
『大方等無想經』(『大正藏』 12)
『文殊師利涅槃經』(『大正藏』 14)
『維摩經』(『大正藏』 14)
『彌勒下生經』(『大正藏』 14)
『占察經』(『大正藏』 17)
『四分律』(『大正藏』 22)
『梵網經』(『大正藏』 24)
『菩薩瓔珞本業經』(『大正藏』 24)
『大智度論』(『大正藏』 25)
『大乘起信論』(『大正藏』 32)

3) 疏抄類

(1) 중국
僧肇, 『肇論』(『大正藏』 45)

慧遠,『大乘義章』(『大正藏』 44)
智顗,『仁王護國般若經疏』(『大正藏』 33)
____,『法華玄義』(『大正藏』 33)
吉藏,『法華玄論』(『大正藏』 34)
____,『涅槃經遊意』(『大正藏』 38)
____,『彌勒經遊意』(『大正藏』 38)
____,『三論玄義』(『大正藏』 45)
____,『大乘玄論』(『大正藏』 46)
智儼,『華嚴五十要問答』(『大正藏』 45)
道宣,『律相感通傳』(『大正藏』 45)
____,『道宣律師感通錄』(『大正藏』 52)
____,『廣弘明集』(『大正藏』 52)
____,『四分律拾毘尼義鈔』(『大日本續藏經』 제1집 제71투)
____,『四分律刪繁補闕行事鈔』(『大正藏』 40)
道世,『法苑珠林』(『大正藏』 53)
基,『成唯識論料簡』(『大日本續藏經』 제1집 제76투)
彦悰,『大唐大慈恩寺三藏法師傳』(『大正藏』 50)
靖邁,『古今譯經圖記』(『大正藏』 55)
法藏,『華嚴經傳記』(『大正藏』 51)
____,『華嚴經探玄記』(『大正藏』 35)
____,『華嚴一乘敎義分齊章』(『大正藏』 45)
____,『十二門論宗致義記』(『大正藏』 42)
慧苑,『刊定記』(『大日本續藏經』 제1집 제5투)
澄觀,『華嚴經疏』(『大正藏』 35)
胡幽貞,『大方廣佛華嚴經感應傳』(『大正藏』 51)
義淨,『大唐西域求法高僧傳』(『大正藏』 51)
延壽,『宗鏡錄』(『大正藏』 48)
元照,『芝園遺編』(『大日本續藏經』 제2편 제10투)

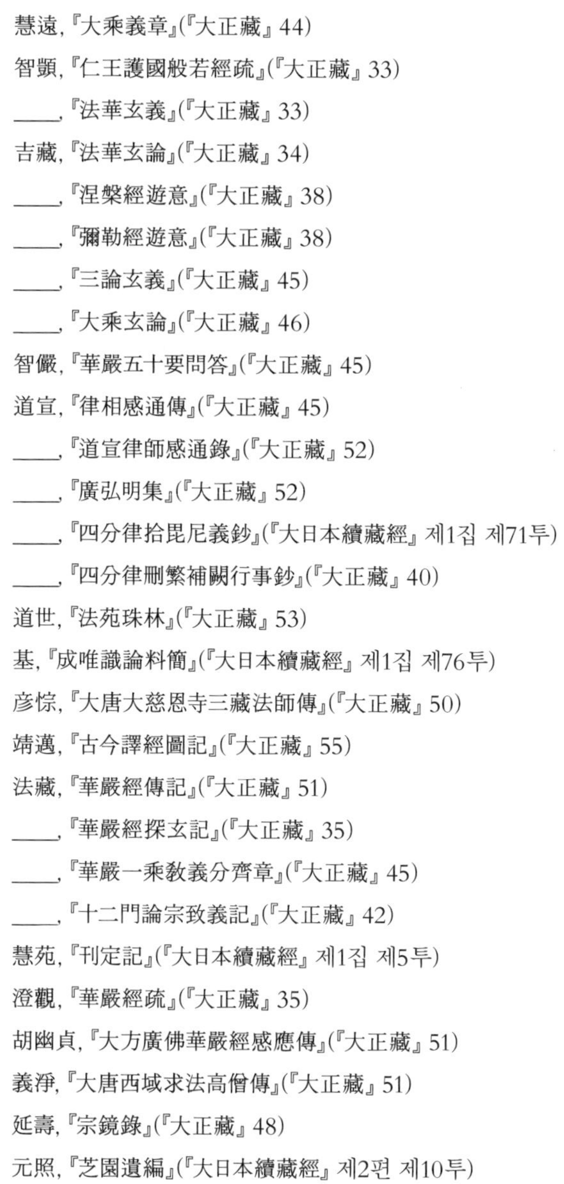

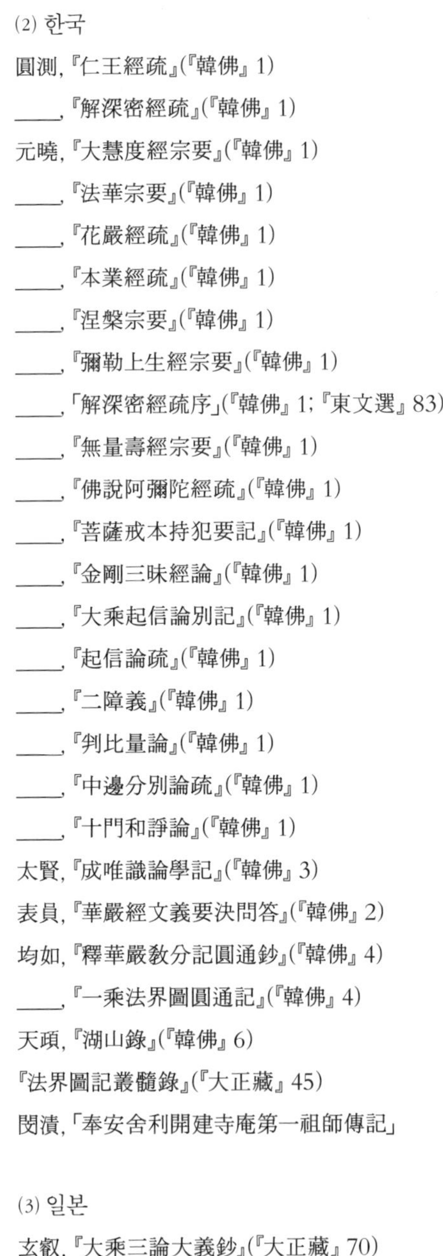

(2) 한국

圓測, 『仁王經疏』(『韓佛』 1)

____, 『解深密經疏』(『韓佛』 1)

元曉, 『大慧度經宗要』(『韓佛』 1)

____, 『法華宗要』(『韓佛』 1)

____, 『花嚴經疏』(『韓佛』 1)

____, 『本業經疏』(『韓佛』 1)

____, 『涅槃宗要』(『韓佛』 1)

____, 『彌勒上生經宗要』(『韓佛』 1)

____, 「解深密經疏序」(『韓佛』 1; 『東文選』 83)

____, 『無量壽經宗要』(『韓佛』 1)

____, 『佛說阿彌陀經疏』(『韓佛』 1)

____, 『菩薩戒本持犯要記』(『韓佛』 1)

____, 『金剛三昧經論』(『韓佛』 1)

____, 『大乘起信論別記』(『韓佛』 1)

____, 『起信論疏』(『韓佛』 1)

____, 『二障義』(『韓佛』 1)

____, 『判比量論』(『韓佛』 1)

____, 『中邊分別論疏』(『韓佛』 1)

____, 『十門和諍論』(『韓佛』 1)

太賢, 『成唯識論學記』(『韓佛』 3)

表員, 『華嚴經文義要決問答』(『韓佛』 2)

均如, 『釋華嚴敎分記圓通鈔』(『韓佛』 4)

____, 『一乘法界圖圓通記』(『韓佛』 4)

天頙, 『湖山錄』(『韓佛』 6)

『法界圖記叢髓錄』(『大正藏』 45)

閔漬, 「奉安舍利開建寺庵第一祖師傳記」

(3) 일본

玄叡, 『大乘三論大義鈔』(『大正藏』 70)

善珠,『成唯識論本文抄』(『大正藏』 65)
____,『因明論疏明燈抄』(『大正藏』 68)
最澄,『依憑天台集』(『日本傳敎大師全集』 3)
順高,『起信論本疏聽集記』(『大日本佛敎全書』 92)
凝然,『律宗瓊鑑章』(『大日本佛敎全書』 105)
____,『梵網戒本疏日珠鈔』 권1(『大正藏』 62)
明惠,『華嚴祖師繪傳』(日本 高山寺 所藏)
眞圓,『菩薩戒本持犯要記助覽集』(『日本大藏經』 22)

2. 연구논저

1) 저서

(1) 한국어

고영섭, 1997『원효』, 한길사
______, 1999『文雅大師』, 佛敎春秋社
______, 2001『원효탐색』, 연기사
高翊晉, 1987『韓國撰述佛書의 硏究』, 民族社
______, 1989『韓國古代佛敎思想史』, 東國大出版部
곽승훈, 2002『통일신라시대의 정치변동과 불교』, 國學資料院
국사편찬위원회 편, 2007『신앙과 사상으로 본 불교 전통의 흐름』, 두산동아
기무라 기요타카 지음, 정병삼 외 옮김, 2005『중국화엄사상사』, 민족사
金基興, 1991『삼국 및 통일신라 세제의 연구』, 역사비평사
金達鎭 譯, 高翊晉 解說, 1986『金剛三昧經論』, 열음사
金杜珍, 1995『義湘 - 그의 생애와 화엄사상 -』, 민음사
金福順, 1990『新羅華嚴宗硏究』, 民族社
______, 2002『한국고대불교사연구』, 民族社
______, 2008『新思潮로서의 신라 불교와 왕권』, 景仁文化社
김상일, 2004『元曉의 判批量論 비교 연구』, 지식산업사

金相鉉, 1991 『新羅華嚴思想史研究』, 民族社

______, 1994 『역사로 읽는 원효』, 고려원

______, 2000 『元曉研究』, 民族社

김성철, 2003 『원효의 판비량론 기초 연구』, 지식산업사

김성철 외, 2013 『동아시아에 있어서 불성·여래장 사상의 수용과 변용』, 씨아이알

金英美, 1994 『新羅佛教思想史研究』, 民族社

金煐泰, 1987 『新羅佛教研究』, 民族文化社

김재경, 2007 『신라 토착신앙과 불교의 융합사상사 연구』, 民族社

金元龍, 1967 『芬皇寺石佛群』(古蹟調査報告 第一冊), 文化財管理局

김창호, 2007 『한국 고대 불교고고학의 연구』, 서경문화사

金哲埈, 1990 『韓國古代社會研究』, 서울대출판부

김형효, 2006 『원효의 대승철학』, 소나무

나희라, 2003 『신라의 국가제사』, 지식산업사

落合俊典 編集·解說, 金眞器 譯, 1988 『禪林寺藏新羅元曉撰兩卷無量壽經宗要』(影印), 民族社

남동신, 1999 『원효』, 새누리

남동신 외, 2020 『대동금석서 연구』, 한국학중앙연구원

藤能成(후지 요시나리), 2001 『원효의 정토사상 연구』, 民族社

朴南守, 1996 『新羅手工業史』, 新書苑

朴相國, 1987 『全國寺刹所藏木板集』, 文化財管理局

朴鍾鴻, 1972 『韓國思想史』(佛教思想篇), 瑞文堂

박찬국, 2010 『원효와 하이데거의 비교 연구 – 인간관을 중심으로 – 』, 서강대학교출판부

朴太源, 1994 『大乘起信論思想研究(I)』, 民族社

石田瑞麿 著·李英子 譯, 1988 『日本佛教史』, 民族社

성열, 2008 『고따마 붓다: 역사와 설화』, 문화문고

시즈타니 마사오·스구로 신죠오 지음, 정호영 옮김, 1991 『大乘의 世界』, 대원정사

辛鍾遠, 1992 『新羅初期佛教史研究』, 民族社

申賢淑, 1988 『元曉의 認識과 論理學』, 民族社

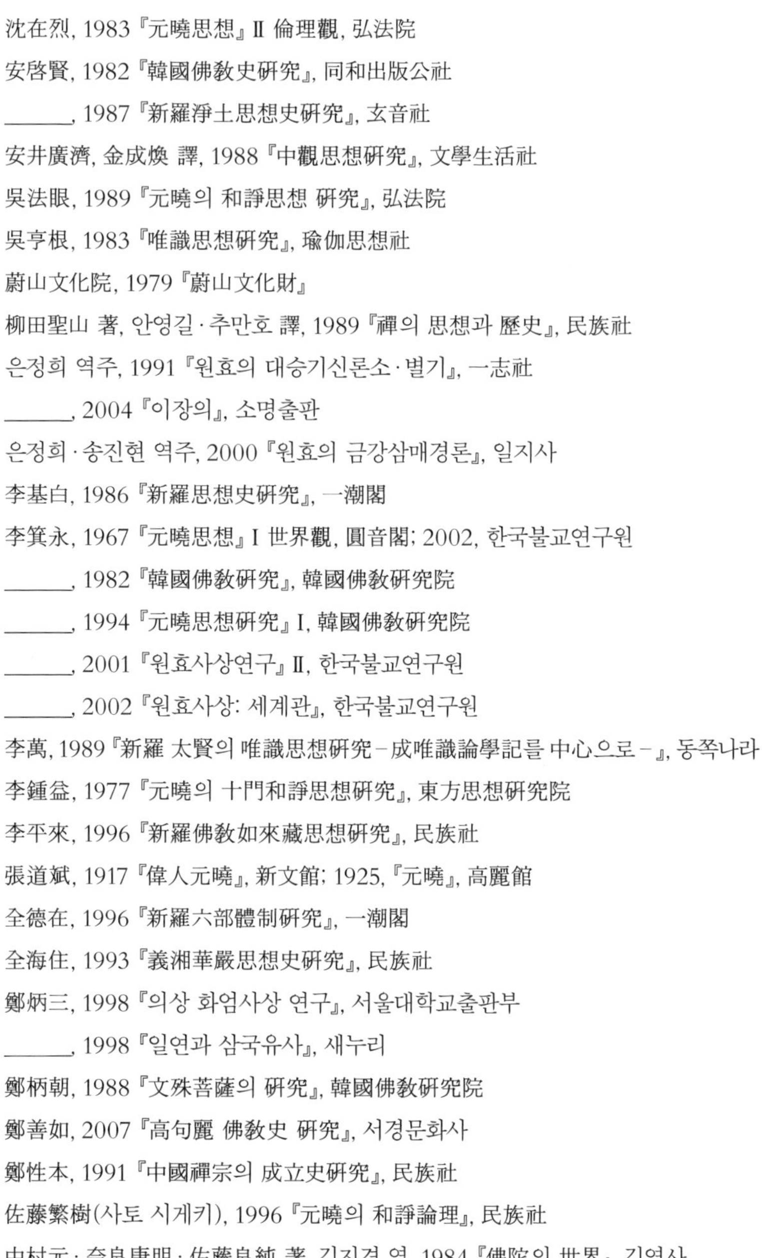

沈在烈, 1983『元曉思想』Ⅱ 倫理觀, 弘法院

安啓賢, 1982『韓國佛敎史硏究』, 同和出版公社

______, 1987『新羅淨土思想史硏究』, 玄音社

安井廣濟, 金成煥 譯, 1988『中觀思想硏究』, 文學生活社

吳法眼, 1989『元曉의 和諍思想 硏究』, 弘法院

吳亨根, 1983『唯識思想硏究』, 瑜伽思想社

蔚山文化院, 1979『蔚山文化財』

柳田聖山 著, 안영길·추만호 譯, 1989『禪의 思想과 歷史』, 民族社

은정희 역주, 1991『원효의 대승기신론소·별기』, 一志社

______, 2004『이장의』, 소명출판

은정희·송진현 역주, 2000『원효의 금강삼매경론』, 일지사

李基白, 1986『新羅思想史硏究』, 一潮閣

李箕永, 1967『元曉思想』Ⅰ 世界觀, 圓音閣; 2002, 한국불교연구원

______, 1982『韓國佛敎硏究』, 韓國佛敎硏究院

______, 1994『元曉思想硏究』Ⅰ, 韓國佛敎硏究院

______, 2001『원효사상연구』Ⅱ, 한국불교연구원

______, 2002『원효사상: 세계관』, 한국불교연구원

李萬, 1989『新羅 太賢의 唯識思想硏究 – 成唯識論學記를 中心으로 – 』, 동쪽나라

李鍾益, 1977『元曉의 十門和諍思想硏究』, 東方思想硏究院

李平來, 1996『新羅佛敎如來藏思想硏究』, 民族社

張道斌, 1917『偉人元曉』, 新文館; 1925,『元曉』, 高麗館

全德在, 1996『新羅六部體制硏究』, 一潮閣

全海住, 1993『義湘華嚴思想史硏究』, 民族社

鄭炳三, 1998『의상 화엄사상 연구』, 서울대학교출판부

______, 1998『일연과 삼국유사』, 새누리

鄭柄朝, 1988『文殊菩薩의 硏究』, 韓國佛敎硏究院

鄭善如, 2007『高句麗 佛敎史 硏究』, 서경문화사

鄭性本, 1991『中國禪宗의 成立史硏究』, 民族社

佐藤繁樹(사토 시게키), 1996『元曉의 和諍論理』, 民族社

中村元·奈良康明·佐藤良純 著, 김지견 역, 1984『佛陀의 世界』, 김영사

蔡尙植, 1981『高麗後期佛敎史硏究』, 一潮閣
최광식, 2007『한국고대의 토착신앙과 불교』, 고려대학교출판부
최병헌 외, 2013『한국불교사 연구 입문』상, 지식산업사
최봉익, 1975『조선철학사상사연구(고대~근세)』, 평양 사회과학출판사
______, 1986『조선철학사개요 - 주체사상에 의한『조선철학사』(1962)의 지양 -』, 평양 사회과학출판사; 1989, 한마당 영인
최연식, 2009『校勘 大乘四論玄義記』, 불광출판사
崔源植, 1999『新羅菩薩戒思想史硏究』, 民族社
平川彰, 沈法諦 譯, 1989『초기대승불교의 종교생활』, 민족사
韓永愚, 1983『鄭道傳思想의 硏究』(改正版), 서울대학교출판부
洪潤植, 1985『三國遺事와 韓國古代文化』, 圓光大學校出版局

(2) 외국어
鎌田茂雄, 1965『中國華嚴思想史の硏究』, 東京 東京大學出版會
________, 1999『中國佛敎史』, 東京大學出版會
高崎直道, 1974『如來藏思想の硏究 - インド大乘佛敎思想硏究 -』, 東京 春秋社
高峯了州, 1942『華嚴思想史』, 京都 百華苑
關口眞大, 1967『達磨の硏究』, 東京 岩波書店
金剛大學校佛敎文化硏究所 篇, 2010『地論思想の形成と變容』, 東京 國書刊行會
吉田靖雄, 1987『行基と律令國歌』, 東京 吉川弘文館
吉津宜英, 1985『華嚴禪の思想史的硏究』, 東京 大東出版社
________, 1991『華嚴一乘思想の硏究』, 東京 大東出版社
道端良秀, 1957『唐代佛敎史の硏究』, 京都 法藏館
________, 2004『隋唐時代の佛敎と社會』, 東京 白帝社
藤善眞澄, 2002『道宣伝の硏究』, 京都 京都大学學術出版會
末松保和, 1954『新羅史の諸問題』, 東京 東洋文庫
望月信亨, 1922『大乘起信論之硏究』, 東京 金尾文淵堂
木村淸孝, 1977『初期中國華嚴思想硏究』, 東京 春秋社
柏木弘雄, 1981『大乘起信論の硏究』, 東京 春秋社
福士慈稔, 2004『新羅元曉硏究』, 東京 大東出版社

富貴原章信, 1967『元曉,判比量論の研究』, 京都 便利堂
山崎宏, 1942『支那中世佛教史の展開』, 東京 清水書店
______, 1967『隋唐佛教史の研究』, 京都 法藏館
常盤大定, 1930『佛性の研究』, 東京 國書刊行會
桑山正進·袴谷憲昭, 1981『玄奘』, 東京 大藏出版
石田茂作, 1930『寫經よに見たる奈良朝佛教の研究』, 東京 東洋文庫
矢吹慶輝, 1927『三階教之研究』, 東京 岩波書店
深浦正文, 1954『唯識學研究』, 京都 永田文昌堂
安藤俊雄, 1968『天台學』, 京都 平樂寺書店
楊廷福, 1988『玄奘年譜』, 北京 中華書局出版
王麗榮 編著, 1986『大興善寺』, 陝西省 三秦出版社
宇井伯壽, 1935『禪宗史研究』, 東京 岩波書店
________, 1958『瑜伽論研究』, 東京 岩波書店
柳田聖山, 1967『初期禪宗史書の研究』, 京都 禪文化研究所
李富華·何梅, 2003『漢文佛教大藏經研究』, 北京 宗教文化出版社
李裕民 審訂, 1989『淸凉山志』, 山西省 人民出版社
任繼愈 主編, 1988『中國佛教史』, 北京 社會科學出版社
佐藤達玄, 1986『中國佛教における戒律の研究』, 東京 木耳社
竹村牧男, 1993『大乘起信論讀釋』(改訂版), 東京 山喜房佛書林
辻善之助, 1943『日本佛教史之研究(續編)』(第四版), 東京 金港堂書籍
蔡印幻, 1977『新羅佛教戒律思想研究』, 東京 國書刊行會
塚本善隆, 1942『支那佛教史研究(北魏篇)』, 淸水弘文館書房
土橋秀高, 1980『戒律の研究』, 京都 永田文昌堂
蔡印幻, 1977『新羅佛教戒律思想研究』, 東京 國書刊行會
平井俊榮, 1976『中國般若思想史研究－吉藏と三論學派－』, 東京 春秋社
黃心川·葛黔君 主編, 1995『玄奘研究文集』, 鄭州 中州古籍出版社
橫超慧日, 1958『中國佛教の研究』, 京都 法藏館
橫超慧日·村松法文, 1979『新羅元曉撰二障義』研究篇, 京都 平樂寺書店
Richard D. McBride, Ⅱ, 2008, *Domesticating the Dharma*: Buddhist Cults and the Hwaŏm Synthesis in Silla Korea, University of Hawaii Press

Robert E. Buswell, Jr., 1989, *The Formatino of Ch'an Ideology in Chian and Korea*–The Vajrasamādhi-Sūtra, a Buddhis Apocryphon–, Princeton University Press, Princeton, New Jersey

2) 논문

(1) 한국어

高翊晉, 1973「元曉의 起信論疏·別記를 통해 본 眞俗圓融無碍觀과 그 성립이론」『佛教學報』10

______, 1975「元曉思想의 實踐原理」『崇山朴吉眞博士華甲紀念 韓國佛教思想史』

______, 1981「元曉思想의 史的 意義」『東國思想』14

______, 1982「元曉의 華嚴思想」『韓國華嚴思想硏究』(東國大佛教文化硏究所 編)

______, 1985「三國時代 大乘教學에 대한 硏究」『哲學思想의 諸問題』Ⅲ, 정신문화연구원

權悳永, 1994「唐 武宗의 廢佛과 新羅 求法僧의 動向」『정신문화연구』17-1

吉津宜英, 2005「元曉『大乘起信論別記』의 위치 여부」『元曉學硏究』10

金南允, 1995「新羅 法相宗 硏究」, 서울대학교 박사학위논문

金東旭, 1957「新羅淨土思想의 展開와 願往生歌」『中央大論文集』2; 1961『韓國歌謠의 硏究』, 乙酉文化社

金杜珍, 1985「新羅 上古代末 初傳佛教의 受容」『千寬宇先生還曆紀念 韓國史學論叢』

金文經, 1970「儀式을 통한 佛教의 大衆化運動」『史學志』4

金思燁, 1963「元曉大師と願往生歌」『朝鮮學報』27

金福順, 2010「신라 중고기 불교와『법화경』-『삼국유사』「낭지승운 보현수」조를 중심으로-」『新羅文化祭學術論文集』31

金相鉉, 1988「新羅誓幢和上碑의 再檢討」『蕉雨黃壽永博士古稀紀念 美術史學論叢』, 通文館

______, 1989「元曉行蹟에 關한 몇 가지 新資料의 檢討」『新羅文化』5

______, 1992「『金剛三昧經』의 緣起說話考」『伽山李智冠스님華甲紀念論叢 韓國佛教文化思想史』上

______, 1993 「三國遺事 元曉 關係 記錄의 檢討」『新羅佛敎의 再照明新羅文化祭學術發表會論文集』(新羅文化祭學術發表會論文集 14)
______, 1993 「新羅 法相宗의 成立과 順璟」『伽山學報』 2
______, 1993 「輯逸勝鬘經疏－勝鬘經疏詳玄記所引 元曉疏의 編輯－」『佛敎學報』 30
______, 1994 「輯逸金光明經疏－金光明最勝王經玄樞 所引 元曉疏의 編輯－」『東洋學』 24
______, 1994 「고려시대의 원효 인식」『정신문화연구』 54
______, 1995 「元曉 和諍思想의 硏究史的 검토」『佛敎硏究』 11
______, 1995 「元曉師逸書輯編」『新羅文化』 10 · 11합
金英美, 1992 「元曉의 如來藏思想과 衆生觀」『先史와 古代』 3; 1994 『新羅佛敎思想史硏究』, 民族社
______, 1993 「元曉의 阿彌陀信仰과 淨土觀」『伽山學報』 2; 1994 『新羅佛敎思想史硏究』, 民族社
金映遂, 1937 「五敎兩宗에 對하여」『震檀學報』 8
金煐泰, 1969 「新羅佛敎大衆化의 歷史와 그 思想硏究」『佛敎學報』 6; 1987 『新羅佛敎硏究』, 民族文化社 재수록
______, 1969 「僧侶郞徒攷－花郞道와 佛敎와의 관계 一考察－」『佛敎學報』 7; 1987 『新羅佛敎硏究』, 民族文化社 재수록
______, 1980 「傳記와 說話를 통한 元曉硏究」『佛敎學報』 17
______, 1980 「元曉小名誓幢에 대하여」『韓國佛敎學』 5
______, 1983 「三國時代의 法華受容과 그 信仰」『韓國天台思想硏究』(東國大學校 佛敎文化硏究所 編)
______, 1988 「新羅에서 이룩된 金剛三昧經」『佛敎學報』 25
______, 1996 「芬皇寺와 元曉의 관계史的 考察」『元曉學硏究』 1
金侖禹, 1988 「韓國古刹의 位置 · 沿革考(Ⅳ)」『東洋學簡報』 8
金仁德, 1982 「表員의 華嚴學」,『韓國華嚴思想硏究』(東國大佛敎文化硏究所 編)
金在庚, 1982 「新羅 阿彌陀信仰의 成立과 그 背景」『韓國學報』 29
金鍾宜, 1992 「元曉의 思想體系에 關한 硏究」, 부산대학교 박사학위논문
김종인, 2006 「원효 저술 번역의 현황과 과제」『철학사상』 23

金俊烴, 1985「元曉의 敎判觀硏究」, 동국대박사학위논문
金知見, 1973「新羅華嚴學의 系譜와 思想」『學術院論文集』12
金哲埈, 1952「新羅上代社會의 Dual Organization(下)」『歷史學報』3; 1990『韓國古代社會硏究』, 서울대학교출판부 재수록
金夏雨, 1982「三論과 華嚴系(元曉 · 法藏系)의 轉悟方式」『哲學硏究』7
金恒培, 1976「元曉, 一心思想의 本質과 그 理論的 構造」『東國大論文集』15
金惠婉, 1991「新羅時代 彌勒信仰의 硏究」, 성균관대학교 박사학위논문
金勳, 2005「中國佛敎史에 있어서의 元曉의 位相」『元曉學硏究』10
羅喜羅, 1990「新羅初期 王의 性格과 祭祀」『韓國史論』23, 서울대학교 국사학과
南東信, 1988「元曉의 敎判論과 그 佛敎史的 位置」『韓國史論』20, 서울대학교 국사학과
______, 1991「삼국 및 통일신라기 불교사의 인식과 방법론」『韓國古代史論叢』2
______, 1992「慈藏의 佛敎思想과 佛敎治國策」『韓國史硏究』76
______, 1995「慈藏定律과 四分律」『佛敎文化硏究』4
______, 1995「元曉의 大衆敎化와 思想體系」, 서울대학교 박사학위논문
______, 1998「元曉와 新羅中代王室의 關係」『元曉思想』(원효연구원 편저 논문집 1), 신우당
______, 1998「新羅 中代佛敎의 成立에 관한 硏究 –『金剛三昧經』과『金剛三昧經論』의 분석을 중심으로 –」『韓國文化』21
______, 1999「元曉와 芬皇寺 關係의 史的 推移」『新羅文化祭學術發表會論文集』20(芬皇寺의 再照明)
______, 2001「三國統一과 佛敎界의 動向 – 中代初 국가와 불교 교단의 관계를 중심으로 –」『韓國古代史硏究』23
______, 2001「元曉의 戒律思想」『韓國思想史學』17
______, 2004「元曉의 起信論觀과 一心思想」『韓國思想史學』22
______, 2005「동아시아佛敎와 元曉의 和諍思想」『元曉學硏究』10
______, 2008「玄奘의 印度 求法과 玄奘像의 推移 – 西域記, 玄奘傳, 慈恩傳의 비교 검토를 중심으로 –」『불교학연구』20
______, 2019「『三國遺事』의 성립사 연구」『韓國思想史學』61
______, 2020「원효에게 인간을 묻다」『인간을 다시 묻는다』(서울대학교 인문대

학 편), 서울대학교출판문화원
______, 2020「甘山寺 阿彌陁佛像과 彌勒菩薩像 造像記의 연구」『美術資料』 98
______, 2021「校勘譯註 聖住寺朗慧和尙白月葆光塔碑」『韓國史論』 67, 서울대학교 국사학과
南希叔, 1991「新羅 法興王代 佛敎收容과 그 主導勢力」『韓國史論』 25, 서울대학교 국사학과
盧泰敦, 1978「羅代의 門客」『韓國史硏究』 21 · 22합
동국대학교불교학자료실, 1993「元曉關係 硏究論著 總合索引」『多寶』 6
로버트 버스웰, 1995「문화적 · 종교적 원형으로서의 원효－한국 불교 고승전에 대한 연구－」『佛敎硏究』 11 · 12합
閔泳珪, 1953「元曉論」『思想界』 1-6
______, 1959「新羅章疏錄長編(不分卷)」『白性郁博士頌壽記念 佛敎學論文集』
______, 1993「新羅 佛敎의 定立과 三階敎」『東方學志』 77 · 78 · 79합
朴性焙, 1979「元曉思想 展開의 問題點－朴鍾鴻博士의 경우－」『金奎榮博士華甲記念論文集 東西哲學의 諸問題』
______, 1980「敎判論을 中心으로 본 元曉와 義湘」『新羅義湘의 華嚴思想』(大韓傳統佛敎硏究院主催 제3회 國際佛敎學術會議發表文)
朴鍾鴻, 1963, 1964「元曉의 哲學思想」『韓國思想』 6, 7; 1982『朴鍾鴻全集』 Ⅳ, 螢雪出版社 재수록
朴太源, 1990「元曉의 起信論觀 理解를 둘러싼 問題點 小考－別記 大意文 句節의 理解를 中心으로－」『東洋哲學』 1
______, 2001「『金剛三昧經』 · 『金剛三昧經論』과 원효사상(I)－中觀 · 唯識의 화쟁적 종합을 중심으로－」『元曉學硏究』 5
徐永大, 1991「韓國古代 神觀念의 社會的 意味」, 서울대학교 박사학위논문
石吉岩, 2003「元曉의 普法華嚴思想 硏究」, 東國大學敎 박사학위논문
______, 2005「법장 교학의 사상적 전개와 원효의 영향」『普照思想』 24
______, 2008「일심의 해석에 나타난 원효의 화엄적 관점－기신론소 · 별기를 중심으로－」『佛敎學報』 49
______, 2009「『金剛三昧經』의 성립과 유통에 대한 재고」『普照思想』 31

______, 2010「『大乘起信論』の地論宗撰述説に對する異見」『地論思想の形成と變容』(金剛大學校佛敎文化硏究所篇), 東京 國書刊行會
石井公成/최연식 번역, 2006「근대 아시아 여러 나라에 있어서「대승기신론」연구의 동향」『불교학리뷰』1
申東河, 1979「新羅 骨品制의 成立過程」『韓國史論』5, 서울대학교 국사학과
辛鍾遠, 1982「慈藏의 佛敎思想에 대한 再檢討」『韓國史硏究』39; 1992,『新羅初期佛敎史硏究』, 民族社
申賢淑, 1986「新羅元曉의 遊心安樂道 撰者考」『東方學志』51
______, 1989「法界圖記를 통해 본 義湘의 空觀」『佛敎學報』26
______, 1992「元曉 無量壽經宗要와 遊心安樂道의 淨土思想 比較」『佛敎學報』29
申瀅植, 1983「三國時代 戰爭의 政治的 意味」『韓國史硏究』43; 1984『韓國古代史의 新硏究』, 一潮閣
安啓賢, 1955「元曉의 著書에 보이는 引用書의 一整理」『東國史學』3
______, 1961「元曉의 彌陀淨土往生思想(上)」『歷史學報』16; 1987『新羅淨土思想史硏究』玄音社 재수록
______, 1962「元曉의 彌勒淨土往生思想」『歷史學報』17·18합; 1987『新羅淨土思想史硏究』, 玄音社 재수록
______, 1963「元曉의 彌陀淨土往生思想(下)」『歷史學報』21; 1987『新羅淨土思想史硏究』, 玄音社 재수록
______, 1965「新羅僧法位와 玄一」『歷史學報』26; 1987『新羅淨土思想史硏究』, 玄音社 재수록
______, 1977「日本에서의 元曉硏究」『한가람』1; 1982『韓國佛敎史硏究』, 同和出版公社 재수록
安性斗, 1981「元曉의 如來藏思想 分立理由에 관한 硏究」, 정신문화연구원 한국학대학원 석사학위논문
梁銀容, 1987「元曉大師關聯硏究文獻目錄」『元曉硏究論叢』, 國土統一院
吳亨根, 1980「元曉思想에 대한 唯識論的 硏究」『佛敎學報』17
元曉全書國譯刊行會, 1989「元曉聖師關係硏究論文」『國譯元曉聖師全書』권6
尹善泰, 1993「新羅 骨品制의 構造와 基盤」『韓國史論』30, 서울대학교 국사학과

殷貞姬, 1982「起信論疏·別記에 나타난 元曉의 一心思想」, 고려대학교 박사학위논문

______, 1985「元曉의 中觀·唯識說」『서울敎大論文集』18

______, 1993「大乘起信論에 대한 元曉說과 法藏說의 比較」『泰東古典研究』10

李康根, 1999「芬皇寺의 伽藍配置와 三金堂 形式」『新羅文化祭學術發表會論文集』20(芬皇寺의 再照明)

李基東, 1992「薛仲業과 淡海三船의 交驩」『歷史學報』134·135합

李基白, 1954「三國時代 佛教 收容과 그 社會的 意義」『歷史學報』6; 1986『新羅佛敎思想研究』, 一潮閣 재수록

______, 1971「新羅 六頭品 研究」『省谷論叢』2; 1974『新羅政治社會史研究』, 一潮閣 재수록

______, 1986「新羅 淨土信仰의 起源」『新羅思想史研究』, 一潮閣

______, 1987「浮石寺와 太白山」『三佛金元龍敎授 停年退任紀念論叢』Ⅱ

李箕永, 1967「元曉의 菩薩戒觀」『東國大論文集』3·4합

______, 1967「元曉의 菩薩戒觀(續)」『佛敎學報』5

______, 1971「象徵的 表現을 통해서 본 7~8世紀 新羅 및 日本의 佛國土思想」, 『宗敎史研究』2; 1982『韓國佛敎研究』재수록

______, 1974「敎判史上에서 본 元曉의 位置」『霞城李瑄根博士古稀紀念論文集 韓國學論叢』

______, 1975「經典引用에 나타난 元曉의 獨創性」『崇山朴吉眞博士華甲紀念 韓國佛敎思想史』; 1982『韓國佛敎研究』재수록

______, 1975「韓國佛敎研究의 現實과 課題」『韓國學報』1; 1982『韓國佛敎研究』

______, 1981「中國古代佛敎와 新羅佛敎」『韓國古代文化와 隣接文化와의 關係』, 정신문화연구원; 1982『韓國佛敎研究』재수록

______, 1982「元曉의 彌勒信仰」『韓國佛敎研究』, 韓國佛敎研究院

______, 1984「元曉의 倫理觀-菩薩瓔珞本業經疏를 中心으로-」『東園金興培博士古稀紀念論文集』, 外大出版部

______, 1987「統一新羅時代의 佛敎思想」『韓國哲學史』권上(韓國哲學會 編)

______, 1994「元曉思想의 特徵과 意義-元曉思想 研究노트-」『震檀學報』78

李起雲 集註·金煐泰 監修, 1997「現傳諸書중의 元曉聖師撰述文鈔存」『元曉學

研究』2
李乃沃, 1983「淵蓋蘇文의 集權과 道敎」『歷史學報』99 · 100합
李萬, 1991「慈藏의 根本敎學思想-法相敎學의 硏鑽을 中心으로-」『佛敎文化研究』2
____, 1993「成唯識論에 관한 新羅 唯識家들의 註釋」『佛敎學報』32
李文基, 1999「新羅 金氏 王室의 少昊金天氏 出自 觀念의 標榜과 그 變化」『歷史敎育論集』23 · 24합
____, 2012「圓光의 生涯 復原 試論」『新羅文化祭學術論文集』33
李梵弘, 1982「元曉行狀新考」『馬山大學論文集』4; 1987『元曉研究論叢』, 국토통일원
______, 1984「元曉의 撰述書에 대하여」『哲學會誌』10
李銖勳, 1990「新羅 僧官制의 성립과 기능」『釜大史學』14
李洋喜, 1982「元曉의 如來藏思想 研究」, 정신문화연구원 한국학대학원 석사학위논문
李英茂, 1973「元曉大師著「判比量論」에 대한 考察」『學術志』15, 건국대학교
李泳鎬, 1983「新羅中代 王室寺院의 官寺的 機能」『韓國史研究』43
李宇泰, 1991「新羅 中古期의 地方勢力 研究」, 서울대학교 박사학위논문
李貞熙, 1992「元曉가 본 二障 體性에 관한 研究-'二障義'를 中心으로-」, 동국대학교 석사학위논문
李鍾益, 1960「元曉의 生涯와 思想」『韓國思想』3; 1975『東方思想論叢』, 寶蓮閣
李平來, 1987「如來藏說과 元曉」『元曉研究論叢』, 국토통일원
李弘稙, 1959「新羅僧官制와 佛敎政策의 諸問題」『白性郁博士頌壽紀念佛敎史論叢』; 1971『韓國古代史의 研究』, 新丘文化社
林奉俊, 1979「新羅慈藏法師研究」, 동국대학교 석사학위논문
田美姬, 1988「元曉의 身分과 그의 活動」『韓國史研究』63
鄭璟喜, 1988「三國時代 社會와 佛經의 研究」『韓國史研究』63
鄭晄震 考編, 1918「大聖和靜國師元曉著述一覽表」『朝鮮佛敎叢報』13
鄭柄朝, 1987「慈藏의 文殊信仰」『新羅文化』3 · 4합
丁永根, 1994「圓測의 唯識哲學-新 · 舊唯識의 批判的 綜合-」, 서울대학교 박사학위논문

정진석·정성철·김창원 공저, 1961『조선철학사(상)』, 평양 과학원 역사연구소; 1988『조선철학사연구』, 광주
趙明基, 1937「元曉宗師의 十門和諍論研究」『金剛杵』22
______, 1960「元曉大師의 現存著書에 대하여」『韓國思想講座』2
朱甫暾, 1994「毗曇의 亂과 善德王代 政治運營」『李基白先生古稀紀念 韓國史學論叢(上)』, 一潮閣
蔡尙植, 1984「新羅統一期의 成典寺院의 構造와 機能」『釜山史學』8
______, 1990「高麗中期 通度寺의 寺格과 歷史的 意味」『韓國文化研究』3
______, 1989「古代 中世初 思想研究의 動向과「국사」敎科書의 敍述」『歷史敎育』45
______, 1993「한국 중세불교의 이해방향」『考古歷史學志』9
蔡印幻, 1982「慈藏의 戒律과 戒壇創設」『東國思想』15
崔凡述, 1987「十門和諍論 復元을 위한 募集資料」『元曉研究論叢』, 국토통일원
崔柄憲, 1982「韓國華嚴思想史上에 있어서의 義天의 位置」『韓國華嚴思想研究』(東國大佛敎文化研究所 編)
______, 1983「高麗中期 李資玄의 禪과 居士佛敎의 性格」『金哲埈博士華甲紀念 史學論叢』
______, 1984「新羅 佛敎思想의 展開」『歷史都市 慶州』, 열화당
______, 1986「三國遺事에 나타난 韓國古代佛敎史 認識－佛敎敎學과 宗派에 대한 認識問題를 중심으로－」『三國遺事의 綜合的 檢討』(韓國精神文化研究院主催 제4회 國際學術會議 발표문)
______, 1987「高麗佛敎界에서의 元曉 理解－義天과 一然을 中心으로－」『元曉研究論叢』, 國土統一院
______, 1989「東洋佛敎思想의 韓國佛敎」『韓國史 市民講座』4, 一潮閣
______, 1990「불교사상과 신앙」『한국사특강』, 서울대학교 출판부
崔鉛植, 1995「圓光의 生涯와 思想」『泰東古典研究』12
______, 1999「均如 華嚴思想研究－敎判論을 중심으로－」, 서울대학교 박사학위논문
______, 2001「新羅 見登의 著述과 思想傾向」『韓國史研究』115
______, 2003「日本 古代華嚴과 新羅佛敎－奈良·平安시대 華嚴學 문헌에 반영

된 신라불교학－」『韓國思想史學』 21
______, 2003「珍嵩의 『孔目章記』逸文에 대한 硏究」『天台學硏究』 4
______, 2006「元曉의 和諍사상의 논의방식과 사상사적 의미」『普照思想』 25
______, 2007「百濟 撰述文獻으로서의《大乘四論玄義記》」『韓國史硏究』 136
______, 2009「《大乘四論玄義記》사본의 기초적 검토」『불교학리뷰』 5
崔源植, 1993「新羅 菩薩戒思想史 硏究」, 동국대학교 박사학위논문
崔裕鎭, 1987「元曉에 있어서 和諍과 言語의 問題」『哲學論集』 3
______, 1988「元曉의 和諍思想硏究」, 서울대학교 박사학위논문
______, 1992「元曉의 和諍思想 硏究－十門和諍論－」『민족불교』 2
판카즈(N. M. Pankaj), 1994「新羅 '中古'期의 轉輪聖王 理念－印度 Asoka王과 新羅 眞興王의 政治理念의 비교－」, 서울대학교 석사학위논문
許庚九, 1988「元曉의 彌勒思想硏究－彌勒上生經宗要를 中心으로－」, 동국대학교 석사학위논문
許一範, 1992「티베트本 『金剛三昧經』 硏究」『佛敎硏究』 8
許興植, 1998「高麗에서 元曉의 推仰과 宗派別 變容」『元曉思想』(원효연구원 편저, 논문집 1)
黃壽永, 1970「新羅誓幢和上碑의 新片」『考古美術』 108

(2) 외국어
葛城末治, 1931「新羅誓幢和上塔碑に就いて」『青丘學叢』 5
江田俊雄, 1954「慈恩 · 西明兩學派の『金光明最勝王經』解釋」『印度學佛教學硏』 2-2
結城令聞, 1956「玄奘とその學派の成立」『東洋文化硏究所紀要』 11
________, 1971「初唐佛教の思想史的矛盾と國家權力との交錯」『東洋文化硏究紀要』 25
鎌田茂雄, 1981「十門和諍論の思想史的意義」『佛教學』 11
工藤茂樹, 1972「轉輪聖王」『佛教と政治 · 經濟』(日本佛教學會 編), 京都 平樂寺書店
橘川智昭, 2001「圓測の五性各別思想－圓測思想に對する從來解釋の再檢討と基教學との比較－」, 東京大學教 박사학위논문

吉田靖雄, 1981「行基と三階教および元曉との關係の考察」『舟ケ崎正孝先生退官記念 畿內地域史論集』
吉津宜英, 1972「淨影寺慧遠の『起信論疏』について－曇延疏との比較の時点から－」『印度學仏教學研究』21-1
________, 1986「新羅の華嚴教學への一視點－元曉·法藏の融合形態を中心として－」『韓國佛教學SEMINAR』2
金昌奭, 1978「元曉の教判觀」,『駒澤大學大學院年報』13
______, 1980「元曉の教判資料に現れた吉藏との關係について」『印度學佛教學研』28-2
金勛, 1995「元曉佛學思想研究」, 北京大學教 박사학위논문
大竹晉, 2004「『大乘起信論』の引用文獻」『哲學·思想論叢』22
大澤伸雄, 1984「四分律行事鈔における涅槃經の受容」『佛教學セミナー』40
渡邊隆生, 1988「『成唯識論』の文獻上の性格と思想の特徵」『佛教學セミナー』47
藤堂恭俊, 1981「江南と江北の佛教」『佛教思想史』4
賴賢宗, 2001「法藏《大乘起信論義記》及元曉與見登的相關述記關於一心開二門的闡釋」『中華佛學學報』14
木村邦和, 1981「眞諦三藏の學說に對する西明寺圓測の評價－解深密經疏の境遇－」『印度學佛教學研究』30-1
木村宣彰, 1976「金剛三昧經の眞僞問題」『佛教史學研究』18-2
________, 1977「元曉の涅槃宗要－特に淨影寺慧遠との關連－」『佛教學セミナー』26
________, 1980「菩薩戒本持犯要記」『印度學佛教學研究』28-2
________, 1981「多羅戒本と達摩戒本」『戒律思想の研究』(佐佐木教悟編), 京都 平樂寺書店
柏木弘雄, 1990「中國·日本における『大乘起信論』研究史」『如來藏と大乘起信論』(平川彰 編), 東京 春秋社
福士慈稔, 1990「元曉著述に於ける天台の影響について」『印度學佛教學研』39-1
________, 2007「十世紀初までの日本各宗に於ける新羅佛教の影響」『身延論叢』12

________, 2007「十二世紀末までの日本各宗に於ける朝鮮佛教の影響について」『身延山大学仏教學部紀要』8
本井信雄, 1961「新羅元曉の傳記について」『大谷學報』41-1; 梁銀容 編,『新羅元曉研究』, 圓光大出版局 재수록
富貴原章信, 1969「元曉,判比量論の研究」『日本佛教學』29
山崎宏, 1969「唐代後期の居士裵休について」『佛教史學』14-4
上田晃圓, 1987「『成唯識論』考」『宗教研究』60-4(271)
石井公成, 1990「新羅佛教における『大乘起信論』の意義－元曉の解釋を中心として－」『如來藏と大乘起信論』(平川彰 編) 東京 春秋社
________, 2002「元曉の和諍思想の源流－『楞伽經』との關連を中心として－」『印度學佛教學研究』51-1
________, 2004「『大乘起信論』の成立－文體の問題および『法集經』との類似を中心にして－」『『大乘起信論』と法藏教學の實證的研究』(井上克人 外, 平成13年度～平成15年度科學研究費補助金[基盤研究(B)(2)] 研究成果報告書)
素雲, 1993「淨影寺慧遠における戒律思想の研究」, 東京大學教 印度哲學科 석사학위논문
小田幹治郎, 1920「新羅の名僧元曉の碑」『朝鮮彙報』1920-4
松林(源)弘之, 1966「新羅淨土教の一考察－元曉の淨土教思想をめぐって－」『印度學佛教學研究』15-1
___________, 1967「朝鮮淨土教の研究－彌勒所問の十念說をめぐる疑問－」『龍谷大學佛教文化研究所紀要』6
___________, 1973「新羅淨土教の特色」『新羅佛教研究』(金知見·蔡印幻 共編), 東京 山喜房佛書林
水野弘元, 1955「菩提達摩の二入四行說と金剛三昧經」『駒澤大學研究紀要』13
安藤俊雄, 1970「北魏涅槃學の傳統と初期の四論師」『北魏佛教の研究』(橫超慧日 編), 京都 平樂寺書店
愛宕邦康, 1984「大覺國師義天と『遊心安樂道』－『義天錄』における『遊心安樂道』不載の文題に着目して－」『印度學佛教學研究』43-1
________, 1994「『遊心安樂道』の撰述者に關する一考察－東大寺華嚴僧智憬と

その思想的關聯に着目して－」『南都佛教』43-1
________, 1995「『遊心安樂道』來迎院本の包紙」『印度學佛教學研究』44-1
鹽入良道, 1984「新羅元曉大師撰『宗要』の特質」『天台學報』26
羽溪了諦, 1916「唯識宗の異派」『宗教研究』111, 113; 1971『羽溪了諦博士米壽祝賀記念 佛教論説選集』
柳田聖山, 1993「金剛三昧經の研究－中國佛教における頓悟思想のテキスト－」『白蓮佛教論叢』3
伊藤隆壽, 1972「四論玄義の仏性説」『印度學仏教學研究』21-1
李成市, 1983「新羅中代國家と佛教」『東洋史研究』42-3
伊吹 敦, 2006「元曉の著作の成立時期について」『東洋學論叢』31(東洋大學文學部紀要インド哲學科篇 第59集)
章輝玉, 1985「『遊心安樂道』考」『南都佛教』54
田村圓澄, 1980「行基と新羅佛教」『古代朝鮮佛教と日本佛教』, 吉川弘文館
田村晃祐, 1995「大乘戒思想の展開」『日本仏教論－東アジアの仏教思想－』(高崎直道/木村清孝 編), 東京 春秋社
佐藤 厚, 2000「義湘系華嚴學派の基本思想と『大乘起信論』批判－義湘と元曉の對論記事の背後にあるもの－」『東洋學研究』37
村地哲明, 1958「『遊心安樂道』元曉作説への疑問」『大谷學報』39-4
塚本善隆, 1955「佛教史上における肇論の意義」『肇論研究』(塚本善隆 編), 京都 法藏館
________, 1974「隋文帝の宗教復興特に大乘佛教振興－長安を中心にして－」『南都佛教』32
崔鈆植, 2001「『大乘起信論同異略集』の著者について」『駒澤短期大學佛教論集』7
沖和史, 1982「無相唯識と有相唯識」『講座大乘佛教』8 唯識思想(平川彰 · 梶山雄一 · 高崎直道 編輯), 東京 春秋社
八百谷孝保, 1952「新羅僧 元曉傳攷」『大正大學學報』38
平岡定海, 1972「新羅の審祥の教學について」『印度學佛教學研究』20-2
韓泰植, 1994「新羅 · 元曉の彌陀證性偈について」『印度學佛教學研』43-1
惠谷隆戒, 1974「新羅元曉の遊心安樂道は僞作か」『印度學佛教學研究』23-1

________, 1976「韓國淨土教の特性」『印度學佛教學研究紀要』24-2
________, 1976「新羅元曉の淨土教思想」『淨土教の新研究』, 東京
横超慧日, 1940「元曉の二障義について」『東方學報』11-1; 梁銀容 編, 1979『新羅元曉研究』, 圓光大出版局 재수록
Nam, Dongsin, 1995, "Wonhyo's *Illsim* Philosophy and Mass Proselytization Movement", *Seoul Journal of Korean Studies*, vol.8
____________, 2022, "Wonhyo's View of Human Beings and his Redemption of Mankind", *The Review of Korean Studies*, vol.25, no.1, *The Academy of Korean Studies*
Jörg Plassen, 2007, "On the significance of the Daeseung saron hyeonui gi 大乘四論玄義記 for research on early Korean Buddhist thought-Some initial observations focusing on hwajaeng-",『韓國史研究』136
__________, 2011, "Some musings on metaphoric imagery and the circulation of thought in Early East Asian Hwaŏm/Hua-yen", *25TH BIENNIAL AKSE CONFERENCE*, vol.2

3. 주요 참고 사이트

고려대장경연구소 http://kb.sutra.re.kr/ritk/index.do
국립중앙도서관 http://www.nl.go.kr/nl/index.jsp
금석문종합영상정보시스템 http://gsm.nricp.go.kr/_third/user/main.jsp
동국대학교 전자불전문화콘텐츠연구소 http://ebti.dongguk.ac.kr/
서울대학교 중앙도서관 http://library.snu.ac.kr/index.ax
한국고전번역원 http://www.minchu.or.kr/itkc/Index.jsp
大正新脩大藏經テキストデータベース http://21dzk.l.u-tokyo.ac.jp/SAT/index.html
東京大學 史料編纂所 http://www.hi.u-tokyo.ac.jp/index-j.html中央研究院 漢籍電子文獻資料庫 http://hanchi.ihp.sinica.edu.tw/ihp/hanji.htm
中央電子佛典協會(CBETA) http://cbeta.buddhist-canon.com/result/search.htm

ABSTRACT

The Enlightenment of Wonhyo

Wonhyo(元曉, 617~686) is by common consent regarded as the most seminal Buddhist thinker and the most ardent propagator of Buddhism in Korean history. Wonhyo's era was marked by two important social and political contradictions and crises which deeply affected the lives of the Silla people. First was the rigid status system, known as the 'Bone-rank system(骨品制)' which structured Silla society and regulated people's access to power and privilege, including their upward mobility in the hierarchy of officialdom. The other crisis that Silla confronted was the ever-intensifying war amongst the three kingdoms on the Korean peninsula—Silla(新羅), Goguryeo(高句麗) and Baekje(百濟)—which caused constant turmoil and strife. As Wonhyo was born in the provinces, and also personally experienced the fierceness of this peninsular war, he sought to redress these two social and political crises through Buddhism. In other words, he channelled the rich reservoir of Buddhist thought in order to resolve the social conflicts of his times.

At the time Wonhyo took his monastic vows, Silla royalty forged deep linkages with Buddhism and received immense political support from the Buddhist church. After Buddhism was officially recognized in Silla, the kings incorporated Buddhist rhetoric and rituals into the state structure, whereby monks performed various secular functions in addition to their religious duties. Most monks of this time were from the most privileged 'true-bone(眞骨)' rank and were educated abroad in Chinese monasteries. They employed Dharmaguptaka Vinaya(四分律) to organize and administer the monastic order of Silla. Additionally, they sought to enhance nationalistic spirit by propagating the legend of Silla as a Buddhist realm. They also invoked such Buddhist concepts as kshatriya(眞種) and cakravartin(轉輪聖王) to legitimize the Silla kingship.

Obviously, the Buddhistm of this time was centered on and targeted to members of the royalty and the most privileged rank. The common people were more or less excluded from the purview of contemporary Buddhism. However, with the onset of the 7th century, monks from non-privileged backgrounds who were bereft of such prestigious qualifications as monastic training in China and excluded from the saṇgha appeared on the stage of Silla Buddhism. They criticised the aristocratic Buddhism prevalent in the capital and in the surrounding administrative areas, and started preaching the teachings of the Buddha to the common people. This was the beginning of the so-called *"Movement to Popularize Buddhism"*.

During the early Silla period, many Chinese translations of Buddhist scriptures were imported from China and became a basis for doctrinal studies of Buddha-dhātu(佛性) and Tathāgata-garbha(如來藏) Thought. From the standpoint of the history of Buddhism, Silla's early phase can be classified as adhering to the "Old Translation of Buddhism." However, with Xuanzang(玄奘, 602~664)'s return to China from India in 645, the controversy between the Old and New Translations of Buddhism intensified. Xuanzang advocated the doctrine of the New Vijñapti-vada(唯識), which was centered on the doctrines of Dharmapāla(護法, 530~561), and criticised as incomplete such contemporary Buddhist doctrines as the Old Vijñapti-vada, Mādhyamika(中觀派) and Eka-yāna(一乘, One Vehicle). The debate soon spread over to the other Māhayānist countries of East Asia.

Wonhyo tried to travel to China in 650 at the age of 34 to study the New Vijñapti-vada doctrines of Xuanzang, but had to abandon his plans because of the complicated political circumstances of the times. Soon afterwards he attained enlightenment while spending the night in a dilapidated tomb which he mistook for a cave. He was never to study abroad as he originally intended. In Silla he was not attached to one particular teacher, but studied widely under several scholars. Under them he studied the Prajñā-pāramitā(般若波羅密) Thought of Emptiness and One Vehicle Thought, and began to participate in their movement to popularize Buddhism.

Wonhyo's endeavors in this respect were founded on the *Huayan/ Avatamsaka Sūtra*(華嚴經), and can be explained as *'Conduct of No-Obstruction*(無碍行)*'*. It was also an *gṛha-pati*(居士, householder) oriented movement, emphasizing the non-duality of the laity and the monkhood, the secular and the sacred. The doctrine of the vicissitudes of the *'One Mind'* implied that all components of society were equal. The criteria for distinguishing between Bodhisattvas (the subject of his crusade), and the common people (the object) was not heredity or geographical affiliations, but devotion in Buddhist practices.

A central tenet of Wonhyo's campaign to popularize Buddhism was the category of believers known as the *gṛha-pati*. The *gṛha-pati* are those who pursue their quest of enlightenment while living as lay people. He himself modelled his life on the paradigmatic *Vimalakīrti*(維摩詰), who advocated that one should lead living beings on the path of enlightenment, transcending the difference between the monkhood and the laity and freeing oneself from the fetters of monastic rules. By doing so he hoped to construct an ideal society, the earthly embodiment of the Buddhist Pure Land. And the prime target of this campaign was the common people, who had been excluded from Buddhism up to that point. He personally preached to them, the productive class of Silla society, about the cult of the *Amitābhā*(阿彌陀) Pure Land. In order to induce them down the path of Buddhism he greatly modified the qualifications for rebirth in the Pure Land. As a latter-day historian aptly remarked, "Thanks to Wonhyo even poor and illiterate people could recite the name of the Buddha."

The campaign to popularize Buddhism launched by Wonhyo caught the attention of the ruling elite of Middle Period Silla (654~780), the focus of whose policies and programs showed a shift away from the aristocracy towards the common people. Wonhyo entered into a relationship of collaboration and coordination with this elite, bound together as they were by the common doctrine of Right Way/Right Dharma. Wonhyo's bond with the royalty was consummated in his dramatic marriage with Princess Yosŏk(瑤石), through whom he obtained the patronage of the Silla royal house. In this way, he embodied his *gṛha-pati* Buddhist ideal of the non-duality of the monkhood and the laity. As he had broken the monastic vows, he was denounced by the Buddhist *saṅgha* at once and banned from attending an important Buddhist ceremony organised by the state.

But soon thereafter he was rehabilitated into the central world of Buddhism due to intervention on his behalf by the ruling forces of the times.

After Wonhyo violated his vows, he decided to disrobe and return to lay life. No longer training disciples in a temple system, he now dedicated himself to the task of popularizing Buddhism amongst the common people and studying Buddhist doctrines. His knowledge of Buddhism was encyclopedic, for he studied all aspects of *Mahāyānic* philosophy then known to East Asia, including *Prajñā*, San Lun (Three Treatises), *Tathāgata-garbha, Vijñapti-vada, Huayan, Vinaya*(戒律), Pure Land, and Seon (or Zen in Japanese). It seems that only esoteric Buddhim did not enter the range of his Buddhist research. One of the most seminal contributions of Wonhyo in the field of Buddhist metaphysics was his attempt to formulate a theory of syncretism between the Old and New Translations of Buddhism. His philosophical formulation, known as *'Hwajaeng*(和諍)*'*, meaning 'the reconciliation of disputes', became the hallmark of his thought, and it was developed into one of the main philosophical traditions of Korean Buddhism.

Wonhyo was able to formulate sophisticated theories and reconcile doctrinal disputes because his understanding of Buddhism was grounded in practical and personal experiences. He emphasized the *Brahmājala Sūtra* (梵網經) and *Muktā-hāra Sūtra*(瓔珞經) as the new *Mahāyāna Bodhisattva-saūvara*(大乘菩薩道), which was consistent with his *gṛha-pati* Buddhism. The criteria by which to determine what constituted adherence to or violation of the *Mahāyāna Bodhisattva* precepts was the salvation of living beings; thus it was in reality a practical guide for the popularization of Buddhism amongst masses. Additionally, as it emphasized inner motivation over outward results, it respected the individuality of believers, while not ignoring the task of personal cultivation.

As Wonhyo synthesized various Buddhist doctrines, he made a positive effort to establish the concept of the 'One Mind'. The foundation of the One Mind was the *Sradhotpada Sūtra*(大乘起信論, Treatise on the Awakening of Faith). It derived its practicality from the *Vajra-samādhi Sūtra*(金綱三昧經), and finally, it was completed through the *Huayan Sūtra*. According to the concept of the One Mind, the mind is the origin of all objects, transcending nothingness and being. The universe is not an objective entity, but merely a mutation of the One Mind, and sentient beings are no exception. From such a perspective all sentient beings are essentially equal. The Buddha attained enlightenment because he completely recovered the absolute purity of the One Mind, whereas sentient beings are those whose One Mind is defiled and distorted by doubt and *kleśa*(煩惱). It is essential that *kleśa* be removed in order for the mind to return to its original state and function properly; this is none other than the path to achieving Buddhahood.

Though there are limitless devices(方便, *upāya*) for the attainment of Buddhahood depending on the individual realities and circumstances of the sentient being, all must return in the end to the One Mind. For this reason, the paths and vehicles they take and the stages of their enlightenment are uniform. Because of this unity, this non-discrimination, the fact that Wonhyo did not distinguish between different components of society should be characterized by altruistic *karuṇā*(慈悲), not dichotomy and conflict. Additionally, basing his thought on the concept that "the one is manifold, and the manifold is one," from the *Huayan Sūtra*, he established an essentially uniform 'Conduct of No-Obstruction'(although his proselytizing did assume diverse external forms according to his audience).

Finally, I would like to summarize the influence of Wonhyo's thought on later generations. In the Goryeo dynasty, which succeeded Silla, he was revered by the four Buddhist sects as their patriarch, and was compared with *Aśvaghoṣa*(馬鳴) and *Nāgārjuna*(龍樹) of India. Even beyond the borders of Silla his thought exerted immense influence; Wonhyo's *Commentary on the Awakening of Faith* was useful to *Fa zang* (法藏, 643~712) in his formulation of Huayan philosophy; in subsequent centuries Wonhyo's works continued to guide Chinese Buddhist philosophers in their efforts to develop the Hua-Yen School. Wonhyo's works were also transmitted to Japan, where it helped Japanese Buddhists of the 8th century and later years to understand and overcome the conflicts and ambiguities between Emptiness and bhāva(有), he was considered a reincarnation of Dignāga(陳那, 480~ca.540), and his famous work *Shimmun Hwajaeng Non (Treatise on Ten Approaches to the Reconciliation of Doctrinal Controversy)*, in which he put forward a logical basis for reconciling doctrinal differences, was brought to India by disciples of Dignāga and translated into Sanskrit.

KEYWORDS Wonhyo 元曉, Buddhist State Policy, the *gṛha-pati* 居士 centered Buddhist Community, Drive for People's Enlightenment, One Mind Doctrine, Harmonization of Emptiness and Being, Four Teachings Doctrinal Classification 四敎判論, Mahayanist Bodhisattva-saṃvara, Gisillon byeolgi 起信論別記, Gisillonso 起信論疏, Keumgang sammaegyong non 金剛三昧經論, Hwaeomgyeongso 華嚴經疏, Daeseung 大乘, Shimmun Hwajaeng Non 十門和諍論

찾아보기

ㄴ

ㄷ

ㄹ

ㅁ

ㅂ

ㅅ

ㅇ

ㅈ